北大社普通高等教育"十三五"规划教材

21世纪学前教育专业规划教材

外国学前教育史

郭法奇 著

图书在版编目(CIP)数据

外国学前教育史/郭法奇著. —北京:北京大学出版社,2015.7
(21世纪学前教育专业规划教材)

ISBN 978-7-301-25829-3

Ⅰ.①外… Ⅱ.①郭… Ⅲ.①学前教育—教育史—世界—高等学校—教材 Ⅳ.①G619.1

中国版本图书馆CIP数据核字(2015)第097825号

书　　　名	外国学前教育史
著作责任者	郭法奇　著
责任编辑	于　娜
标准书号	ISBN 978-7-301-25829-3
出版发行	北京大学出版社
地　　　址	北京市海淀区成府路205号　100871
网　　　址	http://www.pup.cn
电子信箱	zyl@pup.pku.edu.cn
新浪微博	@北京大学出版社
电　　　话	邮购部 62752015　发行部 62750672　编辑部 62765126
印　刷　者	北京虎彩文化传播有限公司
经　销　者	新华书店
	787毫米×1092毫米　16开本　15.75印张　350千字
	2015年7月第1版　2023年7月第3次印刷
定　　　价	39.00元

未经许可,不得以任何方式复制或抄袭本书之部分或全部内容。
版权所有,侵权必究
举报电话:010-62752024　电子信箱:fd@pup.pku.edu.cn
图书如有印装质量问题,请与出版部联系,电话:010-62756370

内容简介

《外国学前教育史》力求内容系统、全面,以帮助读者从整体上把握外国学前教育发展的历史及其规律。全书共分三篇,其主要内容包括:古代学前教育、近代学前教育、现代学前教育。本书的主要特点是:(1)力图恰当、全面把握外国学前教育史的基本线索、特征和发展趋势;(2)注重外国学前教育的历史与逻辑的统一,通过各章节的安排客观反映从古代社会到现代社会的过程中学前教育发展的前后衔接和基本逻辑;(3)在兼顾学前教育思想和学前教育实践的基础上,注重历史的纵向演进与问题的横向维度的统一;(4)本书结构新颖,章节主题突出,注重学习目的与问题反思的结合,有利于读者更好地把握外国学前教育史的脉络和基本内容。

本书适合学前教育专业学生以及对外国学前教育史感兴趣的读者阅读。

作者简介

郭法奇,北京师范大学教育学部教育历史与文化研究院院长,教授,博士生导师。主要研究领域为现代教育史、西方教育史学、杜威教育思想研究等。主要著作有《教育史研究:寻求一种更好的解释》《欧美儿童研究运动:历史、比较及影响》等。在《新华文摘》《教育研究》《比较教育研究》《教育学报》等国内核心期刊发表多篇论文。

前　言

　　自从人类社会产生以来，幼儿的养护和教育就成为人类教育活动的重要内容之一，并伴随着人类教育的演进而得到改善。学前教育史就是记录和研究人类社会不同历史时期和阶段幼儿养护和教育的历史。在学前教育历史的早期，尽管人们可能缺乏对幼儿的有意识的研究，但却在养护和教育的过程中留下或者记录了许多宝贵的观察和培育幼儿的资料，为以后人们有意识地研究学前教育历史提供了重要的基础和条件。

　　从学前教育的历史来看，无论是在古代，还是在现代，学前幼儿教育主要是从家庭开始的，家庭的学前教育是儿童养护和教育的最初阶段和基础阶段。儿童的成长离不开家庭、父母，也离不开全社会的关爱。也正是在学前家庭教育的基础上逐步形成了学前教育关注和研究的一些基本问题。这些基本问题包括：如何认识儿童的地位，儿童与父母、与成人是什么关系，儿童的发展阶段和特点如何，儿童教育的内容和方法有哪些，等等。进入近代社会以后，随着学前教育社会化的开始，各种新的因素包括学前教育社会机构的出现、学前教育政策的提出，使学前教育研究的问题更为丰富和多样化。学前教育的研究已经从家庭的学前教育扩展到社会的学前教育；从单一的学前教育机构扩展到多元化的学前教育形式；特别是随着现代国家学前教育制度的建立，以及学前教育国家间的合作与交流，使得学前教育发展和研究进入一个全新的阶段。

　　外国学前教育史是外国教育史学科的重要组成部分，二者有联系，又有区别。外国教育史为前者提供了背景和基础，外国学前教育史则丰富了后者的内容与形式。由于外国学前教育史学科自身的性质，它又具有不同于外国教育史学科的特点和内容。目前研究存在的主要问题是：由于资料的匮乏或者不足，往往把外国教育史中的一些内容当做外国学前教育史的内容，尤其是在外国学前教育思想的研究中，常常把一些教育家论述学校教育思想的史料直接用到学前教育思想研究中，这不仅不利于解释学前幼儿发展的特点，也难以反映外国学前教育史发展的特点。

　　外国学前教育史学科和研究有自己的学科体系和逻辑结构，仅仅参照外国教育史学科的体系或逻辑来进行解释显然是不够的。外国学前教育史的体系和逻辑结构的核心就是根据幼儿自身发展的特点，把握不同时期幼儿发展及学前教育发展的基本问题及影响因素，揭示外国学前教育发展的基本特征和演进趋势。基于上述认识，笔者认为在外国学前教育史的研究中，如何提出一个能够恰当反映外国学前教育发展的解释框架是非常必要的。美国著名科学哲学家库恩（Thomas Kuhn）曾经指出，研究上提出一个新的东西的过程就是用新的"范式"（paradigm）替代旧"范式"的过程。虽然新的范式产生于旧的范式，收编了旧范式的一些概念或语汇，但是新范式要通过对这些概念和语汇的整合，建立一种"新的关系"。① 这个过程就是利用原有资料,并对原有资料重新进行建构的过程。对于外国学前教育史来说,它意味着可以和需要使用"原有的资料",通过把它用到不同的体系中,建立一种新的关系,形成新的认识和解释。这一过程需要根据对已有资料的分析和评判,需要把过去的资料和新的研究成果结合起来,把它们融入一个新的解释框架内,以便获得对外国学前教育史的新的认识。本书所呈现的解释框架就是试图在这方面进行的一种新的尝试,这一解释的具体内容在"绪论"部分会有详细的介绍。当然,这一尝试或者解释恰当与否,还有待于时间和实践的检验。

"外国学前教育史"是笔者曾经在北京师范大学教育学部执教过的一门本科基础课,本书是在此基础上的一次新的努力。本书的特点是:(1) 力图恰当、全面把握外国学前教育史的基本线索、特征和发展趋势;(2) 注重外国学前教育的历史与逻辑的统一,通过各章节的安排客观反映从古代社会到现代社会的过程中学前教育发展的前后衔接和基本逻辑;(3) 在兼顾学前教育思想和学前教育实践的基础上,注重历史的纵向演进与问题的横向维度的统一;(4) 本书结构新颖、章节主题突出,注重学习目的与问题反思的结合,有利于读者更好地把握外国学前教育史的脉络和基本内容。

在撰写本书的过程中,外国学前教育史界同仁的研究专著和教材为本书的编写提供了有益的参考,我的同事也提供了一些重要的资料。在此表示诚挚的谢意!

衷心感谢北京大学出版社为本书的出版提供的大力支持!特别感谢责任编辑于娜女士精益求精的工作和愉快的合作。

郭法奇
2015 年 5 月 15 日于北京

---

① [美]托马斯·库恩.科学革命的结构[M].金吾伦,等译.北京:北京大学出版社,2003:134.

目 录

绪 论 ……………………………………………………………………………… 1

第一编 学前教育家庭化时期：史前及古代的学前教育

第一章 史前及古代东方国家的儿童教育 …………………………………… 9
第一节 史前社会的儿童教育 ………………………………………………… 9
一、史前社会儿童的地位 …………………………………………………… 9
二、史前社会儿童的特性 ………………………………………………… 10
三、史前社会儿童教育的内容和方法 …………………………………… 11
第二节 古代东方国家的儿童教育 …………………………………………… 13
一、古代东方国家儿童的地位 …………………………………………… 14
二、古代东方国家儿童的特性和教育 …………………………………… 15
本章小结 …………………………………………………………………… 17
自我评量 …………………………………………………………………… 18

第二章 古希腊和古罗马的学前教育 ………………………………………… 19
第一节 古希腊的学前教育 …………………………………………………… 19
一、古希腊社会儿童的地位 ……………………………………………… 19
二、古希腊社会儿童的特性 ……………………………………………… 20
三、古希腊教育家论学前儿童教育 ……………………………………… 22
四、古希腊社会对儿童与成人关系的认识 ……………………………… 27
第二节 古罗马的学前教育 …………………………………………………… 27
一、古罗马社会儿童的地位 ……………………………………………… 28
二、古罗马社会儿童的特性 ……………………………………………… 30
三、古罗马教育家论学前儿童教育 ……………………………………… 31
四、古罗马社会对儿童与成人关系的认识 ……………………………… 35
本章小结 …………………………………………………………………… 36
自我评量 …………………………………………………………………… 36

第三章 中世纪和文艺复兴时期的学前教育 ………………………………… 38
第一节 西欧中世纪的学前教育 ……………………………………………… 39
一、西欧中世纪儿童的生活 ……………………………………………… 39

二、西欧中世纪儿童的地位 ………………………………………… 40
　　三、西欧中世纪儿童的特性 ………………………………………… 42
　　四、西欧中世纪学前儿童教育的内容和方法 …………………… 44
第二节　文艺复兴时期的学前教育 ……………………………………… 47
　　一、文艺复兴时期人文主义的儿童观 …………………………… 48
　　二、文艺复兴时期的教育家论学前儿童教育 …………………… 48
　　三、文艺复兴时期的学前教育实践 ……………………………… 51
本章小结 …………………………………………………………………… 51
自我评量 …………………………………………………………………… 53

第二编　学前教育社会化时期：近代学前教育

第四章　学前教育社会化的构想：夸美纽斯的学前教育 …………… 57
第一节　论母育学校及基本任务 ………………………………………… 57
　　一、母育学校是实施学前教育的机构 …………………………… 58
　　二、母育学校的基本任务 ………………………………………… 58
　　三、父母在母育学校中的作用 …………………………………… 59
第二节　论儿童的价值和父母的责任 …………………………………… 59
　　一、儿童是上帝的种子，是无价之宝 …………………………… 59
　　二、父母在儿童教养方面的责任 ………………………………… 59
第三节　论学前教育的内容和方法 ……………………………………… 60
　　一、学前教育的内容和方法 ……………………………………… 60
　　二、论学前儿童的感官教育 ……………………………………… 61
　　三、论学前儿童的宗教教育 ……………………………………… 62
第四节　论学前教育向学校教育的过渡 ………………………………… 62
　　一、儿童6岁以前要在母育学校接受教育 ……………………… 62
　　二、儿童6岁以后应到初等学校接受教育 ……………………… 63
　　三、儿童入学前的准备 …………………………………………… 63
本章小结 …………………………………………………………………… 63
自我评量 …………………………………………………………………… 65

第五章　学前教育社会化的探索：近代欧美和日本的学前教育 …… 66
第一节　近代英国学前教育社会化的探索 ……………………………… 66
　　一、解决贫困问题与幼儿机构计划的提出 ……………………… 66
　　二、工业革命的产生与欧文的幼儿学校 ………………………… 67
　　三、幼儿学校运动与怀尔德斯平的幼儿学校 …………………… 71
　　四、福禄培尔幼儿园运动与英国学前教育的变化 ……………… 72

第二节 近代法国学前教育社会化的探索 ……………………………… 73
　一、慈善救济活动与奥柏林的"编织学校" ……………………… 74
　二、贫民儿童救济活动与柯夏的托儿所 ………………………… 75
　三、托儿所的发展与学前教育制度化的尝试 …………………… 76
　四、福禄培尔幼儿园对法国学前教育的影响 …………………… 77
　五、法国托儿所的发展与母育学校 ……………………………… 77
第三节 近代德国学前教育社会化的探索 ……………………………… 79
　一、受法国幼儿教育影响的巴乌利美保育所 …………………… 80
　二、受英国幼儿教育影响的德国托儿所 ………………………… 81
　三、受拜恩幼儿教育政策影响的阿尔古斯堡托儿所 …………… 82
　四、福禄培尔幼儿园的创立及幼儿园运动 ……………………… 84
第四节 近代美国学前教育社会化的探索 ……………………………… 88
　一、欧文幼儿学校的影响与幼儿"家庭学校运动" ……………… 89
　二、福禄培尔的影响与福禄培尔式幼儿园的建立 ……………… 89
　三、贫困儿童问题与教会和社会慈善幼儿园 …………………… 90
　四、公立幼儿园的产生与学前教育制度化的尝试 ……………… 91
　五、幼儿园协会的建立与幼儿园运动 …………………………… 92
第五节 近代日本学前教育社会化的探索 ……………………………… 93
　一、学前教育政策与幼儿教育机构的建立 ……………………… 93
　二、幼儿园立法与《幼儿园保育及设备规程》的制定 …………… 95
　三、福禄培尔幼儿园思想在日本的传播与改造 ………………… 96
本章小结 …………………………………………………………………… 97
自我评量 …………………………………………………………………… 99

第六章　儿童发展与教育：近代教育家论学前儿童教育 …………… 100
第一节 洛克的学前儿童教育思想 ……………………………………… 100
　一、洛克学前儿童教育思想的基础 ……………………………… 100
　二、论学前儿童的身体健康和精神健康教育 …………………… 101
　三、论学前儿童教育的内容和方法 ……………………………… 104
第二节 卢梭的学前儿童教育思想 ……………………………………… 106
　一、卢梭学前儿童教育思想的基础 ……………………………… 106
　二、论学前儿童的地位及意义 …………………………………… 107
　三、论学前儿童发展阶段及教育 ………………………………… 109
　四、论学前儿童教育的内容和方法 ……………………………… 111
第三节 裴斯泰洛齐的学前儿童教育思想 ……………………………… 114
　一、裴斯泰洛齐学前儿童教育思想的基础 ……………………… 114
　二、婴幼儿成长与自我的教育 …………………………………… 116

三、婴幼儿成长与"母爱"的教育 ……………………………………… 117
　　　四、论学前儿童德智体的教育 ………………………………………… 118
　第四节　赫尔巴特的学前儿童教育思想 …………………………………… 121
　　　一、赫尔巴特教育思想的基础及主要内容 …………………………… 121
　　　二、论3岁以前儿童的教育 …………………………………………… 124
　　　三、论4岁到8岁儿童的教育 ………………………………………… 125
　本章小结 ……………………………………………………………………… 128
　自我评量 ……………………………………………………………………… 130

第七章　幼儿园教育研究：福禄培尔的学前教育思想 ……………………… 131
　第一节　福禄培尔学前教育思想形成的主要因素及基础 ………………… 131
　　　一、影响福禄培尔学前教育思想形成的主要因素 …………………… 131
　　　二、福禄培尔学前教育的思想基础 …………………………………… 133
　第二节　福禄培尔的幼儿园教育理论和方法 ……………………………… 139
　　　一、幼儿园机构的奠基人 ……………………………………………… 139
　　　二、论幼儿园教育与幼儿园活动 ……………………………………… 140
　　　三、《母亲游戏和儿歌》的内容和方法 ………………………………… 143
　第三节　幼儿园的发展和福禄培尔的贡献 ………………………………… 143
　　　一、福禄培尔幼儿园的发展 …………………………………………… 143
　　　二、福禄培尔在幼儿园和学前教育上的贡献 ………………………… 144
　本章小结 ……………………………………………………………………… 145
　自我评量 ……………………………………………………………………… 146

第三编　学前教育制度化时期：现代学前教育

第八章　学前教育制度化的形成：现代欧美及日本的学前教育 …………… 151
　第一节　现代英国学前教育制度化的形成 ………………………………… 151
　　　一、保育学校的创立与学前教育制度化的形成 ……………………… 151
　　　二、学前教育与初等教育的关系 ……………………………………… 153
　　　三、英国学前教育的主要特点 ………………………………………… 155
　第二节　现代法国学前教育制度化的形成 ………………………………… 157
　　　一、新教育运动与法国学前教育制度化的形成 ……………………… 157
　　　二、儿童智力测量与法国的学前教育 ………………………………… 159
　　　三、学前教育与初等教育的关系 ……………………………………… 160
　　　四、法国学前教育的特点 ……………………………………………… 160
　第三节　现代德国学前教育制度化的形成 ………………………………… 162
　　　一、《儿童福利法》等法规的颁布与学前教育的发展 ………………… 162

二、学前教育与初等教育的关系 ·· 163
　　三、现代德国学前教育制度化的形成 ·· 163
　　四、德国学前教育的主要特点 ·· 164
第四节　现代苏联学前教育制度化的形成 ·· 165
　　一、俄国学前教育社会化的发展 ·· 165
　　二、苏联学前教育制度化的形成 ·· 167
　　三、俄罗斯学前教育制度化的发展 ·· 170
第五节　现代美国学前教育制度化的形成 ·· 171
　　一、在争论中形成有特色的学前教育 ·· 171
　　二、政府主导下的学前教育"开端计划" ···································· 174
　　三、幼儿智力研究与学前教育实验方案 ······································ 175
　　四、现代学前教育制度化的形成 ·· 177
第六节　现代日本学前教育制度化的形成 ·· 178
　　一、《幼儿园令》的颁布与学前教育制度化的形成 ···························· 178
　　二、《幼儿园教育大纲》的制定与学前教育的发展 ···························· 179
　　三、幼儿教育振兴计划与学前教育的发展 ···································· 180
本章小结 ·· 181
自我评量 ·· 183

第九章　"儿童之家"与幼儿教育研究：蒙台梭利的学前教育 ······················ 184
第一节　蒙台梭利学前教育形成的背景及基础 ···································· 184
　　一、蒙台梭利学前教育形成的背景 ·· 184
　　二、蒙台梭利学前教育的思想基础 ·· 186
第二节　"儿童之家"的建立及其教学 ·· 189
　　一、"儿童之家"的管理 ·· 189
　　二、"儿童之家"的教学 ·· 190
　　三、"儿童之家"的教育方法 ·· 191
　　四、"儿童之家"与"幼儿园"的比较 ······································ 192
第三节　学前教育的内容和方法 ·· 193
　　一、感觉训练 ·· 193
　　二、智力教育 ·· 194
　　三、实际生活的训练 ·· 195
本章小结 ·· 196
自我评量 ·· 197

第十章　儿童发展与教育：现代教育家论学前教育 ································ 198
第一节　爱伦·凯论学前教育 ·· 198
　　一、对幼儿园教育的批评 ·· 198

二、儿童教育与儿童的个性发展 ………………………………………… 199
　　三、儿童教育与儿童的自我发展 ………………………………………… 200
第二节　杜威论学前教育 …………………………………………………… 201
　　一、杜威学前教育思想的基础 …………………………………………… 202
　　二、论幼儿教育的特点 …………………………………………………… 204
　　三、论幼儿教育的内容和方法 …………………………………………… 206
　　四、论幼儿教育与幼儿游戏 ……………………………………………… 208
　　五、杜威学前教育思想的特点及贡献 …………………………………… 210
第三节　皮亚杰论学前教育 ………………………………………………… 211
　　一、论儿童的认知结构与发展 …………………………………………… 211
　　二、论儿童认知结构的阶段和特点 ……………………………………… 212
　　三、论儿童的发展与教育 ………………………………………………… 214
第四节　马拉古奇论学前教育 ……………………………………………… 218
　　一、瑞吉欧教育的思想基础 ……………………………………………… 219
　　二、瑞吉欧教育的组织机构 ……………………………………………… 220
　　三、瑞吉欧教育的主要特点 ……………………………………………… 221
本章小结 ……………………………………………………………………… 223
自我评量 ……………………………………………………………………… 224

第十一章　学前教育国际化的发展：机构、研究与方案 ………………… 225
第一节　国际学前教育机构的建立及重要法规 …………………………… 225
　　一、国际教育机构的建立及宗旨 ………………………………………… 225
　　二、国际学前教育机构的建立及宗旨 …………………………………… 226
　　三、《儿童权利宣言》和《儿童权利公约》 ………………………………… 228
第二节　学前教育研究的主要问题 ………………………………………… 229
　　一、儿童发展的早期干预问题 …………………………………………… 230
　　二、儿童发展的早期评价问题 …………………………………………… 231
　　三、儿童的入学准备问题 ………………………………………………… 231
第三节　学前教育的主要方案及大纲 ……………………………………… 233
　　一、"婴儿教育方案" ……………………………………………………… 233
　　二、"儿童看护方案" ……………………………………………………… 235
　　三、《全球幼儿教育大纲》的制定 ………………………………………… 237
本章小结 ……………………………………………………………………… 239
自我评量 ……………………………………………………………………… 239

参考文献 …………………………………………………………………… 240

绪　　论

"外国学前教育史"是教育史学科和教育史研究的一个分支,也是学前教育史的重要组成部分。本书编写的目的是为了帮助学习者了解外国学前教育形成和发展的历史,把握学前教育实践中形成的关于儿童发展以及教育的理论,了解外国教育家关于学前教育问题的思考和论述,并用来理解现代学前教育实践;同时也要认识不同时期外国学前教育的发展特点、存在问题、经验教训,以及发展趋势,为进一步学习和研究打下基础。

一、"外国学前教育史"研究的对象与概念

"外国学前教育史"的研究对象主要是外国学前教育形成、发展、演变的基本事实、思想及基本规律。其中涉及学前教育的基本概念,下面对一些基本概念进行分析。

在目前的学前教育研究中,主要使用的概念是"幼儿教育"(young children's education)、"学前教育"(preschool education)、"儿童早期教育"(early childhood education)等。因此,也出现相应的幼儿教育史、学前教育史和儿童早期教育史研究的称谓。其主要区别见表1。

表1　幼儿教育、学前教育和儿童早期教育的区别[①]

概念	广义(泛指)	狭义(特指)
幼儿教育	0—6、7岁的教育	3—6、7岁的教育
学前教育	0岁至入小学前的教育(多为0—6岁,也有的国家为0—5岁)	3、4岁至入小学前的教育,多为3—6岁
儿童早期教育	0—6岁的教育(北美为0—8岁)	0—3岁的教育,又称先学前期

这些概念虽然有不同,但在具体使用中还是有一致性的,如在广义的概念使用上都是指0岁到6、7岁。从学前教育研究来看,较多采用的是广义的概念,即与幼儿教育和儿童早期教育相一致的概念。使用这一概念的主要考虑是,20世纪60年代以来,随着儿童早期教育为各国教育所重视,这一阶段的教育也成为外国学前教育史研究的重要内容。

需要指出的是,有关学前教育的概念目前国际上主要使用的是"early childhood education",它与传统的"preschool education"含义并没有什么不同。但由于一些国家的学前教育机构附设在小学内,所以"early childhood education"相对更准确一些。另外,作为学

---

① 杨汉麟,周采.外国幼儿教育史[M].南宁:广西教育出版社,1998:2.

前教育理论基础的发展心理学也倾向于将青春期之前儿童的发展分为婴儿(infant)、学步儿(toddler)、童年早期(early childhood,即学前儿童)和童年中期(middle childhood,即小学儿童)。也就是说,学前教育概念的使用更多强调从儿童自身发展而不是按学段来划分。这也是把学前阶段的教育称为"early childhood education"的一个重要原因。例如,在美国学前教育中,"early childhood"包括学前和小学低年级。但"early childhood education"更强调以游戏为主的学习,与小学的学习方式有很大不同,所以狭义的"early childhood education"应该只包括学前教育阶段。

这里也需要对"儿童"的概念进行分析。儿童的概念也有广义和狭义之分。广义的儿童概念主要是指从婴儿到青少年之间未成熟的人(a young person between the periods of infancy and youth)。它包括了一个人从婴儿期到青春期的发展,是关于一个人成年以前的综合许多阶段发展的概念。狭义的儿童概念是指作为一个儿童的一种状态或一个时间段(the state or time of being a child),即儿童期(childhood)。它是与婴儿期(babyhood)、幼儿期(infancy)、少年期(boyhood)、少女期(girlhood)和未成年期(minority)等相联系的概念。从历史的角度来看,儿童在很长时期没有成为研究的对象。英国史学教授亨德瑞克(Harry Hendrick)曾经说过:"如果女人是被隐藏在历史里,那么儿童则被排除在历史之外。"①在现代社会,人们较多使用广义的儿童概念来全面和深入研究儿童的存在和发展。这种研究不仅指其领域有新的变化,其所使用的材料也有新的变化。具体言之,这种研究主要是根据历史不同阶段,挖掘与儿童生存和发展最密切相关的资料,对儿童在不同时期发展的实际情况进行一定的研究,它包括了儿童从出生到婴儿、幼儿、少年的许多阶段。

本书使用的"学前教育"概念主要指学前儿童的家庭教育、社会教育和学校教育的早期阶段。因此,从外国学前教育史的角度来看,应当考察家庭发展过程中父母与儿童的关系及教育情况,考察一定社会儿童教育设施的建立和发展情况,以及学前教育与学校教育的关系及机构的发展情况等。

总之,从上面的分析来看,"外国学前教育史"的研究应根据儿童存在和生活空间或场所的变化,分时期、有重点地研究儿童存在、发展及接受教育的历史,贯通学前儿童教育与家庭教育、学校教育与社会教育的联系,对儿童的存在和发展进行系统和综合的研究。

二、"外国学前教育史"研究的观念与史料

"外国学前教育史"研究框架的设计和资料的选择是受一定观念影响的。长期以来,"外国学前教育史"研究在一定程度上存在着框架和资料单一的问题。因此,如何在观念上和资料上有新的突破是"外国学前教育史"研究需要解决的。在这方面,美国学

---

① 吴敏.《儿童的世纪》:从"儿童的发现"到"童年的消逝"[EB/OL]. http://book.ifeng.com/shuping/detail_2013_07/23/27823583_0.shtml.

者的研究值得我们重视。① 他们在资料的使用上能够把20世纪60年代以来新史学的成果,特别是西方儿童史研究的最新成果反映在自己的研究中。如法国人菲力浦·阿利埃斯(Philippe Ariés)撰写的《儿童的世纪:家庭生活社会史》(Centuries of Childhood: A Social History of Family Life,1962)②一书,对西方儿童史研究包括学前教育史的研究产生了重要影响。

20世纪60年代的西方儿童史研究是从关注历史上"儿童的命运"开始的。研究者提出的问题是,在西方过去五百年的历史中,儿童的命运是一直"延续"下来,还是经历了重大"变迁"?③所谓"变迁说"是指社会、父母对儿童的认识由古代对儿童冷漠、疏远、忽视,向近代更为人性、更为亲近的方向发展;所谓"延续说"是指在这一过程中,父母的关爱和儿童的生活并没有出现重大的转变,几乎所有的孩子都是为父母所疼爱的。

法国学者菲力浦·阿利埃斯是"变迁说"的代表。他在研究中提出了一个重要的观点,即儿童观的发展是一个由古代向现代转变且不断进步的过程。他说:"在古代社会,童年的观念是不存在的。"14世纪以后,西方社会出现新的动向,开始通过艺术作品、肖像画和宗教来表达儿童的人格。在16、17世纪的上层社会中,儿童穿上一种可以与成人相区别的服饰。阿利埃斯认为,儿童服饰的变化表明,社会对儿童的一般态度发生了变化,一种新的儿童观出现了:儿童是可爱、单纯的,同时也是弱小和需要保护的。到了18世纪,由于家庭对儿童身体健康和卫生的关注,现代儿童观出现了;与儿童有关的一切事情和家庭生活都成为需要关注的事情;不仅需要关注儿童的将来,也应关注他们的现在。

受阿利埃斯的影响,"变迁说"成为20世纪70年代以后的主流的儿童观。一些历史学家、心理学家和医学史家参与进来,大量的研究成果出现,西方社会出现了儿童史研究的高潮。同时,一些新的资料如家书、自传、儿科医学专家的论述、育儿手册等被大量发掘出来。1973年,《儿童史季刊》(History of Childhood Quarterly)问世,成为当时宣传儿童史成果的最有影响的杂志之一。

但到了20世纪80年代以后,西方儿童史的研究发生了变化。更多的研究成果发现历史上欧洲人有关于儿童的观念,欧洲父母对子女有强烈的感情。他们关心孩子的需要,关怀他们的成长。在历史发展过程中,父母与子女的关系并没有出现重大的转变,而是延续性的。新的研究主要分析了已有的研究成果,认为过去研究较多关注父母对儿童的严厉管教,而很少说明儿童的实际生活。新的研究较多地使用了成人的日记、儿童日记和自传,并从资料、方法等方面进行新的尝试。这样,"延续说"开始成为主流的观点。

20世纪80年代后期到90年代,人们在研究中也对这种"非此即彼"的观点提出了批评。认为历史的发展并非单一的简单选择,而是复杂和多样的,应当用辩证的观点对

---

① 可以参考美国教育家拉斯卡里德和辛尼茨(V. Celia Lascarides and Blythe F. Hinitz)合著的《学前教育史》的研究框架。(V. Celia Lascarides & Blythe F. Hinitz. History of Early Childhood Education[M]. Falmer Press, 2000:5.)
② 中文版为:[法]菲力浦·阿利埃斯.儿童的世纪:旧制度下的儿童和家庭生活[M].沈坚,等译.北京:北京大学出版社,2013.
③ 俞金尧.西方儿童史研究四十年[J].中国学术,2001(4).

"变迁"和"延续"同时进行研究。这样，西方儿童史的研究又开始进入了一个新的阶段，即在继续强调"延续性"的同时，更注重发掘儿童生活的多样性和复杂性。

20世纪60年代以来的西方儿童史研究取得了重要的成果，尽管存在一些争议和问题，[①]但它对促进外国学前教育史的研究具有重要的意义。

第一，它提出了外国学前教育史研究应当重新认识儿童观的问题。西方儿童史的研究表明，儿童观是一个随时间变化而变化且不断建构的概念，它随地域、文化、经济，以及社会地位的不同而变化。对儿童的认识仅仅依靠传统的"变迁说"是有局限的。儿童观的变化不仅是一个"变迁"的过程，也有一个"延续"的过程，应对二者进行共同研究。单一强调"变迁说"，不仅不利于全面认识儿童存在和生活的历史，也容易把对儿童的认识简单化和片面化。从这个意义上说，如果外国学前教育史的研究和教学仍然停留在以"变迁说"的观点来解释儿童，认为中世纪教育是扼杀人性、压制儿童本性的黑暗时代，这个解释就显得简单化了。因此，有必要吸收现代西方儿童史研究的成果，促进外国学前教育史的研究。

第二，它提供了外国学前教育史研究发掘新资料的途径。西方儿童史的研究表明，资料的开发是历史研究得以不断发展的关键。传统的历史研究主要是依据文献和档案材料，儿童史的研究告诉我们，研究不仅需要文献和档案，还可利用儿童肖像、儿童艺术和民间传说等资料；利用儿童词汇、儿童玩具，甚至儿科医生的论述、给父母的建议、父母的育儿手册、日记、书信和自传等第一手资料，都是儿童史研究的重要资料。这些资料对于丰富我们对学前儿童的认识，解决学前教育史资料匮乏问题是有帮助的。

第三，在资料的使用上，西方学者也提出了三个值得注意的问题。一是从儿童的发展来看，虽然儿童早期的养育主要是妇女的责任，但是大量的文学、美术作品、法律法令和法规实际上都是由男子设计和生产的。因此，研究者必须试图确定每一种历史资料产生的背景及与儿童的实际联系。二是许多历史资料反映的主要是贵族社会的生活方式，研究者不能据此推断这一生活方式是整个社会生活的或大部分生活的方式，从而产生"贵族的偏见"。三是尽管在大部分时期，艺术家把儿童画成小型的成人，但不能由此就推断他们在现实中把儿童看做小型的成人。历史研究的重要原则是，资料的使用应能更充分地反映问题研究的实质。

三、"外国学前教育史"研究的思路与框架

通过以上的分析，本书认为，首先，外国学前教育史与外国教育史一样，也有自身的发展逻辑和运行轨迹。其次，本书在已有的教育制度和教育思想两条线的基础上，以时间加主题的形式，力图采取一种新的解释框架，重新处理已有的资料，构建外国学前教育从古代到现代演进的逻辑。第三，外国学前教育的历史是一个由学前教育家庭化到社会化的过程，再由学前教育机构社会化到学前教育制度化的演进过程。当然，这三个时期

---

① 关于儿童史研究的成果和存在的问题可以参考俞金尧《西方儿童史研究四十年》一文。

的各部分内容并不是截然分开,而是既有交叉,又有重合之处,从而反映外国学前教育发展过程的复杂性和多样性。按照这个思路,本书基本框架分为三编。

第一编为学前教育家庭化时期,主要是古代学前教育阶段。包括史前及古代东方、古希腊、古罗马的学前儿童教育。这一时期主要解决的问题包括:儿童与父母、奶妈、保姆,以及教育监督的关系问题;儿童教育主要是家庭事务和成人生活的组成部分。

第二编为学前教育社会化时期,主要是近代学前教育阶段。在近代社会早期,学前儿童教育虽然仍然在家庭中进行,但是已经有教育家提出学前教育社会化的问题。近代社会中后期,随着工业革命的开始,社会发展的复杂化,学前儿童教育问题成为社会关注的焦点。这一时期,学前儿童社会教育机构的出现成为解决贫困家庭孩子接受早期教育的一种设计,并成为社会和教育的重要组成部分。近代的学前社会教育机构包括幼儿学校、托儿所、幼儿园等,这些机构的出现提供了一个符合儿童身心特点的环境。这一阶段主要解决的问题包括:儿童与家庭、父母、幼儿学校、幼儿园的关系问题;儿童教育成为家庭和社会的组成部分。需要指出的是,一些教育家也对学前教育制度化问题进行了思考和探索。

第三编为学前教育制度化时期,主要是现代学前教育阶段。这一时期,学前教育开始成为国家教育制度的组成部分,注重学前教育发展制度、结构和计划的设计与制定。这一阶段主要解决的问题包括:儿童与家庭、学前教育机构,以及学前教育机构与学前教育管理机构的关系问题。学前儿童教育成为社会和国家教育的组成部分。当然,这个时期也是学前教育国际化的形成时期。与学前教育相关的一些国际教育机构或组织的成立,与儿童存在、发展和保护相关的国际法律的提出,以及一些学前教育研究方案及大纲的制订等,为学前教育发展提供了新的条件,促进了各国学前教育的相互了解与合作。

从外国学前教育的历史发展来看,虽然学前教育是一个从家庭走向社会,逐步成为国家教育体制一部分,以至相互合作成为国际大家庭的一个成员的演进过程,但是儿童一出生就与家庭、社会和国家的需要密切联系。可以说,儿童地位的变化和提升、学前儿童发展的历史一直是伴随着家庭、社会和国家这三个因素对儿童的影响和制约发展的。因此,如何认识儿童,不同时期和社会儿童的地位如何,儿童观是什么,儿童具有哪些特性,儿童教育的内容和方法有哪些,如何对儿童进行教育,儿童与成人以及周围人的关系如何,已成为各个时期教育家关注的重点,这也是本书考察的主要内容。在这方面,以往学者的不懈努力和研究,为我们提供了认识学前儿童发展和教育的基本线索,也为我们提供了构思这本书的研究维度。

基于以上的考虑和已经掌握的资料,本书第一编大体涉及四个纬度:(1)儿童的地位。包括对儿童地位和重要性的认识。(2)儿童的特性。包括对儿童的含义、特征、儿童与成人区别的认识。(3)儿童教育的内容和方法。包括对儿童教育的内容,如读写算、游戏、性别教育及方法等的认识。(4)儿童与成人的关系。包括对儿童需要、思想和行为是否影响成人的认识。每章最后是小结,即在与前面内容进行对比的基础上,对每一章的主要内容进行概括,总结其中独特性的东西。在第二编和第三编的近代和现代不同时期和国家学前教育的发展,以及一些主要教育家关于学前儿童教育的论述上,主要是以相关主题为维度进行研究。

当然，外国学前教育史研究的问题和内容不可能面面俱到，关键是把握外国学前教育史上一些主要和具有重要意义的事实和问题，把握外国学前教育史发展重要阶段或者时期的节点，按照其自身的逻辑梳理外国学前教育发展的基本线索和特征，认识学前教育发展的规律和趋势。

第 一 编

学前教育家庭化时期：史前及古代的学前教育

学前教育的家庭化时期是学前教育发展的早期阶段。在史前社会，随着家庭的出现和逐步稳定，家庭成为学前教育的主要实施场所。以后，随着国家的出现，无论是在古代东方国家，还是在古希腊、古罗马，以及西欧的中世纪和文艺复兴时期，家庭的学前教育发展不仅受到传统父权、习俗的影响，也更多受到国家、法律、宗教等因素的影响，出现了一些保护儿童和有利于儿童发展的观念和方法。当然，不同时期、不同国家的学前教育发展进程及特点是有差异的。

第一章　史前及古代东方国家的儿童教育

学习目标

本章主要包括史前社会和古代东方国家的儿童教育。通过本章的学习,认识史前社会和东方国家儿童的地位、儿童的特性,以及史前社会和古代东方国家儿童教育的内容和方法。掌握史前社会的儿童教育是一种非制度化的教育,一种适应生活和在生活中进行的教育。认识古代东方国家的儿童教育是国家建立以后最早的儿童教育形态;由于古代东方社会家庭关系的稳定,父母对儿童的成长提出较多的要求;一些国家法律中还有关于儿童保护的条款,在一定程度上为儿童的生存和成长提供了有利的条件。

史前社会的儿童教育是人类社会学前教育的源头。尽管史前社会的儿童教育的内容和形式还比较原始,但是后来社会的儿童教育和学前教育的许多思想及形式都是从这个时期的教育开始的。建立在史前社会儿童教育基础上的古代东方国家的儿童教育,在一定程度上既保留了史前社会儿童教育的一些特征,也创立了不同于以前教育的内容和形式,并对西方的儿童教育产生一定影响。通过本章的学习,读者可以更好地了解史前社会儿童和古代东方国家的儿童教育,为以后的学习打下基础。

第一节　史前社会的儿童教育

历史学家通常将人类社会历史的演进分为历史时期与史前时期。前者指有文字记录为根据的历史;后者指人们学会保存文字记录之前所有的历史(the period before written records)。① 我国学者基本上同意"史前"概念的提法,并认为史前社会即指原始社会,史前社会的教育也称为原始社会的教育。② 史前社会是人类社会的第一种形态,自其产生以来,经过种种变化,至今还有一小部分处于史前社会发展阶段的部落或者民族生活在亚洲、非洲、澳洲和美洲的一些地域。研究史前社会的儿童教育,主要根据后来研究者对史前社会生活的记述,以及人类学者、人种学者、民族学者等深入至今尚处于史前社会阶段的民族所作的考察。

一、史前社会儿童的地位

史前社会的教育一般是与史前社会的生产活动、家庭生活、宗教崇拜以及禁忌活动

---

① [美]佛罗斯特.西方教育的历史和哲学基础[M].吴元训,等译.北京:华夏出版社,1987:7-8.
② 吴式颖,等.外国教育史教程[M].北京:人民教育出版社,1999:6.

等融合在一起的。按照生产活动划分,史前社会经历了"食物采集"阶段到"食物生产"阶段。①因此,在这一时期,儿童的地位是与原始社会的发展水平相适应的。

在史前社会,为了整个部落的生存,社会生活中成人的地位是十分重要的,儿童的地位相对低下。一些部落出现的"杀婴"现象可以说明这个问题。如处于"食物生产"阶段的南美洲部落制的杨马人(Yanomamo),为了缓解人口的压力,他们唯一的方式就是虐杀婴儿。如果一个妇女怀孕的同时仍在哺育她的上一个孩子(杨马人孩子的哺育期一般要到3岁左右),她就会杀死这个新生儿而不会给上一个孩子断奶。如果出生的第一个婴儿是女孩,杨马妇女也常常将她虐杀。杨马人重视男孩的一个重要原因是男孩长大后可以帮助成人在冲突中作战。②从这里可以看出,在史前社会,成人与儿童的地位是不同的,男孩与女孩的地位也是不同的。

尽管儿童的地位没有成人重要,但在其成长的过程中还是受到成人较多关注的。在史前社会,部落、成人主要通过血缘关系加强与孩子的联系,并对孩子投入较多的关爱和情感。如处于"食物采集"阶段的南非的布须曼人(Bushmen),他们每个群体都是通过血缘关系组成的。在日常生活中,布须曼人穿得很少或者不穿衣服,小男孩在青春期以前还是光着身子,到了成年以后才开始穿上衣服。布须曼人对待自己的孩子是充满感情的。研究者发现:"经常看到布须曼母亲亲吻他们的婴儿,恰如欧洲的母亲一样,孩子在生病的时候得到细心照料。父亲通常是严厉粗暴的,但他们对待自己的孩子从不蛮横。"③

在史前社会,孩子已经成为联系家庭的纽带。处于"食物采集"阶段的马来半岛澳大利亚的土著居民塞曼人(Semang),在生活中注重平等,实行公社所有制和一夫一妻制。他们生活在小群体中,没有部落组织,也没有首领阶级,没有管理机构的形式。在家庭里,父亲是受到尊重的,家庭成员之间的关系也是比较和谐的,丈夫与妻子的婚姻条件是平等的。在家庭里,孩子受到重视,孩子被看成是将父母联系在一起的纽带。因为在塞曼人看来,新婚夫妇经常散伙,而有孩子的夫妇则很少分离。④

二、史前社会儿童的特性

与现代社会的教育不同,史前社会的教育是无规制的、适应自然环境和生活的教育。因此,史前社会关于儿童特性的认识反映了史前时期人们对自然和社会环境的一种适应,其中有一些是共同的,有一些是有差异的。通过人类学者对这一时期成人与儿童关系的描述可以看出一些基本特性。

---

① "食物采集"阶段主要指以采集和狩猎为主要生产劳动的阶段;"食物生产"阶段主要指以农业、驯养动物、建造房屋为主要生产劳动的阶段。有学者认为,史前社会的"食物采集"阶段处于"旧石器"时期,"食物生产"阶段处于"新石器"时期。
② 〔美〕F.普洛格,〔美〕D.G.贝茨. 文化演进与人类行为[M]. 吴爱明,等译. 沈阳:辽宁人民出版社,1988:175-182.
③ 〔英〕G.埃利奥特·史密斯. 人类史[M]. 李申,等译. 北京:社会科学文献出版社,2002:145-147.
④ 〔英〕G.埃利奥特·史密斯. 人类史[M]. 李申,等译. 北京:社会科学文献出版社,2002:150-151.

1. 幼儿是弱小的，需要精心养育和照顾

美国人类学者玛格丽特·米德（Margaret Mead，1901—1978）1935年对位于太平洋的阿德米雷耳提群岛进行考察后，写下了《三个原始部落的性别与气质》一书，其中谈到了新几内亚岛的阿拉佩什人（Arapesh）精心养育孩子的情况。书中写道："在孩子出生后的第一个月总是不离大人的怀抱。母亲出门时用一个特制的网袋把孩子挂在胸前，或用一根深色的布吊带把孩子挂在乳房下……如果孩子暴躁易怒就用吊带，这样就能够及时给孩子喂奶。孩子的啼哭是要不惜任何代价去避免的灾难，这种态度一直延续到孩子们以后的生活。"①

2. 儿童有与母亲分开的需要

如在处于采集和狩猎阶段的非洲卡拉哈里沙漠的多比·昆人部落，婴儿从小受到母亲的精心照料，但是当他们坐立或者站立后，就可以与其他许多人亲近。而当母亲生了另一个弟弟或妹妹后，他（她）对母亲的亲近便转向了部落里的其他小孩，与年龄各异的孩子一起玩耍。②

3. 儿童也有与同伴玩耍以及与成人自由接触的需要

孩子在玩耍时不仅有同伴，还可以与成人自由接触。在新几内亚岛的阿拉佩什，孩子长大一些时，他们的活动不再局限在父母的照料之中，而是扩大了活动的范围。孩子可以随着大人到各家各户来往走动；还可以到一些亲戚家住上一个星期。这些活动扩大了孩子活动范围和视野，使儿童感到世界上所有的地方都是安全的。③ 这一时期，成人对孩子的监督并不严格，很少申斥或管束他们的行为。但是一旦孩子间，特别是年龄差异较大的孩子间出现打架斗殴时，成人就会立即制止。④

三、史前社会儿童教育的内容和方法

受史前社会生产和生活方式的影响，这一时期的儿童教育内容和方法也带有史前社会生产和生活的特征。

（一）史前社会儿童教育的内容

1. 生产活动的教育

史前社会由旧石器的"食物采集"阶段发展到新石器的"食物生产"阶段是一个巨大的变化，但人们并没有立即放弃采集和狩猎的本领。随着人类与动植物的不断相互作用，人类生存环境和生产方式发生变化。狩猎活动逐步变为驯养活动，采集活动逐步变为种植活动。以采集和狩猎为特征的流动性的、非固定化的生活方式，逐步被定居的、固定的，并为生存和生产做较长远打算的方式所替代。人类生存方式、社会组织和教育方式发生了新的变化。适应复杂的农耕生产，组织群体生产活动，对农作物进行管理收获，加强群体间的互助配合等成为成人教育的主要内容；而生产常识和与生产活动相关的习

---

① 夏之莲.外国教育发展史料选粹（上）[M].北京：北京师范大学出版社，1999：52.
② [美]F.普洛格，[美]D.G.贝茨.文化演进与人类行为[M].吴爱明，等译.沈阳：辽宁人民出版社，1988：10.
③ 夏之莲.外国教育发展史料选粹（上）[M].北京：北京师范大学出版社，1999：56.
④ [美]F.普洛格，[美]D.G.贝茨.文化演进与人类行为[M].吴爱明，等译.沈阳：辽宁人民出版社，1988：10.

惯养成则成为儿童教育的主要内容。

2. 品格养成的教育

如在新几内亚岛的阿拉佩什人家庭生活中,非常重视尊重长辈的教育。"人们只是适当地提醒孩子行为举止要注意年龄上的差异和顺序。因此,当孩子给祖父办事时,大人会吩咐他要比给父亲办事更卖力些。这会使孩子陶醉于另外一些温和、成功及满足感之中。"①在阿拉佩什人的家庭生活中,除了有这种对长辈的尊重教育外,还重视儿童的信任、关心和合作品质的培养。如孩子学着信任、热爱及依赖每一个他所遇到的路人,并给予尊称。

3. 尊重财产的教育

如在阿拉佩什人教育中,大人重视鼓励孩子要尊重他人的财产,并培养他们对自己家庭财产的安全感,而不是占有欲。如果孩子侵害了他人的财产,就会受到严厉的谴责;但是对于家庭的财产,则完全不同。孩子哭的时候可以给他要的任何东西。如果父母有不愿意让孩子损坏的东西,他们就把这些东西拿走,孩子也从不奢望占有它们。当孩子再长大些时,阿拉佩什人就会告诉孩子一些东西将来是属于孩子自己的,不过父母现在还可以继续使用它们。②

4. 和谐相处的教育

史前社会的每个家庭群体都在一定的范围内活动,其他家庭群体尊重他们的活动范围。家庭是原始社会最基本的社会单位。同时,由于原始社会人们生产的有限和自然力的强大,原始社会的家庭生活也是十分强调和谐的,并且又把这种和谐的精神延伸到社会的各种行为中。在家庭里没有争吵,长者关心幼者,幼者也尊重长者。在生活中,大家共享财物,没有个人独占的倾向。原始社会家庭生活的这个特点也使得原始人十分重视儿童的和谐教育。教育儿童行为端正、友好待人、尊敬长者,儿童也努力使自己成为社会中举止正派的成员。③

5. 生活禁忌的教育

在史前社会生活中,长辈经常教育孩子要敬畏长老,注意对不洁之物和可憎之物的禁忌。在这种禁忌教育下,儿童逐步形成了对特殊的人物和事情的嫌恶及回避的观念。以后随着语言的发展,教育的形式也发生变化,传统的单纯模仿教育,又有了语言形式的补充。人们可以把传统的禁忌观念通过语言加以整理和系统化,让儿童记住,通过交谈、传播和说服,强化了对禁忌物的恐惧,逐步建立了对不准碰的东西和不洁东西的禁忌传统。史前社会生活禁忌教育的主要特点是让儿童要听从长辈的教导,服从传统的习俗;生活中必须按照长辈的教导和传统的习俗行事。④

---

① 夏之莲.外国教育发展史料选粹(上)[M].北京:北京师范大学出版社,1999:55.
② 夏之莲.外国教育发展史料选粹(上)[M].北京:北京师范大学出版社,1999:56.
③ [英]G.埃利奥特·史密斯.人类史[M].李申,等译.北京:社会科学文献出版社,2002:195.
④ 杨国章.原始文化与语言[M].北京:北京语言学院出版社,1992:209.

（二）史前社会儿童教育的方法

根据一些学者的研究,史前社会儿童教育的方法可以概括为以下几个方面。

(1) 从观察和模仿中学习。由于史前社会的教育还没有从其他活动中分离出来成为独立的活动领域,教和学是结合进行的,因此,儿童在小的时候主要在游戏中模仿成人的活动。如非洲儿童以模仿成人设置陷阱猎兽为游戏;美洲爱斯基摩儿童以仿照母亲为玩具娃娃做衣服为游戏。美国教育家孟禄(Paul Monroe)认为,史前社会的各个阶段,模仿一直是原始人社会生活中的重要手段。他指出,原始人的教育过程是从家族开始的,以后随着社会的发展有了一定的男女分工,并且这种分工已经成为实际教育的重要媒介,但是教育过程主要是一个无意识模仿的过程。这种模仿学习的主要特点是通过儿童观察和使用"尝试成功"的方法学习各种生活技能。

(2) 从传习和教导中学习。这主要指原始人重视对年轻一代的教育,利用实践过程以外的空间和时间,由老年人对儿童进行口耳相传的"传授"。

(3) 奖励和训诫。在史前社会,由于部落、地域之别,教育方法也有不同。如有的部落以表扬、鼓励、放任为主,有的以严厉的惩罚和恐吓为主,还有一些部落则侧重于劝诫、说服以及良好行为的榜样。[①]

(4) 集体活动教育。史前社会也重视通过集体活动对儿童学习和发展产生影响。如儿童只有当自己的行为得到大家尊重时,才能享受到成功的喜悦,而与集体的要求不相符,或遭到失败时就会感到不愉快。[②] 集体活动教育的目的是让儿童尽快融入集体中,成为集体中的一员。

第二节 古代东方国家的儿童教育

古代东方国家是人类文明最早的发源地之一,古代东方国家教育也是目前所知的人类最早出现的一种教育形态。一般来说,西方研究者在寻求西方文明的渊源和主题时,几乎无一例外地都从古代希腊开始。但在研究中,他们也发现无论在时间上,还是在空间上,希腊的文明并不是在真空中产生的,希腊的文明与东方的文明有重要的联系。用西方学者的话来说,"西方的遗产始于'文明的摇篮':古代的东方"[③]。

需要指出的是,这里所谓的古代东方国家主要是指公元前3000多年以前出现的古埃及、苏美尔、古巴比伦、希伯来等靠近西方的一些所谓近东(near east)的国家或民族。公元前3000多年,在两河流域产生了最早的文字,古埃及、苏美尔、古巴比伦、希伯来等国家的建立,促进了家庭制度的发展和学校制度的建立。了解这一时期东方国家的儿童教育主要通过儿童在家庭中的地位、儿童的特性以及成人与儿童的关系等来认识。

---

① 滕大春.外国教育通史(第一卷)[M].济南:山东教育出版社,1989:9-18.
② [美]佛罗斯特.西方教育的历史和哲学基础[M].吴元训,等译.北京:华夏出版社,1987:10.
③ Richard Q. Bell. Child Effects on Adults [M]. Wiley, 1977:6.

一、古代东方国家儿童的地位

在古埃及社会,尽管家庭承担着培养后代成社会合格成员的任务,但是教育却是整个社会和家族的责任。当时流传的一句谚语说:"培养一个儿童是整个村庄的责任。"而一个行为不良的儿童会给家庭,甚至整个家族蒙羞,因为一个孩子带有他的近亲的名字,他与这个家族是密不可分的。因此,古代埃及社会比较重视儿童的地位和教育。有学者曾认为:"在古埃及社会中,好的教育要比好的出身和财富更重要,因为真正的'人'是与教育密不可分的。"① 这一时期,古代埃及的儿童教育主要是家庭教育。在家庭教育中,古埃及人强调儿童应该受到关注,他们是家庭生活的积极参与者。古代埃及文学有这样一个记载,中古埃及(前2000—前1800)时期一个名叫席奴西(Sinuhe)的朝臣在离开王国很长一段时间回来时,迎接他的不仅有法老、王后,还有国王的孩子。在迎接活动中,孩子们发出喜悦的尖叫,并向席奴西展示自己的项链和玩具。这种描写家庭活动中孩子参与的情况也反映在一般的民众生活中。据记载,当一个埃及的船员要离家出海时,送行的人们对他说:"早点回来,早点回家,你会见到你的孩子。"② 有学者研究指出,古埃及人比较重视对儿童的养育及信息的保存。如当时的埃及王朝保留了所有儿童出生的记录。③

在苏美尔社会,儿童的地位主要通过成人的婚姻生活和家庭关系表现出来。如美索不达米亚文化④中的两个格言讲道:"根据你的选择娶一个妻子,按照你心中的愿望要一个孩子。""那些不能抚养妻子和孩子的人不能承受束缚。"⑤ 从这些格言可以看出当时儿童的地位和成人的责任,反映出儿童的存在和成长在成人生活中的重要性。

在古巴比伦,儿童也被看做社会的重要组成部分,并得到一定的法律保护。汉谟拉比法典(The Code of Hammurabi)中就有保证供应孩子养育的规定。如在古巴比伦,女子准备嫁妆的一个重要目的是为妇女生育和养育孩子进行准备。对于离婚的妇女,将退回她的嫁妆,并给一半的土地、果园和物品,使她能够养育自己的孩子。⑥ 同样,法律对于失去母亲的孩子也会提供一定的保护。例如,一个男子有了一个妻子,并且为这个男子生育了孩子。如果这个妻子死了,那她的父亲不能拥有她的嫁妆,而要留给孩子,因为这些东西是属于她的孩子的。

与史前社会的"杀婴"传统和习俗不同,古代东方国家人们对儿童地位的认识表现出另外一种极端的方式。如古代迦太基人(Carthaginian,前800—前150)的文化强调贵族的儿童要为上帝献身。在西西里岛受到敌人威胁时,迦太基人一次要杀死500

---

① Magnus O. Bassey. Western Education and Political Domination in Africa [M]. Bergin & Garrey, 1999:16.
② Richard Q. Bell. Child Effects on Adults [M]. Wiley, 1977:7.
③ Richard Q. Bell. Child Effects on Adults [M]. Wiley, 1977:7.
④ 美索不达米亚为古希腊人对两河流域,即幼发拉底河和底格里斯河的称谓,为"两河流域的地方"。地域大体在今伊拉克境内,经历了苏美尔、巴比伦、亚述等时期。最早在公元前3000年建立国家。
⑤ Richard Q. Bell. Child Effects on Adults [M]. Wiley, 1977:7.
⑥ Richard Q. Bell. Child Effects on Adults [M]. Wiley, 1977:7.

个贵族儿童,以作为反抗敌人的祭祀活动。① 显然,这种活动对于儿童本身是残酷的,但另一个方面也反映了儿童献祭活动成为一个国家或阶层的荣誉象征,以及儿童作为独特力量的体现。儿童的地位正是通过这种以生命献祭的方式得到社会的承认和尊重。

在早期希伯来人的家庭中,以父权为中心的家长制占有绝对的地位。其中《摩西十戒》(Ten Commandments)就明确规定了妻子为丈夫的财产,子女一切听命于父亲。父亲在家庭中既是家庭的祭司,又是子女的教师。在家庭教育中,培养宗教信仰为主要目标,《圣经·旧约》成为学习内容。这种经典的学习,是把知识的传授与宗教感情的培养结合起来。希伯来人认为,不信仰上帝则是罪恶,而没有知识的人是不能真正信仰上帝的。随着希伯来社会和文化的发展,希伯来的家庭关系和儿童地位也发生变化,开始强调子女非父母私有,而是未来天国的公民,具有独立的人格。幼儿和儿童也被看做是将来的希望,同时还把男性儿童作为家庭的延续者和保存者。

从以上东方国家对儿童地位的认识可以看出,儿童已经出现在家庭生活的许多场合,成为家庭生活中不可缺少的角色,成为连接家庭现在和将来的重要纽带。当然,男孩在家庭中的地位要比女孩更重要。

二、古代东方国家儿童的特性和教育

1. 对儿童特性的认识

在古代东方国家中,虽然人们看到了儿童的重要性和有被保护的需要,但与史前社会一样,这一时期人们对儿童的特性也缺乏比较清晰的认识。从许多研究者的材料来看,古代东方人一般都把儿童看做是没有能力的、不会管理自己事务的人。儿童在法律上必须由成人,通常是父亲所代表。由于儿童的弱小,在大多数情况下,父亲成为孩子的重要权威,甚至是绝对的权威。

当然,不同的文化也有不同的特点。在古巴比伦文化中,保护儿童的利益成为重要的特色。如在《汉谟拉比法典》中不仅有利用母亲的嫁妆保护儿童的规定,还有保护被收养儿童的权利的内容。如规定儿童有不为他们的生身父母收回的权利,以及他们的养父母一旦有了其他孩子以后,保护养子或养女仍有继承遗产的权利。而在另外一些民族中,如亚述人,以及早期的希伯来人,就允许父亲严格控制他们的孩子。孩子可以被杀掉,也可以作为债务抵押或公开出售,或剥夺他们的继承权。

儿童发育到一定时期有脱离母亲身体的需要。这一特征在史前儿童教育中就已经发现,但在东方古代国家中,创造出特殊的手段来满足儿童的这种需要是幼儿教育的一大进步。如对于很小的孩子,母亲开始尝试用奶瓶来喂养。不过在大部分的民族中,无论是母亲还是奶妈,用母乳喂养一直是非常普遍的。在满足和方便孩子的活动上,古埃及妇女还发明了把婴儿放在摇篮里照顾的方法。②

---

① Richard Q. Bell. Child Effects on Adults [M]. Wiley, 1977:7.
② Richard Q. Bell. Child Effects on Adults [M]. Wiley, 1977:8.

古代东方人也看到了儿童有情感上的需要。有许多材料表明成人经常用亲切和喜爱的方式对待儿童。如在亚述,家庭成员在早上用相互亲吻作为问候的一部分。在埃及的绘画里也有显示母亲对孩子温暖和体贴的场面。而在苏美尔人的谚语中还有"爱心可以建立家庭,仇恨可以毁掉家庭"的说法。在这里,母亲和孩子的关系成为儿童教育的一个重要内容。有研究者指出,人类所记录的历史上第一次发现所谓"自由"的词汇出现在苏美尔文学中,而这一词汇与母亲有重要的联系。"freedom-amargi"在文学上意味着"回到母亲"(return to the mother)。"amargi"这一词表明苏美尔社会对母亲的态度,即母亲是一个可以使人得到保护、安全、自由,没有约束和限制的人。① 苏美尔文化中把"自由"一词与母亲联系在一起,可以看出这一时期母亲与孩子之间的重要关系,母亲是可以让孩子无拘无束、放松心情依靠的人。

2. 儿童教育的内容和方法

古代东方国家儿童教育也已经有了比较丰富的内容和方法,其中游戏是重要的内容。如在古埃及的绘画中,有儿童玩球和跳跃的游戏。而在亚述文化中,则有模仿战争的游戏。如男孩从三岁起,便有人教他们骑马,使用弓箭、靶子作为玩的东西。儿童在进入学校前,这些激发他们战斗欲望的游戏便成为学习的主要内容。

在教育方法上,古代东方国家的儿童教育比较注重对儿童的控制和管理。在家庭里,婴儿一般被称为"吃奶的孩子",交给母亲,直到三岁左右断奶。断奶以后,他就不再是婴儿,而交给父亲,由父亲来负责他的教育。一位苏美尔的父亲说:"如果不监督我的儿子,我就不配做人。"②而对孩子的管理明显地表现在儿童进入学校前后。在古代东方国家教育中,对孩子严格管理,采用纪律约束孩子的行为是许多民族都十分强调的,而这些纪律的本质是严厉的、漠视儿童本性的。如在希伯来的《格言集》中就有"驯马用皮鞭,管驴用笼套,教儿用棍棒"的内容。而在埃及,流行的谚语是"儿童的耳朵长在他的背上,你打他就听见了"。

古代东方国家儿童教育上重视纪律和严格管理的原因是:认为儿童是缺乏自我控制的,有不守秩序的倾向,他们没有能力或不愿意安静地坐着,需要一定的约束。当然,在教育中人们也看到了儿童学习的一些特点,如希伯来人把儿童的学习分为四种:(1)海绵,什么都吸收;(2)风洞,一边进,一边出;(3)漏勺,漏掉汁液,剩下渣滓;(4)簸箕,去掉粗壳,留下细粒。③ 需要指出的是,这是一个比较形象的对儿童学习情况的描述。可以看出,古代教学的过程主要是知识传授和灌输的过程,但是儿童的学习状态各有不同。如在学习上,有的全部接受,有的不注意听讲,有的不知道把握重点,等等。这反映出古代希伯来人对儿童学习情况的细致观察。

---

① Richard Q. Bell. Child Effects on Adults [M]. Wiley, 1977:9-10.
② [法]安德烈·比尔基埃,等.家庭史:遥远的世界,古老的世界(上册)[M].袁树仁,等译.北京:三联书店,1998:178.
③ 马骥雄.外国教育史略[M].北京:人民教育出版社,1991:23-24.

 **本章小结**

　　史前社会是人类历史上最早的社会形态,史前社会的教育反映了史前社会的基本特征。从对史前社会的研究来看,史前社会中儿童的地位还是有限的。当然只要儿童能够存活下来,他们就会得到一定的照顾,也会有较好的成长。史前社会的男女儿童之间虽然存在地位上的不同,但他们已经成为维系家庭和父母关系的重要纽带。在史前社会,由于儿童生活在成人的生活中,成人对儿童特性的认识往往是不够的。但是已经反映了儿童教育的一些基本情况,即儿童的成长是需要母亲的精心养育和照顾的;儿童的养育和照顾并不是以剥夺儿童的自由活动为代价的。在史前社会,儿童教育的内容和方法是较为丰富和多种多样的。史前社会的生产技能教育、生活习惯和品质教育、财产教育、生活禁忌教育,以及模仿学习的方法等成为儿童教育的重点。它是与原始人的生产和日常生活密切联系的。

　　古代东方国家的儿童教育在许多方面继承了史前社会儿童教育的传统,也形成一些新的特征。在史前社会,儿童的生活是与成人社会和生活紧密联系的,带有许多成人生活的特点,儿童往往成为成人社会和生活的牺牲品。而在古代东方国家,儿童的地位发生一些新的变化。儿童与家庭生活,与父母关系更为密切。虽然东方社会存在着由于战争需要,贵族儿童要为国家献祭而失去自己生命的情况,但它在一定程度上反映了社会对儿童地位和荣誉的一种独特的尊重,它比史前社会那种随意处置儿童生命的做法有了一定进步。当然,从整体上看,儿童的地位与成人相比,女孩的地位与男孩相比,并没有实质性的变化。

　　古代东方家庭关系的稳定也形成了稳定的亲子关系。这产生了两个方面的影响:一是父母较为关心儿童的存在和成长,可以为孩子提供较好的条件;二是父母也会对儿童的成长提出较多的要求,外部的管理更为严格,特别是在知识学习方面。在成人看来,儿童是缺乏自我控制的,有不守秩序的倾向,没有能力或不愿意安静地坐着,因此需要一定的外部约束。这种认识与儿童学习文字和语言有关,也影响了以后人们对语言学习和学校教育的认识。

　　古代东方家庭的父母在关注儿童成长的同时,也关注儿童发展中的情感需要。家庭成员的问候、对家庭和谐的渴望,以及与母爱相联系的"自由"概念的出现等,这些都表明家庭亲情,特别是母爱和宽容在孩子成长中的重要作用。古代东方国家儿童教育中值得关注的是一些国家法律中有关儿童保护条款的出现。虽然这些条款主要是用来保护成人的,但由于这个时期儿童生活与成人生活在许多方面是密切联系、没有完全分开的,因此客观上起到了保护儿童的作用。

自我评量

名词解释

1. 模仿学习   2. 生活禁忌教育

简述题

1. 如何认识史前社会儿童的特性？
2. 简述古代东方国家儿童教育的内容和方法。

论述题

1. 如何认识史前社会儿童的地位？
2. 评析史前社会儿童教育的内容和方法。

第二章 古希腊和古罗马的学前教育

 **学习目标**

本章主要包括古希腊和古罗马的学前教育。通过本章的学习,把握关于这两个国家儿童的地位和儿童特性的观点,以及教育家关于儿童发展阶段、儿童教育的内容和方法的认识。可以通过对比古代东方国家的儿童教育来认识古希腊和古罗马的儿童教育的特点。

古希腊和古罗马教育一般被认为是西方教育的起源,后来西方教育发展所思考的问题几乎都在这一时期找到源头。古希腊和古罗马学前教育是古希腊教育和古罗马教育的重要组成部分,因此了解古希腊和古罗马学前儿童教育可以帮助我们更好地认识西方学前教育的形成和发展。

第一节 古希腊的学前教育

古希腊位于欧洲南部,其地理范围以希腊半岛为中心,包括爱琴海、爱奥尼亚海的岛屿、今土耳其西南沿岸地区以及意大利南部和西西里岛东部沿岸地区。古希腊文化和教育的发展大体可以划分为三个阶段:(1) 荷马时代(前1100—前800年);(2) 城邦制时代,包括古风时代(前800—前500年)和古典时代(前500—前330年),其中斯巴达教育和雅典教育是希腊城邦制时代最具代表性的两种教育类型;(3) 希腊化时代(前330—前30年)。

在古希腊社会,人们也十分重视对儿童的认识和教育,与史前社会和古代东方国家相比,希腊人的认识范围和深度更突出些。

一、古希腊社会儿童的地位

与希伯来人一样,古希腊人也强调通过儿童把自己与未来联系起来。例如,斯巴达人实行严格的"优生"和"优选"制度。男女青年在结婚前,一定要具备两个条件:一是身体健康;二是精神也要健康。孩子出生后,由长老代表国家检查新生儿的体质情况。只有那些体质健康的新生儿,才被允许抚养,而身体羸弱和有残疾的新生儿则被弃之荒野。实行身体检查的目的在于,保证斯巴达种族在体质上的优越性,有利于培养国家和民族未来的战士。

由于把儿童看成是自己与未来的连接,古希腊人也强调儿童是将来文化和文明的承担者。从当时的情况看,希腊的立法者和哲学家都比较关注对儿童和青年人的教育和训练。与其他社会不同,希腊社会的教育目标是文化的,而不是实践或职业的。特别是随着城邦的建立,为了培养公民的需要,希腊的教育目的强调要为儿童能够参与公众生活而发展儿童的道德品格。为此,希腊人在学前教育中还专门设置了一个特殊的职位——"教仆",其基本职能是保护和监督儿童的道德品质。

古希腊人也看到了儿童在家庭中的地位和价值。在荷马时代早期,希腊人就认为没有孩子的家庭是"不完整"的。这一观念一直影响到公元前4世纪。当时,一些哲学家就坚持"完整"意味着一个家庭必须有孩子。孩子的存在不仅意味着家庭的"完整",还意味着家族的"延续"。在希腊人看来,一个家庭有一个亲生的或收养的儿子来延续香火是最重要的。因此,孩子出生以后,给孩子起名和被家人接受被看做家庭的大事。一旦孩子被家庭接受,这个家庭就必须养育他,并保证孩子的安全和地位。希腊人对儿童的重视还表现在一些突发情况下。如在伯罗奔尼撒战争中,为了儿童的安全,希腊人把他们疏散到黑海附近的地方。

当然,与古代社会其他国家一样,希腊社会也存在杀婴的现象,这种情况在斯巴达比较突出。据国外一些研究者分析,其原因主要有三个方面:第一,一些病弱的、残疾的儿童、私生子和被遗弃儿童成为杀婴的来源;第二,社会很少对杀婴现象以谋杀罪公开定罪;第三,古代社会的法律和文化存在赞成杀婴的倾向。① 也有些学者认为斯巴达已经具有较高水平的优生学的制度。② 我国学者则认为,由于古代人不能掌握避孕的手段,在生产水平仅能维持氏族生存的情况下,杀婴成为控制人口的唯一办法,导致了人们对后代的第一次选择。③

二、古希腊社会儿童的特性

与古代东方国家教育相比,关于儿童的特性,希腊人已经有了比较清晰和细致的认识。他们已经看到成人与儿童有身体上的区别。如幼儿有"明亮的眼睛""光滑的皮肤"。④ 由于幼儿身体弱小,更需要加以保护。为此,柏拉图(Plato,前427—前347)要求"孩子生下后,应该把他像一块蜡那样造型,因为孩子仍旧是软弱的,并在头两年好好地把孩子包裹起来"⑤。

希腊人也看到了儿童情绪和行为上的特性。亚里士多德(Aristotle,前384—前322)指出:"孩童们与生俱来地具有愤怒、意愿以及欲望。"⑥有研究者概括了希腊人发现的儿童的一些特性。认为儿童是未成熟的或能被塑造的、缺少道德的、容易受影响的、无知的、容易受骗的;缺乏力量的、不会讲话的和虚弱的;受惊吓易恐惧的和爱哭的;愉快的、有感情的、快乐的和高兴的;任性的或难以控制的、粗野的、顽固的和野蛮的;爱模仿

---

① Richard Q. Bell. Child Effects on Adults [M]. Wiley, 1977:12.
② V. Celia Lascarides, Blythe F. Hinitz. History of Early Childhood Education[M]. Falmer Press, 2000:5.
③ 吴式颖,等. 外国教育史简编[M]. 北京:教育科学出版社,1995:7.
④ Richard Q. Bell. Child Effects on Adults [M]. Wiley, 1977:13.
⑤ 柏拉图. 法律篇[M]. 张智仁,等译. 上海:上海人民出版社,2001:205.
⑥ 亚里士多德. 政治学[M]//姜勇. 国外学前教育学基本文献讲读[M]. 北京:北京大学出版社,2013:18.

的、天真的和有想象力的。①

与古代东方国家不同的是,在关于儿童各种特性的描述中,可以看出希腊人对儿童认识已经形成了三个价值系列:一个系列是倾向于把儿童看成是积极的个体,如儿童是快乐的、有感情的、喜悦的和可爱天真的。第二个系列是把儿童看成是消极的个体,如儿童是任性的、粗野的和野蛮的,是不能够安静坐下来保持注意的。因此,在儿童教育中,希腊人比较关注对儿童的纪律和控制问题。第三个系列是中性的价值系列,认为儿童身上具有"未成熟的""可塑的""无知的""易受影响的""爱哭的"等特性。这种中性的价值系列与前面两个价值系列相比没有明显的倾向性,但在实践中容易被成人利用来教育或者约束儿童,导致消极的做法。如成人可能利用儿童的这些特性,通过一些鬼怪或其他可怕的动物来恐吓儿童,并有惩罚儿童的错误行为。有学者指出,尽管希腊人看到了儿童特性的消极方面并有利用的可能,但他们没有把儿童看成是残忍的和恶毒的。②

由于儿童的身体缺乏力量,希腊人看到了儿童渴望父母的爱和被保护的需要。希腊文学里有许多关于大人对儿童的爱、身体接触和拥抱的描写。

同时,由于儿童具有任性和难以控制的特性,希腊人也强调儿童需要纪律的管束。但一些研究者也指出,希腊人关于儿童需要纪律管束的观点与后来的清教纪律相比,是属于教育性的。在清教的传统中,打骂和惩罚儿童是应当的,因为它可以把先天的、任性的原罪驱赶出来。而这种严厉的纪律在希腊人的思想中似乎是缺乏的。希腊人在对儿童进行纪律教育时,一般是讲究温和,严厉的打骂比较少。纪律教育很少有对恶行的惩罚,主要是通过严密的监督以保证儿童有适当的发展和成长。③

需要指出的是,从对儿童"无知的"特点认识出发,希腊人提出了"白板说"(tabula rasa),主要代表人物是亚里士多德。他认为,人的灵魂正如什么也没有写上的一张白纸,一块白板,它能接受对象的知识。④ "白板说"思想构成了希腊教育思想的重要基础之一。在希腊人看来,儿童是无知的,他们的知识是后天获得的。希腊哲学家伊比克底特(Epictetus)依据"白板说"思想提出了他的教育观点。他说:"什么是儿童?无知;只要他们学了知识,就不比我们差。"⑤在希腊人看来,知识的缺乏是儿童与成人的最大区别。这容易使儿童受影响和受骗。因此,他们特别强调通过给儿童讲一些正面的故事和寓言,使儿童精神振奋向上,避免对不道德行为的赞美。

不过也应该指出,虽然希腊人看到了儿童的一般特性,但有时他们会把这些特性与儿童将来发展为成人的目的联系起来,带有一定功利性。如对儿童游戏的认识。在一些人看来,儿童对游戏的需要不在游戏本身,而在于通过游戏可以使他们更好地发展为成人。柏拉图在《法律篇》中就谈道:"为了形成3—6岁儿童的性格,需要游戏。……这个年龄阶段的儿童有先天的游戏的需要。当他们在一起游戏时,他们会在游戏中发现自

---

① Richard Q. Bell. Child Effects on Adults [M]. Wiley, 1977:14.
② Richard Q. Bell. Child Effects on Adults [M]. Wiley, 1977:15.
③ Richard Q. Bell. Child Effects on Adults [M]. Wiley, 1977:16.
④ 吴式颖. 外国教育史教程[M]. 北京:人民教育出版社,1999:73.
⑤ Richard Q. Bell. Child Effects on Adults [M]. Wiley, 1977:14.

己。……我断言,在每一个城邦里都存在忽视儿童游戏的问题。当制定法律时,对游戏进行立法是非常重要的。当游戏是按规定并安全进行时,儿童会在同样条件下,高兴地用同样的方式,同样的玩具玩同样的游戏,游戏体现了不受妨碍的法律。"①在柏拉图看来,游戏应当与作为成人将来思考和行动的方式联系起来,城邦应当为游戏立法。需要指出的是,柏拉图关于游戏的观点只是一家之言。在另外一些希腊人看来,游戏是儿童本性的一部分,玩耍是儿童的需要。柏拉图把儿童游戏赋予一种成人的功利性的价值,是一种以成人方式对待儿童行为的反映。这与他的国家教育思想体系是一致的。

总之,与古代东方国家一样,希腊人把儿童看成是家庭和事业的重要组成部分,看成是希腊文化未来的承担者,强调儿童的地位和重要性,并为此提供好的条件,满足儿童的一些需要。但另一个方面,希腊人也看到了儿童多方面、复杂的特性,主张在教育上要很好地利用这些特性,温和地对待孩子。

三、古希腊教育家论学前儿童教育

在古希腊学前儿童教育中,学者们的最大贡献是对儿童发展和教育有比较细致和丰富的认识;一些学者还对儿童的发展阶段进行了划分。这里重点分析柏拉图和亚里士多德关于学前儿童教育的论述。

(一) 柏拉图关于学前儿童教育的论述

柏拉图是希腊著名的哲学家,客观唯心论的奠基人。他出生于雅典贵族家庭,青少年时期曾学习文学、音乐和绘画,并创作了大量文学作品。20 岁后跟随苏格拉底学习,前后 8 年。苏格拉底去世后,他离开雅典,四处游历。公元前 387 年,柏拉图在雅典创办学园,收徒讲学,培养了包括亚里士多德等一大批学生。在那里柏拉图长期讲学近 40 年,直到逝世。

柏拉图非常重视学前儿童的发展与教育问题,在其著作《理想国》《法律篇》,特别是在《法律篇》中有比较详细的论述。

1. 关于教育在儿童发展中的作用

柏拉图指出:"教育是从童年期所接受的一种美德的教育,这种训练使人们产生一种强烈的、对成为一个完善的公民的渴望,这个完善的公民懂得怎样依照正义的要求去统治和被统治。"②当然,他也看到了人与人的差异。他认为"对一切人的不加区别的平等就等于不平等"③。这个观点在今天来看仍然具有重要价值。

柏拉图认为,儿童教育非常重要,不应草率对待。他说:"人是一种'驯养'的动物,如果他受到一种良好的教育并碰到合适的自然环境,他易于成为一种最神圣和最有礼貌的生物。但是养育只要是不适当的或者作了误导,那么他将成为世界上最野蛮的动物。……因此,不应该草率地对待儿童的教育,或者把它看做是次要的事情。"④在他看

---

① 柏拉图.法律篇[M].七卷.张智仁,等译.上海:上海人民出版社,2001:215.
② 柏拉图.法律篇[M].一卷.张智仁,等译.上海:上海人民出版社,2001:27.
③ 柏拉图.法律篇[M].六卷.张智仁,等译.上海:上海人民出版社,2001:168.
④ 柏拉图.法律篇[M].六卷.张智仁,等译.上海:上海人民出版社,2001:178.

来,好的教育可以引导儿童向善,坏的教育会引导儿童向恶。"一切人类活动都是由需要和欲望激发起来的。给个人一种正确的教育,这些本能就会引导他向善,但给他的教育不好,他的结局将是另外一个极端。"①

2. 在新生命的初期阶段,要重视父母的怀孕和胎教

柏拉图指出,父母在希望要孩子时应该清醒自己的行为。"孩子不应该在父母的身体处在酒醉后逐渐醒来时被怀胎。受胎、结胎、胎儿都要结实。胎儿的发育要有序而不受干扰。醉鬼是生不出身心健全的孩子,这种孩子不可信任,都有邪恶的性格,完全有可能身体也是畸形的。"②婴儿出生以后,柏拉图认为"第一年是我们一生的开端。每个男孩和女孩出生的那一年,该在家庙的'出生'栏下记录下来"③。

3. 重视保姆在儿童养育中的作用

关于保姆在养育孩子中的作用问题,柏拉图提出了许多原则,包括孩子生下后,应该把他像一块蜡那样造型,因为孩子仍旧是软弱的,并在头两年好好地把孩子包裹起来;保姆要做到,让孩子经常被带往农村、庙宇或亲戚家,直到他们成长得足以用自己的两条腿站立起来;保姆要一直带到3岁,使孩子避免由于经受太大压力以致幼嫩的四肢弯曲;保姆尽可能身强力壮,而且人数要多。④

为了使儿童得到更好发育,柏拉图还提出了保姆观察和判断儿童需要的方法。他说:"一个保姆试图想发现孩子想要什么,她就得从对给他的东西所做出的那些反应中来判断。如果孩子一声不响,说明她给他的东西正是他想要的。相反,大哭大喊则说明给错了东西。显然,眼泪和大叫大喊正是孩子表示他喜欢和不喜欢的方法。"⑤

4. 重视法律、纪律、监管在儿童早期发展和教育中的作用

在柏拉图看来,儿童的成长并不是完全任性和自由的,应该加强法律和纪律的作用。柏拉图指出:"法律是整个社会框架的粘合剂,把一切成文的和制定了的法律同还没有通过的法律联系起来。法律、习惯、政制,都是把国家粘合在一起所需要的,并且每种规范都永远是相互依存的。……如果这些制度受到小心谨慎和有条不紊的遵守,到了3岁的时候,一个男孩或女孩的早期训练就会得到这一制度的巨大帮助。"⑥纪律在儿童的成长中也具有重要的作用。"一个孩子在4岁、5岁、6岁,甚至7岁时,他的性格应该在玩耍的时候形成起来。我们不应该去损害他,而应求助于纪律,但要有分寸,不得羞辱他。"⑦

5. 儿童须到神庙接受教育,由保姆看管和由选出的妇女实施监督

"所有的孩子,从3岁到6岁,都得集合在村庄的神庙里——每个村庄的孩子都聚集在同一个地方。由保姆看管,保持良好的秩序,不得干坏事。保姆同她们的孩子群作为

---

① 柏拉图.法律篇[M].六卷.张智仁,等译.上海:上海人民出版社,2001:200.
② 柏拉图.法律篇[M].六卷.张智仁,等译.上海:上海人民出版社,2001:190.
③ 柏拉图.法律篇[M].六卷.张智仁,等译.上海:上海人民出版社,2001:202.
④ 柏拉图.法律篇[M].七卷.张智仁,等译.上海:上海人民出版社,2001:205.
⑤ 柏拉图.法律篇[M].七卷.张智仁,等译.上海:上海人民出版社,2001:208.
⑥ 柏拉图.法律篇[M].七卷.张智仁,等译.上海:上海人民出版社,2001:210.
⑦ 柏拉图.法律篇[M].七卷.张智仁,等译.上海:上海人民出版社,2001:210.

一个完整的整体,都受为实施监督而选出来的12个妇女的监督。"① 这一思想与学前儿童家庭教育有很大不同,可以说是教育史上最早提出通过家庭外机构对儿童实施学前教育的主张。

6. 男女儿童应有不同的教育

柏拉图认为:"当男孩和女孩到了6岁时,男女就应该分开;男孩同男孩一起过日子,女孩同女孩一起过日子。每个人都得上课。男孩到骑术、射箭、掷标枪和投石器的教师那里去。女孩如果同意,也可以去。"②

7. 要对儿童游戏进行立法

游戏活动在一些古代东方国家儿童教育中也可以看到,但是主张对儿童游戏进行立法的做法是不多见的。柏拉图要求对儿童游戏立法的目的主要是希望成人能够控制儿童的游戏,使儿童"根据同一规则在相同情况下做同一些游戏"③。与此相关,柏拉图反对在儿童游戏中引进新的东西。理由是"如果把新的东西引进儿童的游戏中,他们就会不可避免地变成同上一代完全不同的人"④。柏拉图为儿童游戏的立法思想与他强调不变的"理念论"和教育国家化思想是一致的。在他看来,经常变化会带来不稳定。稳定高于变化,国家重于个人。因此,在教育上他要求:"儿童们不允许根据他们父亲的一个念头上学或者不上学。只要有可能,'每个人'必须强迫接受教育,因为他们首先属于国家,其次才属于他们的父母。"⑤

(二) 亚里士多德关于学前儿童教育的论述

亚里士多德,古希腊哲学家、思想家和教育家。公元前367年,他师从柏拉图,在柏拉图的学院学习和从事教学工作长达20年。虽然亚里士多德与柏拉图有师承的关系,但他们的思想并不完全一致,亚里士多德曾经说过:"我爱我师,我更爱真理。"对真理的追求成为古希腊以来西方文化的传统。公元前342年,亚里士多德担任马其顿王子亚历山大的家庭教师。公元前335年,他在雅典创办"吕克昂学园",招生授徒、著书立说。亚里士多德一生著述丰富,涉及哲学、政治学、物理学、伦理学、逻辑学、植物学、文学等,被誉为古代百科全书式的思想家。他的学前儿童教育思想主要反映在《政治学》和《伦理学》等著作中。

1. 理性主义的教育观

亚里士多德的教育思想可以称为理性至上的教育观。在他看来,人之所以为善主要出于三端。"这三端为[出生所禀的]天赋,[日后养成的]习惯,及[其内在的]理性。"⑥ 人的天赋是一种自然品性,最初对社会不发生作用。而后天的习惯可以改变天赋使人向善或从恶。除了天赋和习惯外,人类还具有所独有的理性。亚里士多德认为,天赋、习惯

---

① 柏拉图.法律篇[M].七卷.张智仁,等译.上海:上海人民出版社,2001:211.
② 柏拉图.法律篇[M].七卷.张智仁,等译.上海:上海人民出版社,2001:211.
③ 柏拉图.法律篇[M].七卷.张智仁,等译.上海:上海人民出版社,2001:215.
④ 柏拉图.法律篇[M].七卷.张智仁,等译.上海:上海人民出版社,2001:217.
⑤ 柏拉图.法律篇[M].七卷.张智仁,等译.上海:上海人民出版社,2001:225.
⑥ 亚里士多德.政治学[M].吴寿彭,译.北京:商务印书馆,2009:390.

和理性须相互和谐,才能有利于人类发展。在三者关系中,理性的地位最重要,是三者的根本。如果三者不和谐,"宁可违背天赋和习惯,而依从理性,把理性作为行为的准则"①。

2. 思想是行为的先导

在谈到思想与行为的关系时,亚里士多德认为思想是行为的先导。在他看来,思想可以指向外物,也可以指向自身,但"不能说人的思想只在指向外物,由此引起他对外物的活动时,才说他正在有所思想。思想要是纯粹为了思想而思想,只自限于它本身而不外向于它物,方才是更高级的思想活动。善行是我们所要求的目的;当然我们应该做出这样或那样表现我们意旨的行为。但就以这些外现的活动为证,也充分确切地表明思想为人们行为的先导。思想既然本身也是一种活动(行为),那么,在人们专心内修、完全不干预他人时,也是有为的生活实践。"②

3. 儿童的养育过程应有益于理性的形成

亚里士多德指出:"人生的经历,有如一切生物的创生程序,其诞生必先有所因,[始于父母的婚配而后有胎婴这个后果,但这一后果]既诞世而为人,则以此作为起因,又当各有其后果(目的):操修理性而运用思想正是人生至高的目的。……就创生的程序而言,躯体先于灵魂,灵魂的非理性部分先于理性部分。情欲的一切征象,例如愤怒、爱恶和欲望,人们从开始其生命的历程,便显见于孩提;而辩解和思想的机能则按照常例,必须等待其长成,岁月既增,然后日渐发展:这些可以证见身心发育的程序。于是,我们的结论就应该是:首先要注意儿童的身体,挨次而留心他们的情欲境界,然后才及于他们的灵魂。可是,恰如对于身体的维护,必须以有造于灵魂为目的,训导他们的情欲,也必须以有益于思想为目的。"③

4. 关于孕妇养护、婴儿哺育、儿童营养、儿童的日常生活管理、教育立法等具体的主张

(1) 关于孕妇的养护。亚里士多德指出:"孕妇要注意自己的身体;进行经常的操练,摄取富于滋养的饮食。立法家可以规定孕妇们每日须到专司育儿的女神坛庙进香一次,养成她们经常运动的习惯。但思想不同于身体,孕妇应避免劳神苦思,保持安静的情绪;因为胎婴在妊娠期间恰好像植物对于土壤那样,显然要从母体吸收其生长所需的物质的。"④

(2) 关于婴儿的哺育。亚里士多德主张:"新生的婴儿应该悉予哺养,抑或有些可以暴弃?这当然可以订立法规,凡属畸形与残废的婴儿禁止哺养。另一方面,在社会风俗不愿意无限制地增殖的各城邦中,又该有相反的法规,禁止各家为减少人口而暴弃婴儿至于死亡。各家繁殖的子嗣应有一定的限数,倘使新娠的胎婴已经超过这个限数,正当的解决方法应在胚胎尚无感觉和生命之前,施行人工流产(堕胎)。堕胎的或不渎神(不

---

① 亚里士多德. 政治学[M]. 吴寿彭,译. 北京:商务印书馆,2009:390.
② 亚里士多德. 政治学[M]. 吴寿彭,译. 北京:商务印书馆,2009:357.
③ 亚里士多德. 政治学[M]. 吴寿彭,译. 北京:商务印书馆,2009:401.
④ 亚里士多德. 政治学[M]. 吴寿彭,译. 北京:商务印书馆,2009:405.

悖伦)或为渎神(悖伦)当以感觉和生命之尚未显现或业已存在为判别。"①在这里,亚里士多德提出的为幼儿哺养制定法规的思想值得注意。婴儿的出生确实存在畸形和残疾的问题,也存在由于风俗习惯的影响而随意处置婴儿的现象。为了制止这些随意的行为,进行一定的规范是必要的。从亚里士多德的观点可以看出当时的雅典社会在规范幼儿养育方面已经考虑到法律的作用。当然,这种考虑更多还是从成人社会的需要出发,还没有注意到儿童生命的重要。

(3) 关于儿童的营养问题。亚里士多德提出了许多重要的建议。他认为:"无论从动物界方面来看或鉴于那些力求其子嗣体魄强壮而健斗的野蛮民族所施行的实例,都是明确的,乳类最适宜于儿童身体的发育。如欲免于疾病,应戒儿童饮酒以愈少为愈好。及时诱导孩儿作适宜于他们肢体的各种活动是有益的。"②同时,他也指出:"让婴孩尽早训练成耐冷的习惯也是有益的;这种习性既可促进健康,也可作为长大后征入军役的先期锻炼。……凡在儿童身上可能培养的习惯,都应及早开始,然后渐渐加强这些训练。儿童的体质富于内热,自然适于耐寒训练。"③

亚里士多德认为,婴儿期的保育主要是身心的教育,不可进行功课学习和劳作活动。如果要进行活动也要有利于幼儿的身体。他说:"从婴儿期末到五岁止的儿童期内,为避免对他们身心的发育有所妨碍,不可教他们任何功课,或从事任何强迫的劳作。但在这个阶段,应使进行某些活动,使他们的肢体不致呆滞或跛弱;这些活动应该安排成游戏或其他的娱乐方式。"④

(4) 关于儿童的游戏。亚里士多德提出的一些要求与柏拉图有相似的方面,如游戏与成人的关系;但是也有不同的地方,如关于是否禁止儿童号哭。他认为:"儿童游戏要既不流于卑鄙,又不致劳累,也不内涵柔靡的情调。……有些人企图在他们的礼法中禁止孩儿放声号哭;这是不正确的。孩儿的号哭有如成人的逆气蓄力那样扩张肺部,确实有助于儿童的发育。"⑤

亚里士多德还重视七岁以前儿童日常生活管理中的"教育监导"作用,强调要监督儿童的行为,防止他们染上恶习。他指出:"教育监导应注意儿童日常生活的管理,尤应注意不要让儿童在奴隶们之间消遣他们的光阴。凡儿童在七足岁以下这个时期,训导都在家庭中施行;这个时期容易熏染,任何卑鄙的见闻都可能养成不良的恶习。所以,立法家的首要责任应当在全邦杜绝一切秽亵的语言。人如果轻率地口出任何性质的恶言,他就离恶行不远了。对于儿童,应该特别谨慎,不使听到更不使口出任何恶言。……人在幼时,务使他隔离于任何下流的事物,凡能引致邪恶和恶毒性情的各种表演都应加以慎防,勿令耳濡目染。已经安全地渡过了开始的五年,儿童就可以在往后的两年,即到七周岁为止,旁观他人正在从事而他们将来也应从事的各种功课和工作。"⑥

---

① 亚里士多德.政治学[M].吴寿彭,译.北京:商务印书馆,2009:406.
② 亚里士多德.政治学[M].吴寿彭,译.北京:商务印书馆,2009:407-408.
③ 亚里士多德.政治学[M].吴寿彭,译.北京:商务印书馆,2009:407-408.
④ 亚里士多德.政治学[M].吴寿彭,译.北京:商务印书馆,2009:408-409.
⑤ 亚里士多德.政治学[M].吴寿彭,译.北京:商务印书馆,2009:408-409.
⑥ 亚里士多德.政治学[M].吴寿彭,译.北京:商务印书馆,2009:409-411.

从以上柏拉图和亚里士多德关于学前儿童教育的论述可以看出,古希腊教育家比较重视儿童"自然发展"和教育的过程。在他们看来,幼儿阶段以健康和天赋为主,应重视身体养育;儿童阶段以情欲和习惯为主,应重视行为教育;青年阶段以思辨和理性为主,应重视哲学教育。虽然思辨和理性是儿童发展的高级阶段,但一定要从小打下基础。同时,也重视教育的社会化和国家化问题,这在其他国家的学前教育中是少见的。

四、古希腊社会对儿童与成人关系的认识

古希腊社会对儿童与成人关系的认识主要指对儿童对成人行为的影响的认识。从古希腊人对儿童地位、特性、儿童教育的内容和方法的认识可以看出儿童对成人是有一定影响的。在希腊人的认识中,他们已经意识到成人,包括父母、保姆、监护人和教师等,通过一定的方式对儿童的行为做出反应。在这些反应中,对儿童基本特性的认识、对儿童需要的认识、对儿童教育内容和方法的认识,都可以看做是对儿童各种刺激的反应。当然,希腊人已经认识到,要想获得对儿童的认识,必须让儿童活动。如果没有儿童的活动,就不可能知道他们的需要;一直用襁褓包着的儿童是不能告诉他是饥了还是渴了。儿童内在的未成熟状态是控制他们的重要法则。

在成人与儿童的关系中,希腊人已经有了关于儿童影响和指使成人行为倾向的认识。在普鲁塔克的传记里,记录了关于波斯战争中一位英雄德米斯多克(Themistocles)的故事。故事谈到了这样一个观点,即在英雄和他的孩子之间,"谁控制了他的儿子,谁就控制了他的母亲,谁控制了他的母亲,谁就控制了他。他闹着玩的说,男孩是所有希腊人中最有权力的人。因为希腊人是由雅典人所控制,雅典人是由男人所控制,男人是由男孩的母亲所控制,而母亲是由她的男孩所控制"[①]。尽管这一说法带有些玩笑的性质,但它在一定程度上反映出在古希腊社会儿童就已经有了能够影响或指使其父母行为的特点。

总之,与古代东方人相比,希腊人对儿童的认识显得更为丰富和深刻。他们不仅具有古代东方人已经有的对儿童特性和需要的基本认识,而且在许多方面又超出了他们的认识。如希腊人在儿童早期阶段就十分重视对儿童的教育;他们重视儿童的年龄发展阶段的程度,并且对不同年龄阶段儿童的发展和教育问题进行了一定解释。希腊人的思想中还表现出了一种在东方文化中所没有的对儿童影响的重视。

第二节 古罗马的学前教育

古罗马原是意大利半岛上的一个城邦,从公元前6世纪开始它通过战争,不断扩大自己的领土,公元前3世纪开始吞食意大利南部的希腊城邦,并通过多次战争,于公元前1世纪征服了马其顿王国,从而征服了希腊全境。

古罗马的历史一般可分为三个时期:(1)罗马王政时期(公元前7世纪至公元前

---

① Richard Q. Bell. Child Effects on Adults [M]. Wiley, 1977:20.

6世纪末)。(2)罗马共和时期(公元前6世纪至公元前27年),其中罗马共和时期又可分为共和前期和共和后期。相应地,罗马教育主要是从共和时期开始其历程的。(3)罗马帝国时期(公元前27年至公元476年罗马帝国灭亡)。在这一节里,主要介绍古罗马的学前教育。

一、古罗马社会儿童的地位

在古代罗马,由于家庭在罗马人生活中的重要地位,罗马儿童的地位与家庭生活是密切联系的。一般来说,古罗马家庭是一个大家庭,家庭成员既包括父亲、母亲、孩子和结了婚的儿子,还包括他们的家族和奴隶。在这样的大家庭里,父亲是一家之主。

受希腊文学、哲学和教育的影响,罗马家庭和社会也是非常重视儿童的。不过,罗马人与希腊人相比又有两个方面的不同:一是在罗马家庭中,父亲的权力是家庭最重要的权力;父亲绝对地、完全地控制他的孩子和他的家庭。二是在罗马社会中,统治阶级内部为了巩固自己的统治,展开了长期的斗争,也影响了父权的变化。

在古罗马家庭中,父亲的权力是十分特殊的。在古希腊雅典,父亲握有处置新生儿生死的权力,但一旦父亲做出儿童获有生存的决定,处死儿童的法定权力就终止了。而古罗马不是这样,直到进入帝国时期,罗马父亲还保留处死他们孩子的法定权力,甚至可以处置那些已经步入成年的孩子。在罗马社会早期影响极大的《十二铜表法》中就有对父亲权力的明确规定。① 公元2世纪哈德雷安(Hadrian)统治时,受基督教的影响,罗马父亲这种伤害儿童和滥用权力的做法才被制止。当时规定,凡是杀死正在成长的儿子的父亲要遭受流放的处罚。不过,直到公元374年,罗马帝国颁布了限制父亲具有处置儿童生死的权力的法令后,这种情况才有所好转,那些遗弃婴儿的人也受到了惩罚。②

罗马家庭父权变化的原因主要有两个:一是罗马统治阶级对家庭影响力的增强。罗马的统治者通过各种法律对家庭特别是父亲的权力进行限制。除了上面提到的哈德雷安外,如罗马国家的奠基者罗幕鲁(Romulus,前753—前716)就加强了对父亲控制新生儿生死权力的限制。他还责成家庭应把所有的男孩以及至少是家庭中的长女养育到成年。③ 二是罗马军队长期战争发展军事的需要。军队打仗需要大量男性儿童,而罗马家庭父亲可以随意处死男孩的权力又与罗马军队发展的需要相冲突。这样,限制和废除罗马家庭父亲的这种权力就成为必然。罗马家庭"父权制"的变化表明,罗马人已经认识到儿童的存在与社会发展的关系,儿童不仅属于家庭,更属于社会。

与古代世界许多民族一样,古罗马家庭中也存在重男轻女的现象。婴儿出生以后,如果是男孩,要立即放在地上以感谢地神,并以此为检验婴儿的体格是否强壮。此后才由接生婆将男孩放到父亲脚边,意味着他属于父亲。如果生下的是女孩或身体不健全者,父亲有权将之遗弃。弃婴的命运多半是死亡,少数较为幸运的可被穷人或奴隶收养,

---

① 《十二铜表法》约在公元前451—前450年颁布,其中第4条有关于"父权法"的规定:子女为父母的私有财产,父亲对子女有生杀予夺之权。参见:克伯雷.外国教育史料[M].武汉:华中师范大学出版社,1990:29.
② Richard Q. Bell. Child Effects on Adults [M]. Wiley, 1977:22.
③ Richard Q. Bell. Child Effects on Adults [M]. Wiley, 1977:22.

长大后或被作为家奴使用,或被作为奴隶贩卖,丧失作为自由民的资格。被认可的婴儿此后的教育、抚养权利归属父亲。婴儿出生后的第八天,家庭要举行庆祝活动,以表示这个家庭及其整个家族对他的认可和接受。几天后,父亲就给他起名,并进行公共的生育登记。①

一些研究也指出,在家庭中一旦儿童的地位被确认,罗马人就十分重视儿童的存在、发展和教育。如罗马儿童的出生和起名都要伴有重要的仪式。此外,罗马人还敬奉许多保护儿童的神。如有3个主管婴儿吃喝的神,3个照看婴儿行走的神,以及主管婴儿睡眠、说话、哭泣、恐惧和骨骼生长的神。它在一定程度表明,罗马人看到了儿童的成长中存在一些不安全的因素,需要加以保护。② 在古罗马家庭中,人们希望母亲养育自己的孩子,但他们也常雇佣奶妈(wet-nurse)辅助完成这一任务。这一情况与古希腊有很多相似,即儿童的养育可以有外人参与而不独是母亲的责任。罗马人选择奶妈的标准是干净、端庄、奶水充足、脾气好。从这个标准可以看出罗马人希望通过奶妈的喂养一开始就对儿童性格形成良好的影响。

与古东方国家和古希腊社会一样,古罗马也存在着"弃婴"现象,而且罗马早期的法律是允许"弃婴"的。如公元前8世纪的法律规定,罗马的公民必须养育每一个男孩和第一个出生的女孩。禁止把任何不满3岁的孩子处死,除非有残疾。如果一个公民要遗弃一个孩子,可以把这个孩子向5个邻居展示并获得他们的同意即可。根据一些学者的研究,罗马人遗弃儿童的原因主要有四个:新生儿有残疾;私生子;经济上的需要;灾难的预兆。但有研究者指出,这些原因也可能掩盖实际的情况。③ 被遗弃的孩子能否存活,主要取决于下面的因素:婴儿最初的身体条件;被遗弃婴儿的价值;社会包括个人是否愿意对作为一个奴隶的孩子进行投入;奴隶劳动所要求的水平;性别,男孩比女孩更容易获救。总之,罗马人依靠遗弃儿童来控制人口;社会也允许父母挑选孩子的性别。④ 随着社会的发展,古罗马社会的这一"弃婴"现象也逐步被阻止。其原因主要与基督教的慈爱政策有关。在基督教看来,杀婴就是谋杀,对婴儿的处死是违背上帝意志的。公元312年,罗马皇帝下令对那些贫困的父母给予补助,以鼓励他们养育孩子,但遗弃孩子还不算犯罪。公元374年,罗马皇帝又颁布法令公开要求对那些遗弃儿童的父母处以死刑。⑤ 这一政策的变化在一定程度上对婴儿的存活起到了积极的保护作用。

当然,在古罗马社会,由于成年男性居于社会活动的中心,而那些不属于成年男性的人就处于社会生活的"边缘"地位,包括妇女、老人、儿童和奴隶等。由于儿童与成人相比,身体相对较弱,也使得他们更容易被看做是不完美的人。有研究者指出,儿童的这种被"边缘化"地位也使儿童幸运地得到一种特殊的照顾,即在战争中,儿童既不能被杀掉,也不会被征服者作为人质。⑥

---

① Aubrey Gwynn. Roman Education From Ciceo to Quintilian[M]. Oxford. At the clarendon press, 1926:12-13.
② Richard Q. Bell. Child Effects on Adults [M]. Wiley, 1977:22.
③ V. Celia Lascarides, Blythe F. Hinitz. History of Early Childhood Education[M]. Falmer Press, 2000:17.
④ V. Celia Lascarides, Blythe F. Hinitz. History of Early Childhood Education[M]. Falmer Press, 2000:18.
⑤ V. Celia Lascarides, Blythe F. Hinitz. History of Early Childhood Education[M]. Falmer Press, 2000:18.
⑥ V. Celia Lascarides, Blythe F. Hinitz. History of Early Childhood Education[M]. Falmer Press, 2000:18-19.

二、古罗马社会儿童的特性

在这一时期,与古希腊人一样,罗马人对于儿童的特性也已经有了比较清晰的认识。罗马人认为,儿童身体弱小,不能进行思考和做出计划;他们缺乏判断力,不能区分对错,只知娱乐,不知责任。由于这些特征往往成为这个特定阶段被称作"儿童"的特征,因此与这些特征相联系,如果称某人是"儿童",则对他来说是一种极大的羞辱。因为"儿童"是非成人的,是带有孩子气的人。这个阶段的"儿童"是一个用来表示完全受他人或事物支配的人;一个不能承担成人社会职责的人。① 从这些解释和称谓可以看出,在古罗马社会,与成人相比,儿童的社会地位还是低下的,他们常常成为被戏谑的对象。

当然,罗马人也看到了儿童快乐的、喜悦的、有感情的、可爱的和未成熟特性的一面。有研究者指出,与希腊人相比,罗马人在对儿童"未成熟"特性的理解上又有区别。在罗马人看来,儿童的"未成熟"特性是一种可塑造的、可教育的、无知的、无意识的,甚至是愚蠢的,具有恶的倾向。在这里,罗马人似乎比希腊人更倾向于看到儿童消极的特性。如在拉丁文学中有许多关于儿童不守规则、易于发怒、易于欺骗的充满敌意的描写,而很少注意到儿童的软弱的、缺少力量的和恐惧的特性。当然,罗马人也发现了希腊人所不注意的儿童三个方面的特性,即竞争性、求知欲和记忆力。② 昆体良就认为,孩子喜欢比赛,可以通过比赛激发孩子的竞争意识;他还指出,记忆力是教师可以帮助促进孩子发展的唯一智能。③ 罗马人关于儿童这三个新特性的发现,在一定程度上反映了罗马人比较重视儿童在知识学习和掌握上所具有的相应的能力。

需要指出的是,对于罗马人来说,儿童具有"未成熟"和"可塑性"的特性类似于古希腊的"白板说"的观点。这一关于儿童是无知的、可塑的和可教育的认识,提供了罗马人对儿童进行知识教育和道德教育的思想基础。在罗马人看来,既然儿童是未成熟和可塑的,为儿童树立良好的榜样就是重要的;只有让儿童模仿好的榜样,才能防止儿童受他们身上存在的恶的倾向和外在不良环境的影响。

与发现儿童三个新特性的认识相联系,罗马人十分重视儿童的学习能力和记忆能力的形成。古罗马著名的演说家和教育家昆体良(Marcus Fabius Quintilianus)指出:"有些人认为,男孩不到七岁,不应当教他们读书,认为七岁是他们能从教导中得到益处并能经受住紧张学习的最早时期。……因此,让我们不要浪费这最早的年月。对于这一点完全没有什么可以辩解的,因为文学训练的要素,只是记忆的问题,而记忆能力不仅仅儿童就有,到了七岁这个年龄,则尤其地强。"④ 在昆体良看来,在儿童的发展中,大多数儿童都是具有学习能力,特别是记忆能力的。而那些迟钝的和不可教的儿童在数量上是极少的。教育者在早期就应当对儿童进行教育,特别是记忆能力的培养。这样,当儿童长大以后,他会记住一些格言警句,有助于其性格的形成。

---

① V. Celia Lascarides, Blythe F. Hinitz. History of Early Childhood Education[M]. Falmer Press, 2000:19.
② Richard Q. Bell. Child Effects on Adults [M]. Wiley, 1977:22.
③ 昆体良教育论著选[M].任钟印,选译.北京:人民教育出版社,1989:18.
④ 华东师范大学教育系,浙江大学教育系.西方古代教育论著选[M].北京:人民教育出版社,2001:138.

罗马的许多教育家和文学家也看到了儿童有爱、情感和身体上的需要。如奥古斯丁（Aurelius Augustinus）、圣杰罗姆（Jerome）、普鲁塔克（Plutarch）、普立尼（Pliny）、塞涅卡（Senaca）等都强调儿童需要爱和爱抚。与此相关，许多罗马学者也看到了儿童需要指导和纪律的问题。但是他们也强调，严格和粗暴地对待儿童是不受欢迎的。当时在罗马的教育中，鞭打和体罚孩子是家庭比较普遍的做法。许多学者表达了对于体罚的厌恶。如罗马的老加图（Cato, the Elder，前234—前149）就曾指出，那些打妻子或孩子的人是把暴力之手置于最神圣的事物之上。昆体良还提出了反对体罚的几个理由，如体罚是一种残忍的行为，只能用于奴隶；经常使用体罚会习以为常；造成儿童心情压抑和意志消沉等。①

三、古罗马教育家论学前儿童教育

与希腊人一样，罗马人也看到了儿童的发展特点，并提出了相应的教育内容和方法。例如，有研究者指出，早期罗马法律就形成了关于儿童发展四个阶段的观点，包括婴儿期，指不能讲话的新生儿；后婴儿期，指能够讲话，但缺乏做出有意义决定的能力；近青春期，儿童处于青春期前，有一些词汇，能够做出一些决定；青春期，有身体的发育，具有推理能力。②

也有学者较详细地研究了罗马贵族家庭儿童成长及教育的情况。指出古罗马"贵族家庭的孩子成长很受苦。他不由自己的母亲来哺乳。他的摇篮放在乳母的房间里。有时给他找好几个乳母，以便使他不依恋其中任何一个，也免得某个乳母不给他喂奶、离开或死去时孩子受苦。这个乳母或这些乳母只是在喂奶或洗澡时才见到这个孩子。所以这个小孩子来到人世以后的头几个月是相当与世隔绝的。他的身体被裹在绑带里，绑带相当宽，以便不勒进皮肤中去，但是各个关节处则勒得很紧，因为人们希望这些部位不要长得太粗大，如男孩的手腕、臂肘、膝盖及臀部。"③随着孩子长大，"其食物及操练均加以调整，为的是使他的形体符合某种规范。这规范有监控方面的，更有性格方面的。事实上，健康丝毫脱离不开性格。潮湿与软绵绵相关，应该禁止。因此，肥胖也应该禁止。女孩和男孩从一生下来就要服从严格的配食。……食物和锻炼对身体产生的全部作用都是为了对性格和冲动发生影响"④。下面主要介绍昆体良、普鲁塔克、奥古斯丁等教育家的观点。

（一）昆体良关于学前教育内容和方法的论述

昆体良（35—100）是罗马帝国时期重要的教育家，著有《雄辩术原理》一书。该著作论述的重点是雄辩家的培养。在昆体良看来，雄辩家的培养应该从小开始。正是他的这一认识可以使我们看到他在雄辩家培养中关于学前教育的许多主张。

---

① 昆体良教育论著选[M].任钟印,选译.北京：人民教育出版社,1989：89.
② V. Celia Lascarides, Blythe F. Hinitz. History of Early Childhood Education[M]. Falmer Press, 2000：19.
③ 〔法〕安德烈·比尔基埃,等.家庭史：遥远的世界,古老的世界（上册）[M].袁树仁,等译.北京：三联书店,1998：356-357.
④ 〔法〕安德烈·比尔基埃,等.家庭史：遥远的世界,古老的世界（上册）[M].袁树仁,等译.北京：三联书店,1998：358.

1. 在儿童的早期教育中,父亲对孩子需要极大关注和投入

昆体良指出:"当儿子刚一出生时,但愿作为父亲的首先对他寄予最大的希望,这样才会一开始就精心地关怀他的成长。"①在他看来,每个孩子都有教育的潜能,都是可教育的。他说:"抱怨'只有极少数人生来具有接受教育的能力,而多数人由于悟性鲁钝,对他们的教育徒然浪费劳力与时间',这是没有根据的。恰恰相反,大多数人既能敏捷地思考,又能灵敏地学习,因为此种灵敏是与生俱来的。……只有那些天生的畸形和生来有缺陷的人才是天生愚鲁而不可教的人。这样的人肯定会有,然而很少。这种说法的证明是,绝大多数儿童都表现出他们是大有培养前途的,如果在以后的岁月中这种希望成了泡影,那就说明,确实不是天赋能力,而是培养。"②

2. 儿童的天赋差异与教育的作用

昆体良不仅重视儿童的早期教育,也看到了儿童之间的天赋差异。但是他认为,即使存在天赋差异,也不应忽视后天教育的作用。他说:"有的人天赋能力确是比别人强。因而人们的实际成就也有差别。但是受了教育而一无所获的人是没有的。"③

3. 重视学前教育中保姆的作用

在选择保姆和保姆对孩子的教育上,昆体良提出了许多具体的要求。他说:"孩子的保姆应该是说话准确的人,最好是受过教育的妇女。无论如何也应该挑选最好的保姆。毫无疑问,首先应注意的是她们的道德,同时语言也必须正确。"④在昆体良看来,儿童在成长中首先听到的是保姆的声音,首先模仿的是她们的言语。这就如同新器皿一样,一经染上气味,其味经久不变。而好的习惯变坏是容易的,越是令人讨厌的习惯,越是难以改变。他主张,在婴儿时期不要让他学会以后不应当学习的用语。⑤

4. 儿童教育中建立准则的重要性

昆体良指出:"要为培养学生建立最完善的准则,如果有了准则有的人却不遵守,那么他们的失败不在于方法,而在于人。"⑥为此,他提出了一些有关儿童学习的准则。如孩子一开始先学习希腊语;同时学习希腊的学问。因为罗马人的学问是从希腊那里发展而来的。其次,学习拉丁语,并与希腊语同时并进。昆体良提出,儿童在七岁以前可以学习一些东西。"在儿童能说话以后,不能无所事事,那么有什么更好的事可做呢?七岁以前的收获无论怎样微小,为什么要轻视它呢?七岁以前学习的东西无论怎么少,但有了这个基础,到了七岁以后可以学习程度更深的东西,否则到了七岁还只能从最简单的东西学起。"⑦他认为,这条规则也可以在儿童七岁以后适用。

5. 要让儿童喜欢学习,而不是厌恶学习

昆体良指出:"最要紧的是不要在儿童还不能热爱学习的时候就厌恶学习,以至在儿

---

① 昆体良教育论著选[M].任钟印,选译.北京:人民教育出版社,1989:10.
② 昆体良教育论著选[M].任钟印,选译.北京:人民教育出版社,1989:10.
③ 昆体良教育论著选[M].任钟印,选译.北京:人民教育出版社,1989:10.
④ 昆体良教育论著选[M].任钟印,选译.北京:人民教育出版社,1989:11.
⑤ 昆体良教育论著选[M].任钟印,选译.北京:人民教育出版社,1989:10.
⑥ 昆体良教育论著选[M].任钟印,选译.北京:人民教育出版社,1989:13.
⑦ 昆体良教育论著选[M].任钟印,选译.北京:人民教育出版社,1989:15.

童时代过去以后,还对初次尝试过的苦艾心有余悸。要使最初的教育成为一种娱乐,要向学生提出问题,对他们的回答予以赞扬,决不让他们以不知道为快乐;有时,如果他不愿意学习,就当他的面去教他所嫉妒的另一个孩子,有时要让他和其他孩子比赛,经常认为自己在比赛中获胜,用那个年龄所珍视的奖励去鼓励他在比赛中获胜。"①

6. 儿童教育内容要增加愉快感,让儿童喜爱游戏

昆体良认为可以让儿童学习一些字母。方法是采用有字母的象牙人像给他们玩,或者将它们摸一摸、看一看,能叫出其名称并可使增加他愉快感的任何东西给他玩。②昆体良也重视儿童学习中的游戏。他认为,儿童爱好游戏"是天性活泼的标志;那种总是迟钝麻木、没精打采的、甚至对那个年龄所应有的激动也默然无动于衷的学生,我是不指望他能热心学习的"③。

7. 反对教育中的体罚

昆体良分析了体罚的性质和弊端。首先,体罚是不光彩的惩罚,它只适用于对奴隶的惩罚,事实上它是一种凌辱;其次,如果孩子的倾向卑劣到不能以申斥矫正,他就如同最坏的奴隶,对鞭笞习以为常;再次,如果有人经常跟在他身边监督他勤奋学习,这样惩罚就完全没有必要。④ 从昆体良的观点可以看到,体罚是处罚奴隶的一种低级的手段,不适合贵族或者有身份阶层的孩子;对于后者可以用监督来替代处罚。

8. 儿童在学习中有不同学习能力的区别

昆体良看到了儿童学习能力上的差异,主张教学应当根据儿童的能力和需要进行调整。他说:"有经验的教师应将此作为首要注意的。男孩一经接受教育,教师就要弄清儿童的能力和特征。……第二,教师必须考虑教学的内容要适合学生的心智。有的男孩是松弛的,除非给他们压力,有的渴望控制,有的屈从恐惧,而有的是什么都不在乎。在有些情况下,心智需要不断地应用来形成,在有的情况下,心智可以通过快速的专心来获得。"⑤

(二) 普鲁塔克关于学前教育内容和方法的论述

普鲁塔克(46—120)是古罗马时期著名的传记作家和散文家,著有《列传》50篇,其中《论儿童教育》讨论了家庭中儿童教育的问题。

1. 重视儿童教育中的德性问题,提出了德性形成的三个因素及相互关系

普鲁塔克认为,德性的养成须有三件事协调一致,即天性、理智和应用(nature, reason and use)。理智是指学习,应用是指练习;原理来自教导,习惯来自练习。三者结合以达到完美境界;三者缺一,德性必定是有缺陷的。天性如果不通过教导加以完善,就是华而不实;教导如果无天性之助,就是残缺不全;练习如果没有这两者的帮助,就不能完

---

① 昆体良教育论著选[M].任钟印,选译.北京:人民教育出版社,1989:15.
② 昆体良教育论著选[M].任钟印,选译.北京:人民教育出版社,1989:17.
③ 昆体良教育论著选[M].任钟印,选译.北京:人民教育出版社,1989:27.
④ 昆体良教育论著选[M].任钟印,选译.北京:人民教育出版社,1989:28.
⑤ Richard Q. Bell. Child Effects on Adults [M]. Wiley, 1977:25.

全达到目的。① 普鲁塔克强调后天学习和努力的重要。他指出:"即使努力与天性相反,努力所产生的结果也比天性本身所产生的结果要大得多。"②

2. 关于儿童的哺育,普鲁塔克认为应该由母亲自己去做

因为儿童时代是柔嫩的、容易铸造成各种类型的人。而且,当儿童的灵魂还软弱易感的时候,容易接受进入心灵的任何事物的印象;但一旦他们长大以后,像一块坚硬的东西一样,就很难改变了。正如在软蜡上容易打上印记,儿童的头脑也易于接受在这个年龄给予的教育。在他看来,儿童早期具有可塑性,给予他什么东西,他就容易接受什么东西。因此,教育上要注意给孩子的东西,要给有利于形成孩子良好德性的东西。③

3. 普鲁塔克在儿童教育方面还提出了一些具体要求

普鲁塔克在儿童教育方面提出的一些具体要求主要包括:首先,为孩子选择的伴侣必须是有礼貌的。这些伴侣要能够讲平易自然、合乎规范的希腊语。其次,孩子的家庭教师要选择好。要选择那些在生活上无可指责、行为上不受非难,并具有最好教学经验的人。再次,要关注培养孩子的学问。培养孩子的学问应该是健康的、有益的,不是适合于低级情趣的、毫无价值的东西。第四,父母爱孩子不要太过分,不应给孩子过大的压力。如父母急于"想在各种学问上把他们的孩子提高到远远超出同龄孩子的水平之上的时候,他们给孩子提出太难太重而无法完成的功课,孩子由此而灰心丧气;再加上其他不适当的做法,结果就造成孩子对学习本身产生厌恶。……适度的努力可以使精神得到提高,负荷过重就力不胜任。因此,在儿童持久的努力之后,我们应该给他以喘息的机会"④。

(三) 奥古斯丁关于学前儿童教育的论述

奥古斯丁(345—430)是古代基督教重要作家之一,与中世纪的托马斯·阿奎那(Thomas Aquinas)同为基督教神学的两位大师。奥古斯丁早年受基督教影响较大,后因为探索恶的来源问题,皈依摩尼教。以后受基督教影响,脱离了摩尼教,改信基督教,并任主教,成为当时基督教学术界的中心人物。奥古斯丁也是古代基督教拉丁教父中著述最多的一人。其著作中广为传诵的是他的《忏悔录》(Confessions)。该书共十三卷,分为两部分,卷一至卷九,是记述他出生至三十三岁母亲病逝的一段历史。卷十至卷十三,即写出作者著述此书时的情况。奥古斯丁关于儿童的认识是根据他对自己童年的反思《忏悔录》和观察其他婴儿的情况的基础上形成的。我们可以通过《忏悔录》第一卷的内容来认识他关于学前儿童教育的思想。

在《忏悔录》第一卷里,奥古斯丁描述了幼儿发育的情况、特点以及教育需要注意的事项。他认为,从出生至三岁是幼年的第一阶段。婴儿已经学会吸吮,知道舒服,也知道号哭;时睡时醒,开始微笑和发出声笑,学会模仿别人的表情;通过呐喊、摇动肢体表达意

---

① 普鲁塔克.论儿童教育(节选)[M]//昆体良教育论著选.任钟印,选译.北京:人民教育出版社,1989:243.
② 普鲁塔克.论儿童教育(节选)[M]//昆体良教育论著选.任钟印,选译.北京:人民教育出版社,1989:244.
③ 普鲁塔克.论儿童教育(节选)[M]//昆体良教育论著选.任钟印,选译.北京:人民教育出版社,1989:244.
④ 普鲁塔克.论儿童教育(节选)[M]//昆体良教育论著选.任钟印,选译.北京:人民教育出版社,1989:253.

愿,希望引起别人注意;当别人不理解时而怒气冲天,号啕大哭,反抗那些不肯顺从的大人;有很强的妒忌心。一个还不会说话的孩子,"面如土色,冷酷地注视着他的共同吃奶的兄弟"①。奥古斯丁认为,进入童年是幼年的第二阶段。在这一时期,儿童已经不是不会说话的婴儿,而是能言能语的小孩。他们开始学习讲话,通过语言进行沟通。这个时期,不是成人依照一定程序教儿童言语,而是儿童凭借自己内在的能力,用各种声音、种种肢体动作,表达内心的思想。例如,儿童听到别人指称一件东西,或看到别人随着某一种声音做某一种动作。儿童通过发声或者模仿,便记住这东西叫什么,要指那件东西时,便发出那种声音。② 在这里,奥古斯丁主张在儿童的成长中尽量让孩子凭借自己的力量活动,孩子的学习主要是通过模仿完成的。

以上古罗马教育家关于儿童发展和教育的思想反映了他们不同的经历和认识。昆体良有来自教学的实践经验,他看到了儿童之间的天赋和能力差异,为儿童的知识学习和行为训练提供了心理学的基础。普鲁塔克有对历史和现实的思考,比较注重道德教育和对儿童的严格要求。奥古斯丁的思想则主要受基督教思想的影响及来自他通过对自己童年的回忆,比较注重个人童年的感知和情感的体验。古罗马教育家的思想虽有不同,但都注意到了家庭早期教育在儿童发展中的重要性和对儿童将来成长的影响,对儿童存在、发展和教育提供了一些新的认识。

四、古罗马社会对儿童与成人关系的认识

由于受到罗马"父权制"的影响,罗马人对儿童与成人关系的认识不如希腊人那么敏锐。比较而言,罗马人看到比较多的是成人对儿童的责任。这可能与他们对待儿童的矛盾的态度有关,即儿童虽然是可爱的,但儿童的权力在父亲的权力面前是微不足道的。因此,成人应当在孩子面前树立榜样,同时也要对儿童的行为进行严格的监督,防止不良言行对儿童的影响,以保持儿童纯洁的心灵。从这里可以看出,认识儿童影响的因素之一,就是看一个社会儿童与成人的关系如何。如果一个社会过于重视成人,强调成人的作用,那么儿童对成人的影响往往是比较弱的,人们对儿童影响的认识也是有限的。

总之,受罗马社会和家庭父权制的影响,罗马社会的儿童存在与教育相较于古希腊形成了不同的特色。罗马人在对待儿童的态度上存在矛盾的方面。这也使得罗马人在认识儿童特性和需要方面比较多地倾向于注意儿童行为的严格管理。尽管有许多思想家和学者呼吁要关心儿童的身心发展,但在儿童教育实践上,对儿童体罚还是比较突出的。这一实践也影响了中世纪人们对儿童的看法和教育。

---

① 奥古斯丁.忏悔录(第一卷)[M].长春:时代文艺出版社,2000:8.
② 奥古斯丁.忏悔录(第一卷)[M].长春:时代文艺出版社,2000:9.

本章小结

与古代东方国家儿童教育相比，古希腊和古罗马人对儿童发展及教育的认识更为细致、深入和具体。

在古希腊社会，儿童教育的家庭化虽然仍是主要特点，但也有新的特点，如保姆、教仆以及教育监导的引入。这表明，在儿童的发育、成长中，除了父母之外，其他人也是可以参与进来的。保姆、教仆以及教育监督或监导身份的出现，可以看做是古希腊儿童的父母教育和家庭教育的一种延伸和替代。需要注意的是，古希腊人还提出了学前教育"去家庭化"，即设立单独的学前教育机构养育儿童的主张。既然儿童的教育可以有外人参与，那么儿童的教育就不一定完全由父母完成；既然儿童的教育可以由单独的学前儿童机构去实施，那么儿童教育也不一定完全由家庭承担。这种设立单独的学前教育机构养育和教育儿童的思想和做法，反映出古希腊人关于儿童养育可以由国家和社会承担的思想和主张，是学前儿童教养形式的新思考和尝试。为了使儿童教育更为有序和便于管理，希腊人还提出了教育立法的主张。与古代东方国家不同，古希腊的儿童保育、保护不是通过国家的一般法律，而是直接通过对教育进行立法保护，如对儿童的游戏活动立法等。这在柏拉图和亚里士多德的思想中都有提到。

在古罗马社会，父亲在家庭中的作用对儿童发展的影响较大。古罗马社会早期强化家庭中父亲的权力，可以使作为社会最小的细胞——家庭得以稳定，但父亲权力过大，父亲绝对地、完全地控制孩子和家庭，甚至可以对儿童生命随意处置，最终导致"父权制"的废除。罗马人家庭"父权制"由强到弱的变化表明，罗马人已经认识到儿童的存在、地位与家庭和社会发展的密切联系。儿童不仅属于父亲，属于家庭，更属于社会。与古代东方国家和古希腊强调通过法律规范人的行为不同，为了使学前教育更加有序和有效管理，罗马人提出了学前教育和学习规则的主张。在罗马人看来，儿童教育和学习必须有一定的准则。教育和学习的准则对于儿童的成长是非常必要的。如在儿童的成长中，先学习什么，后学习什么，同时又学习什么；先学习的为后学习的打下基础，后学的要与先学的有联系等，都有明确的规定。这种规则的提出实际上是对儿童教育活动进一步规范的体现，表明古罗马人对学前教育活动和秩序已经有了较为清晰的认识。

 自我评量

名词解释

1. "优生优选"制（斯巴达）　2. 教仆　3. 十二铜表法

简述题

1. 如何认识古希腊儿童的地位？
2. 如何认识古希腊儿童的特性？

3. 如何认识古罗马儿童的地位？
4. 如何认识古罗马儿童的特性？

论述题

1. 评析柏拉图关于学前儿童教育的论述。
2. 评述亚里士多德关于学前儿童教育的论述。
3. 评析昆体良关于学前儿童教育的内容和方法。
4. 评析普鲁塔克关于学前儿童教育的内容和方法。
5. 试述奥古斯丁关于学前儿童教育的论述。

第三章 中世纪和文艺复兴时期的学前教育

 学习目标

通过本章的学习,了解中世纪和文艺复兴时期儿童的生活和教育,把握教育家关于儿童地位和儿童特性的认识,以及教育家关于儿童发展阶段、儿童教育的内容和方法的观点。可以与古希腊、古罗马的儿童教育进行比较来认识这一时期儿童教育的现状及特点。

公元395年,罗马帝国分裂为东、西罗马两个部分。公元476年西罗马灭亡。[①] 一般来说,从西罗马灭亡到14世纪意大利文艺复兴前的近1000年,被称为"中世纪"(Middle Ages)。这是西欧封建制度从发生、发展到衰落的时期。

西欧中世纪的地理范围,主要包括古罗马帝国西部的一些行省和日耳曼人原来居住的许多地区。西欧中世纪社会就是在这一地理范围内展开的。在这一空间内,基督教成为影响西欧社会发展的重要因素之一。恩格斯指出:"中世纪是从粗野的原始状态发展而来的。它把古代文明、古代哲学、政治和法律一扫而光,以便一切都从头做起。它从没落了的古代世界承受下来的唯一事物就是基督教和一些残破不全而且失掉文明的城市。"[②]恩格斯的这段话指出了西欧中世纪社会的三个特点:一是中世纪的存在是建立在粗野的原始状态基础上的;二是它极大地冲击了古代希腊和罗马社会所遗留下来的文明基础,但同时也开始了不同于以往社会的新的阶段;三是中世纪所保存的最重要的精神财产就是基督教文化。因此,从这个意义上说,中世纪的社会是在一个新的历史条件下,伴随着基督教势力的不断强大而逐步基督教化的过程,基督教文化成了中世纪社会最重要的精神支柱。

在整个中世纪,基督教教会教育占主导地位,与教会教育并存的是世俗教育,它包括贵族教育和平民教育。在西欧中世纪中期,由于城市的发展和学术的复兴,产生了中世纪大学和城市教育。本章主要介绍中世纪、文艺复兴时期学前教育发展情况。由于宗教改革时期学前教育资料较少,这一部分待以后再进行研究。

---

① 公元395年1月17日,罗马皇帝狄奥多西(Theodusius I,346—395)逝世。他在临终前将帝国分给两个儿子继承,从此罗马帝国分裂为东、西两部。东罗马都城君士坦丁堡,是在希腊古城拜占庭的基础上建立起来的,因此又称拜占庭帝国。拜占庭帝国的疆域最初包括巴尔干半岛、小亚细亚、叙利亚、巴勒斯坦、埃及、美索不达米亚及外高加索的一部分。皇帝查士丁尼在位时,又将北非以西、意大利和西班牙的东南并入版图。最后在1453年为奥斯曼土耳其人所灭亡。西罗马的都城在罗马。410年,日耳曼的西哥特人进入意大利,围攻罗马城。476年,西罗马最后一个皇帝罗慕路斯被废黜,西罗马帝国遂即灭亡。西罗马的灭亡,标志着奴隶制度在西欧的解体。
② 恩格斯.马克思恩格斯全集[M].第7卷.北京:人民出版社,1975:400.

第一节 西欧中世纪的学前教育

在中世纪,由于北方少数民族的入侵、欧洲内部的战争,以及饥荒和瘟疫的蔓延,给欧洲社会政治、经济和文化的发展带来极大的破坏。在这种条件下,不仅文化的发展特别是古典文化发展受到极大的阻滞,社会所有成员,包括家庭和儿童都面临社会剧变带来的极大冲击。同时由于中世纪的等级制度结构,导致社会的财产集中到少数享有特权的人手中,普通人的生存比较困难。据一些学者研究,从400年到1400年这一时期,是儿童生存非常艰难的时期。从400年到900年,许多婴儿一出生就死了,没有活过一天。从900年到1400年,婴儿的出生率经常取决于他们在生活中的地位。尽管出生率一致,但是社会上层阶级的孩子要比下层阶级的孩子有更多的生存机会。[①]

一、西欧中世纪儿童的生活

在西欧中世纪的早期,儿童的死亡率是较高的。主要原因是儿童生存条件比较差。腐败的食物,被污染的水,以及寒冷的石头房屋所带来的湿气,是使儿童成为受害对象的主要原因。另外,乡村和城市频繁发生的火灾或饥荒也对儿童的生存产生了极大的威胁。一些相关研究表明,不到1岁的儿童中,有54%或死于火灾中,或死于摇篮中。当然,与男孩相比,女孩的处境更加不利。她们一出生就进入一个充满危险的境地。她们不仅不能带有家族的名字,而且还要为她们十几岁订婚准备嫁妆。另外,在中世纪,杀婴和弃婴的现象更是常见的。[②]

这一时期的医疗条件也比较落后。由于很少有医生,也没有医院和诊所等医疗服务机构,儿童的卫生保健是较差的。据一些研究者指出,在7至11世纪的明斯特墓地,167个被安葬者中有24个死胎和新生儿(零岁)(占14.4%),8个婴儿(至1岁)(占4.8%),45个儿童和青年(至18岁)(占27%)。19%的儿童只活了不到2岁,还有27%是约在18岁以下死亡的。只有54%的儿童存活下来。[③] 在中世纪西欧,儿童生病主要在家里进行治疗。当时的许多家庭都备有一些草药用来治病,常用的方法有:把薄荷草编成花环套在头上用来治疗头痛或眼疾;用生洋葱涂抹被疯狗咬破的地方等。由于还是大家庭,虽然人口较多,但是男孩和女孩能够全部存活是不多的。因此,如果一个男孩或女孩能够很好地存活下来,是比较幸运的,可以得到较好的照顾。

在西欧中世纪早期,由于生活条件的限制,儿童的生活空间与成人往往是不分的。当时的许多家庭大多只有一间房屋,即便是一些富人家庭,房间也是有限的。最初,儿童都是与大人一起睡在同一个大房间里的,没有自己的房间,没有自己的床。当以后成人有了较为合适的床,儿童则睡小一些的、较低的、一种可以推入大床下面的轮式矮床。这种床有小轮子固定在床架下,晚上从大床下面拉出来,到了早上又推回去。再以后随着

[①] V. Celia Lascarides, Blythe F. Hinitz. History of Early Childhood Education[M]. Falmer Press, 2000:29.
[②] V. Celia Lascarides, Blythe F. Hinitz. History of Early Childhood Education[M]. Falmer Press, 2000:29.
[③] [德]汉斯-维尔纳·格茨.欧洲中世纪生活[M].王亚平,译.北京:东方出版社,2002:58.

生活条件的改善,富人家庭的房间开始增多,儿童的居住条件得到改善。据资料记载,大约到15世纪,富人家庭的男孩和女孩开始有了自己独自的房间。①

同样,儿童的服饰也没有引起社会太多的关注。在同一社会阶层中,所有年龄的人都穿同样的服装。直到1500年以后,富裕家庭和中等阶层家庭的父母不再给自己的孩子穿成人改小的衣服,而是根据孩子的年龄定制特别的服饰。这种把服饰作为社会地位的象征是有意义的。它表明,对于处于童年时期的所有儿童来说,至少是上层社会的儿童来说,已经具有对儿童实际存在的一种认同。

这一时期,尽管儿童的生活比较单一,生活条件比较差,但他们还是有许多娱乐和游戏活动的。每当到了闲暇时节,无论是城里人还是乡村人都要聚在一起,组织自己的娱乐活动。在活动中,音乐是不可少的。当然,人们不仅是听音乐,还能够自编旋律,弹奏乐器。由于当时还不能把旋律记录下来,为了使音乐活动能够进行下去,人们要不断地重复、添加、修改,直到一首生活化的、简单的旋律为大家所记下并熟知。儿童也非常喜欢参加这样的活动,他们经常学唱一些成人的旋律,并把自己编的歌词放在里面,来代替不能理解的成人歌词。

从以上的情况可以看出,西欧中世纪儿童的生存和生活在很大程度上是受社会条件和成人对待儿童的态度影响的。儿童的生活依赖于成人,其生活的改善也有赖于成人。儿童主要是生活在成人世界里的,这也决定了儿童地位受成人很大的影响。在中世纪后期,随着成人生活的改善,儿童的生活空间也发生了一定的变化,他们不仅有了自己独自的房间,在娱乐活动和游戏活动上也会有一些乐趣和选择性。他们可以参加自己喜爱的活动,可以根据自己的理解改编成人的歌词等。儿童的天性和精力在一定空间内得到了释放和体现。

二、西欧中世纪儿童的地位

在西欧中世纪,无论是儿童的日常生活、学习,还是教育,在很大程度上是受成人的生活影响的。由于儿童每日生活在成人的生活中,成人没有对儿童生活和儿童期以特别的关注,成人对儿童的特殊性的认识是不够的。20世纪60年代,法国历史学家菲力浦·阿利埃斯根据当时的教育书籍、肖像画和抚育儿童的方式等多方面材料研究了中世纪的儿童。他得出的结论是,儿童在中世纪文化中毫无地位可言。② 他认为,在中世纪的肖像画中,儿童只是一个小型的成年人;中世纪的文学作品没有刻画出具有鲜明个性的儿童形象。儿童与同一阶层的成年人生活在一起,并没有引起人们的注意。

由于儿童的生活没有引起人们的足够重视,中世纪西欧儿童的儿童期往往是比较短暂的。对于儿童来说,虽然他们从小能够得到母亲的照顾,但是在6—7岁时,他们的童年期就结束了。③ 参加劳动、接受教育成为儿童的主要任务。这种情况不仅体现在普通民众身上,社会的贵族阶层也是这样。据史料记载,查里曼大帝的子女很早就接受自由

---

① [德]汉斯-维尔纳·格茨.欧洲中世纪生活[M].王亚平,译.北京:东方出版社,2002:41.
② P. Ariès. Centuries of Childhood, A Social History of Family Life[M]. Random House, 1962:23.
③ [德]汉斯-维尔纳·格茨.欧洲中世纪生活[M].王亚平,译.北京:东方出版社,2002:59.

艺术基础知识的教育。男孩子们要学会骑马,熟悉武器,学会打猎;女孩子们要学习捻线和纺锤等手工。在中世纪的成人看来,童年期是幼稚的代名词。成人对儿童的期望是,希望他们尽快长大,摆脱幼稚的童年期。

关于中世纪儿童的地位问题,20世纪80年代,美国历史学家尼尔·波兹曼(Neil Postman)从"语言文化"的角度进行了分析。他认为中世纪儿童地位低下的原因主要在于以下几个方面。

首先,中世纪识字文化的缺乏导致大众读写能力的消失。尼尔·波兹曼指出,在西罗马灭亡以后,读、写主要保持在教会人士组成的抄写阶层中,它使得当时社会的交往主要是通过口头的方式,面对面进行的。这样,在没有文字的口语世界里,不仅没有成人的概念,更没有儿童的概念了。

其次,中世纪社会对口语文化的过分重视导致了基础教育的消失。由于中世纪是以口语文化为主的,儿童7岁就能够驾驭语言(天主教会指定7岁为理性的年龄),会说和理解成人所说的内容。因此,当时人们认为开设学校,特别是小学是没有必要的。即使有教会或私人办学的存在,但是作为为进一步学习打基础的初级学校的概念是不存在的。例如,中世纪的学校没有出现按课程难易程度来编排课程的分级制度,没有按不同内容和年龄的分班制度,儿童是混杂在一起学习的。

第三,以上两个方面的因素又导致中世纪的儿童缺乏关于羞耻的观念。由于儿童很早就掌握了口语交际的能力,使得儿童与成人没有什么区别,儿童和成人的世界被混淆了。成人世界的许多东西,包括一些不应当让儿童知道的东西,不加区分地完全暴露给儿童,儿童对于成人的世界见怪不怪,不知羞耻,失去了与成人的区别。① 在尼尔·波兹曼看来,中世纪的西欧,人们是没有关于童年的概念的,人们对于儿童是缺少兴趣和认识不够的。

以色列历史学家苏拉密斯·萨哈(Shulamith Shahar)则从"教会文学"的角度分析了中世纪儿童的地位。

首先,在中世纪西欧,教会文学关于儿童形象的消极描写,在很大程度上影响了人们对待儿童的态度。在中世纪,教会文学常常把儿童当成负担,或者说是引起罪孽的根源。父母生孩子是件好事,但有时孩子成了实现美德的障碍。一些教会文学作品常描写到,为了负担孩子,农夫们交不上"什一税",有时父母不得不去做令人厌倦的工作。因此,中世纪的教会文学倡导的思想是,孩子活在世上时,可以恰当地抚养他们;如果他们早夭,也别抱怨太多和过分忏悔。②

第二,中世纪儿童地位的低下也受到了教会文学对待母亲态度的影响。在中世纪的教会文学作品中,一般很少提到妇女是如何做母亲的。神学家和教会法学家的著作也是如此。中世纪的基督教文化更重视的是男人和女人的角色,而不是父亲和母亲的角色。在基督教看来,家庭里生儿育女本身没有价值,只有准备让孩子受到真正的基督徒式的

---

① 〔美〕尼尔·波兹曼.童年的消逝[M].吴燕莛,译.桂林:广西师范大学出版社,2004:19-20.
② 〔以〕苏拉密斯·萨哈.第四等级——中世纪欧洲妇女史[M].林英,译.广州:广东人民出版社,2003:112.

教育才有意义。父母有孩子是件好事,因为可以培养孩子信奉上帝,而不是希望个人传宗接代。因此,在家庭里,母亲最重要的职责不是抚养儿女,而是崇拜上帝。[①]

当然,在中世纪成人对儿童的认识并不是一成不变的。到了12世纪,社会开始出现一些与基督教持不同态度的文学作品,表达了对儿童的同情和喜爱。这些认识上的变化主要与中世纪社会的发展有关。法国学者菲力浦·阿利埃斯指出,在12世纪,基督常被描绘成儿童,开始受到体贴的对待,允许有适合自己的游戏。大约在13世纪以后,中世纪社会也开始出现关于儿童认识的新观点,提出了三种类型的儿童。[②] 第一种类型是根据儿童的外貌和姿态把他们描绘成天使,一个少年的教士。这些小教士是各种年龄的儿童。他们是接受教会的训练,注定为神圣秩序服务的人。还有的是某一时期神学院和拉丁学校的儿童,他们也是为将来预备成为教士而接受教育的。第二种类型是婴儿的耶稣,或是年幼的圣母玛利亚。在这里,童年与对母性的神秘和对玛利亚的崇拜联系在一起。最初,像其他儿童一样,幼年的耶稣也是缩小比例的成人:一个上帝的牧师。12世纪以后,耶稣的童年形象在绘画中更多出现了一些关于现实的和情感化的描述。耶稣被描绘成穿着薄的、几乎透明的服饰,转动着身体,用胳膊环绕母亲的脖子,依偎着母亲的形象。伴随着纯洁无瑕的母性,对儿童的认识进入一个绘画描述的时代。到了13世纪,这种绘画开始表现普通的家庭场面。在一些绘画中,父母被许多孩子所围绕着,他们手拉着手。当然这种情况主要在描写耶稣的绘画中。第三种类型的儿童形象出现在哥特式建筑时期,通过裸体的儿童,来表现儿童的纯真。

以上的研究表明,在中世纪,由于社会发展条件的限制,成人对儿童的认识还是有限的。其中一个重要的原因就是中世纪西欧以农业为基础的经济结构和基督教为核心的神学文化在很大程度上决定了成人的生活和他们对待生活的态度,这些也决定了他们对待儿童的态度,并直接影响了对儿童地位的认识。在世俗文化看来,儿童生活在成人世界中,他们就是小的大人,成人希望他们尽快摆脱幼稚,尽快成人;在基督教文化看来,父母生儿育女、传宗接代本身没有价值,只有让孩子受到真正的基督教教育,崇拜上帝才有意义。因此,与古希腊和古罗马儿童教育相比,这一时期人们对儿童地位的认识是不够的。直到中世纪后期,随着社会政治、经济和世俗文化的发展,教会因素有所减弱,这种情况才有所改变。儿童的形象由最初的神圣的儿童,为宗教服务的儿童,逐步变为一个连接父母情感作用的儿童,一个环抱母亲和被母爱保护的儿童,一个纯洁、可爱、身心健康发展的儿童。

三、西欧中世纪儿童的特性

关于西欧中世纪儿童特性的认识,也是研究者们特别关注的问题。20世纪60年代,法国学者菲力浦·阿利埃斯在他的《儿童的世纪》一书中指出:"在中世纪社会,童年的观念是不存在的。但这不意味着儿童被忽视,被抛弃,或被鄙视。童年的概念不能与

---

① 〔以〕苏拉密斯·萨哈. 第四等级——中世纪欧洲妇女史[M]. 林英,译. 广州:广东人民出版社 2003:106-111.

② P. Ariès. Centuries of Childhood, A Social History of Family Life [M]. Random House, 1962:34-35.

对儿童的感情所混淆:它是与对儿童特性的意识相一致的,这种特性使儿童与成人相区分,甚至与年轻的成人相区分。在中世纪社会,这种意识是缺乏的。这也就是为什么孩子虽然离开他的母亲、奶妈和摇篮,他们仍然能够存活。他们是属于成人社会的。"① 这也就意味着,在中世纪虽然人们没有对儿童地位及特性的清晰认识,但是对儿童的存在是充满感情的,儿童不仅属于家庭,而且属于整个社会。

不过,学者萨哈(Shahar)在《中世纪的童年》中指出,在中世纪中期和后期,不仅有童年存在的概念,而且还认识到儿童生活发展的不同阶段。中世纪的父母在育儿上不仅有物质上的投入,也有情感上的资源。在婴儿和幼儿之间存在的高死亡率不是情感上的缺乏,而是有限的医学技术的结果。② 萨哈概括了起源于中世纪之前或期间,一直在中世纪的以后时期对认识幼儿特性产生影响的几个比较重要的观念:(1) 童年是天真的。这可以在中世纪基督教的《圣经》和注释中得到反映。(2) 儿童是由自身的内驱力所控制的。这可以在中世纪基督教圣经的注释中发现,也在以后为弗洛伊德(Sigmund Freud)所发展。(3) 童年期是将来成人发展的基础,尽管人类的依赖期要长于动物。(4) 为了正常的发展,儿童既需要身体上的养护,也需要情感上的关爱,以及与成人的交往。(5) 童年是可以分为阶段的。这一概念为后来的心理学家埃里克森(Erik H. Erikson)和皮亚杰(Jean Piaget)所接受。

在中世纪社会,人们对儿童特性的认识也有矛盾的方面。受罗马人对儿童特性认识的影响,一方面,在宗教信仰和宣传中,儿童代表了纯洁、甜美、可爱和天真的形象——这可以从纯洁可爱的作为婴儿的耶稣身上看到;另一方面,基督教神学家又把儿童与"原罪说"联系起来,认为儿童是带着"原罪"来到人世的,生来带有罪恶。如奥古斯丁就强调在上帝面前,没有人是纯洁的,即使是刚刚出世的婴儿也不例外。因此,儿童天生就要严格管理,以免变成邪恶的人。在中世纪,当这一学说取得支配地位时,使得想要成为基督教徒而进行洗礼的人的年龄不断降低,最后到了婴儿身上,刚出生的婴儿也要接受洗礼。儿童成为邪恶、自私、任性和缺乏道德的代表。

在中世纪,还有两个影响比较大的关于儿童特性认识的观点:一个是《圣经·旧约》中关于儿童的观点,这一观点认为儿童是生来有罪、没有权力的人,儿童天生就应当严格管理;一个是《圣经·新约》中关于儿童的观点,这一观点认为儿童天生是无罪的,是善良的,只要环境有利于儿童发展,他们长大就会成为好人。与此相关,中世纪关于女性的认识也有两种不同的观点:一个是关于妇女是罪恶之源的观点,代表人物是夏娃;一个是关于女性是慈爱和善良的象征的观点,代表人物是耶稣的母亲玛利亚,她们不同的形象都对认识儿童,特别是母子关系产生了重要的影响。这些观点表明,在中世纪,存在不同的认识儿童的积极的和消极的价值观体系。不过,从当时占主导的教育思想和教育实践来看,以"原罪说"为代表的观点恐怕是占统治地位的,因为它更有利于对儿童进行教育和管理。

---

① P. Ariès. Centuries of Childhood, A Social History of Family Life [M]. Random House,1962:128.
② V. Celia Lascarides, Blythe F. Hinitz. History of Early Childhood Education[M]. Falmer Press, 2000:30.

四、西欧中世纪学前儿童教育的内容和方法

1. 儿童的早期养育

在中世纪的西欧,儿童早期的养育内容和方法还是非常丰富的。从婴儿期到7岁的生活中,大部分儿童都是由母亲照顾的。这一时期,母亲和奶妈在养育儿童方面,特别是在处理与儿童的冲突方面已经有了一些技巧。据记载,一个奶妈用"转移儿童注意力"的方法来取代与孩子的正面冲突。这位奶妈的经验是,对于一个小孩子,如果某些东西不适合给他,则不能给他看;如果孩子恰好看到了,就应当拿别的东西以转移孩子的注意;如果他要的某些东西是允许的,并且不会对他造成伤害,就可以给他;如果他受到了物体的伤害,奶妈在给孩子处置伤口时,要防止孩子报复伤害他的物体,而要用小的礼物安慰他。当孩子长大时,可以允许他出去与别的孩子一起玩了。[①]

尽管养育工作主要是由母亲来完成的,但父母双方对儿童同样是具有感情的。当然,父母和社会也非常重视对儿童的监管,因为它可以在一定程度上保证儿童的存活。同时,人们认为对儿童加强纪律管束是必要的,因为儿童和未成年的青少年的成长需要一定的约束。到了15世纪,西欧已经出现了大量的劝诫和训练儿童的书籍,以帮助父母和社会其他成员养育儿童。[②]到了7岁,儿童有了更多的自由活动。人们主要是希望儿童通过自由的玩耍,形成与他们的本性相一致的行为。由于儿童生活融合在成人的社会中,享受了成人社会所带来的欢乐,也承受了成人社会的粗野和灾难。

2. 儿童的日常生活教育

中世纪西欧儿童的日常生活教育是最普通、最经常的教育。无论什么样阶层的孩子,这种教育主要在家庭中完成。在穷人家庭,男孩主要是通过在生活中帮助父母、邻居和朋友来学习;女孩主要是帮助家里做家务,很少有书本知识的学习。在富人家庭,男孩一般在家里接受家庭教师的教育,或者被送到高一级的家庭中作侍童。在别人家里,儿童要学习好的礼仪和行为;学习如何摆放桌子,招待客人;如何为主人穿、脱衣服,为主人铺床、斟酒,或饭前端盆洗手;等等。为此,男孩要接受许多行为规范的训练。训练时的一般要求是:"不要用手挠头或后背;不要作呕,不要吐唾沫太远;不要大声地笑和讲话;不要说谎;不要舔嘴唇或淌口水;不要用舌头舔盘子……"[③]女孩则常常与她们的兄弟一起接受家庭教师的教育;或者有自己的女家庭教师,学习读写。女孩也常像她们的兄弟一样,在一个贵族家庭中成为服侍贵夫人的人。在那里,她们要学讲法语,行优美的屈膝礼,学刺绣,学习如何保藏水果、制作香料、药剂和药膏,弹奏乐器,跳舞和唱歌,纺纱等。另外,随父母去教堂作弥撒也是儿童日常生活教育的重要内容之一。当时,不管是穷人家的还是富人家的,不管是城镇的还是乡村的,孩子们每天都要作弥撒,接受宗教教育。

---

① V. Celia Lascarides, Blythe F. Hinitz. History of Early Childhood Education[M]. Falmer Press, 2000:31.
② V. Celia Lascarides, Blythe F. Hinitz. History of Early Childhood Education[M]. Falmer Press, 2000:32.
③ Molly Harrison. Children in History, Book one The Middle Ages[M]. Hulton Educational Publication, 1959:93.

这一时期,由于人们的许多工作和劳动都是在家里完成的,因此,儿童也常在家里帮忙,从事一些力所能及的劳动。不过,生活在不同地区的儿童劳动是有区别的。在乡村,男孩一般要帮助大人采摘水果、花朵或大麦用来酿酒,学烘烤面包和烤肉;女孩则帮助母亲纺织或织布。除了家庭劳动外,男孩还要在庄园和城镇里进行一定的劳动。如当大人在给马钉马掌时,男孩要帮助照看马匹;大人在用马匹耕地时,男孩则在前面负责牵马。

3. 儿童的知识教育

在中世纪的西欧,一般来说,不同阶层的儿童都是能够接受一定知识教育的,只不过其教育内容和方法是不同的。

上层社会的儿童最初知识教育通常开始于5—6岁期间,主要在家里由父母或私人教师提供。对于这一阶段的儿童教育,教育者一般都比较注重儿童的特点,强调儿童的学习应当是逐步的和温和的,不主张强迫儿童学习和每天长时间的学习。为了使儿童喜欢学习,一些人也发明了一些比较有趣的方法,如"文学游戏"的方法,用小的奖励,或者给孩子买新鞋子,墨水瓶架,或书写用的石板等作为奖品。成人有时还用水果或糖果组成字母,让孩子认识。如果孩子认识某一字母,就让孩子把这一字母吃了。当男孩到了7岁时,他的父亲就开始教育他,而母亲继续教育女儿。母亲负责女儿的宗教教育,为了使她们准备承担将来作为母亲和家庭主妇的角色。有的主张给女孩一些基础的教育,但反对者认为不应当教她们读写,因为有些知识可能会使女孩接触罪恶,导致犯罪。也有人认为,读写可以帮助女孩管理地产和家庭的账目。母亲和保姆也把社会传统的或流行的女性文化传递给女孩。不过,在中世纪的许多情况下,女孩的教育还是有限的,没有得到足够的重视。

一些农民的孩子也能够接受一定的知识教育。这些孩子可以接受村里的牧师,或靠近镇子的修道院或世俗机构的教育。通过教育,他们中的大部分儿童将成为神职人员或修道士;少量的懂得一些文学的儿童可能成为庄园法庭的抄写员、庄园的职员,或最早的城市公务员。有人认为,在中世纪,一些被认为贫穷的孩子可能要比那些富人家庭的后代更聪明和漂亮。因为富人家的孩子往往在家庭中被溺爱和放纵,常常变得顽固和叛逆。由于儿童倾向于模仿成人的活动,因此教育中要求成人要为儿童提供好的榜样。教育的主要任务也是防止社会腐败和有害文化对儿童产生不良影响,防止的方法主要是惩戒和鞭打。[①]

中层社会的孩子接受知识教育的时间主要开始在6岁。学习的课程主要是读写算和一些适当的内容。据一些研究者指出,当时还没有出现这样一种在学习其他学科之前先学习比较容易学科的思想。由于没有一套系列的课程,学生可以从任何一门学科开始,也可以跟在其他任何学科的后面学习。结果是,那些学习好的学生与学习比较差的学生的区别,不在所学的学科,因为这些学科都是相同的,而在学习这些学科时所花费的大量的时间。[②]

---

① V. Celia Lascarides, Blythe F. Hinitz. History of Early Childhood Education[M]. Falmer Press, 2000:33.
② V. Celia Lascarides, Blythe F. Hinitz. History of Early Childhood Education[M]. Falmer Press, 2000:33.

在中世纪儿童知识教育中,语言学习(主要是口语)的任务是比较繁重的。当时,拉丁语是基督教教会的语言,但是欧洲大部分人讲的语言是法语。① 这意味着,许多男孩或女孩在学习拉丁语的同时,还要学习学拉丁语时所需要的语言——法语。而在英国,包括英语在内的三种语言的学习,则成为儿童教育的主要内容。

在儿童的知识教育中,能够满足儿童乐趣的书是比较少的,与儿童有关的书籍主要是关于教导、语法、字典和动物寓言集的,还有就是大量的令儿童听起来毛骨悚然的故事书。另外,儿童还要学习宗教入门书。这种书通常只是一页纸,包括字母表和一个或两个写在上面的祈祷文。②

在知识教育的方法上,由于成人的严格管教,儿童的天性往往要受到较多的压抑。当时,无论是在家庭,还是在学校,成人对于儿童的要求都是非常严格的。在家庭里,儿童在父母面前要保持安静,听从父母的说教;在学校里,儿童要安静地坐着,服从教师的管教,否则就要给予责备和体罚。总之,在这一时期,成人希望儿童在所有需要学习的事情上都要服从,反映出中世纪西欧学前儿童教育的主要特点。

4. 儿童的骑士教育

中世纪西欧的儿童骑士教育是西欧社会集宗教意识熏陶与军事体育训练于一体的一种特殊形式的家庭教育。一般要经历三个阶段:(1) 家庭教育阶段,即出生至 7 岁;(2) 侍童教育阶段,即 7 岁至 14 岁;(3) 侍从教育阶段,即 14 岁至 21 岁。家庭教育阶段即骑士养成的幼儿教育时期,是在自己家里度过的,父母即教师。

儿童骑士家庭教育的主要内容是宗教意识熏陶、道德品质培养和身体养护训练。宗教意识熏陶在骑士早期教育阶段是十分重要的。其方法就是由母亲从孩子懂事起就不断地给其灌输宗教神学的初步概念,并随着儿童年龄的增长参加各种宗教仪式和节日活动,为以后成为一名虔诚的基督教徒奠定思想基础。道德品质培养则是由父母共同教育儿童从小树立"忠君爱国",仿效主人、贵妇讲求礼节,谈吐文雅,以便成为骑士后能坚定地效命于国王和高一级领主。身体养护训练主要是根据训练剽悍勇猛的骑士标准提出来的。儿童身体养护训练主要包括合理的饮食,适宜的锻炼,遵守作息制度和生活习惯。这些通常都是由母亲来指导和实施。

在中世纪,那些被指定有骑士身份的7—9岁的贵族男孩要与父母分离。他们要被送到其他贵族的家庭接受高一级的教育。作为侍童的男孩很少有学术上的学习,他们的生活是与成人的生活结合在一起的。这一阶层的女孩有的也要离开自己的家,被送到未婚夫那儿;有的女孩则留在家中由家庭教师进行教育,或进入为贵族儿童设立的私立学校。③

5. 儿童的宗教教育

中世纪西欧儿童的宗教教育主要是基督教教会的儿童教育。中世纪的西欧,基督教

---

① Molly Harrison. Children in History, Book one The Middle Ages[M]. Hulton Educational Publication, 1959:87.
② Molly Harrison. Children in History, Book one The Middle Ages[M]. Hulton Educational Publication, 1959:95.
③ V. Celia Lascarides, Blythe F. Hinitz. History of Early Childhood Education[M]. Falmer Press, 2000:34.

会居于垄断地位,教堂成为唯一储存知识的场所,教士被认为是掌握知识的人。由于一切知识和真理都来自《圣经》,教育的主要目的就是使儿童虔信上帝、熟读《圣经》,长大做一个合格的基督徒。儿童宗教教育的目的就是从小把儿童训练成为笃信上帝、服从教会的"圣童",从而为培养一个真正的基督徒奠定坚实的基础。中世纪西欧儿童的宗教教育主要是通过基督徒对子女进行与宗教信仰、行为、观念和意识相关的家庭教育以及跟随家长参加众多的宗教礼仪和节日活动来实施的。当儿童稍懂事时,就要向他们灌输人生需要经受无穷苦难,要学会忍耐服从,逆来顺受等教义,并要求他们履行参加教会规定的宗教仪式和活动的职责,从出生到死亡,伴随终生。

第二节 文艺复兴时期的学前教育

文艺复兴运动是指发生于14—16世纪西欧出现的文化复兴运动。随着中世纪后期封建制度的变化,骑士制度、封建主义、神圣罗马帝国、教皇统治权威、商业行会制度逐渐衰落,用宗教和道德来解释人生的经院哲学也失去垄断地位。[①]一种新的制度和理想逐步代替旧的制度和理想,这就是文艺复兴运动。[②]

文艺复兴运动是以复兴古希腊、古罗马文化的形式出现的。它首先在意大利产生,以后逐渐扩展到德国、法国、英国等地。从14世纪开始,以意大利为中心,西欧各国普遍兴起了搜集、整理和研究古希腊、古罗马文学和艺术作品的热潮。1400年,拜占庭帝国受到土耳其的威胁,一大批希腊学者为躲避战乱逃到意大利。1453年,拜占庭为土耳其所灭,更多的希腊学者逃到意大利。这些学者到意大利后,不仅带来了大量古希腊、古罗马的作品,而且开设学校,传播古希腊、古罗马文化,从而进一步促进了西欧对古典文化的了解。

文艺复兴运动的思想基础是人文主义。文艺复兴人文主义的基本特征是:歌颂世俗以蔑视天堂,标榜理性以取代神性;反对中世纪教会所宣扬的来世观念、禁欲主义和蒙昧主义,强调人是现世生活的创造者和享受者;要求文学艺术表现人的思想感情、科学为人生谋福利、教育发展人的个性,要求把人的思想、感情、智慧从神学的束缚中解放出来。人文主义者反对神性,提倡人性;反对神权,提倡人权;反对宗教束缚,提倡个性自由。它打击神的权威,讴歌人的能力与作用,在一切领域中都贯穿"抑神扬人"的原则。文艺复兴的人文主义思想实际上是一种以人性解放为中心的"人性论"的世界观。这种新的世界观,对各类教育,也包括学前儿童教育产生了重要影响。

---

① 〔美〕爱德华·麦克诺尔·伯恩斯,等.世界文明史(第二卷)[M].罗经国,译.北京:商务印书馆,1990:118。
② 文艺复兴的原意是再生,通常指14世纪意大利语"Trecento",即突然对希腊罗马古典文化发生兴趣。但确切地讲,在中世纪后期,人们已对古典文化有了兴趣。文艺复兴应当指从10世纪开始了一系列复兴运动所达到的高潮。这些运动的共同特征是对古典作家的敬仰。参考:〔美〕爱德华·麦克诺尔·伯恩斯,等.世界文明史(第二卷)[M].罗经国,译.北京:商务印书馆,1990:118-119。

一、文艺复兴时期人文主义的儿童观

在文艺复兴时期，人文主义者在反对"原罪说"的基础上，提出了不同于中世纪的儿童观。在对儿童的认识上，他们主要从三个方面来认识儿童：① 从对人的一般特性认识出发，他们认为人是一个智慧的人，一个和谐发展的人，因而要尊重儿童，给儿童以广博的知识，促进儿童的和谐发展；② 从对自然一般特性的认识出发，他们认为人是自然的一部分，教育应当遵循自然发展的秩序，并适应儿童自然发展的特点，使儿童得到自然的发展，特别是身体的健康发展；③ 从对人与神的关系的认识出发，人文主义者认为人是上帝最好的造物，是最宝贵的，是上帝生气勃勃的形象。因此，教育者要关心和热爱儿童，促进儿童的成长。

人文主义者的儿童观继承和发扬了自古希腊、古罗马和中世纪以来的对儿童积极评价的看法，肯定了儿童的地位和价值，是具有意义的。不过，他们的观点是建立在对儿童一般的和抽象认识的基础上的，多是从成人认识的角度来看待儿童，还存在一定的不足。

二、文艺复兴时期的教育家论学前儿童教育

这一时期一些教育家关心儿童教育，提出了许多关于学前儿童成长、发展的教育思想。

1. 维吉乌斯论学前儿童教育

维吉乌斯（W. Vegius,1406—1458）是意大利著名的人文主义教育家。他十分关注幼儿教育问题，于1450年写成了《儿童教育论》一书，论述了学前儿童教育思想。

关于胎教以及初生婴儿的养育问题，维吉乌斯提出了一些具体的建议。例如，孕妇的生活环境要舒适、安静、愉快，确保孕妇的顺利分娩；婴儿出生后必须由母乳哺育；婴儿的睡眠要有充足保证；根据幼儿的体质和自然需要提供衣服和食品，不给奢侈的食物；尽早地锻炼幼儿的耐寒能力和适应气候的能力；保护幼儿的人身安全，不给幼儿任何尖利或危险的器具，使他们免遭一切对身体的损伤。这些建议反映了人文主义者的新的儿童观，对于保护婴幼儿的健康、培养其健全的体魄是非常重要的。

关于行为教育和礼仪教育，维吉乌斯主张，成人要以经常赞扬好的行为、宽容细小过失的办法来教育儿童。儿童教育既要严肃认真，又要充满关心和爱。关于儿童礼仪教育，维吉乌斯认为，儿童从懂事起就应接受高尚的礼仪教育。"我们应该教育孩子要热情地问候，亲切地答礼，客人来去要殷勤有礼貌，并不拘于客人的多少。"①

关于儿童教育的方法，维吉乌斯认为，在儿童的发展中，教育方法是非常重要的，但要考虑儿童的不同个性，"教育方法必须根据儿童个性的不同而有所区别，这是不言自明的"②。

---

① 〔日〕梅根悟.世界幼儿教育史(上册)[M].张举,等译.长春:吉林人民出版社,1986:6.
② 〔日〕梅根悟.世界幼儿教育史(上册)[M].张举,等译.长春:吉林人民出版社,1986:5.

2. 伊拉斯谟论学前儿童教育

伊拉斯谟（Desiderius Erasmus，1466—1536）是文艺复兴时期尼德兰的人文主义教育家。他自幼受到较为系统的教育，在巴黎大学曾进行过学习，在这个过程中接受了人文主义思想的影响。伊拉斯谟的教育著作很多，包括《愚人颂》《一个基督教王子的教育》《论正确的教学》等，其中《一个基督教王子的教育》（1516）反映了他的学前儿童教育的主张。虽然这是一部关于王子教育的著作，但其中所阐述的学前儿童思想也适合普通家庭儿童的教育。其学前儿童教育思想包括以下几个方面。

（1）重视孩子的早期教育。伊拉斯谟建议，当孩子开始懂事时，就要通过游戏和故事来教育他们，使他们学习读、写、画，促进智力发展。他认为有三个要素影响个人发展：自然（儿童的天赋）、训练（教育和指导下的熟练运用）和练习（自我方面的能动性）。在他看来，自然发展是有力的，而训练辅之以练习则更为有力。因此，正确教育的基础，是儿童在家里从自己父母身上获得的训练。

（2）要为孩子选择好的导师。伊拉斯谟主张要认真选择导师，使他承担起教育孩子的职责。选择的导师应该是"具有优秀品德和无可争辩的原则性、严肃，不仅精通理论而且具有丰富经验的人——年长，使他们受到深深的尊敬；生活纯洁，使他们享有威信；爱交际和态度温柔，使他们得到爱和友谊。这样，一个幼弱、年轻的人，不至于因严格训练而受到损伤，不会在还没有懂得社会准则的时候就学会怀恨准则。另一方面，他也不会由于都是没有经验的放纵而品德败坏，滑到不应该的地步"①。

（3）要观察和引导孩子成长。伊拉斯谟主张导师要仔细观察孩子的性情，要发现孩子在很小的年龄，是倾向于急躁还是傲慢，倾向于希望成名还是苛求名声，倾向于放荡还是赌博、贪恋，倾向于抵抗还是战争，倾向于鲁莽还是残暴。当导师发现孩子的弱点时，应该用优良的理论和适当的教导教化他，设法把一个尚易于接受引导的人引向更好的道路。如果发现孩子天性倾向于生活中的易事，或者无论如何只倾向于那些容易转化为美德的坏事，例如功名心和挥霍浪费，导师则应该更加努力，帮助孩子天性的长处得以发扬。②

（4）要培养孩子良好的性格。孩子在成长中形成良好的性格是非常重要的，伊拉斯谟要求母亲和保姆不要娇惯和放纵孩子，要保护孩子的心灵。他认为，保姆与母亲共同的缺点就是放任而纵坏她们孩子的性格。保姆身上有两大缺点——愚蠢和阿谀。如果有这样的人，应该让她们尽早离开孩子。

（5）要选择好的同伴和环境。伊拉斯谟认为孩子的成长环境非常重要。因此要让孩子远离那些阿谀奉承的人，除了选择好的导师和保姆外，还要给孩子找一些性格诚实的伙伴，"他们将殷勤相处而不用阿谀，习惯于说话风雅，并且不会仅仅为了讨好而欺骗或说谎"③。

---

① 华东师范大学教育系，浙江大学教育系. 西方古代教育论著选[M]. 北京：人民教育出版社，2001：205.
② 华东师范大学教育系，浙江大学教育系. 西方古代教育论著选[M]. 北京：人民教育出版社，2001：207.
③ 华东师范大学教育系，浙江大学教育系. 西方古代教育论著选[M]. 北京：人民教育出版社，2001：219.

(6) 要为孩子选择好的书籍。伊拉斯谟认为,孩子最初选择哪些书籍来读是十分重要的。"不正经的谈话毁坏心灵,不正经的书籍毁坏心灵的程度不比它稍差。没有声息的文字会转变成为态度和情绪,特别是当它们碰上一个有某些缺点的天然性格的时候更会如此。"①天性粗鲁的孩子阅读残暴的故事容易引发他的残暴。

3. 拉伯雷和蒙田论学前儿童教育

拉伯雷(Rabelais,1494—1553)和蒙田(Montaigne,1533—1592)都是以文学作品来影响后世教育思想的法国人文主义作家。在他们的文学作品中,批判了封建制度及其教育,阐述了新的教育观。拉伯雷的主要代表作是《巨人传》,书中提出了在愉快、自由教育的基础上来培养儿童的思想。蒙田的代表作是《论儿童教育》,书中提出了培养儿童的判断力和主动性的思想。

《巨人传》这部小说以比较的方法批判了经院主义教育,提出了人文主义教育的主张。小说主要写了国王儿子的成长和教育过程。为了培养王子,国王先请了经院主义学者做家庭教师。在经院主义教师的训练下,小王子不但能把拉丁课文全部背诵下来,而且还能倒背如流。小王子除每天做半个小时功课之外,其余时间就是睡觉、吃饭等,结果成了一个又呆又傻的人。国王后来辞退经院主义教师请了人文主义教师,小王子开始了新的生活。在白天,新教师教王子学习文学和实用科学,并且用玩牌的方法教他学数学,增加乐趣和刺激;同时也对他进行军事、体育等训练。晚饭后,进行谈话、唱歌以及演奏乐曲、讲故事等。睡觉前还要"向教师复述一天所读到、见到、学到、做到和理解了的东西"②。除每天进行这样的安排外,教师还带王子去参观、访问、旅行等。这样的教育使整个学习过程变得轻松、愉快,富有吸引力,王子不再把学习当成苦役,而觉得"这种教育虽然在开始时似乎有些困难,但是不久以后,它就变得那么甜蜜、轻松和愉快,与其说它是一个学生在学习,不如说它是一个国王在娱乐"③。可见,拉伯雷的教育特点在内容上是丰富、多样的,在形式上是寓教于乐,轻松愉快的;在师生关系上是平等、自然的。

蒙田是文艺复兴时期法国的思想家和散文作家,他反对经院主义哲学,主张人的理性自由发展。他的代表作是他的《散文集》。其教育思想主要集中在第24章《论学究气》和第29章《论儿童教育》。蒙田十分重视儿童的早期教育,认为儿童的教育是人生最重要的事情。他批评经院主义教育不注重对儿童早期的教育,只注重训练儿童的记忆,不给儿童以发展智力的机会,不给儿童独立行动的自由,以致把儿童变成了奴性和胆怯的人。蒙田主张,教育应跟随自然、依照自然,把儿童培养成具有自由精神的"新人"。

如何培养这种新人?他认为首先要培养儿童的判断力。他反对死读书本知识的教育,主张进行有用的、重实效的教育。他强调要发展儿童的智力,要以儿童自己的判断和思考去寻求真理。如果儿童对一个事物不能辨清真伪时,宁肯让他怀疑,切勿让他盲从。其次,在教学上要用自然的、多样的、自由的教学方法代替中世纪的单一的、抽象的和奴隶式的教学方法,在他看来,没有一种完全适合一切学生的教学方法,试图用一样的课程

---

① 华东师范大学教育系,浙江大学教育系.西方古代教育论著选[M].北京:人民教育出版社,2001:222.
② 华东师范大学教育系,浙江大学教育系.西方古代教育论著选[M].北京:人民教育出版社,2001:330.
③ 华东师范大学教育系,浙江大学教育系.西方古代教育论著选[M].北京:人民教育出版社,2001:332.

和一样的训练方法去教育许多具有不同才能、不同心理倾向和品质的人是注定要失败的。教师应根据学生兴趣之所在,使教学做出相应的调整。

总之,在拉伯雷和蒙田看来,应在令人愉快和富有刺激的环境中来进行儿童的自由教育、身心并行发展的教育和认识所有事物的教育。这种教育才是人文主义的教育,是学习知识、培养才智的教育。这种教育培养的人生气勃勃,具有道德和理智判断力,才是社会所需要的新人。

三、文艺复兴时期的学前教育实践

这一时期,在人文主义思想和科学技术的影响下,文艺复兴时期的学前教育实践也发生了一些新的变化。

一是新的儿童观的传播,使人们意识到教育的重要性。社会的中产阶级更希望让自己的子女接受教育,因为这是他们上升到贵族和获取社会重要职位的主要途径。因此,许多人文主义者对教育进行了大胆的改革,创立了许多符合儿童需要的新的教育形式,在教育内容和方法上都进行了许多新的尝试。

二是出现了供儿童使用的小字典。据一些研究者分析,这种小字典可能是为4岁的儿童使用的。目的是希望学生在进入文法学校学习和做学生之前能够认识一些生字。人们认为4岁是学习ABC的年龄;6—7岁是进入学校的年龄。但是,女孩很少有这样的机会,因为她们的生活仍然继续在家庭中。①

三是新的技术手段的出现也促使学前儿童教育实践发生一些变化。一些研究者指出,文艺复兴和宗教改革时期的科学取代中世纪的亚里士多德学派的科学,在很大程度上也可以归因于印刷术的作用。自从有了印刷术,儿童必须通过学习识字,进入文字印刷的世界,才能变成成人。由于有了印刷术,《圣经》可以大量印刷,也有利于宗教知识的学习和普及。为了达到这个目的,儿童也必须接受教育。因此,文艺复兴和宗教改革运动重新创造了教育,重新定义了儿童,使学前儿童教育实践发生了新的变化。

 本章小结

受少数民族入侵的影响,中世纪早期社会、文化和教育受到极大冲击,原有的教育机构、设施或者被破坏,或者荒废,儿童的生存和生活条件较差,主要依靠成人生活。由于儿童主要生活在成人世界里,成人世界和儿童世界没有截然分开,活动空间增加了许多重合的方面,儿童教育带有了许多成人的特点。从总体上看,这一时期人们对儿童地位和特性的认识是比较有限的。中世纪后期,随着社会政治、经济和世俗文化的发展,儿童的生存条件有所改善,基督教儿童观的影响逐渐衰弱,这种情况才有所改变。儿童的形

---

① V. Celia Lascarides, Blythe F. Hinitz. History of Early Childhood Education[M]. Falmer Press, 2000:34.

象由最初的为宗教服务的儿童,变为具有连接父母情感作用的儿童,以后又变化为一个纯洁、可爱的儿童。

在中世纪,基督教的存在和发展不仅决定了中世纪的教育目的,也决定了学前儿童教育的目的,对学前儿童教育产生双重的影响。中世纪一切教育的目的是与基督教关于人生目的的教义直接联系的。在基督教看来,人是上帝创造的,是上帝的儿女,上帝爱自己的儿女,人类也要爱上帝;人类生而有罪,可上帝慈善,只要爱上帝,信仰和服从上帝,一切罪恶就可以得到赦免。因此,爱上帝就成为人生的根本目的,而教育正是要培养人们对上帝的这种感情。中世纪的儿童教育也是这样,一个婴儿一出生就要接受洗礼,从小就要培养儿童对上帝的感情,除去罪恶,保留善性,把自己的一切与上帝联系在一起。中世纪的基督教文化对学前教育的影响是双重的。一方面,它使得父母生儿育女、传宗接代本身变得没有什么价值,只有让孩子受到真正的基督教教育,使孩子崇拜上帝才有意义;另一方面,它又使得儿童教育,特别是儿童的精神教育可以超越世俗,超越现实父母、家庭、社会和国家的束缚,直接与对上帝的信仰联系起来,强调一种对世俗进行质疑和批判的能力,赋予学前儿童教育以极大的重要性。当然,受基督教文化的影响,中世纪的学前教育内容较多的是与语言学习或者与基督教相关的内容,教育方法也比较严格。语言学习以口语为主,要学习多种语言。在宗教教育上,孩子要学习宗教入门书,主要是机械学习和记忆,缺乏适合儿童需要和满足他们兴趣的阅读书籍。另外,日常生活中随父母去教堂作弥撒也成为教育的主要内容。在教育方法上,主要是成人的监管、纪律约束、惩戒和鞭打等。

与古代和中世纪的学前教育相比,文艺复兴时期的学前教育在儿童观上发生一些新的变化。人文主义者把儿童看做是一个理性的、和谐发展的人,看做是上帝最好的造物。他们注意到了儿童自身的特点,要求尊重儿童,适应儿童发展的特点,使儿童得到自然的发展,特别是身体的健康发展。当然,文艺复兴时期的教育家对儿童的认识是充满矛盾的和局限的。他们虽然看到了儿童与成人之间的区别,但是认为儿童与成人在本质上并没有什么根本的不同;虽然看到了儿童与成人的不同,但是缺乏对儿童之间区别的认识;虽然看到了儿童与成人交往时儿童对成人的影响,但不认为儿童在发展中有什么特殊的需要,儿童发展的主要任务是服从成人的安排,按照成人的安排活动;虽然看到了儿童对社会的影响,但不认为或期望儿童能够对社会发展作出什么有意义的贡献。这些认识反映了当时的社会还是一个以成人为主的社会,儿童的发展和教育往往由成人所支配,儿童的存在和地位也往往被忽视。这种情况也容易把成人的或者社会的价值标准强加到儿童身上,儿童的发展还是被动的,儿童期往往成为匆匆度过和容易使人忘记的时期。①

---

① V. Celia Lascarides, Blythe F. Hinitz. History of Early Childhood Education[M]. Falmer Press, 2000:34.

自我评量

名词解释

1. "原罪说"   2. 骑士教育   3.《儿童教育论》(维吉乌斯)
4.《论儿童教育》(蒙田)

简述题

1. 如何认识中世纪儿童的特性?
2. 如何认识中世纪儿童的日常生活教育?
3. 如何认识文艺复兴时期人文主义的儿童观?
4. 如何认识维吉乌斯的学前教育思想?
5. 如何认识伊拉斯谟的学前教育主张?

论述题

1. 关于中世纪儿童的地位的认识有多种看法,如何评价?
2. 评述中世纪儿童的知识教育。
3. 比较和评价拉伯雷和蒙田的学前儿童教育思想。

第二编

学前教育社会化时期：近代学前教育

　　学前教育的社会化是学前家庭教育发展到一定阶段的产物。近代教育家夸美纽斯对这一问题进行了系统的构思，提出了许多重要见解。17世纪以后，关于学前教育社会化的探索在欧美等国继续进行。18世纪后期，伴随着大工业生产的发展，学前教育社会化的机构——幼儿学校在英国由欧文创办（1816年）。19世纪中期，德国的福禄培尔创办"幼儿园"又成为世界许多国家学前教育社会化效法的榜样。福禄培尔的学前教育思想和实践经验被广泛地传播到欧美等许多国家。19世纪末至20世纪初，学前教育社会化思想已经被广为接受和付诸实践；受学前教育社会化影响的学前教育师资培训和专业化也得到一定发展。与此同时，学前教育制度化思想也开始在一些国家提出和推行，学前教育成为国家教育制度的组成部分，具有公共教育性质的学前教育也逐步被接受和实践。

第四章　学前教育社会化的构想：
夸美纽斯的学前教育

学习目标

通过本章的学习,认识夸美纽斯关于学前教育社会化的构想,把握夸美纽斯的主要教育思想、儿童观、关于母育学校的论述,以及关于学前教育的内容及方法。认识夸美纽斯在近代学前教育社会化方面所作出的探索和贡献。

夸美纽斯(John Amos Comenius,1592—1670)是欧洲从古代社会向近代社会过渡时期的捷克①新教教育家。他继承了文艺复兴时期人文主义教育的优秀成果,吸收了马丁·路德(Martin Luther)、培根(Roger Bacon)等人的进步思想,在进行教育实践的同时,对许多教育问题进行了研究,为近代教育理论体系的形成奠定了基础。夸美纽斯的教育代表作是《大教学论》,该书一般被认为是教育学成为独立学科的标志。在学前教育方面,夸美纽斯写了《母育学校》,他的《大教学论》一书中也有章节论述"母育学校"问题,使他成为系统关注学前教育的第一人。在学前教育史上,夸美纽斯是第一位明确提出要"为幼儿设立学校"的教育家。② 夸美纽斯可以称为是近代学前教育社会化思想的奠基者和探索者。夸美纽斯对于学前教育的许多问题都进行了研究,他的学前教育思想是世界学前教育宝库中的重要财富。

第一节　论母育学校及基本任务

夸美纽斯非常重视学前教育的地位,提出了关于学前教育机构"母育学校"的设想。在《大教学论》(1632)和《母育学校》(1632)中,夸美纽斯都谈到了学前教育的问题。比较而言,《母育学校》一书虽然比《大教学论》一书出版要早一些,③但二者还是有很大区别。《大教学论》一书通过第27章和第28章对学前教育进行了概括性的介绍,概述了母育学校的内容;而《母育学校》则详细地论述了学前教育的内容和方法。

---

① 捷克当时称为波西米亚(Bohemia),第一次世界大战后成立捷克斯洛伐克共和国,1948年成为社会主义国家,1989年改为捷克共和国(Czech Republic)。
② 〔美〕布鲁巴克.教育问题史[M].单中惠,等译.济南:山东教育出版社,2012:405.
③ 〔捷克〕夸美纽斯.夸美纽斯教育论著选[M].任钟印,选编.北京:人民教育出版社,2005:5.

一、母育学校是实施学前教育的机构

夸美纽斯主张人的发展应"追随自然的领导",人的学习和教育可以划分为几个阶段。他在《大教学论》的第27章指出:"学习应该从婴儿期开始,一直持续到成年。"①在此期间,"可以分成四个明显的阶段,即婴儿期、儿童期、少年期和青年期,我们应给每期分派六年的光阴和一种特殊的学校"②。按照夸美纽斯对儿童期的划分、各级学校设置及名称如表4-1所示。

表4-1 夸美纽斯对儿童期的划分、各级学校设置及名称

儿童年龄	0—6岁	6—12岁	12—18岁	18—24岁
时期描述	婴儿期	儿童期	少年期	青年期
学校设置	每个家庭	每个村落或村庄	每个城市	每个王国或省
学校名称	母育学校	国语学校	拉丁语学校	大学(和旅行)

在夸美纽斯看来,"母育学校"是实施学前教育的机构,每个家庭都应当建立一所母育学校。夸美纽斯指出,与其他学校相比,母育学校主要有三个方面的特点:一是在母育学校里,一切知识都用一种一般的、不确定的方式去教;二是在母育学校里,儿童的感官应该得到练习,教导去辨别真伪的事物;三是母育学校招收一切男女儿童。由于母育学校是儿童发展和接受教育的最初阶段,夸美纽斯把母育学校比喻为"温和的春季,充满形形色色的花香"。父母要"细腻地照顾着六岁的孩子像小心地种植的、生了根、将要发出蓓蕾的嫩苗"③。

二、母育学校的基本任务

在《大教学论》的第28章,夸美纽斯专门论述了母育学校的基本任务。在他看来,母育学校是儿童成长的"最初的学校",是为儿童知识学习和习惯练习打基础的地方,因此"母育学校"应该帮助儿童学习知识和养成道德习惯。

关于知识的学习,在母育学校里主要学习20个项目的知识。其中包括让儿童自己看、听、尝、接触各种物体等;学习水、土、空气、火、雨、石头等;学习自己身体各个部分的名称与用途;知道一时、一日、一周或一年的意义;知道多和少,数数能够数到10,3多于2,1加3等于4。

关于儿童道德习惯的养成,在饮食上食物不要塞满胃部,不要取过多的食物,以练习节制;在吃饭、换衣服与玩玩具中要让儿童练习保持清洁;在与长辈的交往上,要让儿童练习对长辈的尊敬,对于命令和禁止要服从;还要让儿童对真理应当宗教般地遵守,不容许虚伪与欺骗;要练习仁爱,遇到有人求助时要乐于施舍;还要让儿童练习一些基本的礼仪,如怎样握手,要东西时如何谦逊地表达请求等。

---

① [捷克]夸美纽斯.大教学论[M].傅任敢,译.北京:教育科学出版社,1999:203.
② [捷克]夸美纽斯.大教学论[M].傅任敢,译.北京:教育科学出版社,1999:203.
③ [捷克]夸美纽斯.大教学论[M].傅任敢,译.北京:教育科学出版社,1999:205.

三、父母在母育学校中的作用

夸美纽斯认为,作为学前教育阶段的母育学校的范围与工作,难以作详细的叙述,只能进行一般的设计。因为父母有家务要做,他们的工作不可能像专门学校的教师工作那样系统,母育学校应当关注父母的工作,帮助父母发挥更好的作用;同时,由于孩子们的智力发展不一样,教育的细节应该由父母来斟酌办理。

教育者可以为父母提供两方面的帮助:一是为父母和保姆写一部《母育学校指南》,其中要写清教育孩子的责任,以及孩子们应该学习的各学科知识简介;二是给儿童提供一本图画书,把各种事物以图画的形式并且附以名称展示给儿童,帮助儿童形成印象、观念和学习阅读。①

第二节 论儿童的价值和父母的责任

任何一个教育家在思考和设计教育时都会对儿童有一个基本的认识,提出自己的儿童观。儿童观是教育家思考教育的指导思想之一,夸美纽斯在这方面也有自己的思考。

一、儿童是上帝的种子,是无价之宝

夸美纽斯非常重视儿童的价值,认为儿童是无价之宝。与以往教育家不同的是,夸美纽斯更多是从宗教角度谈这个问题的。他认为,父母生儿育女不是为自己,而是为上帝;儿童是上帝的种子,上帝要求父母要关心孩子。对于那些欺负儿童的人,上帝会发出严厉警告。为此,父母要保护好儿童。夸美纽斯认为,儿童是上帝最优越的继承人,在上帝眼中具有不可估量的价值。②父母要把儿童当做比金银珠宝更珍贵的财富。金银珠宝是无生命的,而儿童是上帝生气勃勃的形象;儿童是上帝指定给父母独特的财产,是来自上帝的不可剥夺和转移的财富;儿童还是一面镜子,父母可以从孩子身上对照来检查自己。③

表面上看,夸美纽斯的儿童观是在学前儿童教育方面加进了宗教的因素,但实际上却提出了儿童的价值和对学前儿童教育的监督与保护问题。儿童的地位和发展如何,不完全是国家、社会、家庭、父母说了算,如果教育中有对儿童发展不利的方面,要受到更高的监督者——上帝的惩罚。这个观点对于认识和保护儿童,促进儿童的健康发展是有积极意义的。

二、父母在儿童教养方面的责任

夸美纽斯认为,父母在儿童教养和教育方面负有重要的责任。他指出,学前教育始于幼儿的出生,母亲应当与幼儿在一起,承担教师的职责,而教师是做不到对许多儿童关

---

① [捷克]夸美纽斯.大教学论[M].傅任敢,译.北京:教育科学出版社,1999:211.
② [捷克]夸美纽斯.夸美纽斯教育论著选[M].任钟印,选编.北京:人民教育出版社,2005:15.
③ [捷克]夸美纽斯.夸美纽斯教育论著选[M].任钟印,选编.北京:人民教育出版社,2005:17.

注的。他认为,幼儿教育目的主要有三:信仰和虔诚;道德上的正直;语言和艺术知识。夸美纽斯强调,这一教育的秩序是不能颠倒的。父母仅仅关心孩子的吃、喝、行、说是不够的,尽管这些有利于身体,但更要关心的是儿童的灵魂。儿童的灵魂是儿童本性最重要的部分。① 不过,夸美纽斯并没有忽视儿童的身体。他认为,忽略身体将会影响儿童心智的发展。他建议,母亲在怀孕时要关心自己的健康,要进行产前护理;孩子出生后,母亲要亲自哺育,照顾好孩子,而把孩子交给别人养育是有害的;断奶后逐步引导孩子食用营养食物;要允许孩子游戏和玩耍,为他们的感官提供各方面的刺激活动。②

在幼儿教育中,除了一般的养育外,夸美纽斯非常重视幼儿对正当秩序的遵守。他指出:"注意正当的秩序同样是有益的。例如,儿童每天应睡眠多久、多久进餐以及玩耍多久等等;因为这有利于健康而且成为今后行为规范化的基础。虽然,这对某些人来说或以为没有多大价值,但是使婴儿完全习惯于恰当而快意的秩序是非常正确的,也是为事例所证明的。"③

第三节 论学前教育的内容和方法

17世纪的欧洲,许多母亲由于缺乏知识和训练,没有认识到学前教育的重要性。夸美纽斯为此专门编写《母育学校》一书以帮助父母解决这些问题。④ 该书被誉为"第一本学前教育学"。⑤ 与《大教学论》相比,《母育学校》中关于学前教育的内容更为丰富和详细。在书中,夸美纽斯论述了学前教育的内容、方法,以及儿童的感官教育和宗教教育问题。

一、学前教育的内容和方法

夸美纽斯非常重视学前教育的内容和方法。他指出,在学前教育中儿童教育的内容和方法可以分为三类:儿童应当学习的知识;儿童应当做的事情;与儿童道德相关的事情。

1. 儿童应当学习的知识

儿童应当学习的知识主要包括:(1) 自然知识——自然现象、植物、动物、水果的名称;儿童身体各个部位的名称和作用。(2) 光色知识——对明亮、黑暗、颜色、图画等的认识。(3) 天文知识——让孩子仰望星空,辨别太阳、月亮和星星,认识白天黑夜、春夏秋冬。(4) 地理知识——儿童的出生地,生活的地点,以及关于村庄和城镇的知识。(5) 时间知识——了解什么是小时、一天、一星期和一个月。(6) 历史知识——儿童能够记住昨天所做的事情,认识家里的祖父母。(7) 家庭知识——认识家里的人,认识家

---

① [捷克]夸美纽斯.夸美纽斯教育论著选[M].任钟印,选编.北京:人民教育出版社,2005:20.
② [捷克]夸美纽斯.夸美纽斯教育论著选[M].任钟印,选编.北京:人民教育出版社,2005:29-36.
③ [捷克]夸美纽斯.夸美纽斯教育论著选[M].任钟印,选编.北京:人民教育出版社,2005:35-36.
④ V. Celia Lascarides, Blythe F. Hinitz. History of Early Childhood Education [M]. Falmer Press, 2000:41-43.
⑤ [捷克]夸美纽斯.夸美纽斯教育论著选[M].任钟印,选编.北京:人民教育出版社,2005:5.

里的各种物品、位置及用途。(8)政治知识——习惯听父母有关政治谈话的初步知识，知道尊敬和服从。

2. 儿童应当做的事情

关于儿童应当做的事情，夸美纽斯认为，儿童总是爱好做事的，既然这样，就不应该限制，但必须有所准备，让他们有事可做。既然儿童常常模仿他们看到的别人所做的事情，那就让他们做一切的事，除了那些使他们招致伤害的事。例如，可以让孩子们搭盖小屋，用泥巴筑墙，堆集碎片、木头或者石头等。夸美纽斯指出："不论孩子喜欢玩耍什么东西，与其限制他们，不如满足他们，因为就精神和身体而言，不爱活动比爱好作业反而更有害处。"① 夸美纽斯认为，儿童到了4—5岁，可以让他们练习绘画和写字；而3岁的儿童可以让他们练习数数，4—5岁时就可以连续数到20，还可以知道7比5大，15比13多。②

3. 与儿童道德相关的事情

关于与儿童道德相关的事情，夸美纽斯认为，儿童的道德教育与日常活动密切联系。在道德内容方面，夸美纽斯认为，首要的品德是节制和俭朴。它们是健康和生活的基础，是其他一切品德的根本。节制是一种来自儿童内部的需要。儿童应该依其自然天性的需要并在感觉饥饿或必须休息的时候，才去吃、喝和睡眠。儿童并没感觉到饮食和睡眠的需要，就给他吃、喝，让他们睡，超出他们需要地塞满他们的肚皮，让他们多穿衣服或强迫他们休息，这样的行为是疯狂的。给孩子提供的食品也要尽量俭朴，不要给他们多油脂或者甜性大的食品。其次，儿童的饮食要注意清洁和有礼仪。保姆要教导儿童温雅地用餐，不要弄撒食物玷污自己；吃饭时不要出声，不要伸出舌头等；教导孩子不要贪饮，不要大声喝水，更不要溅洒在身上。在服饰方面也要有整齐清洁的训练：不要用衣服擦地板，或者把衣服故意弄脏等。③ 再次，要让孩子学会尊敬长辈。对孩子的需要，长辈不要有求必应，否则孩子会变得更加顽劣和刚愎。在道德训练方面，夸美纽斯提出了许多具体要求，如父母用训练和畏惧等手段管教儿童，比溺爱儿童好。对儿童溺爱如同为刚愎和悖逆敞开窗户。父母要对孩子进行学会服从的训练，让他们习惯于按照父母的命令去做事，使其成为以后至善的基础；要训练孩子习惯于说实话，"是，就说是"，"不是，就说不是"，不能说谎话或说言过其实的话；要接受待人平等、待人亲切的训练，不捉弄人，要使人高兴；要锻炼孩子的耐性，从小学习约束自己的愿望。④ 关于道德教育的方法，夸美纽斯强调父母可以为儿童提供好的行为范例；适时地和聪明地教导和锻炼；适当地进行规定的训练。

二、论学前儿童的感官教育

儿童的感官教育既是儿童教育的内容，也是儿童进一步发展的基础。夸美纽斯在

---

① [捷克]夸美纽斯.夸美纽斯教育论著选[M].任钟印,选编.北京:人民教育出版社,2005:44.
② [捷克]夸美纽斯.夸美纽斯教育论著选[M].任钟印,选编.北京:人民教育出版社,2005:45.
③ [捷克]夸美纽斯.夸美纽斯教育论著选[M].任钟印,选编.北京:人民教育出版社,2005:55.
④ [捷克]夸美纽斯.夸美纽斯教育论著选[M].任钟印,选编.北京:人民教育出版社,2005:26.

1632年的《大教学论》中就提出过要给儿童提供一本图画书,把各种事物以图画的形式并且附以名称展示给儿童,帮助儿童形成印象、观念和学习阅读。这本书就是他在1658年出版的《世界图解》一书。《世界图解》的最大特点是语言与插图的结合,通过感官教育帮助孩子学习语言。

按照夸美纽斯的理解,感官教育的哲学基础是,"在感觉上最初没有的东西,在心智上也不会存在"①。感官教育的主要任务就是感觉训练,它是学习语言的基础;知识只有通过感觉才能得以永久。《世界图解》一书一共用了187个插图,包括从花、鸟到制鞋、身体、宗教和道德等许多方面的主题,其中每一个主题都由单独的一块小的版画的插图所显示。在课文下的版画是平行的一栏,一边是拉丁语,一边是翻译过来的英语或其他国家的语言。课文中每一个被命名的事物都有与版画相对应的数字。这些数字有助于儿童把单词与用图画所代表的物体联系起来。这种语言文字与视觉上的联系,给儿童的学习过程带来了变化,使学习成为一种乐趣。

《世界图解》一书的出版标志着学前教育开始系统关注儿童的感觉认知和感官教育,把文字、知识与形象的图画结合在一起,为儿童认识事物提供了便利条件。

三、论学前儿童的宗教教育

作为一名新教的教育家,夸美纽斯非常重视宗教教育在学前教育中的作用。在他看来,学前儿童宗教教育的目的是让儿童学会虔敬上帝。夸美纽斯指出,无论孩子的知识多么精练,仪表多么优雅,但是心中缺乏虔敬,没有真理,没有学会服从,都是害多益少。

夸美纽斯认为,儿童的宗教教育需要及早进行。在孩子还小,推理能力尚未发展时就要早作安排。如引导儿童进行祈祷活动,背祈祷词等。关于从小对儿童进行宗教教育的依据,夸美纽斯认为,幼儿的心智像一块蜡,当它凝固时,它会保持在它上面的痕迹,除非用力把它消除,它是不会再接受其他印象的;不过人脑与蜡烛又不同,人脑是无法强使它去掉它曾经接受的印象。②

🔖 第四节　论学前教育向学校教育的过渡

夸美纽斯不仅论及学前教育的许多方面,也关注学前教育与学校教育的关系,以及向学校教育的过渡问题。

一、儿童6岁以前要在母育学校接受教育

在夸美纽斯看来,6岁以前的儿童不宜进学校,需要在母育学校里接受教育。对此,他提出了以下几个理由:一是这个时期的儿童还需要母亲的监管和照顾。与由一位教师教育许多儿童相比,母亲教育少数儿童更有利于儿童的成长。二是儿童的大脑发育还不

---

① V. Celia Lascarides, Blythe F. Hinitz. History of Early Childhood Education [M]. Falmer Press, 2000:43.
② [捷克]夸美纽斯.夸美纽斯教育论著选[M].任钟印,选编.北京:人民教育出版社,2005:66-67.

成熟,不宜承担一些超出儿童脑力和体力发展的一些活动,他们更适合在游戏中自然地感知和学习事物。三是儿童的发展需要时间,不要急于让儿童迅速发展,让他们过早成熟,这样做欲速则不达,结果并不好。而他们在母育学校充足的时间里,可以完成有关虔敬、优良品德、顺从、尊敬长者、聪慧、行动敏捷,以及语词拼音清晰的初步教育,为以后的学校教育打下基础。①

二、儿童6岁以后应到初等学校接受教育

夸美纽斯认为,儿童6岁以后就不应该再待在家里,可进入高一级初等学校(国语学校)接受教育。因为这个时期的儿童经过母育学校教育已经有了一定基础,许多事情很容易完成,需要有新的事情来做。如果不是这样,儿童会变得有害无利的懒散,还可能会染上一些恶习。避免的办法就是让儿童继续学习。在这里,夸美纽斯也看到了儿童之间发展的不同。他说,儿童的能力在4—5岁时就已经表现出来,不过有的发展快些,有的发展慢些。他反对父母对孩子的过高期望,让孩子早早成熟。他认为这些做,会使儿童失去后来发展的力量,并不利于儿童的发展。

夸美纽斯指出,儿童进入学校接受教育需要具备一定的能力。这些能力的标志是:儿童是否真正学会了母育学校所应学会的东西;是否对问题有注意和辨别与判断的能力;是否有进一步学习的要求或愿望。

三、儿童入学前的准备

如果儿童已经有了上面这些能力,还要做好必要的入学准备。为此,夸美纽斯提出了一些建议。一是父母要理解孩子的入学学习。孩子入学是一件大事,父母要以快乐的心情尽量鼓舞孩子,而不是用处罚惊吓孩子,不要让他们一开始就产生恐惧学校的观念。二是要让孩子知道学校里有许多小伙伴,有可敬的老师,有许多知识,可以共同学习,共同游戏,增强他们上学的欲望。三是要让孩子知道,获得学问是一件美好的事情,通过学校的学习,可以成为有学问的、伟大的人,这样的人是受欢迎的、富足的和聪慧的人。

当然,学校里也有处罚。夸美纽斯指出,学校的处罚主要是针对那些不听话和顽劣的孩子。孩子只要听话和顺从,就不会受到处罚,还会得到老师的喜欢。不过,处罚不是管理的主要手段,学校更应该是充满快乐的。夸美纽斯指出,学校如果是一个娱乐的场所,孩子就会很快地和高兴地有所进步。②

 本章小结

作为近代著名的教育家,夸美纽斯在教育上最重要的贡献是提出了教育平等和教育阶段的思想。他认为,教育是每一个人,包括每一个孩子都需要的事情。无论什么家庭、

---

① [捷克]夸美纽斯.夸美纽斯教育论著选[M].任钟印,选编.北京:人民教育出版社,2005:68-69.
② [捷克]夸美纽斯.夸美纽斯教育论著选[M].任钟印,选编.北京:人民教育出版社,2005:73.

地位、背景的人,都需要接受教育。教育与自然一样,也具有一定的秩序,教育要循序进行。人的教育应当开始于儿童的早期阶段并持续到成年;教育应该分成不同的阶段,每个阶段都有教育的重点,根据儿童发展提供不同的内容。儿童的教育应当遵循自然的秩序,根据儿童的年龄和发展特点,采用正确的教育方法。儿童的发展应当是积极的经验学习的过程,这一过程中儿童应当有自由、快乐和愉悦的体验。在儿童准备学习之前,教育一定要避免强迫学习。夸美纽斯的这些教育主张是一种普及的、大众的、尊重儿童发展顺序和特点的思想。

在学前教育方面,夸美纽斯最重要的贡献是从教育平等的角度阐述了学前教育社会化的构想。这一构想的核心就是把原来的学前家庭教育放在社会的框架内进行思考,使家庭与社会形成密切的联系。在夸美纽斯看来,人类的进步取决于适当的教育;只有通过适当的教育,一个人才能成为完全的人;而要成为一个完全的人,就必须使人固有的因素得到适当的训练;这个训练的过程就是儿童社会化的过程,学前教育社会化是儿童社会化的主要手段。当然,从形式和内容上看,夸美纽斯的母育学校与后来英国的幼儿学校和福禄培尔幼儿园相比有很大不同,但是它已经具备了学前教育社会化的一些特征。下面从几个方面进行分析。

一是夸美纽斯把幼儿发展和学前教育看成是整个教育系统中的一个部分。母育学校是为幼儿发展和教育单独设置的机构,而且要求每个家庭设立一所。这一设计与以往学前教育家庭化、分散化的特点还是有区别的。从历史上看,强调学前教育社会化的思想在古希腊的柏拉图那里也有。在柏拉图看来,儿童和家庭属于国家。教育,包括家庭教育应该国家化和社会化,应该设立单独的教育机构教育儿童。夸美纽斯更是系统地阐述了这一主张。在夸美纽斯看来,孩子属于上帝,父母是替上帝抚育孩子,儿童的地位和发展如何,不完全是父母说了算,如果教育中有对儿童发展不利的方面,父母也要受到更高的监督者——上帝的惩罚。因此,幼儿家庭教育应该成为社会化教育的组成部分。这表明,当学前儿童教育成为国家的一部分,或者成为宗教事业的组成部分时,就有可能出现学前教育社会化的思想。学前教育社会化思想是教育社会化思想的内容之一。

二是夸美纽斯要求无论什么儿童,都应该接受母育学校的教育。这也就意味着父母不仅可以教育自己的孩子,也可能教育别人的孩子;学前教育者不仅是父母,也可能是保姆。从这个角度思考问题,学前教育社会化就要涉及如何认识和评价教育者和教育对象的问题,这与以往单纯的幼儿家庭教育中的亲情关系是不同的。

三是夸美纽斯主张为父母和保姆提供《母育学校指南》的手册,帮助他们做好学前教育工作,并且提出学前教育工作是父母和保姆"教育孩子的责任"。这种把遵循一定的规范作为母育学校教育者任务的思想,表明夸美纽斯对母育学校的认识超出了对传统的家庭教育的认识。同时,夸美纽斯要求母育学校要提供或者开设包括多学科和全面知识的内容,这也是传统的家庭教育做不到的,这是学前教育社会化的开放性和专业化的重要特点。

当然,夸美纽斯学前教育社会化思想还是存在一定的局限。主要表现为:在学前教育的设计上,教育者主要还是父母或者保姆,教育专业化和职业化程度还有限;在学前教育问题的认识上多是从宗教角度进行论证,宗教观念影响较大,且理想化;在对教育对象的认识上多强调家庭和父母对孩子的教育,还不是集体的、不同家庭的、有组织的教育。

总之,由家庭亲情间的教育转向非亲情间的教育是人类教育由封闭走向开放、由古代走向现代,逐步组织化、社会化的过程。夸美纽斯的贡献在于,他是第一个比较系统地思考这个问题并且进行深入研究的教育家。他看到了学前教育与人的发展的系统教育的密切联系,看到了可以从社会的角度对家庭教育进行一定的设计和干预。教育力量不仅可以塑造个体,还能够改变个体。《母育学校》一书就是这一思想的产物。对此,美国教育史学家孟禄高度评价夸美纽斯的《母育学校》一书,认为该书"不仅是母亲教育儿童的指南,而且也是所有教师和一切担负着培养幼儿这一崇高神圣使命的人们的指南"[①]。孟禄还把夸美纽斯的《母育学校》一书称为《夸美纽斯的幼儿学校——论幼儿头六年的教育》,也是对其思想的肯定。[②]

 自我评量

名词解释
1. 教育适应自然   2. 母育学校

简述题
1. 如何理解"母育学校是实施学前教育的机构"?
2. 母育学校的基本任务是什么?
3. 如何理解"儿童是上帝的种子,是无价之宝"?

论述题
1. 述评夸美纽斯学前教育的内容与方法。
2. 述评夸美纽斯在学前教育社会化探索上的贡献与局限。

---

① 〔捷克〕夸美纽斯.夸美纽斯教育论著选[M].任钟印,选编.北京:人民教育出版社,2005:7.
② 〔捷克〕夸美纽斯.夸美纽斯教育论著选[M].任钟印,选编.北京:人民教育出版社,2005:76.

第五章 学前教育社会化的探索:近代欧美和日本的学前教育

 学习目标

通过本章的学习,认识近代英国、法国、德国、美国及日本学前教育发展的基本线索;结合不同国家学前教育发展的历史背景和实际进程,思考各国在探索学前教育社会化方面的经验和教训;把握学前教育发展由家庭化向社会化转型过程中的影响因素和时代特征。

夸美纽斯学前教育思想产生以后,欧美关于学前教育社会化的探索继续进行。17世纪以后,欧美一些国家出现了新的变化。主要特点是欧美等国家开始把关于学前教育的理想化构想与社会发展问题,特别是与解决社会特殊群体——贫困儿童救济和教育问题结合起来,使学前教育社会化的探索更具有时代特征和意义。有研究者指出:"在西欧,近代幼儿教育设施作为一种广泛的社会设施而实现大众化是在18世纪末至19世纪前叶的一个时期。在此之前,西欧各国根本不存在作为广泛的社会设施而大众化的幼儿教育机构。即或在那里开办了贫苦儿童和孤儿的保护设施用以收容幼儿,那也不是以教育为目的的设施。"[①]由于贫困儿童的救济和教育问题涉及许多方面,这一问题不仅是教育家个人或宗教团体呼吁解决的问题,也逐步成为国家或者政府致力于解决的问题。本章主要介绍近代欧美及日本等国的学前教育发展的情况。

第一节 近代英国学前教育社会化的探索

英国通过1640—1688年的资产阶级革命,建立了君主立宪的政体,走上了发展资本主义的道路。资本主义政治制度的确立,促进了经济、科技、教育的发展,为英国的产业革命提供了条件。18世纪60年代开始的产业革命极大地推动了社会生产力的发展,也对各类教育产生了极大影响。这一时期,英国在近代学前教育社会化探索方面成为最有影响的国家之一。

一、解决贫困问题与幼儿机构计划的提出

英国资产阶级革命以前,其学前教育就已具有悠久的历史。从历史上看,英国学前

---

① 〔日〕梅根悟.世界幼儿教育史(上册)[M].张举,等译.长春:吉林人民出版社,1986:1.

教育具有明显的宗教性、贵族性、家庭化的特点。但是英国资产阶级革命以后，随着社会发展和持续百年的"圈地运动"的进行，社会贫困问题成为城市发展和社会亟须解决的问题，英国学前教育也相应发生一些新的变化。

16世纪以前的英国也存在贫困等社会问题，但那时解决贫困问题多是通过教会、医院、个人慈善捐款，甚至采取法律处罚的方式，解决社会贫困问题并没有被纳入国家管理的轨道。英国资产阶级革命以后，社会贫富差距扩大，贫困者剧增，对社会发展和稳定构成较大威胁，社会又开始重新认识贫困问题，并把解决贫困问题看做是社会和国家应该做的事情。1601年，英国颁布了《济贫法》（也称《伊丽莎白济贫法》），主要目的是解决社会贫困问题，其中给贫穷者，特别是他们的孩子一定的教育，成为稳定社会和保护统治阶级利益的当务之急。《济贫法》主要规定，应对需要救济的贫困人员进行区分。对有能力而不劳动的懒人要进行惩罚；对残疾人、不能自己维持生计的人、老人、盲人，贫困而无法工作的人提供必要的救济。法案还强调，要通过税收来支持济贫；要为贫困家庭的孩子提供接受必要的教育的机会；富裕的教区要援助贫困的教区。

1697年，英国又颁布《国内贫民救济法》，其中除规定一般的救济措施外，还提出设置"纺织学校"和"贫困儿童劳动学校"的计划。"纺织学校"计划规定，对年收入不足40先令的家庭中6—14岁的男女儿童全部实行免费义务教育；4—6岁的儿童可以自由入学。儿童每天最多进行10小时的纺纱作业。"贫穷儿童劳动学校"计划是由英国教育家洛克提出的，其中规定：在每一个教区内设置一所"劳动学校"，教区中所有接受救济的贫民的3—14岁儿童必须进入劳动学校。洛克认为这样做有两点好处：一是可以为母亲和儿童带来双重利益。可以让母亲腾出照料子女的时间去参加工作；可以让孩子在良好的学校秩序中学习一定的劳动技能，养成劳动习惯。二是孩子进入劳动学校后，父母不再领取救济金，这样教区每年可以从每个孩子身上少付给60英镑的补助金，从而大量减少国家的支出；同时又可以通过孩子的劳动来维持学校的支出。[①]

"纺织学校"和"贫困儿童劳动学校"计划的提出是英国政府试图解决贫困儿童教育问题和学前教育社会化的一种尝试。虽然这一计划并没有完全实施，但它反映了英国政府在解决社会贫困问题时对贫困幼儿发展和教育问题的关注。如何对待这一特殊的群体，贫困幼儿教育是属于政府的事情，还是家庭或者教育家个人的事情，英国近代学前教育的发展反映了这一不断探索的过程。

二、工业革命的产生与欧文的幼儿学校

发生在18世纪中期的英国工业革命，是人类历史上一次重要的变革，它把巨大的变化带进了整个国家、社会和城市，甚至普通人的家庭生活，更冲击了贫困儿童的家庭。

1. 英国工业革命对社会和学前儿童教育的影响

英国工业革命的产生是生产技术、生产动力和生产方式发展到一定阶段出现突破和变革的结果。1700年以前，英国家庭主要依靠自身的生产系统来生产它们所需要的商

---

① 唐淑，何晓夏．学前教育史[M]．大连：辽宁师范大学出版社，2001：354-355．

品。而随着一些生产技术创新的发明,如织布机、纺织机的出现,引起了纺织业的革命,许多棉纺厂建立了。随之也引起了生产动力和方式的变革,煤炭取代了木材;集中劳动取代了分散劳动;机器生产取代了简单技术,导致许多工厂开始大量雇佣作为廉价劳动力的妇女和儿童。家庭模式和儿童的生活也发生了重大的变化。

19世纪初,随着工业革命所带来的生产效率得到迅速提高的同时,其负面作用也逐渐显现出来:社会发展缺乏计划和协调;城市以随意的方式迅速扩张;许多小规模的企业和社会下层的人们受到了严重冲击。突出的问题是冲击了社会下层和贫穷家庭的生存和生活。为贫穷儿童办的教育几乎不再存在;工人居住的贫民区变得拥挤、酷热,环境恶劣;社会基本的扶贫机构,如医院和学校,不能满足急剧增长的人口的需要。

英国工业革命对那些来自社会较低地位的学前儿童教育也产生了影响。在工业革命以前,人们一般认为,6岁以前的儿童应当在家里由母亲照顾和教育;而工业革命出现后,这种情况基本不存在了。更多的情况是儿童被送进学校,与他们的兄弟和姐妹在一起,或留下与照管人在一起。在农村,工业革命之前,小的儿童要协助家庭参加劳动,或完成家庭的杂事,以及家庭的手工业。但是当社会从农业转为工业形态时,贫穷家庭的儿童,特别是那些在工作场所工作的儿童就成为最早的受害者。一些慈善组织虽然建立了一些教育机构来教授贫穷儿童学习读、写,但由于教学缺乏吸引力,儿童不能在学校长时间停留。儿童只能被迫进入工厂,结果大量的儿童既不能阅读,也不能书写。欧文的教育实验和幼儿学校就是在这种条件下创立的。

2. 欧文的教育实验与教育假设

欧文(Robert Owen,1771—1858)是英国一位理想主义思想家及教育实践者。他对英国早期的工业革命提出了批评。他认为由早期工业革命所引发的问题来自经济和社会学者所误解的事实。工业主义对少数人有利;私有化和自由化导致了人口剧增和阶级冲突。他希望通过消除影响人类健康和福利的消极结果使工厂制度人性化;通过机器生产创造出新的社会和经济制度。因为商品可以大量生产,劳动变得更有效率,这将为社会所有人创造可供平等分享的物质财富。欧文的学前儿童教育实践和思想就是建立在对工业革命引发的问题和对贫困儿童教育问题的关注上而形成的。

1799年,28岁的欧文与人一起购买了新拉纳克面粉厂,并成为管理者,开始了社会和工业的实验。欧文在管理中发现,那些在工厂工作的儿童家庭居住条件和教育条件非常差。工厂接受了9—10岁的儿童,还有一些6—7岁的儿童,他们被迫一天要工作12个小时。虽然晚饭后,可以接受一些教育,但劳动一天的疲劳使他们再进行学习是困难的。到了13—15岁,解除合同后,大多数人要离开工厂。欧文管理面粉厂后采取了一些新的措施,如鼓励那些大家庭搬进工厂所建的较为舒适的房子里住;不再雇佣6、7岁或8岁的儿童;劝告父母允许儿童在10岁以前获得健康和教育。英国工厂中的儿童问题引起了社会的注意。1802年,英国国会通过了《学徒健康与道德法》(Health and Morals of Apprentices Act),标志着英国工厂立法的开始。但是儿童的教育依然存在问题。在1814—1816年期间,英国国会完成了两个调查报告,认为儿童像其他人一样被雇佣,但很少接受教育。1812年,欧文提出了他对教育的假设。他认为人与人的区别主要在于环境的不同;而环境是直接由人来控制和改变的。这一基本假设构成了他以后《新社会观》(1813)的基本内容,也成为他进行幼儿学校实验的重要依据。

3. 欧文的幼儿学校及教育管理

1816年,欧文在新拉纳克(New Lanark)建立了"性格形成学校"(Institution for the Formation of Character),"幼儿学校"(Infant School)是其中的组成部分。在学校的设置上,学校建筑分两层:上层有两个大小不同的房间。大的房间用于讲演和礼拜;小的房间是为6—10岁的儿童使用的。下层有三个同样大小的房间,主要是为1—6岁儿童玩耍和娱乐设计的。幼儿学校招收1—6岁的幼儿,分1—3岁的儿童和3—6岁的儿童,幼儿学校主要以3—6岁儿童的保育和教育为中心。1861年共招收3—6岁的儿童200多名。[①] 幼儿学校还有一些别的生活福利设施,如花园、托儿所等。欧文认为,儿童2岁就可以进入幼儿学校,并较早地学习舞蹈、少量阅读以及学习一些自然史和地理;同时,幼儿教学还有来自花园的自然物体,外面的田地和森林等。大一些的6—10岁的儿童也有专门的教室。墙上有他们根据动物学和矿物学标本画的画;有描绘两个半球的地图,上面有各自独立的国家,以及海洋和陆地。他们的教学主要由讲座组成,一般有40—50个学生。

欧文的新拉纳克幼儿学校是建立在两个重要原则的基础上的:一是人的性格是由他出生时的机体加上外在的对机体起作用的环境形成的。欧文认为,天性和教育影响儿童性格的发展。二是每个儿童,除了那些器官有疾病的儿童,根据从出生后影响人的机体的外在环境的特性,都有可能形成非常低下的人或非常上等的人。[②] 在《新社会观》一书中,欧文谈到了设立幼儿学校的原因:一是由于工人阶级居住条件恶劣,狭小的空间不利于儿童的发展;二是孩子们的父母为生活所迫,忙于工作,很少有时间和精力考虑子女的教养和教育;三是由于父母的无知,完全不懂得如何对待孩子,在养护和教育孩子方面缺乏正确的方法。因此,他主张通过幼儿学校的教育,为形成儿童健全的性格奠定基础。

在幼儿学校的管理上,欧文非常重视儿童的理性的培养。他认为,儿童容易为他们的父母和监护人的信仰和习惯所影响,儿童只有在他们所处的环境中进行修正。欧文认为,如果一个儿童在幼儿时期接受理性的指导,他将来就有能力发现事物的来源,以及对与他相联系的习惯和观点进行推理。[③] 理性教育是儿童成长为一个具有独立判断能力的人的重要内容。在智育方面,欧文重视实用知识的学习和实物教学。在幼儿学校里,教室的墙上贴了各种动物图画,还有地图,教室里还经常放一些从花园里、田野里和树林里采集来的实物标本,供直观教学使用,以增强孩子们对事物的直接认知和学习兴趣。在德育方面,幼儿学校的主要任务就是养成幼儿遵守纪律和与小伙伴友好相处的习惯,要求任何孩子都不能损伤游戏伙伴。在幼儿学校的管理上,欧文对同事提出了严格的要求,即教学不能以任何语言和行动方式打骂或威胁任何儿童;教育者不应使用虐待的方式,而是使用愉快的面孔对待孩子,用友善的方式和语调讲话。另外,欧文还鼓励儿童父

---

① 唐淑,何晓夏. 学前教育史[M]. 大连:辽宁师范大学出版社,2001:356.
② V. Celia Lascarides, Blythe F. Hinitz. History of Early Childhood Education[M]. Falmer Press, 2000:76.
③ V. Celia Lascarides, Blythe F. Hinitz. History of Early Childhood Education[M]. Falmer Press, 2000:73.

母来看孩子们上课或他们的身体练习。在1824年出版的《新拉纳克教育制度大纲》中指出,新拉纳克教育除了自然的影响以外,没有奖惩;对于儿童的过错是同情,而不是谴责。①

欧文的幼儿学校实验一改传统的儿童教育的做法,为贫困阶层儿童提供了一种新的接受教育的机构。这不仅标志着新的幼儿教育模式的创立,也倡导了一种新的教育理念,即社会上层人士有责任关心社会的下层,尤其是社会贫困儿童的生存和教育状况,通过改变他们的教育条件来改变他们的性格,从而推动社会的进步。欧文的教育实验关注社会发展过程中不均衡带来的贫困化及贫困儿童的教育问题,引发了社会的极大关注。欧文的幼儿学校实验激发了许多参观者的兴趣,他的教育思想开始被认知和宣传。

4. 欧文的幼儿学校与英国幼儿学校运动

欧文幼儿学校的建立引起了英国社会的广泛关注。1816年,英国国会教育会议召开,决定开办幼儿学校。1818年,在威斯敏斯特,英国第一所幼儿学校建立。1820年,又建立了第二所幼儿学校。所有这些学校都是位于最贫穷的城镇地区,这种设想的目的是要对教育的对象采取严厉的教学和纪律管理。1824年,伦敦成立了幼儿学校协会(The Infant School Society)。其中一个重要目的是促进为2—6岁的贫苦儿童建立收容所。并且建议幼儿学校应通过使用图画和其他课程进行教学,促进儿童好奇心和发展他们的能力,反对使儿童处于紧张的状态。怀尔德斯平(Samuel Wilderspin,1792—1866)认为道德文化,自我管理习惯的发展,相互友爱的情感,要比实际知识的获取更有价值。该协会于1838年停止了活动。

随着幼儿学校的发展,英国幼儿教师的培训也引起了重视。幼儿学校协会提议进行实践教学,但是由于场地问题一直没有建立。1836年,国内和殖民地幼儿学校协会(Home and Colonial Infant School Society)建立,并开办了训练学院,开始培训幼儿教师。到1843年,它每年训练的幼儿教师人数达百人之多。

1833年英国颁布了《工厂法》,开始禁止雇佣9岁以下的儿童;1842年,这一法律又扩展为禁止雇佣10岁以下的儿童在煤矿工作。到1867年,这一法律又扩展到制陶业、火柴厂,以及所有的超过50个工人的工厂。②《工厂法》的颁布在一定程度上保护了童工的利益,但它也带来了一些问题。如果一个家庭的母亲离家外出劳动,她希望自己的孩子(7—10岁)能够上学,可是谁来照顾更小的7岁以下的孩子。于是引发了初级学校开办幼儿班来照顾7岁以下儿童的情况,它使得年龄较大的儿童能够留在学校里,因为如果年龄较小的儿童被赶走,大的孩子必须留在家里照顾小的孩子。这种情况推动了英国幼儿学校的发展。一些教育家认为,在学校教育阶段,幼儿学校有分离出来的价值。于是,一些新的学校建筑,包括幼儿学校,增加了为3—6岁儿童设置的教室;儿童通过游戏进行学习的思想也很快被接受。这时幼儿学校的课程主要包括绘画、音乐、身体练习、缝制、编织和园艺等。另外还有读写基础、实物教学等。这一时期英国幼儿学校的发展

---

① V. Celia Lascarides, Blythe F. Hinitz. History of Early Childhood Education[M]. Falmer Press, 2000:74.

② V. Celia Lascarides, Blythe F. Hinitz. History of Early Childhood Education[M]. Falmer Press, 2000:78.

在一定程度上反映英国人对于教育可以提高人的发展能力的重视。1861年,英国的一份初等教育调查委员会报告反映了这一观点:"如果两个7岁的儿童进入学校,一个来自好的幼儿学校,另一个没有受过教育,那么那个来自幼儿学校的儿童在10岁时如同那些12岁儿童一样将取得更大的进步。"①

欧文幼儿学校实践和英国幼儿学校运动的发展表明,学前儿童教育的发展已经成为社会发展的重要组成部分。当工业革命开始和不断推进的时候,它所引发的问题对社会的各个层面都产生了深刻的影响,而其中影响最大的是处于社会不利地位的工人和他们的后代。欧文注意到了这一事实,并且身体力行,为贫穷儿童的发展提供了比较有利的条件。他的思想不仅在当时有意义,在今天也具有意义。正是从这个意义上说,"欧文建立了从工业革命到后工业革命时期的桥梁"②。

三、幼儿学校运动与怀尔德斯平的幼儿学校

欧文幼儿学校的创立及所主张的幼儿教育思想引起了英国社会的广泛关注,英国出现了幼儿学校运动。1820年英国在斯平托建立了一所幼儿学校,怀尔德斯平担任这所幼儿学校的校长。怀尔德斯平在《发展所有1—7岁儿童的身体、智力和道德力量的幼儿体系》一书中建议,幼儿学校应作为对青少年犯罪的一种补救。他在书中写了幼儿学校的开办和经营;奖励和惩罚;以及教授字母和算术几何的基础。在方法论部分,他讨论了实物教学,图画的辅助和对话。他还对引导儿童练习、唱歌、语法以及椭圆和平面图的教学进行了论述。③

斯平托幼儿学校最初开办时,怀尔德斯平发现应当对幼儿给予适当的帮助。因为孩子们相互陌生,很少认识字母。他让孩子们组成班级,并且从中挑选出2个孩子作为"导生"(monitors,主要是指一些年龄较大,学习较好的孩子,也被称为"助教"),协助教师进行教学。怀尔德斯平试图利用书本、课程和设备,以及背诵学习,使教学适合每一个儿童的能力。他还发明了"阶梯教室",让儿童坐在位置上可以看到教师上课,教师也可以看到儿童学习,教师主要是通过实际展示来进行教学。怀尔德斯平还主张,在学校一半的时间里儿童应到户外的操场活动,操场有花草和树木,使儿童了解自然。为了更好地了解幼儿学校的情况,下面介绍怀尔德斯平幼儿学校一周的课程表。④

时间:上午——9点到校,12点放学;下午——2点到校,冬天4点、夏天5点放学。

星期一:上午——集合以后,做指定的祈祷,唱赞美歌。然后把石板和笔交给孩子,让他们写字和拼字。10点半游戏。11点在阶梯教室集合,跟着助教复习学过的博物绘画。下午——和上午一样,先祈祷和唱赞美歌,然后使用"教学柱"复习有关圣经故事绘画,最后在阶梯教室里对此进行提问。

---

① V. Celia Lascarides, Blythe F. Hinitz. History of Early Childhood Education[M]. Falmer Press, 2000:79.
② V. Celia Lascarides, Blythe F. Hinitz. History of Early Childhood Education[M]. Falmer Press, 2000:81.
③ V. Celia Lascarides, Blythe F. Hinitz. History of Early Childhood Education[M]. Falmer Press, 2000:77.
④ [日]梅根悟.世界幼儿教育史(上册)[M].张举,等译.长春:吉林人民出版社,1986:101-102.

星期二：上午——照例的祈祷和唱赞美歌。利用"教学柱"学习字母和拼字。游戏。在阶梯教室里复习加减表。下午——祈祷和唱赞美歌。复习九九表，回答助教提出的问题。学习朗诵方法。游戏。在阶梯教室里计算，利用黄铜制的数字和字母进行拼写。

星期三：上午——祈祷和唱赞美歌。字母和拼字。游戏。教师在阶梯教室里教授几何学图形和音乐符号。下午——祈祷和唱赞美歌。练习便士和先令的换算。游戏。教师在阶梯教室里教授算术。关于人和事物的即兴教学。

星期四：上午——祈祷和唱赞美歌。字母和拼字。教授除法、重量、尺度和时间等。游戏。在阶梯教室里上与星期一上午相同的课。下午——祈祷和唱赞美歌。利用"教学柱"学习几何学和博物要点。在阶梯教室里通过黄铜制品学习文字和数字。有关人和事物的即兴教学，这种教学要完全利用实物来举例说明。

星期五：上午——祈祷和唱赞美歌。学习文字和拼法。学习由教师设计的计算表。游戏。在阶梯教室里学习关于地理学、地图、地球仪等方面的知识。下午——祈祷和唱赞美歌。学习"教学柱"上的圣经里的画，然后在阶梯教室里就那些画提问。

星期六：上午——祈祷和唱赞美歌。文字和拼法。在教室里讲授计算表。游戏。在阶梯教室里利用"置换架"进行教学，利用黄铜制品教授几何学。宗教教学在每天，特别是星期六上午的课程里占有优越的地位。

从这个课表可以看出，在怀尔德斯平的幼儿学校里，宗教祈祷和唱赞美歌活动是每天必备的内容，宗教教育和道德教育是非常重要的。同时，游戏活动也是学校每天不可缺少的，这也反映了幼儿学校对幼儿发展特点的关注。不过，幼儿学校里最突出的还是大量的与文字、拼法、绘画、音乐、几何、计算、地理等有关的知识类课程和训练，每周这样大的知识量和训练对于幼儿的发展来说未必是恰当的，在一定程度上反映了"主知主义"教育的倾向。

四、福禄培尔幼儿园运动与英国学前教育的变化

当欧文的幼儿学校及教育思想在英国推广时，19世纪中期产生于德国的福禄培尔学前教育思想也开始影响英国，不同的儿童教育理念相互碰撞，使得英国学前教育发生新的变化。福禄培尔学前教育思想在英国的传播得益于流亡于英国的德国人哈勒斯·伦克及其夫人柏尔达的推动。1848年，他们来到英国伦敦开始进行推广福禄培尔幼儿园的活动。1851年，他们创办德语幼儿园，招收侨居英国的德国人的孩子为教育对象。从1854年起，他们又开始招收英国儿童入学，并改用英语进行教学。1855年，他们出版了一本《英语幼儿园入园手册》，书中回答了到幼儿园参观的参观者提出的许多问题。该书先后发行十多版，使英国人开始认识了来自德国的福禄培尔幼儿园。

1870年英国《初等教育法》（也称《福斯特法》）颁布后，福禄培尔幼儿园运动在英国逐步开展起来。1873年，曼彻斯特成立"福禄培尔协会"。1874年，伦敦也成立了"福禄培尔协会"。在这些协会的引导下，福禄培尔著作的英译本以及他的作为教具的恩物开始在英国传播，福禄培尔式的幼儿园也相继建立起来。

福禄培尔幼儿园运动的推广对英国学前教育发展产生了较大的影响,主要表现在两个方面:一是英国引进福禄培尔幼儿园后,学前教育逐步形成了两种制度(双轨制)的并立。一种是原来以收容工人阶级和贫困阶层子女为对象的英国幼儿学校;另一种是以中上层阶级子女为对象的从德国引进的幼儿园。[①] 二者的区别是,前者比较重视儿童的纪律和规范,强调管理和学习;后者比较重视儿童的自由发展和游戏,培养儿童活动能力。二是受到福禄培尔运动的影响,英国幼儿学校也出现一些新的变化,即福禄培尔幼儿园注重儿童自由发展的精神也影响了幼儿学校的发展,幼儿学校也开始减少读、写、算训练的时间,增加游戏的时间,注重儿童发展特点的教育开始被重视。

19世纪末20世纪初,随着福禄培尔幼儿园运动的普及和发展,以招收贫民和工人阶级的幼儿为对象的一种新的"免费幼儿园"在英国诞生,虽然数量不多,但它开始面向贫民和工人阶级的儿童,是幼儿学校和幼儿园两种制度统一的尝试。免费幼儿园一般由私人出资举办,教育对象为贫民区3—6岁的幼儿。免费幼儿园主要为这些孩子提供食品、衣服以及洗澡、休息、游戏的场所及良好的环境,以保证幼儿的身体健康和发展。另外,多数免费幼儿园还设有厨房、浴室、供午睡用的吊床或摇篮,注意室内的空气和采光,还由医生进行定期身体检查,一旦发现疾病,特别是当时英国贫苦儿童的常见的佝偻病和发育不良等病症能够得到及时的治疗。另外,这些幼儿园还积极鼓励幼儿的户外活动和游戏,通过福禄培尔的恩物和作业材料,让幼儿进行作业、唱歌、跳舞、讲故事、说童谣、演木偶戏以及家务劳动等等。1919年以后,免费幼儿园改为"保育学校",对福禄培尔幼儿园在英国的普及和发展起了一定的推动作用。[②]

第二节 近代法国学前教育社会化的探索

法国是在9世纪中叶查理曼帝国一分为三(法、意、德)以后形成的封建制国家。13世纪起法兰西王国领地逐步扩大,至路易11世统治时(1461—1488)实现了全国的统一。法国教育早期是以基督教教会的教育体系为主的。文艺复兴时期,一些人文主义者如拉伯雷和蒙田通过文学作品,批判了经院主义教育的危害。宗教改革以后,法国的天主教受到了较大的打击,许多教派争相办学,促进了法国各类教育的改革和发展。17世纪,各级教育虽然在天主教会的控制下,但新教教派比较关注儿童发展,反对教育中对儿童横加指责和滥用惩罚的做法,要求教育者以温和的态度对待学生,教学中强调发展儿童智力,采用实物教学等,新的儿童观和教育观逐步形成。18世纪,一些进步的思想家和教育家向法国封建制度和教育制度发起挑战,其中卢梭通过《爱弥尔》,提出了新的"儿童观",一个自由、自主、全新的儿童形象展现在世人面前,影响了法国学前教育的发展。1789年爆发资产阶级大革命,宣告法国1000多年的封建统治结束。1799年拿破仑建立中央集权政府,形成了具有法国特色的教育领导体制。

---

① 〔日〕梅根悟.世界幼儿教育史(上册)[M].张举,等译.长春:吉林人民出版社,1986:290.
② 唐淑,何晓夏.学前教育史[M].大连:辽宁师范大学出版社,2001:364.

有研究者指出,法国的学前教育一般分为两个阶段:一是从18世纪70年代到19世纪30年代中期,其中以奥柏林创办的"编织学校"为代表,标志着法国近代学前教育的开端。在这个时期出现了许多具有慈善性质的贫民育儿院和幼教机构托儿所。二是从19世纪30年代中期到19世纪末,法国政府逐步将学前教育纳入中央集权的教育行政管理体制,将各种幼儿教育机构统称为"母育学校",托儿所成为公共教育体系中的一个组成部分。[①] 这种划分在一定程度上表明,法国幼儿教育的发展不仅是社会化探索的过程,也是体制化尝试的过程。在教育史上,法国的学前教育开了把幼儿教育纳入国家教育制度体系并由国家举办幼儿教育的先河。

一、慈善救济活动与奥柏林的"编织学校"

传统的法国学前教育与欧洲许多国家一样,主要是在家庭中进行。进入18世纪以后,随着社会发展和贫困救济的需要,法国也出现了最早的社会化幼儿教育机构,即"编织学校"。这种学校一般也被称为是一种具有慈善性质的"收容所"。"编织学校"是法国新教派的一名牧师奥柏林(J. F. Oberlin,1740—1826)于1776年创立的。在学前教育史上,奥柏林的"编织学校"被看做是近代学前教育社会化的正式开端。

奥柏林的"编织学校"主要是农忙季节收容幼儿,并对他们进行管理和教育。由于管理幼儿的人员一边从事副业生产进行编织,一边教幼儿唱歌和组织他们进行游戏,因此这种幼儿教育机构被称为"编织学校",它是一种季节性的幼教机构。

奥柏林的"编织学校"主要收留3岁以上的幼儿和儿童学习,一周开放两次。学校有两名指导教师,一名担任手工技术指导,另一名担任文化、游戏方面的指导;另外挑选一些年龄较大的女孩作为"助教"。"编织学校"的教学内容主要包括:法语、宗教赞美歌、格言和童话故事、植物采集与观察、绘画、地理以及儿童游戏等。学校还对儿童进行缝纫、编织等手工方法的传授。在知识学习方面,要教授一些历史、农村经济常识等方面的知识。奥柏林比较重视幼儿的游戏活动。他认为幼儿的学习应该是完全游戏式的,或者是娱乐性的。

以上内容反映了奥柏林"编织学校"的一些特点:一是这所幼儿学校是临时性和短期的,规模小,主要是为农忙时收容幼儿的需要所建,是一所慈善性质的幼儿学校。二是这所学校虽然是以收容、管理为主,但是也能够给儿童一定的教育,使儿童能够学习一些文化知识。当然,通过管理让儿童学会过一种有秩序的生活,服从教师的监管,形成一定纪律性,是幼儿学校的主要目的。三是虽然奥柏林的编织学校可以给幼儿提供一定的知识学习,但这所学校也强调儿童的游戏和游戏的娱乐性,这一主张与以往一些教育家多强调知识的学习有很大不同。

需要指出的是,奥柏林"编织学校"的设立早于英国欧文,以及怀尔德斯平的幼儿学校,但是它们有许多相似之处,即都是为了解决社会贫困问题,特别是解决贫困家庭儿童生存和教育所设立的一种机构,具有社会慈善和救济的作用。奥柏林的"编织学校"尽

---

① 周采,杨汉麟.外国学前教育史[M].第2版.北京:北京师范大学出版社,2012:69-70.

管规模小,人员少,但是在帮助贫困家庭幼儿学习,提升他们的能力方面发挥了一定作用。作为一所收留贫困家庭幼儿的"收容所",这所幼儿学校后来改为"养护所",最后又作为"母育学校"而成为法国公立学校体系的一部分。①

二、贫民儿童救济活动与柯夏的托儿所

在近代法国贫民儿童救济活动中,作为学前教育设施之一的"托儿所",也起到了重要的作用。最早创办"托儿所"的是法国上流社会的妇女帕斯特莱(Mmede Pastoret,1766—1843)。1826年,她依托慈善组织"妇女会"在巴黎创办了一个收容贫困儿童的机构,招收了80个孩子。该托儿所成为法国第一所收容幼儿的托儿机构。

帕斯特莱夫人创办的妇女会托儿所开办不久,得到了当时巴黎第12区区长柯夏(J. Cochin,1789—1841)的支持和协助。柯夏曾经考察过英国并研究了英国幼儿学校。1828年,他协助"妇女会"模仿英国的幼儿学校新建了一个托儿所。同年,柯夏自己也开办了一个"模范托儿所"。不久,这个托儿所还附带开设了培养托儿所教员的课程。托儿所教师培训课程的开设标志着托儿所在一定程度上承担起了培养幼儿师资的任务。在柯夏等人的推动下,法国托儿所发展很快,1828年巴黎只有3所,到1836年已经达24所。②

柯夏不仅亲自建立托儿所,还对托儿所设置的目的和性质进行了论述。1835年他在《托儿所纲要》一书中讲述了托儿所设置的目的、性质和意义。柯夏认为,托儿所主要是作为有效的公共贫民救济设施设置的,因此属于贫困救济的性质。不过作为一种贫困救济机构,托儿所还应承担一定的教育责任,负责对贫困儿童进行一定的教育。

柯夏托儿所的设立反映了这一时期欧洲社会慈善活动的特点,即先救济、后教育的特点,特别是在贫困儿童方面。因此,柯夏的托儿所与英国幼儿学校的性质基本是一致的。受英国幼儿学校的影响,柯夏的"模范托儿所"还模仿了怀尔德斯平的幼儿学校,如设立了阶梯教室,使用教学柱和置换架等教具,特别是模仿怀尔德斯平幼儿学校注重对幼儿进行智育训练的做法。柯夏托儿所的教育内容也比较丰富,包括宗教、读、写、算、几何、地理、历史、博物、图画、体育等;方法上主要使用的是直观教学法,以实物教学为主。③

从教育内容看,柯夏的托儿所出现了一种"小学化"和智育化的倾向,即注重知识为主的教育。这表明,在近代学前教育社会化的过程中,由于社会多种因素的干预和影响,往往会出现突破学前幼儿家庭教育原有的边界,不顾幼儿发展特点,刻意施教,过多灌输知识的问题。而且这个现象不仅英国存在,法国也有,这种情况是当时欧洲一些国家比较普遍的做法,这种倾向直到20世纪以后才有所改变。

与英国幼儿学校相比,法国托儿所在道德教育方面具有自己的特色。柯夏认为托儿所应该培养幼儿具备以下的品德:第一,"对同伴的宽大为怀的感情";第二,"公正的感

---

① 〔美〕约翰·S. 布鲁巴克. 教育问题史[M]. 单中惠,等译. 济南:山东教育出版社,2012:406.
② 〔日〕梅根悟. 世界幼儿教育史(上册)[M]. 张举,等译. 长春:吉林人民出版社,1986:127.
③ 〔日〕梅根悟. 世界幼儿教育史(上册)[M]. 张举,等译. 长春:吉林人民出版社,1986:125.

情";第三,"说真话";第四,"服从和纯朴";第五"正直";第六,"礼节、礼法和良好的仪表";第七,"守秩序、守规矩、服从有权威的人们";第八,"互相间有礼貌、互相尊敬";第九,"具有道德的尊严——自尊心";第十,"勤奋"。① 其中"对同伴的宽大为怀的感情"和"公正的感情"更为重要。柯夏又强调,为了培养幼儿这些品德,教师不能"偏向",要"听取孩子们本身的意见"。他还指出,"服从和淳朴"不是靠教师的要求得来的,而是基于师生间的"信赖关系"培养起来的。因此,他要求:"托儿所的教师,不仅要避免一切暴力、一切压制、一切暴躁,还必须节制一切使孩子生气的行为。教师在焦躁的时候,最好到教室外面待一会,……当他们干坏事的时候,应该向他们指出,那种行为是如何违反秩序和公正的。"②

三、托儿所的发展与学前教育制度化的尝试

法国这一时期托儿所的发展,引起了教育行政当局的注意。虽然一开始还是强调托儿所的救济和管理的性质,但是最终教育当局还是承认了托儿所"不仅照看和监督孩子,而且也进行教育"的事实。③ 1832年,法国颁布了《初等教育法》(也称《吉佐法案》)。当时的公共教育大臣吉佐在有关的文件里提到:可以把托儿所看做是初等教育的基础。公共教育部与托儿所有密切关系,有关托儿所的启蒙和增设是必要的。此后他又要求把设立和维持托儿所的费用列入预算,公共教育部要对托儿所给予财政上的援助。1835年,公共教育部给予托儿所的补助费达到25900法郎,其他自治机构资助的费用达24000法郎。由国家参与对托儿所补助的政策,进一步推动了法国托儿所的发展。据统计,到1835年年底,法国公认的托儿所已有93所,如果加上未被公认的已有102所。④

1835年,法国确立了"初等教育视学官制",规定在各县设立"视学官",负责对初等教育的管理,同时也包括对托儿所的视察和监督权。至此,法国教育行政开始了对托儿所进行管理和监督。1836年,原来负责管理托儿所的"妇女会"解散,政府当局把托儿所的管理权、监督权从妇女会手中接收过来,托儿所成为公共教育部所管辖的学校。1837年,政府发布了关于托儿所的敕令,被认为是最早的托儿所管理和监督的规定。规定有5章30条,指出:"托儿所或者为幼儿开设的学校,是考虑到6岁以下的儿童需要母性的监督和最初的教育,而为他们开设的慈善设施。"⑤规定把托儿所分公立和私立两种,还肯定了视学官的权力和对托儿所的管理。虽然托儿所保留慈善机构的性质,但在管理上已经成为公共教育部管辖下的学校机构,成为公共教育制度的一部分。这一规定的颁布,在以后很长时间内对托儿所的行政管理工作起了指导和约束作用,并进一步推动了托儿所的发展。1843年,公立托儿所有685所,私立托儿所有804所;1850年,公立托儿所有1055所,私立托儿所有680所。⑥

---

① 〔日〕梅根悟.世界幼儿教育史(上册)[M].张举,等译.长春:吉林人民出版社,1986:124-125.
② 〔日〕梅根悟.世界幼儿教育史(上册)[M].张举,等译.长春:吉林人民出版社,1986:125.
③ 〔日〕梅根悟.世界幼儿教育史(上册)[M].张举,等译.长春:吉林人民出版社,1986:128.
④ 〔日〕梅根悟.世界幼儿教育史(上册)[M].张举,等译.长春:吉林人民出版社,1986:128.
⑤ 〔日〕梅根悟.世界幼儿教育史(上册)[M].张举,等译.长春:吉林人民出版社,1986:131.
⑥ 〔日〕梅根悟.世界幼儿教育史(上册)[M].张举,等译.长春:吉林人民出版社,1986:134.

随着托儿所的发展以及产生的影响,1844年,法国还出现了"婴儿托儿所",专门负责对2岁以下的幼儿提供保育设施。在巴黎,"婴儿托儿所"得到发展,1845年增加了5所,1846年发展到了8所。①

法国托儿所政策和机构的发展变化表明:法国学前教育在社会化的过程中也开始了学前教育制度化的探索,幼儿教育被纳入国家管理轨道,成为法国教育制度的组成部分。

四、福禄培尔幼儿园对法国学前教育的影响

与英国一样,法国学前教育在发展过程中也受到了来自德国福禄培尔幼儿园的影响。最早将福禄培尔幼儿园引进法国的是玛伦霍尔兹·缪罗男爵夫人。她作为福禄培尔的学生,为推广老师的理论和实践积极地开展活动并献出了自己的余生。1855年,她来到法国生活了三年,宣传讲演了100次左右。② 男爵夫人建议把幼儿园的方法引进现有的设施,尽可能使幼儿园与初等学校相衔接。同时向师范学生讲授福禄培尔的教育方法。经过她的传播和介绍,法国人了解并接受了福禄培尔的幼儿园思想。不久,法国教育部门也发行了大量的幼儿教育刊物或指导书籍;另外,民间机构也为普及这种新的教育出版了相关的杂志,如《母亲的科学》等。③

与英国学前教育的发展有些相似,福禄培尔幼儿园引进法国后也从两个方面对法国学前教育产生了影响。首先,开始出现为上层社会儿童创设的幼儿园。过去,上层社会的儿童都是在自己家里由专门的保姆或家庭教师进行保育和教育。福禄培尔幼儿园的经验被引进以后,法国才开始设立幼儿园。由于福禄培尔幼儿园的引进,法国的学前教育发生了新的变化:一是上层社会的儿童教育多了新的选择;二是学前教育逐步形成了双轨制,即普通民众的儿童被送往专门接收劳动人民儿童的、数量较多的、简陋的托儿所;上层社会的儿童则被送往为数极少的、条件优越的幼儿园。④ 其次,福禄培尔幼儿园的教育内容、教育方法被引入法国后,不仅是对上层社会儿童的教育发生变化,法国托儿所也发生变化,开始注重儿童的游戏和户外运动。例如,在托儿所里设立娱乐用的庭院,在庭院里种上花卉、树木,并将福禄培尔恩物作为教具,等等。不过受当时"普法战争"的影响,福禄培尔幼儿园思想及其恩物在法国的影响范围还是有限的。

五、法国托儿所的发展与母育学校

为了明确托儿所的性质和管理,1855年法国教育部门对托儿所进行改组,并颁布了相关规定和托儿所内部规章。关于托儿所的性质,规定指出:"托儿所无论公立或是私立,都应当成为2—7岁的两性儿童在道德和身体的成长中得到必须照顾的教育设施。"⑤关于托儿所的管理,内部规章提出了幼儿的保育内容。主要包括:(1)宗教教育、

---

① 〔日〕梅根悟.世界幼儿教育史(上册)[M].张举,等译.长春:吉林人民出版社,1986:136.
② 〔日〕梅根悟.世界幼儿教育史(上册)[M].张举,等译.长春:吉林人民出版社,1986:351.
③ 〔日〕梅根悟.世界幼儿教育史(上册)[M].张举,等译.长春:吉林人民出版社,1986:352.
④ 〔日〕梅根悟.世界幼儿教育史(上册)[M].张举,等译.长春:吉林人民出版社,1986:353.
⑤ 〔日〕梅根悟.世界幼儿教育史(上册)[M].张举,等译.长春:吉林人民出版社,1986:355.

读法、书写法、心算和线条画的初级知识;(2) 儿童所能理解的常识;(3) 符合儿童年龄的手工作业;(4) 宗教歌曲、道德方面的训练、身体素质方面的训练。从这个幼儿保育内容可以看出,这个时期的托儿所比较重视儿童的宗教教育以及多方面知识的学习。除了保育内容外,内部规章还对幼儿教导提出了具体要求。如规定:"禁止打骂儿童,要经常地谆谆教诲;只能对儿童进行以下的惩罚:罚站,最长不超过10分钟,赶出梯形教室,禁止和大家一起做手工作业,罚他(她)向后转,面对大家。"① 还规定,对于顺从的儿童,教师要给予画册和"优良成绩"以示奖赏。"优良成绩"达到一定分数时,可以给儿童换取有价值的用品。

关于托儿所的保育设施和教员资格也有具体的规定。托儿所设有一间既可以休息,又可以娱乐的室内游戏场,另一房间是上课用的;托儿所还要设置由5—10个台阶构成的、能通往中间和两侧的阶梯教室。关于托儿所的教员,规定必须是年满24岁以上的女子,称之为"保姆";为取得保姆资格,需要通过学力测验和实际技术测验,并考试合格。学力测验主要包括教义问答书、读法、书写法、拼音、四则运算及有关换算、基础地理、唱歌、手工作业等;实际技术测验主要是让准备获取从教资格者,上午或者下午到托儿所按照时间表对幼儿进行现场指导。如让幼儿围成一圈,朗读给他们听;在阶梯教室实习讲课,如讲历史故事、讲童话、讲事物的道理等。②

有研究者指出,法国托儿所的新变化反映了托儿所开始由早期的完全慈善救济的场所转向教育的场所。这个过程加强了国家对托儿所的控制;托儿所指导内容偏重于主知主义和宗教教育;智育重于保育,宗教道德教育重于儿童身体教育。③ 从1856年到1883年,法国托儿所有了较快发展。据统计,1856年法国托儿所数为1735所,到1883年为5383所;托儿总数也由16万人增加到近68万人。④ 需要指出的是,这种数量的激增主要是为了收容更多的城市和工人密集区的儿童。一般的托儿所收容儿童为80—100人,而在工人密集区,已经多达300—400人。托儿所的快速发展在一定程度上影响了幼儿教育的质量。

1881年和1882年,法国政府颁布了《费里教育法》,确立了国民教育的义务、免费和世俗性三原则,并规定初等教育免费的原则同样适用于母育学校。这是官方教育文献首次正式使用"母育学校"的名称,这一名称涵盖了以往包括托儿所在内的一切幼儿教育机构。法案对"母育学校"做出了如下定义:"母育学校"是初等教育的设施,那里的男女儿童将共同接受体、德、智全面发展的教育。⑤ 同时规定,进入母育学校的儿童为2—6岁;学校根据儿童的年龄和理解力的发展程度,而不是按性别编成两个小组:2—4岁为一个组,5—6岁为一个组,采取男女儿童混合编班的制度,这与早期的托儿所管理按性别分班,用墙壁、木板等将男女儿童隔开的做法相比是一个非常大的变化。

---

① 〔日〕梅根悟. 世界幼儿教育史(上册)[M]. 张举,等译. 长春:吉林人民出版社,1986:357.
② 〔日〕梅根悟. 世界幼儿教育史(上册)[M]. 张举,等译. 长春:吉林人民出版社,1986:358-359.
③ 〔日〕梅根悟. 世界幼儿教育史(上册)[M]. 张举,等译. 长春:吉林人民出版社,1986:359.
④ 〔日〕梅根悟. 世界幼儿教育史(上册)[M]. 张举,等译. 长春:吉林人民出版社,1986:360.
⑤ 〔日〕梅根悟. 世界幼儿教育史(上册)[M]. 张举,等译. 长春:吉林人民出版社,1986:366.

母育学校的保育内容包括:(1) 道德教育的初步原理、日常应用知识、绘画、书法、初步读法、语言练习、博物和地理概念以及儿童易于理解的故事;(2) 手工作业的训练;(3) 唱歌及按年龄阶段进行的身体锻炼。① 这里仅举两例说明,其中"道德教育"主要指通过关于家庭的话题、提问、谈话,以及向儿童灌输对家庭、祖国和上帝应尽义务的歌曲来达到目的。"日常应用知识"主要指就衣、食、住、颜色与形状、时间与季节等的区分,做最基本的说明。

1887年教育部门又提出了母育学校的保育设施和设备条件。包括要设置家长接待室、保育室、游艺室、厨房、带小庭院的游戏场,以及厕所。还规定母育学校要有独立的校舍,不许设在男子学校和女子学校里等。教材主要有两类:一类是玩具,包括用木头或橡皮制作的动物、娃娃穿换的衣服、用铅和木头制作的军事模型、过家家玩的器具、积木箱、小桶、手推车、跳绳、旋转环、球等;另一类是教学用具,有碎木块、小棍、板条等,有手工作业必需的用具,还有地球仪、挂图,还有连环画和日用品之类。②

结合母育学校的保育内容和设施可以看出以下几个特点:一是母育学校是根据男女儿童年龄和理解力,共同混合编班学习的机构,反映了法国初等教育原则对幼儿教育的影响。二是由于受到初等教育影响,母育学校比较注重知识的教育,学习内容和范围比较广泛。三是受初等教育影响,母育学校也体现了去宗教化、教派中立的性质,道德教育以世俗道德教育为主,教育方式也多样化。四是注重通过各种场所让儿童学习日常应用的知识,也注重通过教具培养儿童动手和活动能力。五是管理上注重儿童特点,根据儿童发展过程和阶段进行教育。如规定上课时间不超过15分钟或20分钟,内容主要是唱歌活动和体操活动;教师上课注重善意引导儿童,不能打骂;等等。六是采取直观教学法,多注重儿童的游戏活动。

当然,母育学校还体现了关注贫困幼儿教育的特点。一份19世纪女教师的记录除了记载了母育学校一天的情况外,还反映了母育学校在教育贫困幼儿过程中的作用:"由于家庭教育不够好,所以送来的幼儿在表达自己的感情时所使用的语言比较粗鲁。他们有的殴打与自己合不来的小朋友。不过他们都能很快地改掉这种坏习惯。同所有的适龄儿童一样,这些急需要母爱的贫困儿童一旦得到保姆的亲近和爱抚,都能感到莫大的幸福。"③

第三节 近代德国学前教育社会化的探索

从历史上看,由于德国统一较晚,其学前教育的发展比英国和法国要慢些。因此,近代德国学前教育的发展既受到法国托幼机构的影响,也受到来自英国幼儿学校的影响。19世纪初,受法国幼儿保育的影响,德意志的一些城市出现了救济性质的保育机构。19世纪20年代以后,德意志的一些邦国开始学习英国幼儿学校的办学经验,学前教育

---

① [日]梅根悟.世界幼儿教育史(上册)[M].张举,等译.长春:吉林人民出版社,1986:368.
② [日]梅根悟.世界幼儿教育史(上册)[M].张举,等译.长春:吉林人民出版社,1986:371-372.
③ [日]梅根悟.世界幼儿教育史(上册)[M].张举,等译.长春:吉林人民出版社,1986:374.

得到一定发展。不过,这一时期贫困现象在欧洲的同时出现,也成为各国共同面对的社会问题。在解决贫困问题,特别是贫困儿童的生存和教育问题上,德国在借鉴和学习英国和法国经验的同时也形成了自己的特点。1840年福禄培尔创办幼儿园以后,其学前教育理论和方法得到传播并且闻名德国,极大地推动了学前教育的发展,从而使德国的幼儿园教育走向了世界。

一、受法国幼儿教育影响的巴乌利美保育所

18世纪,德国的幼儿教育已经有一定发展,但幼儿教育社会化的较快发展主要是在工业革命以后。其中比较著名的就是被称为"巴乌利美设施"的保育所。1802年,在受到法国巴黎"育儿院"的启发下,巴乌利美侯爵夫人(Pauline,1769—1820)设立了一个保育机构。这一机构是一个救济贫民,帮助参与劳动的母亲保育孩子的场所。正如巴乌利美夫人在关于"设立托儿所"的提案中所指出的,贫困家庭的母亲由于外出工作,把孩子留在家里,这不仅给母亲带来了恐惧和担忧,也是对孩子的一种伤害。保育所设施就是"一个把被留在家里的幼儿集合在一起进行保护的地方"[①],是一个为孩子提供愉快活动的场所。

巴乌利美保育所是农忙时期的季节性托儿所,办学时间从初夏开始到晚秋结束。招收的对象是那些母亲需要白天从事农业且断奶后的1—4、5岁的幼儿。每天的保育时间从上午6点到下午8点。保育所主要是为贫困家庭儿童服务,因此它规定,孩子入所时,为证明父母的贫困,"必须申报父母的资产、工作种类和他们的生计",以防止滥用慈善资源。[②] 保育所主要由12名贵妇人自发、无偿轮班监督工作,她们手下有一些从孤儿院和职业介绍学校来的12—16岁的女孩子做保姆,直接照看幼儿。孩子进入这个设施后,每天接受一定的保育:有人给洗澡和梳头;发干净的衬衣和羊毛外衣;保姆负责给孩子穿脱衣服和洗衣服等。

除此以外,巴乌利美保育所的保育还包括,管理者经常对孩子们进行监督,但不给他们任何束缚,主要是让他们在游戏和活动中度过;教授孩子正确的德语,教他们正确地称呼身边的事物,进行守规矩、守秩序、协调、亲切、勤劳等有关社会道德方面的训练和生活规律的教养。有研究者指出,巴乌利美保育所的重点是放在孩子的健康上,教育是处于附带和从属地位的。[③]

巴乌利美保育所是德国历史上最早的幼儿保育和教育设施。这个幼儿保育设施的建立反映了创建者从人道主义立场出发,基于对贫困家庭母亲们的同情、理解,特别是对贫困儿童健康的关心。这个教育设施尽管是季节性的、非固定的,但它毕竟为社会贫困阶层幼儿的发展提供了一个相对较好的环境。巴乌利美保育所的创办引起了德国社会对贫困阶层幼儿发展和教育问题的关注,在一定程度上促进了19世纪德国保育机构的发展。

---

① 〔日〕梅根悟.世界幼儿教育史(上册)[M].张举,等译.长春:吉林人民出版社,1986:140.
② 〔日〕梅根悟.世界幼儿教育史(上册)[M].张举,等译.长春:吉林人民出版社,1986:141.
③ 〔日〕梅根悟.世界幼儿教育史(上册)[M].张举,等译.长春:吉林人民出版社,1986:142.

二、受英国幼儿教育影响的德国托儿所

在英国幼儿教育影响德国之前,受巴乌利美保育所的影响,德国的幼儿教育有了一定的发展。1810年哈达斯莱宾成立了"保姆学校",1812年莱比锡成立了托儿所。随着幼儿教育的发展,德国一些邦国开始把幼儿教育纳入到初等教育的轨道,并对其进行监管。1814年,在石勒苏伊格-赫尔斯泰因公国的《一般学校规程》中制定了"监督学校"的规章,规定这所学校"专门以6岁以下的幼儿"为对象,"主要是企图在母亲有工作而不能照顾他们时,来管理这些孩子们"。① 从这里可以看出,这些机构和学校与巴乌利美保育所的性质一样,都是一种季节性的托幼机构。这一时期,德国的一些邦国还颁布了相关的发展幼儿教育的政策。如1825年的黑森·卡塞尔选帝侯的指令规定,对于那些由于外出干活而不能照顾孩子的家庭,要提供一定的空间对孩子进行保护,给予监督和照料。有研究者指出,这一时期德国托儿所政策反映了以下几方面的问题:一是建立以孩子们的生命和健康及父母们安心和幸福为目标的托儿设施。费用主要由富人的慈善行为和地方公费负担。二是托儿设施没有一定的名称,没有固定的设施,主要是季节性的。三是担任保育工作的人员主要是孤儿院和职业介绍学校年长的女孩或者失业居民和失业的老妇人。四是托儿所的主要目的是保护和监管儿童,教育是次要的、附带的。②

不过,随着瓦德蔡克"托儿学校"的建立,德国历史上托儿机构的季节性性质开始改变,常设的托幼机构出现了。1819年,德国幼儿学校的瓦德蔡克教授设立了柏林最早的托儿所。它是以城市贫困家庭的孩子为对象,为保障他们能够得到充分的营养,细心的照料,良好的管理和能够保持清洁的设施。这个机构被称为"托儿学校"。③ 该机构之所以具有常设性质,一个重要原因在于它以城市贫民的幼儿为对象,同时还招收了许多孤儿和流浪儿,进行24小时保育。这所托儿所被命名为"瓦德蔡克设施"。

英国幼儿学校对德国的影响是从1824年开始的。当时,德国翻译和出版了介绍英国幼儿学校的著作,包括怀尔德斯平的《贫民儿童教育的重要性》等,书中的一些观点引起了德国社会及政府的注意,"国家内部的治安,只有由理智的民众教育把对这种治安非常危险的恶劣习惯根除的时候才能实现"④。德国人不仅认识了英国的幼儿学校,也开始改变对幼儿教育的看法。1827年,普鲁士政府教育部发布文件,要求努力"迅速建立幼儿学校",杜绝贫民儿童粗野化的恶劣习惯,提高贫困儿童的道德水准。在该文件的影响下,一些地方迅速建立以贫民子弟为对象的幼儿教育设施。1838年,普鲁士国王弗里德里希·威廉三世发布敕令,批准了为援助柏林托儿所而设立的"中央基金"。敕令明确提出,这笔基金要用于维持现有的托儿所和设立新的托儿所。但是敕令中没有要求由国家来提供这笔资金,而是规定由市民捐助来筹集。这样实际上是把学前教育定为"私人的慈善事业"。这一时期,德国幼儿教育政策的推行,反映了普鲁士政府试图通过对幼

---

① 〔日〕梅根悟.世界幼儿教育史(上册)[M].张举,等译.长春:吉林人民出版社,1986:144.
② 〔日〕梅根悟.世界幼儿教育史(上册)[M].张举,等译.长春:吉林人民出版社,1986:147.
③ 〔日〕梅根悟.世界幼儿教育史(上册)[M].张举,等译.长春:吉林人民出版社,1986:148.
④ 〔日〕梅根悟.世界幼儿教育史(上册)[M].张举,等译.长春:吉林人民出版社,1986:150-151.

儿教育的控制来达到维持社会稳定和治安的目的。这一目的和做法在德意志各邦基本上是一致的。

1839年,拜恩内务部制定了托儿所的规定。这个规定代表了当时德国各邦的幼儿教育政策。此规定主要内容包括:(1) 托儿所被看做是一种私立的设施,需要得到当局的承认并给予支持。(2) 托儿所的主要对象是贫困家庭的儿童,目的是为他们提供住处和照料,促进他们身心得到有益的发展。(3) 对于贫困家庭的孩子,教育中也要尊重他们的发展。强调"不要用生硬的形式主义妨碍孩子那种自由的合乎自然的心情;不要用到孩子年龄大时才适用的教育方法,损害他们幼年期的活泼;不要过早地采用学校的形式;……不要使其过度紧张或让其不适当的活动"①。(4) 对于贫困家庭的孩子,为了他们生活的幸福,为了改变他们的地位,特别需要加强教育,培养健壮而灵活的体魄、对严酷劳动的喜爱以及尽量节制欲望。(5) 保育人员和监护人员要严格控制教学方式,不应该让孩子学习读和写,即使有字母和数字的练习,也只是激发其理解力和直观能力;(6) 托儿所的监督和指导应该委托给专门人员。这些人员的基本条件是:有虔诚之心、品行端正、年富力强、单纯明朗、兼备友爱与适度的严肃,具备温柔与忍耐、意志力和坚韧相统一的精神,尤其是对儿童的热爱。②

总之,这一时期德国各邦对贫民幼儿所采取的教育政策,虽然受到来自英国幼儿学校思想的影响,但总体上体现了维护社会秩序,改变幼儿原有生活习惯,提升道德水平的基本设计。这一政策由于客观上吸收了近代以来一些进步的幼儿教育观念和做法,如注重适合幼儿特点的教育活动,关注儿童健康和习惯的养成等,在一定程度上促进了德国学前教育的发展。据统计,1825—1830年,德国有托儿所18所,到1831—1835年有65所,1836—1840年有137所。1852年,普鲁士的幼儿教育设施大约有500所。③ 需要指出的是,这些幼教设施大部分都是由私人设立的,一些牧师、教师、议员、督学等作出了重要贡献。④ 正是这些人的努力,促使这一时期德国贫民幼儿教育设施大量出现。

三、受拜恩幼儿教育政策影响的阿尔古斯堡托儿所

19世纪30年代拜恩制定的发展幼儿教育的政策,对德国托儿所的发展产生重要的影响,德国一些城市采取积极的幼儿教育政策,把发展托儿所作为一项重要任务来完成,其中比较有代表性的是由魏尔特创办的阿尔古斯堡托儿所。

1832年,阿尔古斯堡市议会任命福音派贫民之家的少年督学兼教师魏尔特筹办阿尔古斯堡托儿所。在花费2个月时间走访、参观和调查德国一些城市的幼儿教育设施后,魏尔特提交了一份关于托儿所、幼儿学校和流浪儿童救贫设施的报告,提出了关于发展托儿所的建议。1834年6月,阿尔古斯堡市议会发出了关于开设托儿所的公告。报告指出:"如果忽视了儿童的早期教育,必将影响到他们的整个一生,而且对于整整一代

---

① 〔日〕梅根悟.世界幼儿教育史(上册)[M].张举,等译.长春:吉林人民出版社,1986:156.
② 〔日〕梅根悟.世界幼儿教育史(上册)[M].张举,等译.长春:吉林人民出版社,1986:155-159.
③ 〔日〕梅根悟.世界幼儿教育史(上册)[M].张举,等译.长春:吉林人民出版社,1986:162-163.
④ 〔日〕梅根悟.世界幼儿教育史(上册)[M].张举,等译.长春:吉林人民出版社,1986:164-165.

人所造成的危害是笔墨难以形容的;人的一生、将来生活的基础是在幼年期奠定的,对幼儿进行身心的教育具有极大的重要性。所有的专家都认为最为迫在眉睫的是设立受到承认的幼儿学校或者托儿所,并以此使其地区的学校制度达到更高的水平。"[1]把幼儿教育与人的一生发展联系在一起,把创办幼儿机构的目的看成是改善学校制度、提高学校教育水平,这在幼儿教育实践上是第一次以公告的形式提出,反映了幼儿机构由早期的"照管为主,教育为辅"向"为人的一生打基础和为学校教育做好准备"教育政策的转变,对幼儿教育发展有重要的影响。

1834年7月,魏尔特开办了阿尔古斯堡托儿所。托儿所最初招收59个孩子,其中大多数来自于手工业者和城市贫民家庭,由此可以看出创办这所托儿所的贫民儿童教育的性质。当时,这所托儿所有男教师1人(魏尔特本人),女教师1人,保姆1人。设施包括游戏室1间、保育室2间和1个大院子。之后,市政府发布文件鼓励贫民儿童进入新设立的托儿所。几个月内,托儿所的儿童人数就达到160人。[2] 1835年,随着入托儿童的增加,又开办了两个托儿所。需要指出的是,与大多数德国的托儿所私人性质不同,阿尔古斯堡托儿所主要是靠公费设立和维持的。因此,这个托儿所是一个公共幼儿教育设施。不过,阿尔古斯堡托儿所也得到了当地援助托儿所的妇女组织捐款和一定保育费的支持。

1838年,随着托儿所的发展,魏尔特提出了设立与托儿所相联系的培养保姆的预备学校的提案。提案的主要内容是要培养"具有自觉行动的、勤劳的、聪明的、顶用的保姆"的学校。教师队伍由魏尔特本人和医生、有经验的妇女组成。教育内容包括,满足孩子们的各种身心发展的要求,照顾生病的孩子,喂养婴儿,引导孩子们游戏,讲解圣经和唱歌,以及在托儿所进行实习等实际的教学。这一提案很快得到市议会的批准并准备设立这种学校。不过,有研究者指出,这个提案旨在培养家庭婴儿教育的保姆,而不是培养托儿所的保姆。[3]

根据资料记载,阿尔古斯堡托儿所一天的保育活动时间夏季是这样安排的。早上6点孩子就可以到托儿所,8点半前集合完毕。首先进行祈祷和唱赞美歌。然后开始进行各种练习,每个练习项目半小时,一直到10点。从10点到10点半,是吃点心的时间。从10点半到11点再做一个练习,包括集体练习和测绘练习,以愉快性活动为主。从11点到12点是游戏时间。2点以前孩子们回家、吃饭、清洗、如厕。从2点到4点半,进行各种练习,特别是进行每天1小时的手工劳动。4点到4点半,是吃点心的时间。4点半到5点,讲各种故事,然后做游戏、回家。[4]

从这一天的保育活动内容可以看出,阿尔古斯堡托儿所为孩子们安排了多种练习活动,包括感觉和悟性的练习,记忆练习,讲话、发音及字母练习,色彩练习,造型练习,职业练习,名字符号练习,以及各种活动交替时的身体练习等,内容非常丰富。按照魏尔特的

---

[1] 〔日〕梅根悟.世界幼儿教育史(上册)[M].张举,等译.长春:吉林人民出版社,1986:175.
[2] 〔日〕梅根悟.世界幼儿教育史(上册)[M].张举,等译.长春:吉林人民出版社,1986:176.
[3] 〔日〕梅根悟.世界幼儿教育史(上册)[M].张举,等译.长春:吉林人民出版社,1986:177.
[4] 〔日〕梅根悟.世界幼儿教育史(上册)[M].张举,等译.长春:吉林人民出版社,1986:178.

观点,他反对"为时过早的练习",而是希望通过练习,"培养人的身心的基本能力"。他认为幼儿教育的任务,"不是为时过早地将儿童培养成大人,而是按照法则和自然的规律,不应当对他们施加任何干涉"①。

魏尔特还专门研究了幼儿游戏发展的阶段。他认为幼儿游戏有两个阶段:一是把得到所有东西都作为玩具玩的阶段,尤其是喜欢眼睛看得见的、活动的东西的阶段;二是以不连续的方式玩耍的阶段,是守规矩、守纪律游戏的阶段,也是孩子们之间集体协作游戏的阶段。② 他主张,幼儿教育应当与幼儿游戏的发展阶段相适应。

总之,在魏尔特看来,托儿所就像园丁一样,在幼小的植物开始出现时就伸出保护的手,保护和教育儿童。③ 托儿所既不是学校,也不是监禁所,而是儿童之家,是面向幼儿的收容所。在托儿所里所推行的精神,除了爱、忍耐的精神和父性般的严格精神外,不会再有其他的东西。在托儿所里不是学习,而是游戏、娱乐、工作。④ 魏尔特的阿尔古斯堡托儿所的设立及其运动体现了一种新的幼儿教育观,即托儿所像一个园丁,是照顾和帮助幼儿的场所。这些观点不仅在当时,也对以后德国学前教育的发展产生了影响,与福禄培尔幼儿园教育思想是一致的。

四、福禄培尔幼儿园的创立及幼儿园运动

一般来说,福禄培尔之前的德国学前教育设施,主要是贫民救济性设施与普及幼儿教育机构的结合,直到1840年福禄培尔幼儿园的创立,才有了正规的学前教育机构。这是德国教育家福禄培尔(Fredrich Froebel,1782—1852)对世界学前教育发展所作出的重大贡献。由于本书第七章有对福禄培尔学前教育思想的专门研究,这里主要介绍他在幼儿园的创立、推广中的主要贡献。

1. 福禄培尔的教育活动与幼儿园的创立

福禄培尔出身于一个牧师家庭,刚出生9个月就失去母亲,以后便在冷酷的继母和严厉的父亲身边长大。福禄培尔接受了小学和拉丁语学校教育,毕业后先后做过家庭教师、林务员、秘书、测量员、会计助理等多种工作。利用母亲遗留下来的遗产,福禄培尔进入耶拿大学学习自然科学、建筑技术和测量等,但是不久由于经济拮据,被迫辍学。1805年,他担任一所普通学校的教师。在教学时期,经人介绍,他访问了瑞士裴斯泰洛齐创办的伊弗东(Yverdon)学校。在伊弗东,裴斯泰洛齐的工作使他受到震动,也使他思考。他发现裴斯泰洛齐的教学思想有进步的方面,也存在不足。回国后,他承担了30多个9—11岁孩子的教学工作。教学工作使他感到似如鱼得水、如鸟行空那样幸福,他认为找到了自己一直在寻找的工作。1809年,他提出了设立"幼儿班级"的建议。⑤ 1811年,他又先后到哥廷根大学和柏林大学学习。1816年,他创办了一所教养院,招收了5个孩

---

① 〔日〕梅根悟.世界幼儿教育史(上册)[M].张举,等译.长春:吉林人民出版社,1986:179.
② 〔日〕梅根悟.世界幼儿教育史(上册)[M].张举,等译.长春:吉林人民出版社,1986:180.
③ 〔日〕梅根悟.世界幼儿教育史(上册)[M].张举,等译.长春:吉林人民出版社,1986:179.
④ 〔日〕梅根悟.世界幼儿教育史(上册)[M].张举,等译.长春:吉林人民出版社,1986:182.
⑤ 〔日〕梅根悟.世界幼儿教育史(上册)[M].张举,等译.长春:吉林人民出版社,1986:217.

子,开始了教育实践活动。这所教养院就是闻名世界的"卡伊尔霍大同教养院"。他创办教养院的理念是:教育不是一种阶级教育、等级教育和职业教育,而是为德意志民族的教育,一种自由的教育。这种教育是要造就自由的、探索的和不受人支配的人。①

与他的自由教育思想相适应,1829年,福禄培尔提出了一个"黑伦巴计划",旨在设立一个使所有儿童都能入学,接受统一基础教育的国民教养院。这个教养院是由"基础班级,练习班级、一、二部和应用班级"四个班组成的"初等教育机构",7—14岁的任何身份的儿童都可以接受"人的普通教养"。在这个教养院里,他附设了3—4岁幼儿的"保护有产阶级孤儿并使其得到发展的设施"。这个设施是他早期提出的"幼儿班级"思想的继续。福禄培尔在解释设置这个机构时指出,新设施"不应当是一所学校,孩子们在那里不应当接受学校式教育,而应任其自由发展。之所以选择有产阶级的子女,是为了使他们将来能有能力经营自己的事业"②。虽然这个计划没有实施,但是它构成了福禄培尔的幼儿园教育理论的基础。

1831年,福禄培尔在瑞士圭鲁特塞建立一所教养院。1836年提出了"布格多夫孤儿院初等学校案"。这个初等学校是以4—12岁的儿童为对象,其中第一阶段是以4—6岁儿童为对象的"预备学校"。4—6岁儿童的教育内容包括观察、说话练习、数数、唱歌、造型、体操、童话、游戏、野游、回忆等。这些内容后来也成为福禄培尔幼儿园教育内容的基础。

1836年他又回到卡伊尔霍,开始了新的探索。在长期的儿童教育实践中,福禄培尔一直在思考一个问题:学校教育花费那么多时间为什么教育不好一个孩子。他认为,这首先是学校的过错。为此,福禄培尔曾进行了卡伊尔霍学校教育的实验,试图改变学校教育的方法,但是结果不满意。在仔细的观察以后,他得出结论,儿童在进入学校之前一直接受错误的教育,儿童的学前教育有缺陷。这样,他就开始考虑如何教育学前阶段的儿童,改变早期教育不被重视的情况。在学前教育研究中,他发现虽然一直强调母亲在儿童早期教育中的重要性,但是许多母亲没有闲暇和能力在儿童最初的7年时间里来教育孩子,而且在家庭范围内又很难得到别人的帮助。福禄培尔认为,儿童在3—7岁期间社会和道德的发展需要一个有其他同伴一起活动的空间,而学前教育的家庭环境限制了儿童的活动和经验。

1837年,他在卡伊尔霍学校附近的勃兰根堡(Blankenburg)建立了一个目的是为幼儿提供教育的机构。在这里,儿童可以根据他们的本性得到自由的发展。1840年的一个傍晚,福禄培尔在与朋友一起从卡伊尔霍到勃兰根堡的散步途中,他高兴地喊道:"我发现了,新机构的名字将是幼儿园。"③在他看来,幼儿园的"园地"非常重要,它是幼儿教育的基础。这个园地"如同在神的保护和经验丰富、洞察敏锐的园丁照顾下的园地,植物得以有规律的生长一样。在这里,人这一最高贵的植物,即人的幼芽,又是人类的一员的

---

① 〔日〕梅根悟.世界幼儿教育史(上册)[M].张举,等译.长春:吉林人民出版社,1986:193-194.
② 〔日〕梅根悟.世界幼儿教育史(上册)[M].张举,等译.长春:吉林人民出版社,1986:217.
③ V. Celia Lascarides, Blythe F. Hinitz. History of Early Childhood Education[M]. Falmer Press, 2000:98.

儿童们,受到神及自然的共同教育"①。

福禄培尔幼儿园的教育内容主要包括三个方面:一是福禄培尔为幼儿园孩子编制了多种游戏活动,其中最主要的一种就是运用他所设计的玩具——恩物进行的游戏,以此发展儿童的认识能力和创造性,并训练手的活动技能。二是为幼儿园儿童安排多种作业活动,通过作业对幼儿进行初步的教学。作业内容包括:叠纸、折纸、图画、拼图、串珠、积木,以及一些初步的自我服务、照料植物的劳动作业等。三是重视幼儿的语言发展,通过唱歌、讲故事、朗诵游戏等方式,来发展儿童的语言能力。

2. 福禄培尔幼儿园的推广及幼儿园运动

幼儿园创办以后,福禄培尔的主要精力用在使用各种方法来扩大和推广幼儿园的发展。他曾经指出:"应该尽可能地在每个小地方办一所幼儿园,要像努力在每个小地方至少设一个教堂那样。而且,我们应该像初期的简单的家庭礼拜堂一样,起初至少可以试验性地把几个家庭组织在一起,建立家庭联合幼儿园。"②福禄培尔的幼儿园推广活动主要表现在以下几个方面。

一是在城市开展宣传、展示、推广活动。1837年以后,福禄培尔与他的同事到德国的许多地方进行活动,促进他的教育计划和幼儿园的发展。在城里,他向市民展示他的恩物(gift)和游戏给家庭和他们的孩子;他们组成小组访问每一个家庭,动员使用这些恩物。其中有一个家庭有12个孩子。在与福禄培尔几次交谈后,父亲允许孩子玩恩物。福禄培尔使用4个恩物与其中5个孩子玩。游戏赢得了孩子的心,父亲也很满意,并答应支持他的工作。

二是通过通信和出版出版物进行宣传。福禄培尔还通过举办讲座、演讲、通信等来宣传、解释他的教育思想以及游戏的目的;父母们也开始组织小的家庭协会一起使用游戏。福禄培尔还写信给他的朋友、以前的学生以及亲属,阐明他对自己教育体系的思考,鼓励他们创办幼儿园,并了解使用者的情况和对游戏的批评意见。③ 在一次演讲中,福禄培尔明确表达了建立幼儿园的目标。他建议要培训女性和男性的"幼儿园教育者"(gardener),他们有能力理解儿童早期的照料和教育。他要求社会人士一天节省几个便士,每人购买10元的捐款来建立幼儿园。他建立幼儿园的目标是,鼓励儿童自发的活动;促进儿童各个方面的发展。观众为他的演讲所感动,在离开之前,有70多人认购捐款。不久,福禄培尔建立了德国的第一个幼儿园作为股份公司(joint stock company)。他选择德国幼儿园的名字是希望所有的儿童能够成为其中一个部分,并使这一机构成为一个"示范机构"。④

三是通过组织活动,推广幼儿园的工作。在1848年的德国革命中,福禄培尔积极参加进步教师集会,呼吁政府拨款促进幼儿园的发展,要求尽量多地开办幼儿园,使幼儿园像教堂一样普及,还要求将幼儿园教育作为德国统一国民教育制度中的初级阶段。

---

① [日]梅根悟.世界幼儿教育史(上册)[M].张举,等译.长春:吉林人民出版社,1986:223.
② [日]梅根悟.世界幼儿教育史(上册)[M].张举,等译.长春:吉林人民出版社,1986:233.
③ V. Celia Lascarides, Blythe F. Hinitz. History of Early Childhood Education[M]. Falmer Press, 2000:99.
④ V. Celia Lascarides, Blythe F. Hinitz. History of Early Childhood Education[M]. Falmer Press, 2000:100.

在幼儿园的推广方面,福禄培尔非常注重幼儿园保育人员的培训工作。幼儿园培训的对象主要是一些热爱儿童的青年妇女。培训重点包括:了解幼儿身体和心理的发展过程;培养热爱儿童的思想;熟练掌握正确的保育和教育方法。到1851年为止,福禄培尔幼儿园培养了近70名妇女作为幼儿园保育人员。这些人活跃在德国21个城市的幼儿园等幼儿教育机构中,致力于幼儿园教育方法的推广工作。不仅如此,这些女士还将福禄培尔幼儿园的理论和实践、幼儿园的教育内容和方法传播到世界各地,形成了福禄培尔幼儿园运动。

1848年,普鲁士政府镇压自由民主运动,福禄培尔一生致力于发展的幼儿园也成为被打击和迫害的对象。1851年,普鲁士政府下令禁止开办福禄培尔幼儿园。1852年,福禄培尔去世。直到1860年这项禁令才被废除。禁令废除以后,福禄培尔幼儿园运动团体在德国各地相继成立,其中影响较大的两个团体在推广幼儿园运动中发挥了重要作用。一个是1860年成立的以玛伦霍尔兹·缪罗夫人为名誉会长的"柏林福禄培尔主义幼儿园促进妇女协会"。该协会成立以后积极地设立幼儿园。到1861年,经该协会设立并经营的幼儿园有4所,还有1所幼儿园女教员养成所。到1864年,该协会已有会员272人。① 另一个也是由缪罗夫人于1863年春天在柏林设立的"家庭教育和民众教育协会"。这个协会是依据福禄培尔的思想,以进行幼儿教育的全面改革为最终目标。当时从事的工作主要有以下几个方面:设立幼儿园;设立幼儿园女教员养成所;设立免费培训保姆学校;改造托儿所向民众幼儿园方向发展;设置以福禄培尔方法为指导的男女儿童游戏场所;把福禄培尔的方法引进女子学校;等等。第二年这个协会的会员人数很快就达到了410人。到1870年为止,这个协会所培养的幼儿园女教员已达200多人,她们分布在德国各地以及德国以外的地方,为幼儿园事业开展工作。到1869年为止,该协会所设立的幼儿园数目增加到7所。②

这个协会创办的幼儿园主要是"私立幼儿园"和"地区设立的幼儿园"。"私立幼儿园"以收容资产阶级的幼儿为对象,费用由私人承担,每天保育时间为3个小时,即上午9点至12点。对于"私立幼儿园",协会只是在必要的时候提供一定的资助,并为其推荐女教员。而"地区设立的幼儿园"则以收容地区内所有的幼儿为对象,资产阶级的幼儿入学主要自己负担费用,对贫民阶级的幼儿设有免费名额。因此,这种幼儿园的费用大部分是协会负担,而协会的经费则来自地区内的慈善家们的捐助。地区设立的幼儿园保育时间是每天6个小时,即上午9—12点,下午2—5点。③ 1874年,这两个协会合并成为"柏林福禄培尔协会",进一步推动福禄培尔幼儿园运动的发展。另外,这一时期还出现了专门研究福禄培尔教育理论的组织和刊物。1859年,一个名为"哥特·福禄培尔之友"的小组成立,并发行《幼儿园》杂志。1872年,这个小组改名为"福禄培尔协会总会",其主要工作是开设幼儿园和幼儿园女教员养成所,并在初等教育中引进幼儿园教育方法,试图保证幼儿园教育与初等学校教育的衔接性。以后,随着规模的扩大,它又改为

---

① 〔日〕梅根悟.世界幼儿教育史(上册)[M].张举,等译.长春:吉林人民出版社,1986:242.
② 〔日〕梅根悟.世界幼儿教育史(上册)[M].张举,等译.长春:吉林人民出版社,1986:243.
③ 〔日〕梅根悟.世界幼儿教育史(上册)[M].张举,等译.长春:吉林人民出版社,1986:243.

"德国福禄培尔联盟"。[1]

需要指出的是,在德国福禄培尔幼儿园运动的推广中,缪罗夫人作为运动的领导者,积极地设立幼儿园,创办各种传播福禄培尔教育思想的协会,为福禄培尔幼儿园在德国的普及作出了重要贡献。与此同时,她还把福禄培尔幼儿园思想介绍到国外。她在英国的伦敦、法国的巴黎进行演讲宣传,并在英、法的一些幼儿教育机构进行福禄培尔幼儿园方法的实验和推广。在她的影响和宣传下,这些国家也开始设立幼儿园,使福禄培尔幼儿园教育思想和实践得到进一步的传播。

总之,德国福禄培尔幼儿园的建立和推广在学前教育史上具有重要的意义。一些研究者指出,在此之前没有人能够建立一个连续的和相连接的能够完全适合所有阶级幼儿的教育制度。而通过福禄培尔的努力,使"每一个儿童,不管其地位和条件如何,都能够发展其真正的本性、性格和生活的职业;自我教育以及接受教育;以及训练那些将来继续教育幼儿的幼儿园的工作者"[2]。在福禄培尔的影响下,许多人来接受他的幼儿教育工作的训练。福禄培尔创立的幼儿园教育体系,使学前教育成为教育领域中的一个重要分支和独立机构,标志着学前教育机构的作用开始由"看管"转向"教育"。福禄培尔的学前教育思想体系在世界幼儿教育史上具有重要的地位,对许多国家幼儿教育的发展产生了影响。

第四节 近代美国学前教育社会化的探索

美国是北美洲主要的资本主义国家,也是一个历史相对较短、新兴的资本主义国家。美国本土原是印第安人的家乡,1492年哥伦布发现美洲新大陆后,西班牙、荷兰、法国、英国等国先后向北美洲进行移民,形成了"除了印第安人,其余都是移民"的社会特征。18世纪中期以后,以英国为首的殖民者在北美洲大西洋沿岸建立了13个殖民地,逐步形成了北部以工业生产为主、中部以小农生产为主、南部以种植园生产为主的经济特征。1775年北美殖民地人民掀起了反对英国宗主国统治,要求民族和国家独立的战争。1776年7月4日,在费城召开了第二次大陆会议,由乔治·华盛顿任总司令,通过了《独立宣言》,宣告了美国的诞生。1787年制定宪法,成立联邦政府,形成了联邦制的政治特征。19世纪初,美国开始了工业革命,经过南北战争,到19世纪后期美国成为一个资本主义的工业强国。建国后,美国确立了地方分权的教育原则,逐步形成了具有美国特色的分权、自由、普及、无宗教派别限制的教育制度。

美国的学前教育起步比较晚。早期受欧洲学前教育的影响,基本属于输入型。期间受英国欧文幼儿学校的影响,出现了"幼儿学校"及方法的传播;以后通过引进福禄培尔的幼儿教育思想,福禄培尔式幼儿园被广泛接受。到19世纪中后期,经过借鉴和改造,美国建立起了具有本土特色的学前教育机构。美国的学前教育机构产生以后得到快速

---

① 〔日〕梅根悟.世界幼儿教育史(上册)[M].张举,等译.长春:吉林人民出版社,1986:245.
② V. Celia Lascarides, Blythe F. Hinitz. History of Early Childhood Education[M]. Falmer Press, 2000:100.

发展,到 20 世纪初,美国学前教育已经形成了各种类型共同发展,公私立幼儿园并存的教育体制。

一、欧文幼儿学校的影响与幼儿"家庭学校运动"

早期的美国幼儿教育曾受到欧文幼儿学校的一定影响。1824 年,欧文曾在美国印第安纳州建立了体现共产主义精神的"新和谐村",并开办了幼儿学校。在他的影响下,美国一些州也设立了幼儿学校。不过,这些幼儿学校比较注重与初等教育的衔接,并把幼儿学校的教学方法引进到初等教育中,强调幼儿的健康保健和户外活动。1830 年,这些幼儿学校改为初级部,招收 4 岁左右的儿童入学,并用幼儿学校的方法进行教学。幼儿学校的对象主要是社会上层家庭的儿童,经费以收费为主。[①] 这一时期强调幼儿学校与初等学校衔接的做法,可以看出美国在普及初等教育过程中初等学校对幼儿学校的影响,不过初等教育采用幼儿学校的教学方法,也反映了幼儿学校对初等学校的影响,这也反映了无论是初等教育还是幼儿教育都对儿童发展的重视。

但是在发展过程中,由于对普及初等教育的强调,成人的要求过多,加上缺乏对幼儿特征的研究,这一时期美国的幼儿学校也出现了一种类似"小学化"的倾向。认为学校有责任对 4—6 岁的儿童进行教育,教授他们有关宗教、道德及读写算的初步知识和内容。不过,这种现象在当时也遭到了批评。反对者认为,幼儿学校只是家庭教育的补充,而不能替代家庭教育。当幼儿学校高潮过后,美国出现了受裴斯泰洛齐影响的幼儿"家庭学校运动",可以看做是一种幼儿家庭教育的回归。这一运动批评幼儿学校环境恶劣,拥挤不堪,教师素质也不高,不利于儿童身体和道德的发展;幼儿学校"小学化"的做法也不符合幼儿发展特征。幼儿家庭教育的回归在某种程度上是一种去"小学化"倾向的反映。

不过,这一时期美国出现的幼儿"家庭学校运动"更是一个学前教育逆社会化的运动。它主张幼儿教育回归家庭主要是反对幼儿教育的"小学化"倾向,反对幼儿学校的一些不当做法,但实际上并不能完全解决幼儿家庭教育本身的问题。幼儿教育回归自身特点是必需的,但它与幼儿教育社会化的取向是不矛盾的。随着美国社会的发展,幼儿教育"家庭学校运动"和思潮很快被其他幼儿教育思想所取代。这一幼儿教育思想就是福禄培尔的幼儿园教育思想。

二、福禄培尔的影响与福禄培尔式幼儿园的建立

福禄培尔教育思想及幼儿园在 19 世纪 50 年代引入美国,其中影响较大的是玛格丽特·舒尔茨和伊丽莎白·皮博迪创办的福禄培尔式幼儿园。

1. 玛格丽特·舒尔茨创办的德语幼儿园

德国福禄培尔的幼儿园最初并没有直接对美国产生影响。1854 年,在英国召开的教育博览会上,时任美国联邦政府教育官员的贝利·巴拿多博士在参观了福禄培尔幼儿

---

① 周采,杨汉麟.外国学前教育史[M].第 2 版.北京:北京师范大学出版社,2012:80.

园的展览时才了解德国学前教育的情况。回国后,他发表了介绍福禄培尔幼儿园的文章,引起了人们的关注。

美国最早的福禄培尔式幼儿园是由德国移民玛格丽特·舒尔茨(Margarate Schurz, 1832—1876)于1855年在威斯康星州的维特顿创办的一所专门为德国移民的子女开办的德语幼儿园。舒尔茨夫人在德国曾受到福禄培尔思想的影响,她创办幼儿园后也采用福禄培尔的教育方法,以教授德语会话为主,并指导孩子们进行游戏、唱歌和作业。从舒尔茨夫人在美国创设第一所幼儿园至1870年为止的15年间,在美国由德国人开设的德语幼儿园已有10所左右,并且都实施福禄培尔式的教育。① 不过,由于当时福禄培尔的幼儿园教育思想在美国还未引起人们足够的重视,早期出现的这些幼儿园还只限于部分地区,属于私立的小规模的学前教育设施,人们还没有把幼儿园视作教育子女必不可少的途径。

2. 伊丽莎白·皮博迪创办的英语幼儿园

玛格丽特·舒尔茨创办了第一所德语幼儿园以后,美国人开始逐步使幼儿园美国化,向英语幼儿园过渡,其中具有代表性的是美国妇女伊丽莎白·皮博迪(Elizabeth Peabody,1840—1894)在19世纪60年代的探索和尝试。1860年,皮博迪在波士顿开办了美国第一所英语幼儿园。她也因此被尊称为美国幼儿园教育的奠基人,使幼儿园教育在美国得到了普及和发展。

1859年,舒尔茨夫人访问波士顿时,会见了伊丽莎白·皮博迪,向她介绍了福禄培尔有关幼儿园的思想。皮博迪曾经读过福禄培尔《人的教育》一书,对福禄培尔教育思想有深刻印象。受舒尔茨夫人的影响,皮博迪于1860年在自己的私人住宅里开办了一所私立幼儿园,这是美国的第一所讲英语的幼儿园。以后,皮博迪又和妹妹玛利·曼一起为进一步宣传福禄培尔思想而努力工作,她们发行刊物,演讲并撰写文章。皮博迪于1863年出版了《幼儿园指南》一书。在书中,她阐述了幼儿园和小学的区别,认为幼儿园不同于原来的幼儿学校,也不同于初等学校。幼儿园是儿童的乐园。在幼儿园里,应鼓励儿童自主活动和游戏,教师也要与儿童一起做游戏。1867年,为了提升自己的教育水平,皮博迪还亲自去德国学习福禄培尔的教育方法。期间,还到欧洲其他国家参观幼儿园和师范学校,学习各国的办学经验。回国后,皮博迪一方面从事写作,发表文章;另一方面积极从事幼儿园保育人员的培训工作,并在自己的幼儿园中创办了美国第一所幼儿园保育人员培训所,为社会输送了一批优秀的幼儿园教师,这些人成为美国普及幼儿园运动的强有力的骨干力量。

三、贫困儿童问题与教会和社会慈善幼儿园

1870年以后,美国出现了一种属于教会和社会慈善性质的幼儿园。这些幼儿园大部分是由教会和社会慈善团体开办,招收的对象主要是贫穷家庭的儿童,免收学费。这种教会和社会慈善幼儿园发展得很快,到19世纪末,美国几乎所有的大中城市都办起了

---

① 〔日〕梅根悟.世界幼儿教育史(上册)[M].张举,等译.长春:吉林人民出版社,1986:297-298.

类似性质的幼儿园。其主要原因是,教会幼儿园可以成为教会进行宗教教育和传教活动的一个场所,而社会慈善幼儿园可以作为一种社会救济贫民事业来看待,得到政府的鼓励和支持。

最早建立教会幼儿园的是1877年俄亥俄州托利多的托利尼特教会,他们把幼儿园作为教区的一项事业。1878年,纽约市的一个教会也设立了幼儿园。这一时期,美国教会幼儿园发展迅速。到1912年,全国已有108所教会幼儿园。① 这一时期教会创办幼儿园的目的有三:一是通过幼儿园教育进行宗教宣传;二是对贫困儿童进行一定救济;三是把设立幼儿园当做教区的一项事业,通过开办幼儿园来扩大教会的影响。

在教会幼儿园兴起的同时,一些社会慈善团体也纷纷开办幼儿园,形成了幼儿园教育运动。其中有1870年在纽约市开设的"慈善幼儿园",1893年在芝加哥市开办的"邻人之家"等等。这些幼儿园设置的目的也是为了改善贫民子女的生活状况,面向社会贫民阶级开设的一种贫民救济事业。在这一运动中,"幼儿教育的使命是,从人道主义的立场出发,以保护未成年的幼儿不受现实生活中不道德、不良现象的影响,进而使幼儿教育成为积极促进社会改良和改善平民福利状况的手段之一"②。

由于幼儿园运动与教会传教事业和社会福利政策有密切关系,使得幼儿园教育模式为美国社会所接受,得到较快发展,并逐渐普及和推广。

四、公立幼儿园的产生与学前教育制度化的尝试

从19世纪30年代开始,随着美国公立学校运动的开始,一批由地方政府开办、税收维持的公立学校得以建立,并且影响到学前教育领域。1873年,美国密苏里州圣路易市的德斯皮尔斯学校建立了美国第一所公立幼儿园,创建者是当时的圣路易市教育局长威廉·哈里斯(William Harris,1835—1909)。受伊丽莎白·皮博迪的影响,哈里斯欣赏福禄培尔的教育思想,关心学前教育的发展。他向圣路易市教育委员会提交了一份报告,在报告中要求把学前教育作为公立学校制度的一个组成部分。报告得到批准,第一所附设在公立学校内的幼儿园建立。为了加强对幼儿园的管理,哈里斯聘请对福禄培尔幼儿园教育有一定研究的苏珊·布洛女士(Susan Blow,1843—1916)担任了幼儿园的第一任教师,并招收了20名儿童。

在哈里斯与布洛女士的合作下,这所幼儿园取得了极大成功,在美国产生较大影响,各地参观者不断,促进了公立幼儿园教育的发展。在普及公立幼儿园的过程中,把幼儿园教育作为学校教育制度组成部分的思想,逐渐得到了教育界的认同。到1880年,有52所小学附设了幼儿园。到19世纪末,美国全国10个主要城市都建立了公立幼儿园制度。③

1872年,美国全国教育协会成立后,重视幼儿教育事业的发展,鼓励学校教育的教师关心幼儿教育,并于1874年在芝加哥市开设了一所幼儿园。1875年到1876年,又在

---

① 〔日〕梅根悟.世界幼儿教育史(上册)[M].张举,等译.长春:吉林人民出版社,1986:302.
② 〔日〕梅根悟.世界幼儿教育史(上册)[M].张举,等译.长春:吉林人民出版社,1986:302.
③ 〔日〕梅根悟.世界幼儿教育史(上册)[M].张举,等译.长春:吉林人民出版社,1986:306.

洛杉矶市、印第安纳波利斯市、丹佛、旧金山市等开设了幼儿园。到1880年,美国30个州建立了400多所幼儿园,全国10大城市也都设立了相应的幼儿教师培训机构。一些大学和师范学校等还开设了幼儿园部和幼儿师范课程。[①]

20世纪以后,美国公立幼儿园得到快速发展。到1914年美国公立幼儿园总数已达7554所,几乎所有的大中城市都建立了公立幼儿园制度,学前教育成为公共教育制度的组成部分。这表明,美国幼儿教育在社会化的同时,也开始了制度化的尝试。美国公立幼儿园以增进幼儿幸福为目的,保证学前教育的机会均等,体现了幼儿教育的公共性质,使得公立幼儿园在美国迅速发展起来,推动了幼儿教育的普及。

五、幼儿园协会的建立与幼儿园运动

19世纪后期开始,美国出现了许多幼儿园协会,包括1878年成立的旧金山幼儿园协会,1879年的新泽西幼儿园协会,1880年的芝加哥幼儿园协会等。到1897年,美国已有400多个这样的组织。有研究者指出,美国幼儿园协会的共同目的包括三个方面:一是为年轻的母亲提供解决有关幼儿教育实际问题的指导和建议;二是促进幼儿园的成立和幼儿园教育运动的发展;三是在具体实践中培养现代社会所需的博爱精神。[②] 这些团体宣传幼儿教育思想,开展幼儿园教育指导活动,对幼儿园的普及和发展起了促进作用。

为了更好地促进和指导幼儿园的发展,1892年,国际幼儿园协会在美国成立。协会的宗旨是:汇集世界有关幼儿园运动的情报资料;联合一切幼儿园,进行事业上的有效协作;促进幼儿园的成立和发展;促进幼儿师资的专业教养水平的提高。协会后来改组为幼儿教育协会,直到发展为今天的国际幼儿教育协会。

这一时期,美国各个幼儿教育协会都比较注重对幼儿母亲的教育。这种情况的出现,一方面是受到福禄培尔关于母子关系是幼儿教育基本问题的观点的影响;另外,随着对儿童发展问题的关注,人们也开始认识到家庭教育的重要性。于是各个幼儿教育协会积极开展有关母亲教育的研究和讨论;一些幼儿园还开设"母亲教室",为母亲们提供学习的场所,学习有关幼儿保育和教育的各方面知识,促进父母与幼儿园教师的相互沟通。

为了更好地进行幼儿教育及对儿童的研究工作,1894年在芝加哥举办了"母亲协会"。这次会议成为以后同类会议的先导,促进了各地对幼儿教育问题关注的会议的召开。在这一基础上成立了"全国母亲联合会"。以后,这一组织又与"家长教师联合会"合并成立"合众国母亲与家长教师联合会",从而促进了家长与教师的沟通,加强了家庭教育与幼儿教育的联系。

---

① 〔日〕梅根悟.世界幼儿教育史(上册)[M].张举,等译.长春:吉林人民出版社,1986:307.
② 〔日〕梅根悟.世界幼儿教育史(上册)[M].张举,等译.长春:吉林人民出版社,1986:309.

第五节　近代日本学前教育社会化的探索

日本是亚洲东部的一个岛国,从 7 世纪中叶以后,日本开始向封建社会过渡。在长期的封建社会中,日本在学习中国古代文化教育经验的基础上,结合自己的实际,逐渐形成了独特的教育体系。1868 年的明治维新是日本从封建主义社会向近代资本主义社会过渡的转折点。日本明治政府在"富国强兵""殖产兴业"和"文明开化"的口号下,全面学习西方,实行了包括教育在内的一系列改革,为发展资本主义开辟了道路。日本成为亚洲第一个进入近代社会的国家。明治维新以后,日本教育步入近代化的历程,学前教育也开始了社会化的探索。

一、学前教育政策与幼儿教育机构的建立

1.《学制令》的颁布与学前教育的地位

明治维新以后,为了实现其"富国强兵""殖产兴业""文明开化"的目标,明治政府对政治、经济、军事和文化教育各个方面都进行了重大改革,特别是在文化教育领域,希望通过教育去开发人才,启迪民智。其中也包括对学前教育的改革。

1871 年日本设立文部省,负责全国的教育改革。1872 年文部省颁布《学制令》,标志着明治维新后教育改革的开始。《学制令》规定了近代日本教育的领导体制和学校制度,也提出了设置幼稚小学进行学前教育的要求。其中第二篇"学校"的第 22 条规定:幼稚小学可以招收 6 岁以下的男女儿童,实施入小学之前的教育。[①] 这是日本通过立法实施学前教育的最早规定。但是由于当时政府工作的重心放在创建其他各类学校上,各类学校得到较快发展,1873 年已达 12500 多所,唯独幼稚小学一所也没有建成。这反映出在日本教育体系中,学前教育的地位还没有引起全社会的重视。

2. 官办幼儿园和"简易幼儿园"的创办

受 19 世纪欧美幼儿园发展的影响,1876 年文部省大辅田中不二麻吕建议日本也应设立幼儿园。创设幼儿园的目的是"为今后的幼儿园树立榜样;力图促进教育之发展;为女子师范学校的学生提供实践园地"[②]。日本政府接受了这一建议,并创办了第一所学前教育机构——东京女子师范学校附属幼儿园,它是日本学前教育史上的第一所官办幼儿园。

东京女子师范学校附属幼儿园首批招收幼儿 75 人。幼儿园有管理人员 6 人,分别担任:监事(相当于园长)1 人;首席保姆 1 人;保姆 2 人;助手 2 人。[③] 这所幼儿园于 1878 年开始招收保姆实习生,后又设立了为学前教育培养师资的保姆训练班。为了加强对幼儿园的管理,1877 年文部省还制定了东京女子师范学校附属幼儿园规则,对幼儿园的目

[①] 〔日〕梅根悟. 世界幼儿教育史(上册)[M]. 张举,等译. 长春:吉林人民出版社,1986:313.
[②] 〔日〕梅根悟. 世界幼儿教育史(上册)[M]. 张举,等译. 长春:吉林人民出版社,1986:314.
[③] 唐淑,何晓夏. 学前教育史[M]. 大连:辽宁师范大学出版社,2001:392.

的、入园年龄、保育时间、保育科目和保育费用等方面做出了规定。如规定幼儿的入园年龄为3—6岁,特殊情况下可以接收2—3岁或者超过6岁的幼儿。① 这一规则后来为许多幼儿园所仿效。

东京女子师范学校附属幼儿园虽然是官办的幼儿园,但没有按照《学制令》中关于幼稚小学的规定开设。不过,从其性质来看,由于幼儿园占有大片园地,园舍精美,设备完善,入园费用昂贵,实际上它是一所为少数特权阶级的子女服务的贵族教育机构,许多普通家庭的孩子难以进入。在当时经济尚不发达、生产力水平较低的情况下,这种幼儿园是难以普及的。到1881年,日本全国建立的幼儿园仅有7所。②

为了普及幼儿园,使贫民子女也能接受学前教育,日本文部省于1882年提出了新的幼儿园办园意见,指出:"幼儿园的办园方向应该以教育所有幼儿为本,如能消除城乡、贫富的差异,使所有儿童都能够享受教育的话,那将会给贫民家庭带来更大的益处。"③由于办园需要大量费用,文部省无力全部承担,便提出文部省所属幼儿园和地方幼儿园,希望办园的一切费用能够完全靠自己承担。同时要求幼儿园的规模不宜过大,办园的方式可以任意选择,提倡设置"简易幼儿园"。创办简易幼儿园的意义在于,"可以大量收容那些贫民劳动者的子女,或父母无暇顾及或养育的那些子女"④。简易幼儿园的特点是:设备、园舍等设施简陋;把过去按不同年龄编班的幼儿园保育制度,改为不分年龄的集体保育,以节省开支,适宜边远地区幼儿园的普及。由于这一政策的实施,加速了幼儿园的发展,仅1882年一年之内就增加了6所简易幼儿园。到1885年,日本已有简易幼儿园30所,入园儿童总数达1893人。其中,私立幼儿园8所,其余22所为国家、府县以及镇村设置的公立幼儿园。⑤

3. 为生活困难者开设民间托儿所

为了解决一些由于工作或者学习而无暇照顾幼儿的年轻父母的问题,这一时期日本开办了不同于幼儿园的教育机构——托儿所。1890年,新泻市的赤泽钟美夫妇创立了日本教育史上的第一所托儿所。这所托儿所与幼儿园不同,是由私人出于人道主义的关怀开办的学前教育机构。主要作用是在年轻父母工作时为他们的幼儿提供一个寄托处,使这些孩子有一个健康发展的环境,同时减轻年轻父母的生活负担。

托儿所的出现引起社会的广泛关注,日本内务省也表示提供少量的资助。这些措施引发了企业和工厂的关注和实际行动。1894年大日本纺织公司在东京深川的工厂内附设了托儿所,对母亲产后100天以上至5岁以下的幼儿提供保育,以解决参加工作的母亲的托儿问题。

托儿所的创办反映了日本学前教育与社会发展的紧密联系,成为解决年轻父母由于劳作而无力照顾幼儿的一种选择,也是对幼儿园教育的一种补充。托儿所和幼儿园各具

---

① 唐淑,何晓夏.学前教育史[M].大连:辽宁师范大学出版社,2001:392.
② [日]梅根悟.世界幼儿教育史(上册)[M].张举,等译.长春:吉林人民出版社,1986:315.
③ [日]梅根悟.世界幼儿教育史(上册)[M].张举,等译.长春:吉林人民出版社,1986:315.
④ [日]梅根悟.世界幼儿教育史(上册)[M].张举,等译.长春:吉林人民出版社,1986:316.
⑤ [日]梅根悟.世界幼儿教育史(上册)[M].张举,等译.长春:吉林人民出版社,1986:318.

特色,都在力图解决幼儿发展存在的突出问题。它们在促进日本学前教育发展方面发挥了重要作用。

二、幼儿园立法与《幼儿园保育及设备规程》的制定

幼儿园和托儿机构的成立引起了社会的关注,各地相继建立了一批幼儿园和托儿所。不仅如此,加强幼儿园与幼儿园之间的联系,对一些教育问题进行研讨也变得十分必要。在这一时期,一些幼儿园的机构和团体组织相继成立。它们关注幼儿园发展中存在的问题,提出了许多建议,为推动学前教育的发展作出了重要贡献。它们的努力也使得建立和制定相应的学前教育制度及法规,使幼儿教育得以健康发展,成为日本政府关注和解决的问题。

1896年,东京女子师范学校附属幼儿园建立的福禄培尔学会(会长系师范学校校长),向文部省大臣提出建议:幼儿园与小学校以上的其他各级学校相比,在制度上没有明文的法律规定,应当为幼儿园制定教育法令。从历史上看,从1886年开始,日本先后颁布了旨在促进和规范日本教育发展的《小学校令》《中学校令》《大学校令》和《师范学校令》,唯独缺少关于幼儿园的法规。这也许与幼儿教育社会化问题没有引起广泛关注有关。而当学前儿童教育成为一个社会问题时,也就成为一个亟须解决的问题。当时在审议制定幼儿园教育法规时,会议就向文部省询问幼儿园的办园方向问题:幼儿园是为富家子弟接受教育考虑,还是为一般平民的子弟。经过审议,文部省的意见是:"要努力兴办以父母整日劳动的家庭子女为对象的幼儿园。但在制定的规程中,允许办实行半天保育的幼儿园。"①

1899年,文部省颁布了《幼儿园保育及设备规程》。这是日本政府制定的第一个有关幼儿园教育的法令,它对幼儿园的性质、保育内容、保育时间及设备等方面都做出了明确的规定。《幼儿园保育及设备规程》一共七条。主要内容包括:第一条,幼儿园是为年满3岁至学龄前儿童开设的保育场所。第二条,保育时间(包括吃饭时间),每日为5个小时以内。第三条,一名保姆可以保育40名以内的儿童。第四条,一所幼儿园可以招收100名儿童,个别情况可以招收150名儿童。第五条,保育要领。对幼儿进行教育是为了使身心得到健全的发展,养成良好习惯以及辅助家庭教育;保育方法应该坚持适应幼儿的身心发展,教授其难易程度相应的事物;要时常注意纠正幼儿的德行仪表,让他们多接触良好的品行。第六条,幼儿园的保育项目包括游戏、唱歌、会话及手工作业。第七条,幼儿园所需设备包括园舍、游戏场地、教学设备和操场等。其中规定幼儿园应在平房建筑的园舍中,设有保育室、游戏室、保育园室等;教学设备包括恩物、绘画、游戏等用具,以及乐器、黑板、课桌椅、时钟、温度计、采暖设备等;操场、饮用水、门窗的采光标准,均以小学的有关规定为准。②

《幼儿园保育及设备规程》的颁布虽然引发一些争议,如幼儿保育时间较短,不能够

---

① 〔日〕梅根悟.世界幼儿教育史(上册)[M].张举,等译.长春:吉林人民出版社,1986:319.
② 〔日〕梅根悟.世界幼儿教育史(上册)[M].张举,等译.长春:吉林人民出版社,1986:319-321.

完全满足全日制劳动阶层的需要等,但它毕竟为幼儿园的基本发展和制度化建设提供了规范化的标准。它也基本符合幼儿发展的特点,如幼儿园主要活动是儿童的游戏、唱歌、会话及手工作业,没有安排幼儿的读写算等知识学习。《幼儿园保育及设备规程》的颁布,奠定了日本学前教育发展的基础。此后虽曾多次修改,但基本规定和内容均被保留下来。

三、福禄培尔幼儿园思想在日本的传播与改造

近代日本学前教育政策的制定和幼儿教育机构的建立较多地吸收了欧美学前教育,特别是德国福禄培尔的幼儿园思想,如儿童游戏、活动和发展个性的理论等。但是在本土化过程中,特别是在引进、传播福禄培尔幼儿园思想过程中,由于受日本文化传统的影响,这些思想和主张也在日本幼儿园发展过程中被逐步改造,形成了符合日本社会及教育的价值和观念。

最早介绍福禄培尔幼儿园思想的是日本东京师范学校的校长中村正直。1877年11月24日的《日日新闻杂报》上首次刊登了他翻译的《福禄培尔幼儿园理论概要》一文。福禄培尔的主要观点是,如果要把幼儿当做人类的幼苗,就应该使其受到良好的教养,使其天性得以自由的发展,就要为幼儿设立幼儿园。幼儿园不是学校,是学校的预备教育。幼儿园的目的是把3—7岁幼儿组织起来进行游戏,使他们身体强壮,学会从事劳动,熟悉自然界和人类世界。幼儿教育也不是家庭教育。家庭中的母亲教养水平有限,不一定都是良师。幼儿教育也不能只是局限在一个家庭中,应该把幼儿组织起来,通过设立幼儿园,培养他们的独立性和助人为乐的习惯,形成他们自己的世界。中村正直在译文的前言中写道:"应该把幼儿组织起来,为其提供一个集体的环境,给予他们发挥自己自然才能和天赋的好机会。"[①]

不过受传统文化的影响,日本幼儿园的发展也出现了一些问题。这主要表现在以下两个方面:一是幼儿活动的"集体化"倾向。多数的日本幼儿园把幼儿按照智力发展程度编成若干班级,难以对每一个幼儿照顾周到。由于实行的是一种与小学相似的集体性保育,这就与小学教育没有什么区别了。二是幼儿游戏的"课程化"倾向。日本的一些幼儿园过于迷信福禄培尔主义,把恩物作为集体教育的重点,采取"问答法"的方式把各种恩物作为课程教给幼儿。但是游戏主要是幼儿参与、体验和认识自然的过程。游戏教学的"问答法"和"课程化"倾向导致了幼儿教学程式化和教育"小学化"现象的产生,不利于幼儿和学前教育的发展。

明治中期以后,日本开始减少幼儿园保育科中恩物的比重,也对长期以来恩物教学中使用的"问答法"提出了批评。在学者们看来,幼儿园作为教育幼儿的场所,不能只单纯传授知识。幼儿教育的主要任务是发展幼儿观察与思维的能力。要尽量给他们提供发表自己看法的机会,授课时应适应儿童的能力,鼓励他们发表自己的独立见解。"问答法"虽然可以帮助幼儿获得感性的认识,但它背离了幼儿发展和认识的特点。幼儿需要

---

① 〔日〕梅根悟.世界幼儿教育史(上册)[M].张举,等译.长春:吉林人民出版社,1986:327.

认识的是恩物的内在意义,而不是教学教法。否则,幼儿教学就可能成为一种灌输式教学。①

日本幼儿园保育科恩物教学比重的减少,不仅反映了日本幼儿园对幼儿发展特点的重视,也反映日本教育中德育主义倾向的回归。日本是一个重视德育主义的国家,历来重视青少年的道德教育。1882年,日本东京女子师范学校附属幼儿园修改保育科,加上了"修身"科,成为日本幼儿教育由知识主义转向德育主义的标志。1885年,这所附属幼儿园在再次修改的《保育要旨》中指出:"务必培养儿童的德行,促进身体发育及开发其智能。"②德育养成教育成为日本幼儿园的重要任务。

随着恩物地位的下降,"唱歌"和"游戏"在日本幼儿园保育科的地位加强。1888年,日本文部省音乐科编辑出版了一本《幼儿园歌曲集》,序言中写道:"本集是为儿童,首先是为幼儿园的儿童们而编集的。它的目的在于,使儿童能在愉快地学唱这些歌曲的过程中,不知不觉地受到道德及智力的启蒙。"③歌曲的一些内容反映了日本这一时期幼儿园教育的新的变化。如"一呀一,不能忘,孝敬父母不能忘,养育之恩深似海,理应奉养到终老。二呀二,不能忘,忠于君主不能忘,似那满山山樱花,为君开放为君落。三呀三,不能忘,怜惜生物不能忘,纵然暮秋路边草,也要爱惜免踏到。……十呀十,不能忘,忠心报国不能忘,似那朝阳冉冉起,灿烂光辉人间照"④。

这一时期,日本幼儿园中游戏的意义也发生了变化。过去的以恩物为主的认识事物和自然秩序的"20种游戏"取消了,而德育主义开始贯穿于游戏中。游戏分为"随意游戏和共同游戏"。"共同游戏"成为关注的重点。1905年(明治37年),日本目黑书店出版的东基吉的《幼儿保育法》中指出了"游戏"的意义。包括游戏要有利于幼儿的身体健康;要培养幼儿的集体感和同情心;要使幼儿养成服从命令的习惯;促进幼儿独立意志和社会意识的发展。⑤ 其中,集体感和同情心的形成主要是通过"共同游戏"实现的。在"共同游戏"中,幼儿可以通过与他人合作,使个人置于集体中,就需要限制自己并考虑别人,逐步养成乐于与他人共事的习惯。

 本章小结

近代国家关于学前教育社会化的探索是学前教育发展的重要阶段,反映了近代社会发展对学前教育的影响和要求。具体来说,就是在解决工业化过程中由于贫困问题的出现而需要解决贫困家庭幼儿的生存和发展问题。近代各国学前教育社会化的尝试和探索表明:在解决社会贫困问题,特别是贫困家庭儿童的发展和教育问题上,学前教育的社会化已经成为缓解社会冲突和教育矛盾的重要手段和途径之一。

---

① 〔日〕梅根悟.世界幼儿教育史(上册)[M].张举,等译.长春:吉林人民出版社,1986:345.
② 〔日〕梅根悟.世界幼儿教育史(上册)[M].张举,等译.长春:吉林人民出版社,1986:346.
③ 〔日〕梅根悟.世界幼儿教育史(上册)[M].张举,等译.长春:吉林人民出版社,1986:347.
④ 〔日〕梅根悟.世界幼儿教育史(上册)[M].张举,等译.长春:吉林人民出版社,1986:347.
⑤ 〔日〕梅根悟.世界幼儿教育史(上册)[M].张举,等译.长春:吉林人民出版社,1986:349.

英国近代学前教育社会化的过程也是一个创新和推广的过程。在这个过程中,以欧文的幼儿学校的创立和怀尔德斯平的幼儿学校的推广为起点,开始了英国的幼儿学校运动,推动了幼儿学校在英国的普及。同时,英国学前教育社会化的探索又是一个开放和引进的过程。面对福禄培尔幼儿园的影响,英国学前教育不是抵制和阻碍,而是引进与推广相结合,使福禄培尔幼儿园思想本土化,并且惠及英国幼儿的发展,使英国学前教育发展的内容和形式更为丰富和多样化。

法国近代学前教育的社会化探索也是以解决工业化的贫困问题,特别是贫困儿童的教育问题为重点的。不过与英国不同,法国受到了来自英国和德国两个方面的影响。在英国学前教育的影响下,法国的托儿所继承了英国欧文和怀尔德斯平幼儿学校的做法,关注对社会贫困儿童的收容和管理,并加强道德和文化知识的教育。在德国福禄培尔幼儿园的影响下,法国也开始关注上层社会儿童的社会化教育,并为他们提供较好的教育。同时,德国的福禄培尔式幼儿园的一些做法,如重视儿童的户外活动和游戏,也开始影响了法国的学前教育,特别是托儿所教育。这种影响的过程是一个不同文化和教育相互交流和融合的过程。也正是在这个过程中,使得学前教育社会化的过程更具有复杂性和多样性,提供了各自学前教育所需要的东西。当然,法国学前教育发展的各个阶段并不是截然划分的。在法国学前教育社会化进程正在进行时,也出现了学前教育制度化的萌芽。法国学前教育发展存在的主要问题是出现了学前教育强调主知主义的"小学化"的倾向。

德国近代学前教育的社会化探索也是以解决社会发展过程中贫困问题为契机的,它的探索受到了来自法国和英国学前教育的影响。不过,在这种影响中,德国的学前教育通过选择,形成了自己的特点。这些特点主要表现为,德国的保育机构注重对儿童的监督,但又不是完全约束和限制儿童的活动;注重儿童的守规矩和守秩序的教育,但也强调对儿童自主、协调能力的培养。德国的保育机构基于对贫困家庭母亲们的同情、理解,特别是对贫困儿童健康和身心的关心,体现了一种人道主义的儿童观和教育观。因此,这一时期尽管德国的保育机构和设施是季节性的、非固定的,也是有限的,但它为社会贫困阶层幼儿的发展提供了一个相对有利的环境。德国学前教育影响最大的是福禄培尔幼儿园的创办和推广。福禄培尔的幼儿园思想经过他的支持者的传播,在许多国家产生了影响,推动了幼儿园及学前教育的发展。

美国近代学前教育的社会化探索是以解决社会发展过程中贫困儿童教育问题为开端的。在这个过程中,除了英国幼儿学校有一定影响外,较少受到法国托儿所的影响,而德国福禄培尔幼儿园教育思想在美国幼儿教育发展中占有重要的地位。从德语幼儿园的开办到英语幼儿园的设立,美国人逐步把幼儿园作为发展幼儿教育的基本模式并形成了自己的特点。主要表现为,美国幼儿园不注重对儿童的监督和守规矩、守秩序的教育,而注重儿童游戏、唱歌和作业等活动,把幼儿园看成儿童的乐园。这反映出美国教育家对福禄培尔幼儿园思想的理解、继承和发展。美国幼儿园的发展比较注重与学校教育的联系,但是不赞成幼儿教育"小学化"的做法。认为幼儿教育的"小学化"不符合幼儿发展特征,而初等教育应该采用幼儿学校的教学方法,教育要关注儿童身心的健康发展。

美国关于幼儿教育的主张对于认识学前教育问题具有重要价值。

日本近代学前教育的社会化探索是在继承传统的基础上结合新出现问题的解决而开始的。在这个过程中,日本接受了欧美的幼儿园机构的形式,但在设置上把官办幼儿园作为幼儿教育的主要机构,同时也创建了一些新型的"简易幼儿园"和幼儿保育所。由此可以看出日本发展学前教育事业方面的灵活性。需要指出的是,日本学前教育社会化的探索是与学前教育的制度化建设同时进行的。日本很早就对学前教育进行一定的干预,学前教育出现了制度化教育的特征。这种制度化的探索把学前教育置于国家教育制度的层面,对于保证学前教育机构的有序发展是十分必要的。

总之,近代国家在解决贫困家庭儿童接受学前教育的问题上,由于受初等教育和普及义务教育的影响,都比较重视学前教育与初等教育的衔接,但也会忽略幼儿本身的发展特点和规律,导致学前教育"小学化"倾向的出现。在学前教育阶段如何处理"知识学习"与"儿童发展"的关系问题,避免学前教育的"小学化"倾向,仍然是现代学前教育发展需要面对和解决的问题。

 自我评量

名词解释

1. "贫困儿童劳动学校"计划
2. 欧文"幼儿学校"
3. 怀尔德斯平幼儿学校
4. 奥柏林"编织学校"
5. 柯夏"托儿所"
6. 巴乌利美保育所
7. 阿尔古斯堡托儿所
8. 伊丽莎白·皮博迪幼儿园
9. 《幼儿园保育及设备规程》(日本)

简述题

1. 简述英国欧文"幼儿学校"产生的原因及意义。
2. 近代学前教育社会化的出现为什么与解决贫困问题有关?
3. 如何评价工业革命对学前教育发展的影响?
4. 学前教育社会化的出现对学前教育家庭化的影响是什么?
5. 在学前教育社会化的过程中为什么也会出现学前教育制度化的现象?

论述题

1. 比较近代欧洲、美国、日本学前教育社会化的特点。
2. 概括和分析近代时期各国学前教育发展的主要特点。

第六章 儿童发展与教育:近代教育家论学前儿童教育

通过本章的学习,了解近代教育家关于学前儿童教育问题的关注和思考,把握教育家们关于学前教育思想的基础及主要教育思想;并对他们的学前儿童教育思想进行合理的分析和评价。

外国近代学前教育的发展不仅有幼儿学校、托儿所、幼儿园等社会教育机构的创办,以及学前教育制度化的探索,也有许多教育家对学前儿童教育问题的关注和思考。正是由于这些教育家对学前儿童教育的研究,才使得学前教育的发展不仅仅是机构和制度的发展,而且还包括学前教育思想的发展,共同构成了丰富和完整的学前教育史。在这一章里,主要研究洛克、卢梭、裴斯泰洛齐和赫尔巴特等人关于学前儿童教育的思想。福禄培尔学前教育思想将在第七章进行专门介绍。

第一节 洛克的学前儿童教育思想

约翰·洛克(John Locke,1632—1704)是英国近代早期著名的哲学家、政治家和教育家。他在哲学上是17世纪英国唯物主义经验论的重要代表人物;在政治上洛克代表统治阶级的利益,并为君主立宪政体提出理论上的论证;他的建立在"自然、权力基础上的"天赋人权论和"社会契约"论,以及"白板说"奠定了他的教育思想基础。洛克的《教育漫话》所阐述的绅士教育主张,就是他的哲学和政治思想在教育上的反映,对西方近代社会和教育的发展产生了重要的影响。洛克也比较关注学前儿童的发展和教育问题,在他的教育思想中有许多这方面的思考和论述。

一、洛克学前儿童教育思想的基础

首先,洛克学前儿童教育的思想基础之一就是他的经验论。在哲学观上,洛克反对传统的"天赋观念"论,提出了唯物主义经验论的"白板"说。洛克认为,如果说人的观念、知识是天赋的话,那么人的观念、思想获取的途径只能是天赋,但事实是人可以通过感官获得确实可靠的知识。人心中没有天赋的原则,人心如同一块白板,理性和知识都是通过人的感官和经验获得的。在《人类理解论》中,洛克明确指出,我们的全部知识是建立在经验的基础上的,知识归根结底都是来源于经验的。洛克"白板说"的提出,在人类的理智发展史上具有重要的意义。因为承认"白板说"就意味着任何观念都是可以怀疑和分析的,如果观念是天生而不可怀疑的,那么就不可能为人类的理智所批判,人类的理智也就不可能得到发展。

洛克的"白板说"在学前儿童教育的发展上具有重要意义。其一,它确立了新的儿童观。既然人的观念不是天生的,那么从获得观念的角度看,儿童在本质上就与成人有区别。虽然儿童刚出生就与成人有同样的素质,但儿童没有观念和经验,他们是在不断成长的过程中通过自己的感知获取经验的。其二,它确立了后天学习和接受教育的必要性。由于个体出生时心灵都是一块"白板",没有任何观念,因此个体只能通过后天的学习和教育来获取观念,必须通过自己的理智进行独立的学习。洛克的"白板说"提高了教育的地位和重要性。

其次,洛克学前儿童教育的思想基础也与他的绅士教育论有关。在洛克看来,教育目的是培养绅士。一个社会只有对绅士进行教育,以绅士为榜样,社会才能进步;当绅士接受适当的教育走上正轨后,其他人也就会向他们学习,变得有条理起来。绅士教育主要培养四种品质,即"德行、智慧、礼仪和学问"。这一目的与捷克教育家夸美纽斯强调的培养人的"知识、德行和虔信"的品质有很大的不同,反映了英国资产阶级对下一代的具体要求,即绅士要具有统治阶级要求的道德观念与行为;有开拓事业的能力、机敏与自信;善于与人交流,在各种社交场合都具有高贵的文明礼貌与仪态;并且具有多方面的学识,足智多谋等。洛克认为,绅士教育应当在家庭进行教育,而反对学校教育。洛克认为社会上到处流行着粗野与邪恶,学校只传授一些希腊文与拉丁文的知识,儿童到学校去,会由于"传染"而失去"纯洁"和美德。洛克关于绅士教育在家庭进行的观点构成了他的学前儿童教育思想的基础。学前儿童家庭教育是一个好的教育环境,绅士所具有的道德品质在学校教育中是不能获得的。洛克的绅士教育思想反映了他对当时学校教育存在种种弊端的不满,同时也反映了自中世纪以来英国社会重视家庭教育传统的影响。

再次,洛克学前儿童教育的思想基础也与他的知识论有关。洛克非常重视儿童的知识学习。他指出,儿童的知识教育在一开始就要小心,要尽可能的简明和简单;在着手进行下一步或任何新的科学的知识之前,尽可能少的教给儿童,使它们能够很好地安置在儿童的头脑中。在处理知识与智力的关系时,洛克更重视智力的培养,认为智育的任务并不是使儿童在任何一门科学知识上达到完善的程度,而是使他的心智开放,在他需要专心某种科学的时候能够很好地学习它,避免智力的狭窄和僵化。如果只具有专心于学习一种知识的思想,那么这种思想便会成为对待每一事物的思想,从而使其思想不易转到其他方面去。

总之,洛克的教育思想反映了英国新兴资产阶级从近代政治、经济和生活等方面对其子女教育的要求,与旧教育相比形成了鲜明的对照,其中许多思想具有进步性和合理性。

二、论学前儿童的身体健康和精神健康教育

在《教育漫话》中,洛克非常重视学前儿童时期的教育。他指出:"幼小时所得的印

象,哪怕极微极小,小到几乎觉察不出,都有极重大、极长久的影响。"① 学前儿童时期的教育包括儿童的身体健康教育和精神健康教育。

1. 儿童的身体健康教育是精神健康教育的基础

洛克主张,儿童应当拥有健康的身体,反对娇生惯养。洛克指出,父母最应该关心的事是儿童的身体。无论冬夏,儿童的衣着都不可过暖。自然已经给孩子的脑袋用头发遮盖住了,又给他一两年的时光的锻炼,他在白天就不必戴帽子,晚上最好也不戴;脑袋戴得温温暖暖最容易引起头痛、伤风、咳嗽等疾病。② 为了使儿童有一个好的身体,洛克建议应该让儿童到户外活动,过露天生活,使儿童能够忍受冷热晴雨、风吹日晒。在洛克看来,及早培养儿童形成一些好的习惯,可以使他们的身体忍受和适应任何事情,成为一个有用的人才。

在饮食上,洛克建议儿童的饮食应该清淡和简单。至少在两三岁时,应该禁止儿童的肉食。如果要给孩子吃,也要少吃,吃一些清淡的牛肉、羊肉等。儿童的饮食不一定定时,在正餐之间可以给儿童吃一些干面包。关于睡眠问题,洛克认为这是儿童应该享受的事情。儿童幼小的时候要多睡眠,但也要限制,不能太贪睡,到一定时候要唤醒。不过唤醒时一定先要低声呼唤,轻轻抚弄,使他们渐渐醒来,对他们只能施用温和的言辞和温柔的动作,直到他们完全醒来。③ 另外,儿童的卧床应该是硬的,宁可用絮绒,也不要用羽绒。儿童的身体不好,大部分是由于羽绒床褥所致。

洛克还论述了儿童药物使用的问题。他建议,不要给儿童任何药物预防疾病,或者滥用药物、滥请医生去为他治病,这些都可能会引起儿童的疾病。儿童娇嫩的身体应该尽量少加摆布,任其自然,除非到了万不得已的时候。如果需要,也要请一个头脑清醒、态度镇静的医生。④

总之,儿童的身体健康教育是儿童健康成长的重要内容,也是儿童精神健康教育的基础。儿童身体健康教育的目的是能够让身体服从精神的命令。

2. 儿童的精神健康教育是儿童发展和教育的核心

在洛克看来,如果说儿童的身体健康教育是一个人发展基础的话,那么儿童的精神健康教育是发展的核心。儿童在身体健康教育中所形成的对日常生活的习惯、忍受和适应等都是为精神健康服务的。洛克指出:"身体强健的主要标准在于能够忍耐劳苦,心理强健的标准也是一样。一切德行与价值的重要原则及基础在于:一个人要能克制自己的欲望,要能不顾自己的倾向而纯粹顺从理性所认为最好的指导,虽然欲望是在指向另外一个方向。"⑤

洛克认为,儿童的精神发展需要一定的约束。在洛克看来,儿童的精神在早期发展中往往处于最纤弱和最容易放纵的时期,如果父母不加以管束,极易流于溺爱,甚至连孩

---

① 〔英〕洛克. 教育漫话[M]. 傅任敢,译. 北京:人民教育出版社,1985:24.
② 〔英〕洛克. 教育漫话[M]. 傅任敢,译. 北京:人民教育出版社,1985:26.
③ 〔英〕洛克. 教育漫话[M]. 傅任敢,译. 北京:人民教育出版社,1985:38.
④ 〔英〕洛克. 教育漫话[M]. 傅任敢,译. 北京:人民教育出版社,1985:42.
⑤ 〔英〕洛克. 教育漫话[M]. 傅任敢,译. 北京:人民教育出版社,1985:43.

子的过失也放纵不管。由于缺少对儿童不良行为的约束,儿童长大以后也不会运用理智。① 洛克认为,儿童在发展中有欲望是正常的,问题是儿童正在生长的欲望必须接受理性的规范和管束。如果儿童从小没有形成管束和克制自己欲望的能力,那么长大以后很少会服从自己的理性。为此,他建议,儿童之所以获得某件东西,不是因为那件东西能得到他们的喜爱,而是因为那件东西适于他们去获得。洛克认为,儿童毕竟是儿童,他们应该受到温和的对待,他们应该做游戏,应该有玩具。但是儿童要求的东西或者想做的事情,如果对他们不适合,决不可因为他们年纪小,便允许他们去做。儿童自己的理智愈少,就愈应该接受管理者的绝对权力的约束。②

如何进行管束?洛克从儿童理性形成的特点出发,提出了根据儿童理性发展不同特点进行管束的原则和方法。洛克指出:首先,当儿童还不能运用理性时,管束要严格;当儿童能够运用理性时,管束应放松。③ 其次,管束要适度,管束有效果后可放松,管束要采取比较温和的方法。④再次,管束要形成儿童自我克制的习惯,但不可太严,否则会使儿童失去活力。⑤管束教育的真正秘诀是既要有效,又不使其失去活力。

管束的目的是让儿童形成自尊和追求自尊。洛克认为,在管束教育中,对儿童进行一定的奖励和处罚是必要的,但要注意所使用的方法。洛克主张,在教育上,不应当使用改变儿童欲望对象的办法——用惩罚一种欲望、奖励另一种欲望的办法——来管束儿童,而应当使儿童的欲望本身发生改变。⑥洛克指出,这种改变欲望本身的做法就是使儿童由对原来较低一级欲望对象的关注而转移到对最高一级对象的关注,即自尊的追求,以形成儿童爱好名誉、惧怕羞辱的心理。"儿童一旦懂得尊重和羞辱的意义之后,尊重与羞辱对于他的心理便是最有力量的一种刺激。如果你能使儿童爱好名誉,惧怕羞辱,你就使他们具备了一个真正的原则,这个原则就会永远发生作用。"⑦

关于如何让儿童形成和追求自尊,洛克也提出了具体的方法:一是要赞扬儿童好的行为,批评差的行为,并且与其他人一起配合,在儿童的周围形成统一的教育氛围;二是在儿童受到赞扬或批评时,要伴随可爱的事物或可恶的事物,让儿童懂得凡是行为良好、受人尊重的人,他必定为人所喜爱,也会得到可爱的东西,而行为不好的人不仅得不到好的东西,还会遭到别人的谴责;三是在批评儿童时,教育者要尊重他们的名誉,应当背着别人私下进行,千万不要当众宣布他们的过失。

重视对儿童的管束,但反对一味的管束。因为这样可能会带来使儿童"作假"的问题。为此,他提出了在一定条件下可以放任儿童或少管束儿童的主张。如当儿童已经知

---

① [英]洛克.教育漫话[M].傅任敢,译.北京:人民教育出版社,1985:44.
② [英]洛克.教育漫话[M].傅任敢,译.北京:人民教育出版社,1985:48.
③ [英]洛克.教育漫话[M].傅任敢,译.北京:人民教育出版社,1985:49-50.
④ [英]洛克.教育漫话[M].傅任敢,译.北京:人民教育出版社,1985:50.
⑤ [英]洛克.教育漫话[M].傅任敢,译.北京:人民教育出版社,1985:51.
⑥ 洛克在这里提出了欲望与自尊的关系问题。他举例说,假如一个孩子哭着要一种不卫生的、有危害的水果,你便给他一些危害性较少的糖果,以求得他的安宁。这样一来,孩子的健康也许得以保证,可是他的自尊却受到了损害。因为这里改变的只是欲望的对象,对于欲望本身仍是鼓励的。参见:[英]洛克.教育漫话[M].傅任敢,译.北京:人民教育出版社,1985:55.
⑦ [英]洛克.教育漫话[M].傅任敢,译.北京:人民教育出版社,1985:55.

道尊重他人时,教育者对其行为可以不必过多干涉,不妨放任它。① 同时,对于儿童的一些不当行为,也是可以原谅的。因为这些行为会随着儿童在时间、成熟和年龄上的增加而得到改正。② 总之,在洛克看来,如果儿童的行为表现出了率真和不加造作的本性,可以任儿童自然的表现,因为这种情况比儿童所谓的"装腔作势"更可爱。

在管束中要正确对待儿童的过失。洛克指出,对儿童的过失进行一定的处罚是必要的,但要十分注意儿童对惩罚的判断。如果教育者不分青红皂白,只要儿童一有过失,立刻就责骂或者惩罚,会使儿童分不清教育者到底要的是什么,这对儿童的发展是不利的。洛克说:儿童"如果做错了事,只消给点眼色就可以改正过来;万一有时不能不责备几句,责备的话语也应当严肃、和蔼而又庄重,只说明他们的过失究竟有什么不好或者为什么不合适,不可匆匆骂他几句了事;因为这会使他分不清你之所以生气是不是对他的成分多,而对过失的成分少"③。这里告诉我们,惩罚儿童要让儿童明白教育者的指向和对儿童的尊重。

总之,洛克在儿童精神健康和管束中提出了一个重要的观点,即在儿童发展和教育上,对儿童的尊重是第一位的,它是儿童教育的目的。虽然儿童在发展中会出现各种问题和错误,但不要把儿童本身和所出现的过失相混淆,不能因为儿童身上有过失,就否定儿童的一切。这样做的结果实际上是把儿童的自尊否定了。洛克提出的尊重儿童的教育与以往教育有明显不同,它是以儿童为出发点,根据儿童特点进行的教育。这一观点体现了"儿童中心"的思想。

三、论学前儿童教育的内容和方法

洛克关于学前儿童教育的内容和方法主要包括四个方面:德行、智慧、礼仪和学问。

1. 德行

洛克指出这是一个人所有品性中第一位的,最不可缺少的。洛克强调德行与上帝的关系,认为德行的基础是对上帝的真实观念。虽然儿童可能不理解上帝的存在,但是不能让他们把上帝看成与自己一样,或者认为上帝不存在。要让儿童知道,上帝创造一切,给予一切;凡是爱上帝、服从上帝的人,都可以从上帝那儿得到一切善。同时,不要让儿童形成对黑暗畏惧的心理。在教育上,一些人往往拿这些来吓唬儿童,以防止儿童的过失,但会在儿童心中形成恐怖的观念,不利于儿童的心理健康发展。在洛克看来,上帝所创造的一切都是有利于人类的。上帝创造出了白天,也创造出了黑夜,为的是让人们更好的睡眠。在上帝的保护下,黑夜里没有什么东西能够伤害儿童的。关于形成德行的方法,洛克认为,在使儿童具有真实的上帝观念的基础上,要使儿童成为一个说话真实、善良的人。要使孩子知道,有许多过失可以得到原谅,唯有曲解事实,遮掩任何过失则不可原谅。要使孩子成为一个诚实的人。④

---

① 〔英〕洛克.教育漫话[M].傅任敢,译.北京:人民教育出版社,1985:59.
② 〔英〕洛克.教育漫话[M].傅任敢,译.北京:人民教育出版社,1985:59,64-65.
③ 〔英〕洛克.教育漫话[M].傅任敢,译.北京:人民教育出版社,1985:78.
④ 〔英〕洛克.教育漫话[M].傅任敢,译.北京:人民教育出版社,1985:141.

2. 智慧

洛克认为智慧是一种善良的天性、心灵的努力和经验结合的产物。它可以使一个人具有能力和远见,能处理他的事务。要使儿童具有智慧,而要避免和阻止他们变得狡猾。狡猾模仿智慧,但它离智慧最远。狡猾是由于缺乏悟性,不能直接达到目的,就用计谋与欺骗去达到。它的弊端在于狡猾的计谋只能使人占一次便宜,但是以后永远要吃亏。狡猾的人,人人讨厌,都不喜欢,而坦白、公正、聪敏的人,人人会为他让路,他可以直接去做他的事。关于形成智慧的方法,洛克认为应使儿童获得关于事物的真实的观念,不获得就不满足;应使儿童把精神用在伟大的、有价值的思想上面,不要接近虚假与具有大量虚假成分的狡猾;要使儿童习于真实,习于诚笃,服从理智和尽量反省自己的行为。[①]

3. 礼仪

洛克认为礼仪也是一种美德。儿童的不良礼仪有两种表现:一是忸怩羞怯;二是行为不检点和轻漫。要避免这两种情形,在礼仪上需遵守两个规则:一是不要看不起自己;二是也不要看不起别人。即不要把自己想得太好,过高估计自己,看不起别人;也不要缺乏对自己的信心,在别人面前忸怩、羞怯,什么事情也做不成。在洛克看来,属于我们职分所该做的事情,别人也期待我们去做的,一定要把它做好。要看得起自己,无论在谁面前都不要惊慌失措,要按照人的地位与身份保持敬重与距离。关于礼仪的训练,洛克提出了一些具体方法:一是多交各种朋友,多与生人和上层社会的人交流、相处。二是待人要有礼貌。对一切人要有善意与尊重;在与人相处时,不要使对方感到不安。三是做事要得体,优雅有礼,使人感到安逸和高兴,博得别人的好评。洛克指出,给年幼的儿童讲道理和原则,他们是难以理解的。但只要告诉他们爱别人,尊敬别人,并有一定的练习就可以了。等他们到了一定年龄有需要时,他们就会按照平时的练习,找到合适的方法。[②]

4. 学问

洛克认为学问对于不同的人作用不同。对于心地良好的人,学问对于德行和智慧都有帮助;对于心地不好的人,学问可以使他更加愚蠢,变成更坏的人。因此,学问是应该有的,但是它应该居于第二位,作为辅助更重要的品质之用。关于获得学问的方法,洛克建议:一是在儿童能够说话时应该开始学习阅读。但是要注意,千万不要让孩子把读书看成一种工作,或者变成他们的一种烦恼。人从小是爱好自由的,之所以对某些事情感到厌恶,原因就是别人把那些事情强加给了我们。如果把学习看做一种游戏或者消遣,把学习当成一件荣誉和快乐的事情,当做一种做了别的事情后的一种奖励,没有指责或惩罚,儿童是愿意学习的。如儿童开始学习字母时,可以把字母粘在玩具上,教儿童在游戏中来学习。如果把任何工作或者严肃的事情加在孩子身上,他们的身体和精神是承受不了的,会损害他们的健康。[③] 二是在儿童开始读书时,洛克建议先选择一本容易、有趣又适合他的能力的书。书中的乐趣就可以使他前进,回报读书时的辛苦。三是阅读的书

---

① 〔英〕洛克.教育漫话[M].傅任敢,译.北京:人民教育出版社,1985:142.
② 〔英〕洛克.教育漫话[M].傅任敢,译.北京:人民教育出版社,1985:147.
③ 〔英〕洛克.教育漫话[M].傅任敢,译.北京:人民教育出版社,1985:153.

中最好有插图,通过插图来认识事物和理解观念。四是结合书中的故事来阅读。如果希望孩子读《圣经》的话,最好读里面的故事和一些简明的道德规则,如"你要别人怎样对你,你便先得那样去对待别人"①。

总之,洛克的学前儿童教育思想不仅反映了英国传统家庭教育的特色,也反映了处于上升时期英国资本主义发展对教育培养新人的要求。洛克所强调的绅士不是一个娇生惯养、逆来顺受的人,而是一个有自己独立品行,受到尊敬的人。洛克的思想影响了近代许多教育家,包括卢梭的学前儿童教育思想。

第二节 卢梭的学前儿童教育思想

卢梭(Jean-Jacques Rousseau,1712—1778)是18世纪法国启蒙思想运动中著名的思想家和教育家。他反对封建专制统治,主张建立"主权在民"的国家。他撰写《爱弥尔——论教育》,提出了以人的自由发展和自然教育为基础的培养新人的教育思想。卢梭的教育思想对西方近现代教育的发展产生了重要的影响。在卢梭的教育思想中也有关于学前儿童发展和教育问题的论述。研究卢梭的学前儿童教育思想对于认识近代学前教育思想的发展具有重要意义。

一、卢梭学前儿童教育思想的基础

首先,卢梭的学前儿童教育思想的基础是他的政治说,即关于"自然状态"和"社会契约"的主张。他认为在人类早期的"自然状态"下,人人都是自由、平等的。后来,由于出现了富人和穷人,建立起私有制,才有不平等的现象。社会的不平等是私有制和强力的结果。卢梭认为,人民为保障自由和权利,便订立契约,组成国家。一旦统治者违反契约,人民便有权推翻政府,夺回属于自己的权利。这些主张表明,卢梭要求以人权平等取代等级特权,以民主取代专制。他的主张强烈地表达了反对封建专制统治的思想,对当时的美、法资产阶级革命,以及美国《独立宣言》和法国《人权宣言》的形成都有直接的影响。

其次,卢梭的学前儿童教育思想的基础是他的人性论。卢梭在《爱弥尔》开篇就指出:"出自造物主之手的东西,都是好的,而一到了人的手里,就全变坏了。"②在他看来,自由是人的最宝贵的本性。在自然的状态下,所有的人都是自由的。只是在进入文明状态以后,人才失去了自由。文明状态使人失去自由的主要原因是人们违背了自然法则,滥用自己的自由,使得偏见、权威、需要、先例等制度扼杀了人的天性。卢梭认为,社会改造的根本任务就是对人及人的本性的改造,使人重新恢复人的原有本性,成为一个自由人。卢梭指出,教育在培养新人方面应当成为社会改造的重要的一环,《爱弥尔》一书就是卢梭提出的培养社会新人的教育计划。《爱弥尔》全书分五卷。前四卷提出儿童成长

---

① [英]洛克.教育漫话[M].傅任敢,译.北京:人民教育出版社,1985:157.
② [法]卢梭.爱弥尔(上卷)[M].李平沤,译.北京:商务印书馆,1996:5.

的重要时期,及与之相适应的教育原则、内容和方法。第一卷着重论述了对两岁以前的婴儿如何进行体育教育,使儿童能自然发展;第二卷着重论述了对2岁至12岁的儿童进行感观教育;第三卷,论述了对12岁至15岁的少年进行智育教育;第四卷着重论述了对15岁至20岁的青年进行道德教育;第五卷着重论述了女子的教育以及男女青年的爱情教育。在卢梭看来,在人的发展中,秩序是重要的。大自然使儿童在他们成为成人以前还是孩子,如果试图打乱这一秩序,让孩子早早成为成人,只能收获早熟的果实。一些研究者认为,卢梭的著作标志着作为一个知识领域的儿童研究的开始。[①]

再次,卢梭学前儿童教育思想的基础还包括他的自然教育论。卢梭认为,人的本性是善良的。如果能让其自然的发展,则必然趋于善,所以教育应任人的本性自然发展,教育必须是一种自然教育。卢梭指出,这种教育由自然的教育、事物的教育和人的教育组成。人的才能和器官的内在发展,是自然的教育;别人教我们如何利用这种发展,是人的教育;我们对影响我们的事物获得良好的经验,是事物的教育。每一个人都是由这三种教育培养起来的。一个人如果在他身上这三种教育相互冲突的话,他所受到的教育是不好的,如果这三种教育是一致的,他所受到的教育就是良好的。那么如何使这三种教育不相互冲突,而趋向一致呢?卢梭认为,在这三种教育中,自然的教育完全是不能由我们决定的,事物的教育只是在有些方面能由我们决定,只有人的教育才是我们能够真正加以控制的(当然,卢梭也指出,这种控制也是有限的)。只有使人的教育和事物的教育与自然的教育相一致,才能实现三种教育的良好结合。[②] 卢梭关于教育三个方面的论述,反映了法国启蒙运动时期所形成的一种广义的教育观,即影响人的发展的教育因素是多方面的,只有处理好多方面的关系,使教育的力量协调一致,才能使人得到自然和自由的发展。在卢梭看来,自然教育不是培养野蛮人,不是培养"公民",而是培养自由人。这种自由人是一个自由的、自然的、独立的、不依附别人的人;自然教育培养的人既不是为别人受教育,也不是为自己受教育,而是两重目的结合,既要保护自己,也要关注他人的教育;[③]自然教育不是根绝人的本性或改变人的本性,而是依据对人的本性善良的认识,遵循人的本性法则进行教育;自然教育培养的人,不是依附于任何固定的社会地位和职业的人,而首先是一个人,一个能够适合所有人和环境的人。[④]

总之,卢梭关于学前儿童教育思想的基础是建立在他的自然教育思想基础上的,其本质就是以儿童的自然倾向为基础,受儿童的自身发展的法则所支配,培养能够适应一切环境、适应一切生活的自由人的教育。

二、论学前儿童的地位及意义

卢梭非常重视学前儿童的存在、地位及意义,提出了许多重要的观点。

[①] V. Celia Lascarides, Blythe F. Hinitz. History of Early Childhood Education[M]. Falmer Press, 2000:52.
[②] 〔法〕卢梭. 爱弥尔(上卷)[M]. 李平沤,译. 北京:商务印书馆,1996:7.
[③] 〔法〕卢梭. 爱弥尔(上卷)[M]. 李平沤,译. 北京:商务印书馆,1996:12.
[④] 〔法〕卢梭. 爱弥尔(上卷)[M]. 李平沤,译. 北京:商务印书馆,1996:13.

1. "把儿童当做儿童",重新认识儿童的地位

卢梭认为,传统社会和教育是不重视儿童的,更缺乏对儿童的研究。教育的对象是儿童,可是"对儿童是一点也不理解的:对他们的观念错了,所以愈走就愈入歧途"[①]。为什么会这样呢?卢梭指出,因为最明智的人只是致力于研究成人应当知道什么,却不考虑儿童按其能力可以学到什么,总是把儿童当成大人看待,对儿童还缺乏真正的理解。卢梭指出,人都是从婴儿过来的,如果人不是从做婴儿开始的话,人类也许早就灭亡了。[②] 那么如何认识儿童呢?卢梭并没有无限夸大或抬高儿童的地位,而是强调儿童有自己的地位和特点。卢梭指出,在万物的秩序中,人类有它的地位;在人生的秩序中,童年有它的地位;应当把成人看做成人,把孩子看做孩子。"把儿童当做儿童"是卢梭关于学前儿童认识的核心要义,也是进行儿童教育的基点。在这里,儿童与成人是有差异的,儿童有不同于成人的特点;儿童的地位是独特的,不能用对待成人的方式对待儿童,也不能用成人的教育替代儿童的教育。

2. 儿童的年龄阶段应当关注儿童发展的特点

关于儿童发展年龄阶段的划分,以往的教育家也提出过自己的观点,如古希腊的亚里士多德和近代的夸美纽斯等。不过他们关于儿童发展年龄阶段的划分的一个共同特点就是都比较整齐划一。如亚里士多德是把儿童年龄阶段分为3段,每段7年;夸美纽斯把儿童发展年龄阶段划分为4段,每段6年。卢梭的划分与他们不同。卢梭的观点是,要"按照孩子的成长和人心的自然发展而进行教育",使儿童的天性得到发展,合乎自然的成长为一个知道如何做人的人。从自然教育的基本原理出发,卢梭把儿童的发展划分为四个时期:从出生到2岁为幼儿期;从2岁到12岁为儿童期;从12岁到15岁为少年时期;从15岁到成年是青年时期。卢梭主张应该根据儿童发展不同年龄时期生理、心理发展阶段特点进行不同的教育。

3. 幼儿期的儿童是比较柔弱的

在卢梭看来,幼儿是指"不会说话的人",他们主要是用哭泣来表达自己的需要。卢梭认为儿童期的到来标志着幼儿期的结束,但儿童期包括了幼儿期,它是在幼儿期的基础上发展的。儿童期开始后,他们开始说话,哭的时候要少一些。这是用一种语言代替了另一种语言。而且随着儿童的发展,他们会感到哭泣是没有必要的,他们更多地依靠自己,开始了个人的生活。对于这一阶段的儿童,应当把他们看成是有"心思的人""会说话的人"。不过,卢梭也指出这一时期的儿童还是很柔弱的。

4. 儿童期的儿童应该给予特别重视

在教育史上,很少有人对儿童期给予特别的关注,卢梭可以说是历史上第一人。卢梭认为儿童期是一个人发展最重要的时期。卢梭把这一时期定为2—12岁,为10年,这意味着儿童应有一个较长的、充分发展的时期。由于在这一时期儿童的力量还不能够满足自己的需要,还需要依靠成人。他们的主要任务是发展自己,逐步学会使用自己的力

---

① 〔法〕卢梭.爱弥尔(上卷)[M].李平沤,译.北京:商务印书馆,1996:2.
② 〔法〕卢梭.爱弥尔(上卷)[M].李平沤,译.北京:商务印书馆,1996:7.

量。卢梭认为,教育者要理解儿童这一时期的发展特点,关心儿童的现实生活,按照儿童的天性和对儿童的认识来进行教育。

三、论学前儿童发展阶段及教育

1. 幼儿期的教育应在注重身体养护的同时发展其他能力

在卢梭看来,幼儿期是指 0—2 岁的时期。这一时期的主要任务是养护幼儿的身体。在这方面,卢梭提出的观点和理由都贯彻了他自然教育的原则。

一是幼儿出生后伸展肢体是自然的,而用襁褓束缚幼儿是不自然的,因为这样会影响幼儿的脾气和性格。卢梭指出,这一时期的婴儿需要伸展和活动四肢,需要自由的活动。但是母亲或者保姆用襁褓把孩子手足束缚起来,妨害了他们身体的发展,使他们感到痛苦和不自由。① 在卢梭看来,这种做法虽然保全了孩子的手足,却损害了他们的身体;保全了他们的身体,却损害了他们的精神。

二是幼儿出生后,由保姆哺育是不自然的,而由母亲亲自哺育是自然的,因为形成母子关系,母亲比保姆重要。卢梭建议,母亲要尽职责,亲自哺育婴儿喂奶,不要把孩子交给乳母。把孩子交给乳母哺乳是放弃了对孩子的情感。②

三是母亲给予孩子关心是自然的,不关心或过于关心是不自然的。因为不关心就是放弃了权利,过于关心实际上是在给他们准备苦难。卢梭指出,对孩子过于关心,是一条与自然相反、脱离自然的道路。这是为了防止孩子娇弱,却把孩子养得越来越娇弱。教育需要遵循自然,改变自然法则和秩序,结果是毁了孩子。③

四是在家庭中,由父亲教育孩子是自然的,如果父亲忙,不能教,则找导师教也是自然的。而由教师教是不自然的,因为教师是拿东西教孩子,而导师是指导孩子做人。④

关于幼儿的养护教育,卢梭并不是单纯强调身体的方面,而是把身体养护与精神训练结合在一起。他认为,身体必须有精力,才能听从精神的支配。虚弱的身体也会使精神跟着衰弱。因此,一定要保证幼儿的身体健康。不过,卢梭也提出,如果给孩子选择一位导师的话,还需要有一个能够尽母亲责任的保姆。保姆应该是身心两健,品行端正的人。为了给孩子充足、有营养的奶水,要给保姆提供舒适一些的生活,吃的东西要丰富和好一些。保姆要经常给孩子洗澡,并逐步降低水温,习惯用冷水洗澡。卢梭认为,这个习惯要保持下来,成为增强孩子体质的办法。⑤ 卢梭认为,当孩子逐步长大时,可以离开襁褓,穿上宽松的衣服,让四肢能够自由活动。当体质增强时,可以让他在屋里爬来爬去,发展他的四肢和身体。⑥

幼儿时期要发展感觉能力。卢梭认为,幼儿时期的孩子,由于记忆力和想象力还处于静止的状态,幼儿主要对引起感官注意的东西发生兴趣。幼儿的感觉是他的知识的原

---

① 〔法〕卢梭.爱弥尔(上卷)[M].李平沤,译.北京:商务印书馆,1996:16.
② 〔法〕卢梭.爱弥尔(上卷)[M].李平沤,译.北京:商务印书馆,1996:22.
③ 〔法〕卢梭.爱弥尔(上卷)[M].李平沤,译.北京:商务印书馆,1996:23.
④ 〔法〕卢梭.爱弥尔(上卷)[M].李平沤,译.北京:商务印书馆,1996:31.
⑤ 〔法〕卢梭.爱弥尔(上卷)[M].李平沤,译.北京:商务印书馆,1996:44.
⑥ 〔法〕卢梭.爱弥尔(上卷)[M].李平沤,译.北京:商务印书馆,1996:46.

料,要按照适当的次序让他产生感觉。可以让他什么东西都摸一摸,不要妨碍他的活动。① 自由自在、无拘无束的孩子,与那些时时刻刻行动受到干预的孩子相比,身体更结实。②

要避免受孩子支配和命令别人。由于幼儿身体柔弱,他想要一个东西没有达到时就哭闹,让人帮助他。卢梭认为,这是人们常常服侍幼儿的结果,是一种不是直接由自然产生的道德的影响。卢梭认为,必须养成这样一种习惯,即不命令人,因为他不是谁的主人;也不命令东西,因为东西是不听他的命令的。如果孩子希望得到一个东西时,成人不要立刻把东西拿给他,可以把他抱过去,让他自己拿。③ 在卢梭看来,教育要多给孩子自由,少让他们养成驾驭他人的思想,让他们自己多动手,少要别人替他们做事,养成使他们的欲望限制在他们力所能及的范围内的习惯。因为,一旦知道你可以随他摆布,他就变成了你的主人。④

幼儿的语言教育也要进行。卢梭指出,孩子们一出生就会听大人说话的,不仅在他们听不懂大人所说的话的时候,而且在他们能够学会发出他们听到的声音以前,大人就已经与他们说话了。最初,幼儿用还很迟钝的发音器官,一点点模仿大人的发音,以后就逐步理解大人的话了。卢梭认为,在对幼儿进行语言教育时,要发音清晰、正确,能够让孩子听懂。

2. 儿童期的教育应在得到成人帮助的同时发展儿童自己的力量

按照卢梭的看法,进入儿童期有两个标志:一个是当幼儿逐步学会说话,用说话来替代哭泣时,就标志着幼儿期的结束和儿童期的到来。儿童期开始后,儿童哭的时候少了,用说话表达自己的需要多了,成为一个"会说话的人"。卢梭认为,这是用一种语言代替了另一种语言,儿童更多地依靠自己,开始了个人的生活。第二个标志是儿童体力的发展。卢梭指出,不仅是语言,儿童体力的发展也使得他们逐步有能力依靠自己成长。由于他们更多地依靠自己,就不用经常求助人。有了体力,他们运用体力的智慧也跟着发展。他不仅成为一个"会说话的人",也成为一个"有心思的人"。对于这一阶段的儿童,卢梭提出了一些教育上的建议。

要正确对待儿童的伤痛。卢梭认为,这一时期的儿童爱活动,到处跑,容易引起伤痛。卢梭指出,既然伤痛已经发生了,儿童就必须忍受,大人急急忙忙地跑过去,反而使他更害怕,更加觉得疼痛。在卢梭看来,人受伤时,使人感到痛苦的,并不是所受的伤,而是恐惧的心情。有些人用各式各样的东西把孩子围起来,预防他受到任何伤害,以致他在长大以后一有痛苦便不能对付,既没有勇气,也没有经验。为孩子提供那么多设备有什么用呢?⑤ 卢梭批评道:这是把孩子们本来可以自己学得更好的东西拿来去教孩子。

童年应该是欢乐的,为不可靠的将来而牺牲现在的教育是野蛮的。卢梭认为,一些

---

① [法]卢梭.爱弥尔(上卷)[M].李平沤,译.北京:商务印书馆,1996:51.
② [法]卢梭.爱弥尔(上卷)[M].李平沤,译.北京:商务印书馆,1996:55.
③ [法]卢梭.爱弥尔(上卷)[M].李平沤,译.北京:商务印书馆,1996:56.
④ [法]卢梭.爱弥尔(上卷)[M].李平沤,译.北京:商务印书馆,1996:59.
⑤ [法]卢梭.爱弥尔(上卷)[M].李平沤,译.北京:商务印书馆,1996:70-71.

大人以为孩子好为由,对孩子进行各种各样的管束,本该欢乐的童年是在哭泣、惩罚、恐吓和奴役中度过的。这种教育的依据是,孩子在童年时对痛苦的感觉最轻,这个时候让他们多受苦,可以在懂事的年龄少受苦。卢梭质问道:你怎么知道目前的痛苦能够解除将来的痛苦?这是把放纵与自由、快乐的儿童,同娇养的儿童混淆起来。① 在卢梭看来,每个人在万物的秩序中都有自己的位置,不要超出这个位置;每个人也都有上天所赋予的体力和能力,不要超出这个限度。真正自由的人,只想他能够得到的东西,只做他喜欢做的事情。② 这是教育的重要法则。

儿童的教育是基于自身能力和依靠自己力量的教育。卢梭指出,一些父母在孩子还没有成年时就使他过成年人才有的生活,给孩子的东西超过了他的需要。结果由于父母的钟爱和孩子的柔弱,使他们的相互依赖变成了一方对他方的奴役。卢梭指出,明智的人是知道自己的地位的,可是孩子不知道。孩子的发展需要依赖成年人,但不能服从成年人的摆布;孩子可以提出要求,但不能发布命令。如果孩子的需要超出了他的力量,他是得不到快乐的。在自然的状态下,孩子只能享受部分的自由,因为他们的成长必须依靠他人。

总之,在卢梭看来,幼儿期和儿童期的教育都需要遵循自然。要遵循儿童的自然,尊重儿童在能力范围内的自由选择和自身发展。只有按照儿童自身的发展和能力水平进行教育,儿童才有真正的自由。

四、论学前儿童教育的内容和方法

关于学前儿童教育的内容和方法,卢梭也有许多论述,这里就主要的方面进行分析。

1. 对儿童进行"物的隶属"的教育

卢梭非常重视儿童的自由发展,反对失去自我而隶属于他人。他认为人有两种隶属:物的隶属和人的隶属。物的隶属是属于自然的;人的隶属是属于社会的。前者不含善恶的因素,不损害自由,不产生罪恶;后者隶属混乱,罪恶丛生,败坏了主人与奴隶的关系。要防止人的隶属的弊病,就要用法律代替人。如果法律也像自然的规律那样不易改变,不为人的力量所左右,则人的隶属就可以变成物的隶属。卢梭主张,应对儿童进行"隶属于物"的教育。如果使儿童依赖于物,就能按照自然的秩序对他进行教育。例如,如果儿童有冒失的行为,只需要让他碰到一些有形的障碍或受到由他的行为本身产生的惩罚就可以加以制止。③ 当然,只要是隶属就会有限制,但从保持自由和自我的角度看,物的隶属要比人的隶属要好些。

2. 要关心儿童的真正需要

卢梭认为,对于儿童来说,经验和体力的弱小就是法规。绝不能因为他要什么就给什么,而是看他是不是确实有需要。当儿童在活动时,不要教他怎样地服从人;在大人给

---

① 〔法〕卢梭.爱弥尔(上卷)[M].李平沤,译.北京:商务印书馆,1996:72-73.
② 〔法〕卢梭.爱弥尔(上卷)[M].李平沤,译.北京:商务印书馆,1996:79-80.
③ 〔法〕卢梭.爱弥尔(上卷)[M].李平沤,译.北京:商务印书馆,1996:82-83.

儿童做事时,不要告诉他怎样地使役人。要让他在他的行动中和大人的行动中都同样感到他的自由。① 教育上应该提防儿童去做他力所不能和必须别人代替他做的事情。因此,要仔细分辨哪些需要是儿童的真正需要,是自然的需要,哪些是由于儿童的幻想或者过于优裕的生活造成的。如果一个孩子哭着要这个那个时,应该怎么办,卢梭建议,当孩子已经到了可以说话的年龄,只要孩子还用哭的方式索取他想要的东西,就应该干脆地加以拒绝。孩子用哭来索要东西,就立刻满足他,这是在鼓励他哭泣可以解决问题。当然,卢梭也指出,过于严格或者过分放任都是应该避免的。放任不管是使孩子的健康和生命遭到危险;过分关心会使他们将来遭受更大的苦难。② 总之,卢梭认为,这一时期儿童教育的关键词不是"服从"和"命令",也不是"责任"和"义务",而是"力量""能力不足"和"遏制"。③ 儿童教育就是依据儿童的"力量",看到儿童的"能力不足","遏制"儿童超出自身"力量"的欲望。

3. 反对过早对儿童进行说理教育

卢梭不同意洛克关于从小对儿童进行理性教育的观点。他认为,好的教育是造就一个理性的人,但是过早用理性教育孩子是不自然和虚假的。在卢梭看来,与其他官能相比,人的理智官能是一种高级官能,是一切官能中最难发展的。过早用理性去教育孩子,是把目的当成手段了。卢梭指出,这一时期的孩子还不懂道理,从小对他进行理性的教育容易使他养成种种不良习惯,如反抗、撒谎、欺骗和掩盖。卢梭认为,大自然希望儿童在成人之前就要像儿童的样子。如果打乱这个次序,就会造成一些早熟的果实。儿童有他特有的看法、想法和感情。如果想用成人的看法、想法和感情去替代他们的看法、想法和感情,那是最愚蠢的事情。④ 卢梭认为,对孩子讲体力,对成人讲道理,这是自然的秩序。因此,要按照儿童的年龄对待他们,把儿童放在他应有的地位。⑤

4. 主张对儿童进行"消极教育"

关于"积极教育"和"消极教育",卢梭曾经说过:"我把那促使儿童心灵先于身体发育而成熟,在儿童理性发展以前把成年人的各种义务和知识传授给儿童的教育称之为积极教育;把那种在儿童获得知识以前先训练各种获得知识的工具,通过感官训练来为理性发展做准备的教育称之为消极教育。"⑥卢梭主张应该进行"消极教育"。在他看来,由于儿童的理性发展较晚,因此不要对儿童进行任何口头教训,应使他们从经验中去学习;也不要对他们施加任何种类的惩罚,因为他们还不知道错在哪里。"消极教育"应采用自己不教也不让别人教的方针,保护儿童的理性,把学生健康地带到 12 岁。只有到了 12 岁以后,儿童的智慧才可以接受理性;对儿童进行"消极教育"可以使儿童避免染上偏见和不良习惯;还可以使儿童自由地表现自己,有利于全面地观察儿童。"消极教育"的方

---

① 〔法〕卢梭.爱弥尔(上卷)[M].李平沤,译.北京:商务印书馆,1996:83.
② 〔法〕卢梭.爱弥尔(上卷)[M].李平沤,译.北京:商务印书馆,1996:85.
③ 〔法〕卢梭.爱弥尔(上卷)[M].李平沤,译.北京:商务印书馆,1996:89.
④ 〔法〕卢梭.爱弥尔(上卷)[M].李平沤,译.北京:商务印书馆,1996:93.
⑤ 〔法〕卢梭.爱弥尔(上卷)[M].李平沤,译.北京:商务印书馆,1996:89-93.
⑥ 徐一多.论卢梭教育思想的矛盾性[J].四川师范大学学报:社会科学版,1993(1).

法主要是锻炼儿童的身体、器官、感觉和发展他的各种能力。如在儿童产生情感以前,先要形成他的判断情感的能力;在儿童明白道理之前,先要形成他自己的理智。

5. 通过儿童做事情来学习

卢梭认为,通过做事情来学习是儿童获得知识和观念的最基本的途径。卢梭指出,以往的教育对孩子只讲他们的责任,不谈他们的权利,这是一种颠倒:他们应该知道的事情没有告诉他们,他们不应该知道的和与他们毫不相干的都给他们讲了。卢梭认为,孩子也需要知道一些观念,其中头一个观念,不是自由,而是财产的观念。如何获得"财产"的观念,卢梭举了一个"种蚕豆"的例子。一次爱弥尔与导师一起去种蚕豆,经过锄地、播种,他们种下了蚕豆。可是没多久,他们种下的蚕豆被人铲掉了,爱弥尔和导师很生气。四处查找,原来是园主干的。园主也很生气,因为在这块土地上,他早于爱弥尔种下了马耳他瓜种子,却被爱弥尔他们破坏了。知道这个情况后,爱弥尔和导师立刻向园主道歉。最后他们达成协议,园主同意给爱弥尔一小块土地,让他在上面种蚕豆。这次经历使爱弥尔懂得了"财产权"的概念,即第一个通过自己的劳动而获得的对某物(土地)的占有权。①

6. 利用"自然后果法"教育儿童

卢梭认为,儿童在做事情时会出现一些破坏的行为,这时应采取"自然后果法"进行教育,即通过儿童自己行为的后果来教育儿童。例如,一个儿童弄坏了他所用的东西,教育者先不要修理,而是让他感到缺少这种东西所带来的不方便,感到痛苦和心烦,最后再修理。例如,儿童打破房间的窗子,就让他昼夜都被风吹,不要怕他受寒,最后再叫人修理窗户。卢梭指出,在用"自然后果法"教育儿童时,应把惩罚孩子不良行为的后果与惩罚孩子本身区分开来,即惩罚的是孩子的错误行为,而不是孩子本身。②

7. 用事物的学习代替符号的学习

卢梭认为事物的学习主要是通过儿童自己做事情获得的。他反对用符号的学习来代替事物的学习。他认为这一时期的孩子容易接受形象的东西,很难接受符号的东西。而让孩子的头脑中记住许多符号是没用的,儿童会产生极其危险的偏见,会把一些根本不懂的话作为学问;不明白其用途,丧失了自己的判断力。因此,在这一阶段,儿童最好不要读书,③如果需要,只能读《鲁滨孙漂流记》。

8. 让儿童成为学习的主人

卢梭认为,对于儿童的学习,先要让他们有学习的欲望,然后再学习各种方法。如何产生学习欲望,卢梭指出,儿童的现实利益是最大的动力。要让孩子感到学习的东西应与儿童自身的利益发生联系,要学习有用的东西。让儿童按照自己的思维和能力学习。在卢梭看来,旧教育的一个主要特征是,儿童用自己的身体和别人的头脑来生活,而新教育的主要特征是儿童用自己的身体和自己的头脑来生活。它可以使儿童注意与他有直

---

① 〔法〕卢梭.爱弥尔(上卷)[M].李平沤,译.北京:商务印书馆,1996:106.
② 〔法〕卢梭.爱弥尔(上卷)[M].李平沤,译.北京:商务印书馆,1996:108-109.
③ 〔法〕卢梭.爱弥尔(上卷)[M].李平沤,译.北京:商务印书馆,1996:120-128.

接关系的事物,通过自己的观察、记忆、推理来学习。在这个基础上,卢梭提出了培养儿童成为学习主人的主张。卢梭指出,在儿童管理上,教育者一般有两种不同的方法:一种是表面上是教育者做主,实际上是儿童做主;一种是表面上儿童在做主,实际上是教育者在做主。在卢梭看来,教育的技巧在于如何让儿童支配自己的意志,同时又让他听从教育者的教育。如何让儿童成为学习的主人,卢梭提出的方法主要有:给儿童一定的自主权利,让他常常认为自己在做主;让他自己想办法解决问题,发挥他自己的理智;教育活动要让儿童感到有利于他自己的利益。①

卢梭关于学前儿童教育思想的内容十分丰富,在教育发展史上具有重要的价值。卢梭关心儿童的存在,关注儿童的需要,关心儿童的健康发展,为提高儿童的地位作出了重要贡献。正如学者所指出的那样,在那个时期,"儿童被医生和改革者所拯救,被洛克和休谟从愚蠢的思想中所解放,被卢梭带进人类事物的中心"②。卢梭的自然教育和学前儿童教育思想被许多教育家,如欧文、蒙台梭利、杜威和霍尔,以及20世纪的其他教育家所研究、实践和发展。

第三节 裴斯泰洛齐的学前儿童教育思想

裴斯泰洛齐(Johann Heinrich Pestalozzi,1746—1827)是瑞士著名的教育实践家和教育思想家。他出生在欧洲资本主义的确立时期,当时法国已进行了资产阶级革命。在法国影响下,瑞士虽然也爆发了资产阶级革命,但广大农民仍处于生活不得温饱的状态,更谈不上接受教育的问题。就是在这种情况下,裴斯泰洛齐接受了卢梭的自然教育思想,开展了广泛的教育和社会活动。裴斯泰洛齐的教育重点是在慈善教育和普通教育上,他努力探索教育规律,改革教学方法,力图通过教育改善贫困儿童的地位。裴斯泰洛齐的教育思想在许多国家得到传播,对近代教育的发展产生重要的影响。在裴斯泰洛齐教育思想中有关于学前儿童教育的思考和论述,主要反映在他的《葛笃德怎样教育子女》(1801)、《见解与经验》(1807),以及《致格瑞夫斯的信》(1818—1819)的书中。③

一、裴斯泰洛齐学前儿童教育思想的基础

首先,裴斯泰洛齐学前儿童教育思想的基础与他的教育活动实践有关。他最早是在瑞士的诺伊霍夫为穷人建立了教育机构,试图通过教育使穷人得到身体上、道德上和智力上的训练,过上自尊的生活。以后,他又在"新庄"办起了一所孤儿院,收留了许多孤儿和流浪儿。试图让这些孩子在有个安身之地的基础上,通过学习、劳动,获得从事手工业和农业的劳动技能,以便将来能够独立生活,免受贫困与饥饿。裴斯泰洛齐和孩子们

---

① 〔法〕卢梭.爱弥尔(上卷)[M].李平沤,译.北京:商务印书馆,1996:141-142.
② V. Celia Lascarides, Blythe F. Hinitz. History of Early Childhood Education[M]. Falmer Press, 2000:53.
③ V. Celia Lascarides, Blythe F. Hinitz. History of Early Childhood Education[M]. Falmer Press, 2000:61. 也可以参考裴斯泰洛齐的《致格瑞夫斯的信》一文,见:〔瑞士〕裴斯泰洛齐.裴斯泰洛齐教育论著选[M].夏之莲,等译.北京:人民教育出版社,2001:353.

生活在一起,同甘共苦。在回忆这段经历时,裴斯泰洛齐说,与他们在贫穷中同甘共苦,自己生活得像个乞丐,为的是让乞丐生活得像一个人。在诺伊霍夫时期,裴斯泰洛齐还尝试了对儿子雅克比的教育。他阅读了卢梭的《爱弥尔》,并试图把卢梭的思想用在教育孩子的实践中。据一些学者的研究,①裴斯泰洛齐在实验的每一步都与卢梭的思想进行联系和比较;又将自己母亲教育自己的方法与他本人教育雅克比的方法进行比较。裴斯泰洛齐得出的结论是,卢梭缺乏对自己儿子的教育和对母亲教育的回忆。在实验中,裴斯泰洛齐保留了观察雅克比教育的日记。通过自己的经验,他发现了卢梭教育中的一些错误,同时也发展了自己的思想。在日记里,他写到,"通过儿童对模仿的爱来管理。""不要加重儿童的负担。""课程要伴随游戏交替进行,不要无故削减他的自由。"②

其次,裴斯泰洛齐学前儿童教育思想的基础来自他对教育活动实践的反思。裴斯泰洛齐最先关注的是社会上的"杀婴"问题。还在大学学习时,他就对私生、杀婴现象和对其所进行的惩罚给予关注。当时有两个年轻的女孩因为杀婴而被宣判死刑时,他不相信作为母亲能够犯下如此违反自然的罪过。他决心寻找杀婴的原因。1780 年,他写了《论立法与杀婴,事实和想象,调查和肖像》一书。在书中,裴斯泰洛齐讨论了由于立法所造成的伤害,以及其本身对于防止杀婴的无力。他的主要观点是,防止杀婴的行为主要靠教育。父母、教师、牧师以及地方官员要对年轻人的婚姻进行指导。他特别关心那些想杀婴的女孩。他认为她们是想隐瞒她们的耻辱。裴斯泰洛齐提出,如果杀婴现象被制止,女孩是否会得到帮助?他建议,国家应当负责管理和照顾婴儿。1781 年,他写下《林哈德与葛笃德》,反映了个人、地方、国家共同办教育的主张。③ 书中提出人类进步的根源在于通过教育发展人的内在力量,通过立法改善人们的生活条件。

第三,裴斯泰洛齐学前儿童教育思想的基础是他的"人性论"。从对人性的现实考察出发,裴斯泰洛齐提出了人性可以改善的思想。他认为人的本性具有两重性:一方面,人性不是天生就是善的,其中有恶的成分。对于人的本性,如果不加以约束,任其自然发展,会给人带来愚昧和无知。另一方面,人的本性又具有善性和能动性,只能引导,不能压抑。在这里可以看出,裴斯泰洛齐对人性的认识不同于卢梭,在裴斯泰洛齐看来,人的本性并非先天为善的,其中有恶的成分,如果疏于管理,不加以改善,就会给人的发展带来不利。裴斯泰洛齐关于人性中善恶兼有的观点既不同于人性本恶的观点,也不同于人性本善的观点,反映出他对人性问题的深入思考。这些认识构成了他的教育改善人性思想的基础。在他看来,只有通过教育改良社会,改造人性中恶的方面,启发其中善的方面,才能形成好的社会秩序和有道德的人。

第四,裴斯泰洛齐学前儿童教育思想的基础是他的"要素教育"论。1801 年他写下《葛笃德怎样教育子女》,书中致力于发现一种简便的教学方法,不仅使每一家庭的主妇都能掌握,而且还能改进初等学校的教学工作,这些思想构成了他的"要素教育"论的基础。裴斯泰洛齐确信一切教学艺术有共同的心理根源,只有通过这个共同的心理根源,

---

① V. Celia Lascarides, Blythe F. Hinitz. History of Early Childhood Education[M]. Falmer Press, 2000:56.
② V. Celia Lascarides, Blythe F. Hinitz. History of Early Childhood Education[M]. Falmer Press, 2000:56.
③ V. Celia Lascarides, Blythe F. Hinitz. History of Early Childhood Education[M]. Falmer Press, 2000:57.

才可能发现一种符合人类教养的自然规律的教育形式,也就可能发现一种心理学化的教育形式和教学方法。这个方法论体系是通过"要素教育"论体系实现的。在裴斯泰洛齐看来,要素是构成事物的最简单的基本单位。要素教育就是依据儿童先天能力的最初表现,寻求教学内容的最简单要素进行教学的方法体系。经过长期的观察和思考,他认为,在智育上数、形、词是智育的最基本、最简单的要素。在体育上最简单的要素是儿童的关节活动,从关节的活动开始,进而到全身的活动,到游戏、体操,到劳动,最终培养儿童成为感官充分发展、身体健康有力的人。在道德教育上,最简单的要素是儿童对母亲爱的情感。从儿童对母亲的爱开始,再扩展到对其他亲人的爱,对社会其他人的爱,使儿童成为有情感、有道德的人。裴斯泰洛齐的"要素教育"论是对卢梭教育适应人的本性思想的进一步发展,提供了教育和教学方法上的思路,即任何事物都是由简单的要素组成的,只要找到这些简单的要素,就可以认识复杂的事物。

二、婴幼儿成长与自我的教育

在《葛笃德怎样教育子女》的"序言"中,裴斯泰洛齐指出,教育需要关注人的个性。"个人的个性是人类特性的最大幸福,而且是最高的、最基本的幸福的基础,所以个性必须得到高度的重视。它们不能置于我们看不到的地方,每一个事物以个性表现它的存在方式时,每一种自私自利力图提出自己的特殊规则,让别人的特殊性屈从于自己的特殊性时,我们看不到个性。"①

在裴斯泰洛齐看来,教育体系由智力、身体和道德组成。所有真正的人类的活动必须是自我发生的。当然,裴斯泰洛齐比较注重智力和道德,认为教育要促进儿童智力和道德的发展。从这个认识出发,裴斯泰洛齐指出,儿童需要自己教自己。一切真理、一切教育指令都应该来自学生。在教育过程中,采取的办法是,"把有才能的孩子放在另两个能力较差的孩子中间,让他一手拉一个,把自己学到的东西告诉他们,让他们跟着他学习还没有学过的东西"②。

裴斯泰洛齐认为:"对儿童的教学是从出生开始的。从他的头脑能够接受大自然的印象那一刻,大自然就教育了他。新的生命不是别的,它意味着刚刚被唤醒准备接受大自然的印象;仅仅意味着完美的自然萌芽的觉醒,而现在他们渴望运用自己所有的能力和所有的冲动来求得自身个性的发展。只有这种现实的完美无缺的动物性的觉醒,才可能也必然成为一个人。"③根据自然在人类发展进程中显示出一种自我能动性的特点,裴斯泰洛齐认为,如果要帮助自然发展这种自我能动性,就必须把所有教育和发展的方法简化为反映它们内在本质的最简单的形式。他认为,母亲是大自然为教育孩子而设计的杰作;而通过这一途径,普通学校最浅近的教材也可以建立在慈母教育所达到的效果的基础之上。④

---

① 〔瑞士〕裴斯泰洛齐.裴斯泰洛齐教育论著选[M].夏之莲,等译.北京:人民教育出版社,2001:10.
② 〔瑞士〕裴斯泰洛齐.裴斯泰洛齐教育论著选[M].夏之莲,等译.北京:人民教育出版社,2001:22.
③ 〔瑞士〕裴斯泰洛齐.裴斯泰洛齐教育论著选[M].夏之莲,等译.北京:人民教育出版社,2001:29-30.
④ 〔瑞士〕裴斯泰洛齐.裴斯泰洛齐教育论著选[M].夏之莲,等译.北京:人民教育出版社,2001:61-62.

裴斯泰洛齐指出,幼儿教育是母亲神圣的职责。但是教育不等于告诫和矫正、奖赏和惩罚、命令和指示;教育是一套连贯的措施,这些措施源于同一个法则"了解永恒的天性法则";按照同一种精神——慈爱而严格的精神来实施,并达到同一个目的——将人的素质提高到具有真正尊严的精神人类。[1] 裴斯泰洛齐还对母亲自身的教育提出了要求。母亲的自我克制养成孩子的自我克制。母亲最崇高和最可靠的标准要看她是否真正成功地使她的孩子习惯于自我克制的练习。在这方面,教育的最大困难不是婴儿的执拗,而是母亲的软弱。如果她自身不能使自己的舒适和自己的爱好服从于母爱,那么她绝不要指望孩子会为她而养成自我克制的习惯。[2]

如果说"了解永恒的天性法则"是第一法则的话,在裴斯泰洛齐看来,"儿童是他自己的教育者"是智育的第二法则。裴斯泰洛齐认为,不仅让儿童被动地接受教育,而且要使他成为智育中的动因。"要让母亲记住,她的孩子不仅具有注意和记忆某些概念或事实的能力,而且还有不受他人思想支配的独立思考能力。让儿童去阅读、书写、听讲和复述都是有益的,但是让儿童去思考更为有益。"[3]利用别人的见解可以获得帮助和得到启发,但是通过自己的脑力劳动,利用自己的探索结果,不仅可以形成自己的财富,还可以成为对别人有用的人。对于有人担心幼儿的大脑不能进行思考的问题,裴斯泰洛齐指出,任何一门学科假如用与儿童才能相适应的方式来教的话,都可以发展思维。实施这一工作的方式不是对儿童讲话,而是与儿童交谈;不是给儿童讲述许多单词,而是引导儿童对这个话题自己进行表述;不是无一遗漏地讲述这个问题,而是就这个题目向儿童提问,让他找到并纠正答案。幼儿的情绪是不稳定的,长时间的讲解会麻木儿童的注意力,而生动的提问却可以吸引儿童。[4]

三、婴幼儿成长与"母爱"的教育

裴斯泰洛齐指出,虽然婴儿期儿童的动物性本能可以支配他成长,但是父母不仅要关心婴儿的身体,更要关注其精神的发展。动物的发展主要依靠本能,而人的发展要遵循高级的精神天性。一旦儿童精神方面的天性开始显露,就不再允许他的动物天性来支配他了。[5] 如果在高级天性显现之后,仍然放任这种本能为所欲为,无拘无束,那么就开始同良心处于冲突的状态。它每放纵一步都会使儿童利己本能向前发展一步,并损害仁慈、温和的天性。为此,裴斯泰洛齐提出了"母爱"的问题。在他看来,过度溺爱与放任自流都是对幼儿精神发展的伤害,母亲对幼儿的教育应该寻求一种二者之间的平衡。对孩子的关心要持之以恒,尽可能坚持同一种做法;如果孩子的需求是实际的,就不要忽略它们;如果需求是非分的,或者胡搅蛮缠的,就决不能放纵。如果母亲放任儿童,不仅会牺牲自己的安逸,也不能使孩子得到幸福。[6]

---

[1] 〔瑞士〕裴斯泰洛齐.裴斯泰洛齐教育论著选[M].夏之莲,等译.北京:人民教育出版社,2001:362.
[2] 〔瑞士〕裴斯泰洛齐.裴斯泰洛齐教育论著选[M].夏之莲,等译.北京:人民教育出版社,2001:363.
[3] 〔瑞士〕裴斯泰洛齐.裴斯泰洛齐教育论著选[M].夏之莲,等译.北京:人民教育出版社,2001:400.
[4] 〔瑞士〕裴斯泰洛齐.裴斯泰洛齐教育论著选[M].夏之莲,等译.北京:人民教育出版社,2001:403.
[5] 〔瑞士〕裴斯泰洛齐.裴斯泰洛齐教育论著选[M].夏之莲,等译.北京:人民教育出版社,2001:354-356.
[6] 〔瑞士〕裴斯泰洛齐.裴斯泰洛齐教育论著选[M].夏之莲,等译.北京:人民教育出版社,2001:358.

在婴幼儿教育上，裴斯泰洛齐提出了"权威与慈爱相依托"的方法。在他看来，母亲在教育孩子时需要一定的权威。但在行使权威时，"应该小心行事，每一步都必须由她的良心和经验来证明是正当的。……就她的权威性质而言，唯一正确的观点是把它看做一种责任，而不是一种特权，决不能认为它是至高无上的"。而且爱与权威相比爱更重要。如果没有爱，权威就可能被抛弃。爱是持久的，是基于一种道德的、永恒的原则。慈爱可以赢得爱与信赖。

在《致格瑞夫斯的信》的第二十封信中，裴斯泰洛齐谈到了婴幼儿早期智力和道德的活动。① 他指出，随着幼儿身体的发育，他也开始意识到智力和道德的自主性。在婴儿的早期活动中，好奇心可以强有力地刺激儿童进行思考。如果获得成功，或者得到别人帮助，儿童将会养成一种善于思考的习惯。一旦婴儿达到一定年龄，他周围的每一个事物都可以成为激发思维活动的工具。不停止的思维活动迟早能使儿童在许多方面产生智力上的自主性。这一时期幼儿的道德情感也在发展，表现出对某人某物的喜爱或反感，甚至惧怕。婴儿的许多情感在许多方面是从母亲那儿学到的；母亲喜欢的和信任的，也是他所喜欢和信任的。母亲的爱使孩子也感受到爱。不过，一旦纵容孩子的坏脾气，就很容易失去婴儿的爱，这时就是靠哄也不能重新赢得婴儿的爱。

四、论学前儿童德智体的教育

裴斯泰洛齐关于学前儿童教育的内容和方法主要包括智育、德育和体育三个方面。

1. 论学前儿童的智育

在《致格瑞夫斯的信》一书中，裴斯泰洛齐谈到了儿童的智育问题。他指出，儿童的智育不仅要考虑向幼儿的头脑中传递何种知识，而且要考虑应该用何种方式来传递，而且教育方式比内容更重要。差的教育方式既不能适应儿童的各种能力，又不易激发儿童的兴趣。裴斯泰洛齐指出，这个时期幼儿由于其智力刚露端倪，识别能力未形成，一味地进行记忆训练，其结果是有害的。母亲要防止这种错误，首要的法则是，始终借助事物而不是单词来教；除非准备向儿童展示物体本身，否则就要尽可能少地向儿童讲这些物体的名称。当然，如果母亲要借助事物教孩子的话，只将物体摆在儿童的感官面前形成概念还不够，必须解释事物的性质；说明事物的由来；描述它的各个组成部分，弄清各部分与整体的关系；阐明它的用法、作用和结果，在这个基础上形成概念。如果有些东西不可能拿来摆在儿童面前，还可以使用图片。②

在儿童智育问题上，裴斯泰洛齐论及了学习兴趣与努力关系的问题。他指出，教学需要避免使儿童厌倦，但是并不是说教学始终具有娱乐性，或者具有游戏的性质。如果这个观点被教师接受的话，将永远不能获得牢固的知识。儿童必须在早期的生活中获得这样的教训——要习得知识必须付出努力。但是教育不要把儿童努力看做是一种不可避免的灾难，不应该使恐惧成为激励努力的动力，这将会扼杀兴趣，并会迅速引起厌学情绪。

---

① 〔瑞士〕裴斯泰洛齐. 裴斯泰洛齐教育论著选[M]. 夏之莲，等译. 北京：人民教育出版社，2001：364-366.
② 〔瑞士〕裴斯泰洛齐. 裴斯泰洛齐教育论著选[M]. 夏之莲，等译. 北京：人民教育出版社，2001：398.

裴斯泰洛齐认为,幼儿的智育活动可以采取实物教学的办法。他在做一个3岁孩子的家教时采取的办法是,用字母、图片和身边的东西来教孩子;通过这些手段使孩子获得清晰的概念和表达方式。教孩子正确地说出他知道的事物的名称、颜色、四肢、地点、形状和数目。结合幼儿教育实验,裴斯泰洛齐提出:"① 低龄儿童必须有带插图的课本;② 需要确定无疑的方式来解释这些课本;③ 需要有一本根据这些课本和对它们的解释而编写的有关名词、单词知识的指导书,儿童在学习拼读以前应该完全熟悉这些东西。"①在裴斯泰洛齐看来,如果儿童对事物名词有了深刻的印象,那么一接触到这些事物,他们就能够牢牢地记住;如果能够根据实际事物和事实真相的顺序把名称串联在一起,那么就可以发展并保持儿童对各事物之间实际关系的认识。

在儿童语言教学中,裴斯泰洛齐也论述了儿童的发音教学和语言教学方法的问题。他认为,对于让儿童听到声音的时间早或晚,是组合还是孤立的声音,不能听其自然。要让儿童尽可能早地知觉全部说话的声音是重要的。这种知觉应该在儿童说话能力形成以前就完善起来,或者在他们具有阅读能力以前,就形成发出各种声音的能力。为此,裴斯泰洛齐特意为母亲编写了《拼音课本》,以帮助儿童进行长时间的拼音练习,使儿童一看到生词就很快发出声音来。为了使儿童很容易认识字母,他主张字母必须在拼读之前教。可以把这些字母粘贴在硬纸上,一个一个地拿给孩子看。当孩子能够认得字母时,再换成三重文字,即在德文字母的印刷体上面是德文字母的书写体,下面是罗马字母。孩子在认识德文字母的印刷体后再去认识另外两种文字。②

2. 论学前儿童的德育

裴斯泰洛齐认为,人类的爱、感激和信任等感情,人的服从行为主要来源于婴儿与母亲之间的关系。例如,母亲出自动物的本能照顾孩子,喂养孩子,保护孩子,使孩子高兴。孩子无力自治,母亲来帮助他,孩子得到母亲的关怀感到快乐,爱的情感便在心里萌生。③ 有了需求才有热爱,需要营养才产生感激,得到关怀才产生信任;同样,有了强烈的请求才会产生服从。如孩子等急了就哭。他先是不耐心,后来才服从。耐心在服从之前得到发展,只有通过耐心,孩子才能变得服从。"这种德行的最初表现仅仅是被动的……但是这种德行也是在母亲的怀抱里发展起来的。孩子必须等到妈妈为他解怀,等到妈妈把他抱起来才能有奶吃。主动服从的发展要晚得多,而认识到服从母亲对自己有好处的意识更是后来的事。"④服从和爱、感激和信任二者相结合就萌发了良心。孩子开始认识到,对母亲发脾气是不对的;母亲生活在世界上不纯粹是为了他一个人;这个世界上的一切东西也不是为他一个人存在的,各种初始的模糊感觉出现了;而他生活在这个世界上也不仅仅是为了自己,初始的权利和义务感萌发了。在裴斯泰洛齐看来,这就是道德发展的基本原理,这些原理是在母亲和孩子间的自然关系中展现出来的。当然,与智育相比,裴斯泰洛齐更重视儿童的道德教育。他说:"对儿童的早期教育绝不是发展他

---

① 〔瑞士〕裴斯泰洛齐.裴斯泰洛齐教育论著选[M].夏之莲,等译.北京:人民教育出版社,2001:37.
② 〔瑞士〕裴斯泰洛齐.裴斯泰洛齐教育论著选[M].夏之莲,等译.北京:人民教育出版社,2001:96.
③ 〔瑞士〕裴斯泰洛齐.裴斯泰洛齐教育论著选[M].夏之莲,等译.北京:人民教育出版社,2001:183-184.
④ 〔瑞士〕裴斯泰洛齐.裴斯泰洛齐教育论著选[M].夏之莲,等译.北京:人民教育出版社,2001:185.

们的才智或者理智,而是发展他们的感觉、心地和母爱。"①

3. 论学前儿童的体育

关于这方面的材料比较少,主要在《致格瑞夫斯的信》中可以看到关于儿童体育的一些论述。裴斯泰洛齐指出,如果要发展儿童的全部才能,就必须注意儿童的体育。在他看来,儿童的体育运动必须是循序渐进的。可以从简易的运动开始,继而进行较为复杂、难度较高的运动。只有通过体育练习,那些缺乏的能力才可以发现,才可以发展起来。在体育练习中,裴斯泰洛齐比较重视儿童的体操。他建议母亲要熟悉体操的原理,以便根据情况选择出那些最适合、最有益孩子的运动。体操不仅锻炼孩子的身体,还可以养成道德。如通过运动,可以培养孩子勤奋的习惯、坦诚的性格、个人的勇气、吃苦耐劳的品质等。②

4. 论学前儿童发展的影响因素

在《见解与经验》一书中,裴斯泰洛齐还专门谈到了影响儿童发展的主要因素,即以父母为主的家庭关系、与儿童发展联系的社会关系以及自然关系。

在裴斯泰洛齐看来,一切使孩子的身心健康成长的东西都以父母的教育为外在源泉,其内在源泉在孩子自身。后者与前者不可分割,并依靠前者。"因此,那些替代父母为没有父母的孩子们当父母的人,必须以父母的精神教育孩子,他们实际上不是父母,但要努力做到像父母。"③裴斯泰洛齐非常强调家庭生活的重要性。他指出,家庭生活必须被看成上帝为教育人类所提供的唯一的外部环境。家庭生活的粘结力就是爱的粘结力,它是上帝赐予的,是用以唤醒个人爱的能力的手段。在有爱的和有爱的能力的家庭,不论哪种教育形式都不会没有结果,孩子肯定会变好。而孩子如果表现出缺乏友爱、没朝气、不活泼,那是因为他的爱的能力还没有形成,没有在家庭中得到应有的扶持和引导。④

除了父母和存在于孩子和父母之间的关系外,孩子同其他人的关系构成了孩子活动发展的最重要的因素。裴斯泰洛齐指出,孩子的人际关系从他在襁褓中起就在能及的范围和许多方面开始发生。一个孩子既是父母的儿子,也是兄弟姊妹的弟兄,他会与许多人建立关系。最初,婴儿不懂这些关系,他只知道这些是满足他的需要的人。只要这些人来到他的面前,他就感到高兴。他逐渐学会了对与自己有关系的人的亲近和喜爱,并且学会区分不同的人。⑤当他逐步长大,扩大自己的活动范围时,他逐步看到自己的力量、自信,开始有意识地在自己的内心生活和外部生活中独立于父母。

关于儿童和自然相互作用的教育价值,裴斯泰洛齐指出,当孩子还不能自理时,他在母亲的怀抱里得到了必要的保护;当离开母亲的怀抱,便来到母亲也无法控制的世界中,受到各种新事物的影响,对事物的兴趣也日益增长。羊、鸡、鸽子,一切活的东西

---

① 〔瑞士〕裴斯泰洛齐.裴斯泰洛齐教育论著选[M].夏之莲,等译.北京:人民教育出版社,2001:190.
② 〔瑞士〕裴斯泰洛齐.裴斯泰洛齐教育论著选[M].夏之莲,等译.北京:人民教育出版社,2001:373.
③ 〔瑞士〕裴斯泰洛齐.裴斯泰洛齐教育论著选[M].夏之莲,等译.北京:人民教育出版社,2001:301.
④ 〔瑞士〕裴斯泰洛齐.裴斯泰洛齐教育论著选[M].夏之莲,等译.北京:人民教育出版社,2001:302.
⑤ 〔瑞士〕裴斯泰洛齐.裴斯泰洛齐教育论著选[M].夏之莲,等译.北京:人民教育出版社,2001:307.

都使孩子感兴趣。这些动物的意外、受伤、病死,也会使孩子感到悲伤。孩子的心中逐步形成人类的高尚情感,开始关心与自己有密切联系的自然万物。裴斯泰洛齐强调,父母要让孩子感到自然界给他们带来的恩惠,并以爱心对待有生命和无生命的自然界。①

总之,在裴斯泰洛齐看来,学前儿童的早期教育应当从儿童出生开始。这一时期,婴儿对母亲关心的反应和母亲对婴儿需要的反应都是本能的。母爱构成了儿童发展中最重要的影响因素。在这一时期,母亲有资格是一个创造者,是儿童的第一位教师。儿童的道德本性要及早发展,儿童的能力要平均地培养。母亲要依据儿童的内在的爱和信仰的原则发展和教育儿童。需要指出的是,裴斯泰洛齐的教育体系虽然是为贫困儿童的发展服务的,但它也影响了其他阶层,如在当时的富裕阶层中也开始学习和流行裴斯泰洛齐的一些做法,即教育要关心儿童的内在发展,激发儿童发展的活力,为儿童的发展提供好的环境和条件。

第四节 赫尔巴特的学前儿童教育思想

赫尔巴特(J. F. Herbart,1776—1841)是德国 19 世纪著名的哲学家、教育家,也是欧洲教育心理化运动的重要代表之一。赫尔巴特的主要代表作是 1806 年的《普通教育学》。他的教育思想的主要特点是将教育理论建立在哲学和心理学基础之上,试图揭示教育和教学过程的规律。他提出的教育学应当成为科学和"教育性教学"的思想受到人们的广泛重视。赫尔巴特注重教育科学的探索,是西方教育史上第一个提出较为完整的教育理论体系的人,被称为"教育学之父"和"科学教育学的创始人"。赫尔巴特也关注学前儿童教育问题,提出了许多关于学前儿童教育的主张。

一、赫尔巴特教育思想的基础及主要内容

赫尔巴特的学前教育思想是其教育思想的重要组成部分,理解他的学前教育思想需要认识他的教育思想的基础及主要内容。赫尔巴特的教育思想是建立在对实际教育问题关注和研究的基础上的。赫尔巴特大学毕业后,曾经去瑞士的一个贵族家庭做了三个孩子的家庭教师。在教育过程中,赫尔巴特仔细研究每个孩子的学习特点,分析自己的教学方法和教育性质,并每月写出书面报告,获得了对教育的初步认识。他认为,教育必须建立在哲学基础之上;教学方法、课程设置以及纪律要求等都必须从哲学中产生答案;任何有价值的教学都应是科学的;学问的获得来自于艰苦的工作,而不是轻松的教育。在瑞士期间,赫尔巴特还曾拜访教育家裴斯泰洛齐,对其教育方法和经验进行了研究。回国后,赫尔巴特发表了《裴斯泰洛齐关于直观的初步概念》的论文。他认为裴斯泰洛齐的思想和方法不仅适合于小学,也适合于整个学校教育。在获得博士学位后,赫尔巴特在德国哥丁根大学任教并讲授教育学和心理学。在这期间,他创作了《普通教育学》

---

① [瑞士]裴斯泰洛齐.裴斯泰洛齐教育论著选[M].夏之莲,等译.北京:人民教育出版社,2001:313-314.

(1806)。1809年,赫尔巴特被聘为柯尼斯堡大学教授,继续讲授哲学和教育学,一直到1833年。期间,赫尔巴特完成了《心理学教科书》(1816)等书。1833年,赫尔巴特回到哥丁根大学,1835年,他写了《教育学讲授纲要》。

赫尔巴特的教育思想也有其哲学、心理学和伦理学的基础。在哲学上,赫尔巴特接受了德国哲学家莱布尼兹"单子论"中"实体不变"的思想,认为宇宙是由无数的"精神实在"构成的,这些"实在"是永恒不变的。赫尔巴特把这一思想运用到对人的心理的理解,认为人的灵魂也是一种不变的实在。当灵魂与肉体结合时,它可以通过肉体和其他物体发生联系,从而形成各种观念。观念是心理的最基本的要素。人的心理活动就是观念的分散和集中,相互竞争和融合的过程。这一观点对教育的影响是,教育过程就是不断向儿童呈现"观念"的过程;形成观念,不断扩大观念,就成为儿童发展和教育的重要内容。在伦理学方面,赫尔巴特提出了五种道德观念的主张。这五种道德观念的内容是:(1)"内心自由",即通过内心判断,消除认识与行动上的矛盾,使其一致;(2)"完善",即用道德要求自己,克制自己;(3)"仁慈",即使行为趋于善,为别人谋福利;(4)"法律",即遵守法律,用法律约束自己;(5)"正义",即对人对事,要坚持公道和正义。一个人具备这五种道德观念,就会用理智约束自己的行为,协调人与人之间的矛盾,构成对自己和对社会的善,使社会秩序得到维持和稳定。

赫尔巴特的教育思想主要包括以下几个方面。

一是对教育研究和教育问题的一般认识。首先,教育研究要有问题意识,即要带着一定问题去研究教育。赫尔巴特认为影响教育研究的因素主要有教育者自身的特点、儿童的个性,以及所处的环境。第二,教育应当是一门艺术。赫尔巴特指出,儿童精神的形成不是随便由人来决定的,而应当由教育艺术来决定。他批评了法国教育家卢梭把人的发展和教育交给自然的做法的观点;也批评了洛克把儿童教育成父辈时代的人的做法的观点。赫尔巴特认为,作为一门艺术的教育,是有一定规律可循的,不是自然的、随意的和只按照前人的办法进行的。好的教育应当是教师郑重地、有计划地对儿童进行教育。[①] 第三,教育与心理学,以及与儿童发展有密切关系。心理学应当成为教育的第一门科学,但是心理学不能代替对儿童的观察,因为个性只能被发现,而不能由心理学推断出来。在教育过程中,事先对一个儿童做出构想,这本身就是一个错误的说法。[②] 在赫尔巴特看来,应当以对儿童的实际观察作为教育的重要基础,而不能用已有的理论来替代对儿童的研究。第四,关于"教育性教学"的观点。赫尔巴特认为,在教育过程中不存在无教学的教育,也不存在无教育的教学,教学与教育是密不可分的。[③] 在教学中教师给予学生什么样的东西,就可能在他们的心灵播下什么样的种子。同时,教师也要掌握大量的知识和传授知识的方法。一个对一切都一无所知的教师,不仅不能使学生自身受益,也不能形成学生的性格。

二是关于教育目的的论述。赫尔巴特十分重视道德在教育上的作用。他指出,道德

---

① 〔德〕赫尔巴特.普通教育学·教育学讲授纲要[M].李其龙,译.北京:人民教育出版社,1989:8.
② 〔德〕赫尔巴特.普通教育学·教育学讲授纲要[M].李其龙,译.北京:人民教育出版社,1989:11.
③ 〔德〕赫尔巴特.普通教育学·教育学讲授纲要[M].李其龙,译.北京:人民教育出版社,1989:12.

不仅是人类社会的最高目的,也是教育的最高目的。教育的目的就是要培养有文化和有道德的人。这种人应该能够在本性的驱使下努力争取真正的道德。虽然人可以因为某些习惯或一些偶然情况而变好,但是这两者都没有实际的价值,而真正有道德的人是自由而自觉地选择善的。如何实现这个目的,赫尔巴特提出教育应有两个目的,即教育的可能的目的和必要的目的。教育的可能目的是指一个人今后可以把握住并在任何范围内去追求的目的,是一个人根据自己的意向提出的目的。教育的必要目的是指道德的目的,它是与人的一生发展有决定性作用的道德相关的,是一个人在任何活动中都必须追求的目的,它关系到做人的责任和道德品质的养成。赫尔巴特认为,整个教育过程就是以实现教育的必要目的为主要任务的,这个目的才是教育的根本目的。① 赫尔巴特关于教育目的的论述是有一定意义的。一般说来,教育培养的人总是为一定的社会服务的,教育虽然不能预知学生的未来,但可以培养学生做好获取一定社会所认同的真、善、美的品德的准备,形成学生一定的道德品质。赫尔巴特的教育目的论在一定程度上揭示了人的培养的规律。

三是关于教育过程的论述。赫尔巴特认为,教育过程包括管理、教学和训育三个方面。教育过程就是通过管理和教学,向学生传授知识并依靠知识形成学生一定道德品质的过程。他坚持认为道德教育一定要贯穿始终,但要进行道德教育,必须借助于教学。没有教学就没有教育;没有文化知识的教学,就无从实施道德品格的教育。这样,教学就被提到与道德教育同等重要的地位。不过就安排的先后顺序来说,教学居于道德教育之前;管理居于教学和道德教育之前。教育过程的顺序是管理、教学和训育,这一顺序是不能改变的。(1)关于管理,赫尔巴特认为管理的目的在于建立教育的外部秩序,形成儿童的一种守秩序的精神。当然,赫尔巴特不满足于单纯的管理,而强调管理中必须进行教育。在他看来,"满足于管理本身而不顾及教育,这种管理乃是对心灵的压迫,而不注意儿童不守秩序行为的教育,连儿童也不认为它是教育"②。(2)关于教学,赫尔巴特认为教学活动是人类特有的、有计划、有步骤地按照一定程序进行智能建设的过程。赫尔巴特指出,人的生长与动、植物生长不同:植物的生长总是向着预定的目标进行,动物的活动也始终是受本能驱使的,而支配人类行动的不是本能而是智能。人的智能不是天赋的,是以各种表象和观念为材料"建筑"起来的。因此,人的成长需要一种能够把心灵筑成正确形式的艺术——教学。教学是一种有目的的,通过一定的教育艺术,按照符合人的发展规律的方法,有计划、有步骤地把作为未来成人所应具有的知识和技能传授给儿童的过程。在赫尔巴特看来,人所具有的知识和道德是有密切联系的。一个人知识越多,他的品德就越好。知识的增多可以形成人的观念,可以成为一个人起支配作用的思想,可以用来维持一个人的行动的秩序。而在一个未受过教育的人的头脑中,没有上下之分,根本没有秩序,一切都是杂乱无章的。③(3)关于训育,赫尔巴特认为,训育与管

---

① 〔德〕赫尔巴特.普通教育学·教育学讲授纲要[M].李其龙,译.北京:人民教育出版社,1989:37.
② 〔德〕赫尔巴特.普通教育学·教育学讲授纲要[M].李其龙,译.北京:人民教育出版社,1989:23.
③ 〔德〕赫尔巴特.普通教育学·教育学讲授纲要[M].李其龙,译.北京:人民教育出版社,1989:65.

理的共同点都是对儿童的心灵发生影响;与教学的共同点都是对儿童的培养。①训育与管理的不同则在于不是短促而尖锐的,而是延续地、不断地、慢慢地深入人心的和渐渐停止的。训育要使人感到是一种陶冶。②

四是关于教学阶段的论述。在赫尔巴特教育思想中,对后世影响最大的是其关于教学阶段的主张。赫尔巴特指出,在学习活动中,儿童的思维状态主要有两种:专心与审思。③所谓专心,是指集中于某一知识而排斥其他的思想活动;审思是对由专心而得到的知识进行同化作用。儿童在获取知识时,其兴趣要发生四个阶段的变化,即注意、期望、要求和行动。④在这一基础上,赫尔巴特提出了教学阶段的主张。他指出,任何教学活动都要经历四个阶段:(1)明了阶段。学生的观念活动处于注意、了解新知识阶段。教师的任务是把新知识分成许多部分,并与学生已有的知识进行比较。教学主要采用讲述法,讲清楚教材。(2)联想阶段。学生的观念活动处于把所获得的知识与已有的知识联系起来,形成新知识的阶段。教师的任务是采用无拘束的谈话方法,帮助学生分析问题,激发学生的思维,让学生进行尝试,建立与新知识的联系。(3)系统阶段。学生的观念活动处于使新旧观念进行联系,形成新的知识系统的阶段。教师主要采用综合的方法和抽出要点的方法,帮助学生分析所学的材料,最后做出概括和得出结论。(4)方法阶段。学生的观念活动处于把形成的概念或结论独立地运用到个别情况中的阶段。教师可以要求学生做作业,并检查学生对概念或结论理解得是否正确,能否应用这些概念。⑤赫尔巴特的"教学阶段说"在一定程度上揭示了知识教学的规律,阐明了教师和学生双方在教学过程中的作用,为教育科学化的发展奠定了基础。

总之,赫尔巴特教育思想的特点是重视教育理论的哲学、心理学和伦理学基础,注重教育各个部分和环节的多方面联系,注重教育过程和教学阶段的阶段性和连续性,这使得他的教育思想具有整体性和系统性,反映了赫尔巴特对教育和教学问题的深入思考,标志着西方近代教育思想发展到一个新的阶段。

二、论3岁以前儿童的教育

赫尔巴特不仅研究教育的一般问题,也关注儿童的年龄分期教育问题,并且提出了关于婴儿期和儿童早期教育的主张。需要指出的是,赫尔巴特所研究的婴幼儿教育是从普通教育的视角展开的。他在《教育学讲授纲要》的第四部分是以"按年龄论普通教育"为标题来论述幼儿教育。⑥可以看出,赫尔巴特是把学前教育与普通教育联系在一起,从普通教育的角度来思考学前教育的。在赫尔巴特看来,儿童发展要经历四个不同的阶段:婴儿期(0—3岁);儿童期(4—8岁);少年期;青年期。依据这个划分,赫尔巴特论述了儿童发展不同阶段的教育。关于3岁以前儿童的教育,赫尔巴特主要谈了四个方面的问题。

---

① [德]赫尔巴特.普通教育学·教育学讲授纲要[M].李其龙,译.北京:人民教育出版社,1989:147.
② [德]赫尔巴特.普通教育学·教育学讲授纲要[M].李其龙,译.北京:人民教育出版社,1989:151.
③ [德]赫尔巴特.普通教育学·教育学讲授纲要[M].李其龙,译.北京:人民教育出版社,1989:70.
④ [德]赫尔巴特.普通教育学·教育学讲授纲要[M].李其龙,译.北京:人民教育出版社,1989:71.
⑤ 吴式颖.外国教育史教程[M].北京:人民教育出版社,1999:329.
⑥ [德]赫尔巴特.普通教育学·教育学讲授纲要[M].李其龙,译.北京:人民教育出版社,1989:298.

第一,对婴儿身体养护的重视。他认为,由于这一时期婴儿的生命还比较弱,对婴儿身体的养护应放在一切工作之先。①

第二,关注婴儿的智力发展和教育。赫尔巴特认为,在对儿童进行智育的时间分配方面,应视其健康状况的不同作较大的区分。但是不管这种智育的时间如何少,由于早期年龄阶段的儿童具有巨大的敏感性和易兴奋性,智育是极其重要的。因此,应当在婴儿醒着而又没有什么疾病时,提供某些东西给他的感官去了解。"但不应强迫他去了解。应当避免给予他强烈的印象,同样也不应当迅速地更换给予他们了解的东西,稍微更换一下往往就足以重新引起他已疲乏的注意了"②。在智育方面,赫尔巴特还强调要通过无害的方式为儿童的活动提供场所。这主要是为了儿童获得四肢活动的练习,使他们通过自己的尝试促进对事物和事物变化的观察。③

另外,在这一时期还要对儿童进行一定的语言教育。赫尔巴特指出,要认真细心对他们进行语言教育,以便不使陋习根深蒂固,否则以后要造成大量的时间损失和麻烦。在语言教育中要避免使用不自然的表达方式,以免超出儿童的思想范围。④

第三,要处理好成人与儿童的关系。一方面,必须谨慎地让儿童避免获得对他人的可恶的印象,不管这人是谁。任何人都不允许将儿童当做玩偶来对待。同样,任何人也必须不听任儿童来摆布,至少在儿童表现出暴躁的时候,不能这样做。否则养成儿童的任性将是不可避免的结果。⑤ 另一方面,要让儿童服从成人。要使儿童不断感觉到成人的长处,常常使他感到自己无能为力。儿童对成人的必要的服从就是基于这一点之上。在合理对待儿童方面,经常是在儿童周围出现的人要比那些很少在他周围出现的人更容易得到儿童的服从。如果儿童情绪激动的话,必须给他时间,让他平静下来,不到万不得已,不要提出别的要求。⑥

第四,加强对儿童行为的管理。赫尔巴特认为,在儿童的早期就需要加强管理,以便在以后不必用极为有害的方式采用强硬手段。但是在管理中必须少用容易引起儿童恐惧的暴力,除非有必要在迫不得已的情况下为了有效地进行威胁与制止儿童的放肆行为。⑦

总之,在儿童发展的婴儿阶段,赫尔巴特强调在注重婴儿身体发育的同时,要关注婴儿的智力教育和行为管理,但是方法要得当,不应采取强制的方式。

三、论4岁到8岁儿童的教育

赫尔巴特指出,4到8岁儿童的教育属于儿童期的教育。儿童期的教育一方面具有婴儿期向儿童期过渡的特点,一方面又与学龄初期儿童的教育联系起来。关于这一时期

---

① 〔德〕赫尔巴特.普通教育学·教育学讲授纲要[M].李其龙,译.北京:人民教育出版社,1989:298.
② 〔德〕赫尔巴特.普通教育学·教育学讲授纲要[M].李其龙,译.北京:人民教育出版社,1989:298.
③ 〔德〕赫尔巴特.普通教育学·教育学讲授纲要[M].李其龙,译.北京:人民教育出版社,1989:299.
④ 〔德〕赫尔巴特.普通教育学·教育学讲授纲要[M].李其龙,译.北京:人民教育出版社,1989:300.
⑤ 〔德〕赫尔巴特.普通教育学·教育学讲授纲要[M].李其龙,译.北京:人民教育出版社,1989:299.
⑥ 〔德〕赫尔巴特.普通教育学·教育学讲授纲要[M].李其龙,译.北京:人民教育出版社,1989:299.
⑦ 〔德〕赫尔巴特.普通教育学·教育学讲授纲要[M].李其龙,译.北京:人民教育出版社,1989:300.

儿童教育的特点,赫尔巴特指出,儿童期与婴儿期的真正划界不在于年龄,而在于婴儿基本的照料需要是否已经结束,其四肢的与语言的有关应用是否已经出现。① 关于儿童期的教育,赫尔巴特主要关注儿童的自我发展、道德教育和知识教育,包括四个方面的内容。

（1）要关注儿童自理能力的出现。赫尔巴特认为,儿童期的主要特点是这个时期的儿童已经能自己从许多需要依靠别人的照料中摆脱出来,开始具有一些自理能力。因此,要注意儿童自理能力的形成,儿童越能自理,外界的帮助必须越少。同时,在管理方面,只要儿童任性的最后迹象还没有消失,就要加强管理的坚定性,对某些儿童还必须加强严格性。当然,这种做法的条件是:避免引起儿童进行某种自卫。"儿童越清楚地理解对于他采取的不可动摇的纪律,就越容易使他服从。"②在赫尔巴特看来,儿童自理能力的发展与对他们进行一定的管理是不可分的。只要儿童的自理能够限制他的任性,就可以减少管理。

（2）发展儿童的个性需要给儿童一定的自由。赫尔巴特认为,儿童期也是儿童个性得到发展的时期。应当让儿童公开发表自己的意见,以便研究他的个性。同时也应该给儿童尽可能多的自由。在这一阶段需要注意的是,要防止儿童养成一些不好的习惯,特别是与不好的意识形态有关的坏习惯。③

（3）要避免或者防止儿童身上表现出来的恶意和不良行为。儿童在发展中总会出现一些恶意的表现或者一些不良的习惯,如何解决这些问题,赫尔巴特提出了让儿童形成完美和仁慈的观念的原则和方法。其一,完美和仁慈是有区别的。赫尔巴特指出,完美的各种观念,多是由儿童自己形成的;而仁慈的观念是儿童很少自我发展的,需要成人教给他们,但这种教导不能直接地进行。④ 其二,仁慈观念的形成需要儿童参与伙伴的活动,使他的一切生活习惯能够合群,并通过活动中的纪律来约束自己。这样即使儿童身上有恶意表现的话,也会受到限制。赫尔巴特认为,如果儿童用这种起支配作用的纪律约束自己,服从于一种共同的意志,并在这种活动中感到快乐,就不能够忍受孤独,而成人还可以把这种孤独当做对他的惩罚。⑤ 当然,赫尔巴特也指出,儿童对于群体活动所形成的愉快感是有年龄阶段的,如果作恶的儿童已经对曾经产生愉快的群体活动产生反感,那么惩罚以及严格的纪律对他是不起作用的。其三,形成儿童的仁慈观念要避免把仁慈活动当成一种义务。赫尔巴特指出,虽然一个儿童由于受到教育会为仁慈举动所感动,但也会因为习惯而麻木不仁。因此,应当取消对他的习以为常的关心。当重新给他关心时,他会敬重这种举动。另外,也不要让他感到把成人对他的关心视为一种义务,或者一种机械的反应,否则他也会对仁慈产生误解。⑥ 其四,为防止儿童的心灵变冷,保

---

① 〔德〕赫尔巴特.普通教育学·教育学讲授纲要[M].李其龙,译.北京:人民教育出版社,1989:300.
② 〔德〕赫尔巴特.普通教育学·教育学讲授纲要[M].李其龙,译.北京:人民教育出版社,1989:300.
③ 〔德〕赫尔巴特.普通教育学·教育学讲授纲要[M].李其龙,译.北京:人民教育出版社,1989:301.
④ 〔德〕赫尔巴特.普通教育学·教育学讲授纲要[M].李其龙,译.北京:人民教育出版社,1989:300.
⑤ 〔德〕赫尔巴特.普通教育学·教育学讲授纲要[M].李其龙,译.北京:人民教育出版社,1989:302.
⑥ 〔德〕赫尔巴特.普通教育学·教育学讲授纲要[M].李其龙,译.北京:人民教育出版社,1989:302.

护他的仁慈的萌芽,教育上的原则是:"对必要的严格辅以宽容,而对宽容辅以和蔼可亲。"① 赫尔巴特指出,处于儿童期的儿童,他们的情绪还直接依赖于成人如何对待他们,长期地对他们不热情会使他们变得冷漠起来。因此,突出仁慈观念,激发儿童的仁慈观念是儿童期教育的重要任务之一。儿童期的教育就是使儿童形成良好的合群态度和同情感,并把它们与作为较高尚的事物来依赖的仁慈信念结合在一起,促进儿童道德行为和观念的发展。②

(4) 关于儿童期的知识教学。在赫尔巴特看来,儿童期的教育不仅包括道德教育,也是儿童知识教学的开始。"尽管这种教学还未构成儿童这时主要的、有计划的活动,但在这方面已部分地带有综合的性质,并部分地带有分析的性质了。"③ 赫尔巴特指出,当儿童自由活动的范围扩大的时候,当他通过自己的尝试获得越来越多的经验,需要从教育者方面得到有意识的引导的时候,经验便超过早期的想象占据优势,他就会不断向教育者提出各种天真的、没有目的的问题。尽管教育者对于这些问题有些不能回答,或者不允许回答,也应该鼓励儿童爱问的倾向。教育者对问题的回答不要拖延,应当及时和彻底。④ 赫尔巴特认为,对这些问题的解答是以后教学的基础。

在赫尔巴特看来,知识教学主要包括分析教学和综合教学,这在儿童期的教育中也占有重要的地位。赫尔巴特认为,尽管这一时期包括回答儿童问题在内的分析教学还不能安排一定的课时,但应当使这种教学同引导、交际、活动与从这里引起的习惯、锻炼、道德判断以及初期的宗教印象等结合起来,也与阅读练习结合起来。⑤ 同时,在这一时期尽管儿童还不能长时间地坚持稳定的注意,但初步的综合教学,阅读、书写、绘画、计算和初步的观察练习等,属于这一年龄阶段后期要开始做的事情。

如何进行这种教学,赫尔巴特列举了一些例子。如关于实物的"组合"教学,开始时可以变换两样东西的位置,即左右、前后、上下。"下一步是将三样东西在一条线上作六种放法。从上述一堆东西取多少对。"⑥ 赫尔巴特指出,这种教学不要用字母,而要用实物,由儿童自己来组合和改变位置。这种教学必须符合儿童的特点,要像游戏一样进行。又如关于字母和数字的教学,赫尔巴特认为可以把字母和数字写在小纸板上,以此做不同的组合,这有助于阅读教学。如果阅读进行得较慢,也要有耐心地去教,而不应让阅读造成儿童对教师和书本的反感。⑦

总之,赫尔巴特的学前教育思想注重儿童身体的发育,以及在身体发育基础上的儿童自理、自立及道德情感和智育的发展。这个过程是一个连贯的、循序渐进的过程。在这个过程中,教育者不仅要关注儿童个性的发展,为个性发展提供必要的条件,也要关注儿童自身发展中存在的一些不足,强调教育者对儿童发展的指导作用及儿童对教育管理

---

① [德]赫尔巴特.普通教育学·教育学讲授纲要[M].李其龙,译.北京:人民教育出版社,1989:303.
② [德]赫尔巴特.普通教育学·教育学讲授纲要[M].李其龙,译.北京:人民教育出版社,1989:303.
③ [德]赫尔巴特.普通教育学·教育学讲授纲要[M].李其龙,译.北京:人民教育出版社,1989:303.
④ [德]赫尔巴特.普通教育学·教育学讲授纲要[M].李其龙,译.北京:人民教育出版社,1989:304.
⑤ [德]赫尔巴特.普通教育学·教育学讲授纲要[M].李其龙,译.北京:人民教育出版社,1989:304.
⑥ [德]赫尔巴特.普通教育学·教育学讲授纲要[M].李其龙,译.北京:人民教育出版社,1989:305.
⑦ [德]赫尔巴特.普通教育学·教育学讲授纲要[M].李其龙,译.北京:人民教育出版社,1989:305.

和教育秩序的服从,这些思想在一定程度上反映了赫尔巴特对儿童发展与教育关系的理性认识。

 ## 本章小结

近代教育家关于学前教育问题的论述,反映了近代社会条件下教育家对学前教育问题的深入观察和思考。他们的共同特征是都有对教育问题的一般认识,并且把这种对教育的一般认识运用到对学前儿童的认识上,通过观察和研究儿童,在学前教育问题上提出了具体而丰富的见解。当然,每个教育家又都保持自己的风格,形成了各自的特色。

洛克的学前教育思想与夸美纽斯有许多不同。如果说夸美纽斯的学前教育是为了每个人的话,洛克的教育对象则是绅士阶层,不过他们的共同点都是在追求社会秩序的稳定。当然,从当时情况来看,夸美纽斯的教育思想带有更多宗教色彩,洛克则较为务实。需要指出的是,虽然洛克主张家庭中的学前教育,与这一时期学前教育社会化的思想不同,但这不意味着洛克的教育思想是落伍的。洛克关于学前儿童家庭教育的许多观点至今仍然有很大影响。如他提出的儿童身体健康教育和精神健康教育的问题;在儿童精神健康教育中培养儿童形成自尊和追求自尊的问题等,都具有重要的价值。在这里,洛克提出了一个值得现代教育思考的问题,即教育在改变人的方面到底有多大的作用?在他看来,教育并不是要完全改变儿童的本性,而是要仔细考察儿童的本性,看它适合做什么,缺的是什么,那些缺乏的东西是不是可以通过努力去获得。教育所能做的就是利用人的原有素质,在阻止其最容易产生不良倾向的同时,对它所能够产生的良好方面给予大力帮助,使其尽可能得到发展。当然,洛克学前教育思想也存在一定的局限,主要表现为:在学前儿童教育的设计上,多是从家庭教育角度进行思考,强调家庭父母或者导师对孩子的教育,还缺乏集体的、不同家庭的、有组织的教育;在教育思想上,也存在过于强调教育作用而忽视儿童特点的问题。不过,洛克重视通过导师参与学前儿童家庭教育的观点是值得注意的。导师的参与在一定程度上体现了传统的由家庭的亲情教育转向非亲情教育的过渡,体现了由封闭的家庭教育逐步向开放、自由的教育转变的特点。

与洛克的思想不同,卢梭学前儿童教育思想的核心是自然教育思想。这一思想主张,儿童自身有一种内在的发展潜能,儿童个体是通过自己的活动,利用一切有利于自身发展的因素,最大限度地发展自己的天性;儿童个体从出生到成人的发展经过几个明显的、相互联系的阶段;每一阶段儿童都按其独特的形式,有重点地发展自身的某一方面的能力;儿童个体只有通过充分而丰富的生活,完成前一阶段的自然发展,才能做好下一个阶段的准备。儿童发展的这一自然秩序是不能打乱的。儿童个体的发展是一个自然的过程,是儿童依靠自己的本性推动的。在儿童的发展中,教育者只是起一个引导和辅助的作用。外力的强制推动和强迫儿童发展的做法是违反儿童的天性的,是不自然的。从这一点来看,有人认为卢梭是"进步主义教育的奠基人"。①

卢梭的自然教育思想引发了近代教育的革命,也影响了现代教育。《爱弥尔》问世以后,迅速传播到整个欧洲,并引起深刻的反响。这种思想影响了以后许多教育家,如巴西多、康德、裴斯泰洛齐和杜威等。他们追随他的思想,研究儿童的心理、生理特点,以此作为教育的理论依据,使教育学逐渐走向科学化的轨道。当然,卢梭的教育思想也存在一些不足,杜威批评卢梭的"性善论",认为如果对儿童只是一味地顺从,容易使儿童形成自私、放纵的习惯。杜威指出,人的本性无所谓善恶,只不过是教育的起点和原料,关键问题是看怎么去引导和利用他。良好的教育不是消极地去适应人的本性,而是要积极地引导人的本性,让它向好的方面发展。另外,卢梭的学前教育思想过分强调儿童在活动中的自然成长,而忽视了社会的影响和人类文化传统在教育中的作用,过高估计了儿童的直接经验,而忽视书本知识的系统学习。

与洛克和卢梭相比,裴斯泰洛齐的思想有异也有同。洛克和卢梭的学前儿童教育思想主要反映了工业革命以前社会与教育的一些特点,比较注重儿童在教育中的地位,强调儿童的自由发展和理性教育的重要性。裴斯泰洛齐的学前儿童教育思想主要反映了工业革命以后瑞士的情况。从教育对象来看,与洛克不同的是,裴斯泰洛齐关注的是贫困家庭的孩子;与卢梭不同的是,裴斯泰洛齐关注的是农村贫困家庭的孩子。但是与洛克和卢梭相同的是,裴斯泰洛齐也关注儿童的早期家庭教育。不同的是,他主张教育应当从出生开始,母亲应成为第一位教师,强调母爱在幼儿发展中的重要性。裴斯泰洛齐写了许多相关的书籍,以引导母亲发挥重要的作用。他还把实物引进儿童教学,强调把观察实物作为获得知识的基础,这些都可以看到卢梭教育思想对他的影响。

裴斯泰洛齐的学前儿童教育思想反映了对人本性的发展和教育的新认识。与夸美纽斯和卢梭不同,裴斯泰洛齐不仅看到了人性善的方面,也分析人性恶的方面,并且强调教育在抑恶扬善方面的作用。从对现实考察出发,裴斯泰洛齐提出了人性可以改善的思想,这一思想奠定了他的教育理论和实践的基础。在学前儿童发展方面,裴斯泰洛齐更注重儿童发展的多重关系问题。在他看来,幼儿的发展不仅需要家庭关系、自然关系,还需要与儿童发展密切联系的社会关系。这是以往的教育家不特别注意的。这种以"母爱"和亲情教育孩子的精神是基于家庭,又超越了家庭,是学前教育社会化思想的反映。

与洛克、卢梭、裴斯泰洛齐等其他近代教育家的学前教育思想不同,赫尔巴特的学前教育思想反映了他对学前教育管理和秩序的认识。在赫尔巴特看来,学前儿童教育既要关注儿童发展的自身特点,也应对儿童的行为进行一定管理和规范,这与他的学校教育思想是一致的。同时,赫尔巴特把他的学前教育与普通教育联系起来,把学前教育阶段看成是普通教育的一个组成部分,使学前教育成为一个人发展和系统教育中一个阶段,超越了学前教育家庭化的局限。赫尔巴特的学前教育思想体现了他对学前教育制度化和规范化的思考,对于理解学前教育的发展特点和规律是有意义的。

总之,近代教育家从多个方面对学前儿童教育问题进行了论述,而这些思想又经过

---

① V. Celia Lascarides, Blythe F. Hinitz. History of Early Childhood Education[M]. Falmer Press, 2000:52.

多渠道的传播,不仅影响了各个国家学前儿童教育的发展,并成为现代学前儿童教育思想和实践的基础。尽管近代学前教育思想是一定时期的产物,带有一定的局限性,但思想的核心仍然具有生命力,已经成为今天世界学前教育思想的重要组成部分。

 自我评量

名词解释

1. 白板说(洛克) 2. 管束 3. 说理教育 4. 自然教育
5. 消极教育 6. 自然后果法 7. 自我教育 8. 慈善观念

简述题

1. 简评洛克的儿童身体健康教育与精神健康教育的关系。
2. 洛克为什么强调儿童的自尊教育?
3. 如何理解卢梭的"把儿童当做儿童"的主张?
4. 卢梭为什么强调"儿童期是儿童发展的重要时期"?
5. 卢梭为什么反对儿童早期的"说理教育",试进行分析。
6. 如何认识卢梭的儿童"消极教育"的主张?
7. 如何评价裴斯泰洛齐关于儿童"自我教育"的主张?
8. 如何理解裴斯泰洛齐关于婴幼儿早期发展教育的主张?
9. 如何理解赫尔巴特关于婴儿期和儿童期教育的主张?

论述题

1. 述评洛克关于学前儿童教育的内容和方法。
2. 试论述卢梭的学前儿童教育的内容和方法。
3. 试论述裴斯泰洛齐的学前儿童智育、德育和体育的内容和方法。
4. 试论述赫尔巴特的学前儿童德育和智育的内容和方法。
5. 比较、分析洛克、卢梭、裴斯泰洛齐和赫尔巴特四位教育家关于学前儿童教育主张的异同。

第七章 幼儿园教育研究:福禄培尔的学前教育思想

通过本章的学习,认识福禄培尔学前教育思想形成的背景,理解福禄培尔学前教育思想的基础,把握福禄培尔关于学前教育思想和幼儿园教育的主张和方法,对福禄培尔在学前教育社会化方面的探索及贡献给予合理的分析和评价。

本书的第五章第三节已经对福禄培尔在幼儿园的创立和推广中的主要贡献进行了介绍,本章主要对福禄培尔学前教育思想和幼儿园教育作进一步的介绍。

第一节 福禄培尔学前教育思想形成的主要因素及基础

1776年的美国独立和1789年的法国资产阶级革命对欧美社会和生活的各个方面,包括教育都产生了重要的影响,而这时欧洲的德国还是一个在政治和教育上都比较落后的国家。从历史上看,传统的德国学校教育是不包括7岁以下儿童的,而且学校教育的主要方法是背诵和记忆抽象的教条。儿童的能力常常不能得到激发,学校教学的消极方式也阻碍了儿童探索和学习好奇心的发展。与同时代的许多人一样,福禄培尔也不满意德国现存的教育制度,以及所有层次都在使用的死记硬背的教学方法。他认为,这种教育制度和教学方式正在剥夺学生的真正知识和通过观察和探究所获得的真理。他希望根据宇宙和自然的法则,用人的真实性认识人,用人的绝对性教育人,其中前者是根据自然发展的法则来认识人;后者是根据人的地位和特点来教育人。

一、影响福禄培尔学前教育思想形成的主要因素

影响福禄培尔教育思想形成的主要因素有以下三个方面。

一是在大学学习和工作期间,他所接受的学科知识及其思考。在耶拿大学学习期间,受几何学、植物学以及自然史等学科学习的影响,他接受了两个原则:一是设计(plan)的发展和连续性的概念;二是鱼、鸟和人骨骼相一致的概念。这两个原则对他的影响是:现象的内在联系和统一;自然作为一个整体的思想。[①] 工作以后,他又在哥廷根大学(1811年)学习,试图研究和发现教育人的科学方法,以及其中起重要作用的人和自

---

① V. Celia Lascarides, Blythe F. Hinitz. History of Early Childhood Education[M]. Falmer Press, 2000:88.

然的规律。在柏林大学(1812年)学习期间,通过自然史和矿物学的讲座,他发现所有的生命作为整体的发展是建立在"统一规律"基础上的,这一规律是人类发展和教育所有原则的基础。生命的"统一"和"联系"的思想成为他教育思想的基础。他还研究了自然哲学的球体法则,认为圆球是自然的原始形态,同时也是生命统一体的象征以及外部世界和内部世界的自然规律。[①]

二是福禄培尔对裴斯泰洛齐教育思想的学习和继承。1805年福禄培尔来到瑞士的伊弗东向裴斯泰洛齐请教学习。在学习中,他把裴斯泰洛齐的教育与自己从事的教育联系起来,认为裴斯泰洛齐的教学训练是建立在计划清晰和坚实的基础上的。每一学科的各个年级在一天的同一时间进行教授,这样儿童可以根据他们的能力和进步,从一个水平达到另一个水平。裴斯泰洛齐的教育思想主要是强调直观教学,并像夸美纽斯一样为母亲写了如何教育自己孩子的书。不过,福禄培尔与裴斯泰洛齐也有不同。尽管他把裴斯泰洛齐的教育思想引进了德国,但他走了一条与裴斯泰洛齐不同的道路。福禄培尔希望建立全面的、人类的和德国的教育制度,并通过这种教育制度,形成德国统一的共同体。在教育上,他希望用合适的方式指导儿童,使他们成为对自己和对别人有用的人。

三是福禄培尔本人的教育教学实践活动。福禄培尔曾经担任过一所模范学校的教师。在教学中,他发现了过去从不知道但一直在寻找的东西:作为一名教师的乐趣和责任。他也担任过三个男孩的家庭教育教师。在实践中,他把自己在学校的教育经验与家庭教育进行比较,以理解男孩的成长和教育。1816年福禄培尔建立了一个"普遍的德国教育学校"(Universal German Education Institution),试图把自己的理论在实践中加以运用。一年以后,学校搬到凯尔霍(Keilhau),改为凯尔霍学校。在这所学校,福禄培尔试图实施关于"生命统一"的思想,使教育的所有方面与教育中所使用的知识能够相互联系起来。他也希望通过把儿童感觉、思考、意志和做事情的能力联合起来,发展儿童的性格和智力。在教育上,他尝试在家庭般的气氛中根据每个儿童的本性发展儿童;所有的教学是建立在学生自我活动基础上的;他们所获得的知识尽可能是他们自己的;他给予儿童的经验取代对他们的指导;并且让儿童的活动取代抽象的教学。在这里,福禄培尔的目的是把儿童的活动作为教学的起点。在他看来,人类的发展和教育必须始于活动和儿童的自我活动。在这个过程中,他非常重视儿童创造性的活动,他把它称为"内部的"和"外部的"的过程。他认为,教育要培养儿童的创造性,而不使它退化和被破坏。他认为,人不仅是一个接纳性的存在,也是一个创造性的存在,特别是一个具有生产力的存在。[②] 凯尔霍学校是一个男孩的学校,在当时就已经很有影响。一个学生后来描述到,这个学校像家庭一样,但也有严格的秩序,并且注重个人的清洁。如每天早饭前,学生要接受检查;财产损坏,学生要负责修理;学校里绝对的服从和个人自由相协调,成为重要的原则。一些研究者指出,作为教育上的实验,这所学校是成功的,因为它提供了男孩大学预备教育的丰富的计划。[③] 但以后由于政治环境的变化,普鲁士政府加强了对学生和

---

① [德]福禄培尔.人的教育[M].孙祖复,译.北京:人民教育出版社,2001:5.
② V. Celia Lascarides, Blythe F. Hinitz. History of Early Childhood Education[M]. Falmer Press, 2000:91.
③ V. Celia Lascarides, Blythe F. Hinitz. History of Early Childhood Education[M]. Falmer Press, 2000:92.

学校的控制,再加上一些教师的反对等,学校学生的人数下降。以后福禄培尔的教育活动开始转向学前教育方面,推广和发展幼儿园活动成为他的重要事业。

二、福禄培尔学前教育的思想基础

福禄培尔学前教育思想的形成也有其思想和理论的基础。这主要与他的教育代表作《人的教育》所阐述的教育哲学、他的儿童观,以及他关于儿童发展的思想有关。

1. 展示"上帝精神"的教育哲学

1826 年,福禄培尔出版了《人的教育》(The Education of Man)一书,提出了他的教育哲学思想。这本书被看做是对人生最初七年生活关注的研究,[①]不过其思想基础又与神学有密切联系。福禄培尔的教育哲学思想是基于对上帝精神的认知,以及对多年的教学和观察儿童,并与同事进行讨论的过程中逐步形成的。他的教育思想也受到了他早期家庭经历和学校教育、当时流行的唯心论哲学,以及裴斯泰洛齐的教育思想的影响。

《人的教育》一书的主题是把"上帝的精神"的思想运用到教育中,探讨如何使一个人从出生到童年、少年期,到学生期的发展和教育问题。在该书第一章"总论"中,福禄培尔就指出,有一条永恒的法则在一切事物中存在着、主宰着。这条法则,无论在外部,即在自然中;或在内部,即在精神中;或在两者的结合中,即在生活中,都始终同样地明晰和确定。这个法则是按照与统一体本身同样的形式被人们观察和认识。这个统一体就是上帝。[②] 福禄培尔强调,一切事物都来自上帝的精神,一切事物的本源在于上帝;上帝的精神在一切事物中存在着、主宰着;一切事物的使命就是展现上帝的精神。作为明智和具有理性的人的使命就是使他的本质、他的上帝精神,自由地在他的生活中加以贯彻和得到展现。人的教育就是激发和教导作为一种自觉、具有思想和理智的生物的人的、有意识的表现内在法则,即上帝精神,并指明达到这一目的的途径和手段。[③]福禄培尔进一步指出,研究这种自觉的、具有思想和理智的人如何通过自身以及在自身中表现和实践这条法则的科学,就是教育科学;从对这条永恒法则的认识中得出的、借以指导具有思想和理智的人去理解其天职实现其使命的规范就是教育理论;把这种认识、观点和知识主动运用于直接发展和训练有理智的人以实现其命运的,就是教育艺术。人自身所具有的上帝精神,应当和必须通过教育在他身上得到发展和表现;人应该自觉地按照在他身上起作用的上帝精神,自由地表现上帝精神。[④]

在福禄培尔看来,人的内在精神性的东西是一个人存在的根本;教育是以内在的、本质性的东西为依据的。一切内在的东西是由精神的东西从外部并通过外部被认识的。不能由外部推断内部,而应该由内部推断外部,即应该由上帝的精神性和统一性推断出自然发展的丰富性和多样性。教育者一定要注意观察儿童的内心,不可直接从外表去推

---

① 〔英〕罗伯特·R.拉斯克,等.伟大教育家的学说[M].朱镜人,单中惠,译.济南:山东教育出版社,2013:222.
② 〔德〕福禄培尔.人的教育[M].孙祖复,译.北京:人民教育出版社,2001:5.
③ 〔德〕福禄培尔.人的教育[M].孙祖复,译.北京:人民教育出版社,2001:5-6.
④ 〔德〕福禄培尔.人的教育[M].孙祖复,译.北京:人民教育出版社,2001:7.

断一个孩子。外表看来善的孩子其内心不一定善;外表不善的孩子,其内心不一定恶。根据对人的内在精神性的认识,教育、教学和训练必须是容忍的、顺应的、保护性和防御性的,而不是命令性的、绝对的和干预的。① 有学者指出,福禄培尔这种强调儿童发展"由内向外"的"内发论"的主张是一种"预成论"的观点。在洛克和赫尔巴特看来,心理是由于表象而形成的,而福禄培尔则认为,心理是根据一种预定的范式从内部展开的。根据这种观点,幼芽完全包含着已经充分发展的植物或者动物的雏形,人的发展与植物的发展过程是相似的。②

福禄培尔的"上帝精神"是他教育哲学的核心,是一种自由的精神;体现在人的身上就是人的自由精神也是人的自由发展。在他看来,人的精神是上帝精神的一种体现,是自由思考和智慧的代表。教育作为人的发展的重要手段,要为人的自由发展服务,而不是压制、贬低、否定人的自由发展。福禄培尔用上帝精神来规范教育的行为和手段,也用上帝精神来保护人的精神发展,并以良好的教育促进人的精神发展,这一思想在人类教育发展史上具有重要的价值。

总之,在福禄培尔看来,所有的生命都是建立在"上帝精神"基础上的,所有的生命都是相互联系的,上帝精神是万物统一的根源和原则。教育就是帮助一个人成为能思考和有智慧的存在,引导人们意识和体会这一原则的过程。有智慧是人的最高目标,是人类精神发展的最高成就。福禄培尔的教育哲学虽然带有神学的色彩,但他解释了人的发展和儿童发展的动力问题。他希望儿童通过自己的观察认识上帝,而不是通过教条主义的教学,盲目地接受。

2. 整体的、发展的和个性化的儿童观

从对上帝精神的认识和对人的认识出发,福禄培尔提出了他的整体的、发展的和个性化的儿童观。福禄培尔儿童观的突出特点是把儿童放在与人类,并且作为一个人的地位和整体的关系中来认识。他指出,每一个人在童年时就应该被当做人类的一个不可缺少的基本成员来看待、承认和培育。父母作为上帝指派的监护人应感到并认识到自己对儿童和对人类的责任。同时,父母还应当把孩子放在必要的联系中,放在同人类发展的现在、过去和将来的明确的关系和活生生的联系中进行考察和加以重视。③

福禄培尔指出,对儿童的认识不应是固定的和僵化的,应该以发展的观点来看待儿童。"那种把人类的发展和训练作为一种静止的、完结的、似乎始终仅仅以更大的普遍性重复着的东西的观点,是一种极其有害的观点,因为按照这种观点,儿童以及每一个后代都仅仅是一个模仿出来的、表面上没有生命的复制品,好像是某一先辈的模样的铸件,……固然人的后继的每一世代和每一个人都应当经历这一代以前的发展和训练,否则,他就不能理解过去和现在,然而不是采取模仿、复制、照抄的死的途径,而是采取主动

---

① 〔德〕福禄培尔.人的教育[M].孙祖复,译.北京:人民教育出版社,2001:9.
② 〔英〕罗伯特·R.拉斯克,等.伟大教育家的学说[M].朱镜人,单中惠,译.济南:山东教育出版社,2013:230.
③ 〔德〕福禄培尔.人的教育[M].孙祖复,译.北京:人民教育出版社,2001:16.

地、自由地发展和训练的活的途径。"①

福禄培尔认为,每一个人也是以特殊的、个人的、独一无二的方式被表现、被塑造的。只有坚持这种对一个人的完整的看法,正确的、真正的人的教育和人的培育才能发展。②儿童的存在和发展是人的整个人性与个性的统一。

从对儿童的个性认识出发,福禄培尔非常重视儿童的自由发展。他认为,儿童从出生起,教育者就应当按照他的本质去理解他和正确对待他,让他自由地、全面地运用他的能力。不应当强调某些能力和肢体的运用而牺牲其他能力和肢体,并妨碍这些能力和肢体的发展。儿童既不应当部分地受到束缚,也不应当在以后受到控制。儿童应及早学习发现自己的一切和肢体的重心和支点,学习在其中休息和不受干扰地活动,学习自由地活动和行事,用自己的眼睛发现和观察一切,均匀地和以同等力量使用他的每一个肢体。③

福禄培尔认为,儿童的自由发展主要是精神发展,这是教育中最重要的方面。但儿童的精神发展要与儿童的身体和智力的发展相和谐;儿童的情感、思考、意志和做事要和谐。这些都反映在他所设计的恩物(gift)和作业,游戏和唱歌中。在他看来,每一个儿童生来为善。因此,儿童必须作为一个独立的个体来对待,使他们处于自由的状态,以不受阻碍的方式发展。如果一个儿童在性格上或行为上表现出恶的特征,主要原因是在儿童非常重要的第一年的教育中出现了严重的错误。儿童早期的教育应当是"消极的、保护性的",跟随儿童发展的,而不是禁止的、绝对的和干涉的。

在这里,福禄培尔不仅看到了儿童发展的整体性、个体性,也看到了儿童的发展性特点,提出了儿童发展阶段的主张。在《人的教育》一书中,福禄培尔把儿童的发展分为三个阶段:幼儿期、少年期和学生期。他认为,儿童发展的不同阶段有不同的特点,但是把各个阶段截然对立起来并划分明显的界限,是不合适的,会给人类的进步和发展带来不幸、阻碍和干扰。福禄培尔指出,儿童的发展应当是充分和全面的。一个阶段是建立在先前阶段上的,每一阶段在达到下一阶段之前必须充分地实现,发展的每一阶段对于以后阶段的发展是必要的,而其中儿童发展的早期阶段——幼儿期和少年期的发展是非常重要的。

3. 对幼儿期和少年期儿童发展的认识

(1) 对幼儿期儿童发展的认识

福禄培尔认为,在最初阶段,幼儿与外部世界是不分的、相互混合的。随着幼儿的发展,在父母的帮助下,他逐渐通过言语区分出自己与外部世界,并把自己与外部世界统一起来,最后以其独特性开始展现自己,并与其他事物区分开。④

福禄培尔指出,按照对事物的认识规律,幼儿最初发展的是听觉器官,然后是视觉的发展。通过幼儿这两种感觉的发展,父母和周围的人有可能在物体与语言之间,物体同

---

① [德]福禄培尔. 人的教育[M]. 孙祖复,译. 北京:人民教育出版社,2001:16.
② [德]福禄培尔. 人的教育[M]. 孙祖复,译. 北京:人民教育出版社,2001:17.
③ [德]福禄培尔. 人的教育[M]. 孙祖复,译. 北京:人民教育出版社,2001:19.
④ [德]福禄培尔. 人的教育[M]. 孙祖复,译. 北京:人民教育出版社,2001:32.

符号之间建立联系,引导幼儿去观察和认识事物。随着感觉的发展,幼儿身上又有规律的运用身体,通过坐和卧、抓和握、步行和跳跃来发展四肢的运用。福禄培尔认为,这一时期的幼儿主要是四肢的运用和练习,结果是次要的。[1]为了鼓励幼儿发展四肢,福禄培尔提醒父母,幼儿不要过久地独自待在床上和摇篮里,以防止身体的虚弱。因为身体的虚弱必然产生并决定心理上的娇嫩和脆弱。为了避免这些后果,幼儿的卧床不要过于柔软,幼儿的枕头可以用干草、细禾草等,不要用羽毛枕头。幼儿入睡时盖在身上的东西也应该轻一些,确保新鲜空气的流通。为了防止幼儿醒来后缺乏精神,福禄培尔还建议,在孩子的自然视线内挂一只晃动的、关着一只活跃小鸟的鸟笼,以刺激幼儿的感官和精神活动。[2]

需要指出的是,福禄培尔关于幼儿期儿童发展的认识是包括婴儿期的。他认为儿童在发展了感官、身体和四肢活动到了开始自动向外表现内在本质的程度时,人的发展的婴儿期宣告终止,并开始了幼儿期。在福禄培尔看来,幼儿期与婴儿期的最大不同是开始由内向外表现自己,宣告自己的存在。婴儿期时,人的内在的东西还是一个不分化的、无多样性的统一体。随着言语的使用开始了分化,人的内在本质开始向外释放出来。正是幼儿期的到来,使得儿童开始寻求通过外部表现内部,使二者的结合达到统一,真正的人的教育开始了。其特征是,儿童身体的保育减少了,智力的培育加强了。[3]

福禄培尔指出,由于这一阶段是幼儿认识外界事物并掌握其内在本质的出发点,因此对于这一时期的儿童,应当把他周围的一切东西正确地、清楚地展示在他的面前,使他能够正确地、清楚地看到并认识和描绘一切事物。同时,尽量让他说话,让他运用自己的语言表达对事物的认识。处于这一阶段的幼儿,会视每一个事物都是有生命、有感情和有言语能力的,并相信每一个事物都在听他说话。这个过程就是儿童把内在的本质向外表现的过程[4]。

除了让幼儿说话外,福禄培尔非常重视儿童通过游戏活动发展自己。他指出,游戏是儿童发展的、也是这个时期人的发展的最高阶段,是儿童"内在本质的自发表现,是内在本质出于其本身的必要性和需要的向外表现"[5]。

这一时期,幼儿的进食和穿衣也是很重要的。福禄培尔指出,幼儿在母乳后的食物应简单而适度,不要超出绝对必要的限度之外的人工和精制的食物,尤其不要用过多的香料来刺激食欲,也不要太油腻。[6] 同时,儿童的衣服不应该使他受到束缚、压迫和禁锢,否则会束缚、压迫和禁锢人的精神;儿童的衣服、衣服的式样、颜色、形状本身不应当成为目的,否则会使孩子很早就注意自己的外表,使他变成一个布娃娃而不是一个孩子,变成一个木偶而不是一个真正的人。[7]

---

[1] 〔德〕福禄培尔.人的教育[M].孙祖复,译.北京:人民教育出版社,2001:35.
[2] 〔德〕福禄培尔.人的教育[M].孙祖复,译.北京:人民教育出版社,2001:36.
[3] 〔德〕福禄培尔.人的教育[M].孙祖复,译.北京:人民教育出版社,2001:36.
[4] 〔德〕福禄培尔.人的教育[M].孙祖复,译.北京:人民教育出版社,2001:38.
[5] 〔德〕福禄培尔.人的教育[M].孙祖复,译.北京:人民教育出版社,2001:38.
[6] 〔德〕福禄培尔.人的教育[M].孙祖复,译.北京:人民教育出版社,2001:42.
[7] 〔德〕福禄培尔.人的教育[M].孙祖复,译.北京:人民教育出版社,2001:42.

随着幼儿体力的发展,父母开始教孩子站立和步行。福禄培尔指出,这时不应当使用拐杖和牵引的绳子。当幼儿有了独立站立和独立保持平衡的力量时,他自己会站立起来,当他能够独立地向前移动身体和独立保持平衡时,他自己会行走。母亲可以让孩子离母亲有一定距离之外自由地站立起来,再回到母亲跟前。① 再经过一段时间,幼儿会被各种各样的小石子、五颜六色的纸片、光滑匀称的三角形和正方形的小木块,以及不同形状、颜色、光泽的树叶所吸引,他尝试着用刚刚学会应用的四肢去获得这些东西,把同一类的放在一起,把不同种类的分开。儿童逐渐发展了他对周围世界的认识,他们的生活显示了丰富多彩的特征。

总之,在福禄培尔看来,逐渐成长的幼儿,他们的生活和发展是丰富多彩、生动活泼的。这种生活适应人类的使命和天职,教育者要认识、保护、扶植、发展他的生活的内在萌芽,把人类幼苗的力量和元气、欲望和本能引向正确的方向。②

(2) 对少年期儿童发展的认识

福禄培尔认为,少年期与幼儿期有明显不同。幼儿期主要是生活的时期,是生活本身的时期,是为了生活而生活的时期。这个时期是一个使内部的东西变成外部的东西,向外表达自己需要的时期;而少年期则主要是使外部的东西变成内部的东西的时期,即学习知识的时期。少年期与婴儿期和幼儿期也不同。婴儿期主要是保育的时期;幼儿期主要是教育的时期;而少年期主要是教学的时期。③

在少年期,学习成为主要任务,因为它是把外部的东西变成内部的东西的过程。少年期的儿童学习什么? 在福禄培尔看来,儿童开始学习如何从物体中区分名字和从名字中区分物体;从讲话者中区分言语和从言语中区分出讲话者。当语言在书写中被赋予外形和具体化时,当口语变成书面语言时,教学开始进行。福禄培尔认为,在这个时期,教学不仅要根据儿童的本性,还要根据固定的、明确的存在于儿童外部的事物的条件。对儿童来说,学习的过程就是认识外部的事物及其本性,认识各种事物和各种知识的联系的过程。

当然,这个时期的学习主要是在家庭。福禄培尔指出,在家庭里,儿童会看到父母、其他家庭成员,看到成年人在生活中和他的家庭所触及的各种关系中进行创造、工作和劳动,于是他们也会去表现他们所见到的一切,或者帮助父母、成年人去做他们所做的一切。福禄培尔建议,父母在这时不要拒绝孩子的帮忙,要满足孩子的需要,允许孩子把他的力量使在父母的工作上。这样可以使孩子意识到他们自己的力量。如可以让孩子帮助父母举东西、拉东西、搬运东西、掘地、劈柴等。④

福禄培尔认为,这个时期的儿童也会从渴望获得知识的心灵出发提出许多问题来满足自己探索和活动的需要。"怎么样? 为什么? 用什么方法? 什么时候? 什么原因? 什么目的?"每一个能够满足孩子的答案,都会给他们开拓一个新的世界。如果这个时候阻

---

① 〔德〕福禄培尔. 人的教育[M]. 孙祖复,译. 北京:人民教育出版社,2001:48.
② 〔德〕福禄培尔. 人的教育[M]. 孙祖复,译. 北京:人民教育出版社,2001:51.
③ 〔德〕福禄培尔. 人的教育[M]. 孙祖复,译. 北京:人民教育出版社,2001:68.
④ 〔德〕福禄培尔. 人的教育[M]. 孙祖复,译. 北京:人民教育出版社,2001:73.

止孩子的问题或者活动,使孩子顺从父母的意志,那他也就放弃了相当大一部分作为一个人的力量,失去许多关于各种事物的知识。①这一时期儿童的活动主要是塑造活动。他们喜欢玩弄各种材料,喜欢观察各种事物,喜欢从事动手做各种东西。在塑造活动中也是孩子们建立联系、解决冲突的过程。如在玩小船在"湖"中漂浮的活动,每个人都有自己的领域和船只,"但是每前进一步,就意味着侵入另一个孩子的领域,每个孩子都同样有资格要求作为主人和创造者的权利,每个人可以要求自己的权利,同时也要承认别人的要求。那么什么东西能够在这方面起到调停作用呢?只有条约,就像国家与国家关系那样通过严格的条约相互联合起来。"②在福禄培尔看来,孩子们正是通过这样的游戏得到多方面的收获。

福禄培尔论述了少年期儿童的游戏问题。他指出,幼儿期也有游戏,但他们游戏的主要目的仅仅在活动本身;少年期游戏活动的目的不是在活动本身,目的是表现,是表现事物本身,表现出精神和道德力量的增长,而且这种增长要大于前者。在游戏中,儿童可以形成正义、节制、克己、诚实、忠诚、友爱,以及公正无私等品质。③

福禄培尔还主张每一个村镇应当具备一个自己的、供学前儿童使用的公共游戏场所。这对整个社区的生活将产生卓越的成效,因为这一发展时期儿童的游戏,不管在什么地方都具有共同性,它将为社会培养共同的意识和情感,发展社会共同的法则和要求。孩子会尝试在他的伙伴中观察自己、感受自己,衡量和测量自己,通过他们去认识自己和发现自己。这种游戏就直接对孩子的生活发生作用,激发和培育了公民的和道德的品质。④福禄培尔关于设置公共游戏场所的观点反映了他的学前教育家庭化走向社会化的主张。

福禄培尔也对少年期儿童发展中存在的一些问题,如任性、固执、贪图安逸、身心不活泼、怠惰、高傲、武断、专横、缺乏友爱精神、厌恶做事,甚至厌恶游戏等进行了分析。福禄培尔认为,儿童身上存在一些不足和缺点是自然的,只要他能够对人的本质达到明确的认识,只要他不被恶习和弱点磨灭了力量和意志,他可以通过本身摆脱这些缺点。在教育上,应该在少年儿童身上唤起一种共同的感情并培养这种感情,形成真正的友好、信任、宽容和尊敬的品质。⑤福禄培尔指出,使少年期的孩子变坏的人大多数是成年人,甚至是教育者自己。因为这些人总是把孩子看成邪恶的、不良的、阴险的小魔鬼,结果是把天真无邪的孩子变成了有罪的人。⑥在这里,福禄培尔提出了一个非常重要的问题,即如何认识和看待少年期儿童发展中存在的不足和问题,不同的视角和评价对儿童的发展和成长会产生不同的影响。

---

① 〔德〕福禄培尔.人的教育[M].孙祖复,译.北京:人民教育出版社,2001:75.
② 〔德〕福禄培尔.人的教育[M].孙祖复,译.北京:人民教育出版社,2001:79.
③ 〔德〕福禄培尔.人的教育[M].孙祖复,译.北京:人民教育出版社,2001:80.
④ 〔德〕福禄培尔.人的教育[M].孙祖复,译.北京:人民教育出版社,2001:81.
⑤ 〔德〕福禄培尔.人的教育[M].孙祖复,译.北京:人民教育出版社,2001:87.
⑥ 〔德〕福禄培尔.人的教育[M].孙祖复,译.北京:人民教育出版社,2001:89.

第二节　福禄培尔的幼儿园教育理论和方法

在长期的儿童教育中,福禄培尔一直在思考的一个问题是:学校教育中为什么花费许多时间却不能教好一个孩子。他认为,这首先是学校的过错。为此,福禄培尔曾进行了卡伊尔霍学校教育的实验,试图改变学校教育的方法,但是结果不满意。在仔细观察以后,他得出结论:儿童在进入学校之前一直接受错误的教育,儿童早期的教育有缺陷。这样,福禄培尔就开始考虑如何教育那些学前阶段的儿童,并且改变早期教育不被重视的情况。不过,在学前教育阶段,他也发现虽然一直强调母亲在儿童早期教育中的重要性,但是许多母亲没有时间和能力在儿童的第一个七年的时间里来进行教育,而且在一个家庭范围内又难以得到别人的帮助。他指出,儿童在3—7岁的社会和道德的发展需要一个有其他同伴的圈子,家庭教育限制了儿童的活动和经验,这需要一个新的学前教育社会化机构——幼儿园。

一、幼儿园机构的奠基人

关于学前教育社会化的思考,早在1826年的《人的教育》一书中,福禄培尔就已经有了关于创设学前儿童公共游戏场所的主张。他认为创设这样的机构不仅对于整个社区的生活将产生积极的影响,还可以培养儿童形成公共意识、促进个体的社会性发展。

在1829—1836年期间的一系列信件中,福禄培尔关于对3—7岁的儿童进行学前教育的思想更加清晰。1837年,他在卡伊尔霍学校附近的伯来肯伯格(Blankenburg)建立了一个幼儿教育机构,希望这是一个专门为幼儿提供教育的机构。在这里,儿童可以根据他们的本性得到自由的发展。1840年的一个傍晚,福禄培尔在与朋友一起从卡伊尔霍到伯来肯伯格散步途中,他高兴地喊道:"我发现了,幼儿园将是新机构的名字。"[①]

伯来肯伯格的幼儿教育实验最初受到一些人的怀疑,但是当父母和其他人看见孩子们高兴地参加游戏和运动,他们所接受的教导,他们带回家的编织和缝制的物品,以及他们自发地沉浸在自己的活动中,父母们开始理解和支持幼儿园。1838年,福禄培尔在《星期日日报》上公开呼吁,家庭应联合起来完成这一格言:来吧,让我们与孩子们一起生活。1843年,福禄培尔在《关于德意志幼儿园的报告书》中指出:"幼儿园收容学龄前3—6岁的儿童,以家庭的方法助长儿童的身体发育与精神上诸能力的发展,养成良好的习惯为目的。"[②]

创立幼儿园以后,福禄培尔的精力主要放在使用各种方法来推广和扩大幼儿园上,主要表现为两个方面:一是在城市开展推广活动;二是通过通信和出版出版物进行宣传。1837年以后,福禄培尔与他的同事到德国的许多地方进行活动,促进了幼儿教育计划和幼儿园的发展。

---

① V. Celia Lascarides, Blythe F. Hinitz. History of Early Childhood Education[M]. Falmer Press, 2000:98.
② 雷通群. 西洋教育通史[M]. 北京:商务印书馆,1935:313.

一些研究者指出,幼儿园的建立具有重要意义。在此之前还没有人能够建立一个连续的、相连接的、能够完全适合所有阶层幼儿的教育制度。而通过福禄培尔的努力,使得"每一个儿童,不管其地位和条件如何,都能够发展其真正的本性、性格和生活的职业;自我教育以及接受教育;以及训练那些将来继续教育幼儿的幼儿园的工作者"[①]。在福禄培尔的影响下,许多人积极参与并且接受他的幼儿教育工作的训练。

二、论幼儿园教育与幼儿园活动

幼儿园教育是福禄培尔一生主要从事的事业,也是他最有成就、最有影响的事业。他系统地研究了幼儿园教育活动,在实践中创立了学前幼儿教育体系,使得学前教育开始从教育学科中分化出来,他也因此被称为"幼儿教育之父"。

1. 论幼儿园教育的任务

福禄培尔十分重视人的早期教育,认为幼儿时期对人的发展是非常重要的,一个人对于自然、家庭以及社会关系的认识都取决于这个时期的生活。如果儿童在幼儿时期受到不良的教育,那么在以后的发展中,他将需要以极大的努力去克服由这种教育所造成的损害。因此,从幼儿时期起,"真正的人的教育就开始了"。如果说父母和教育者对于婴儿的主要职责在于养护,那么对于幼儿则应该较多地注意其"心智"的发展;在幼儿期,训练应代替养护居于首要的地位。

由于幼儿的成长离不开家庭的教养,因而,福禄培尔也十分重视父母在家庭教育中的作用。他认为,在这一时期,孩子的教育是完全托付给母亲、父亲和家庭的,父母在家庭中对儿童的生长和发展负有重要的责任。但同时他又认为,由于大多数父母缺乏足够的幼儿教育的知识和训练,不能很好地承担教育者的任务,因此,社会有必要建立专门的教育幼儿的机构——幼儿园,以帮助家庭对幼儿进行合理的教育。1837年,他创立了德国第一所幼儿教育机构。他把儿童比作植物,把教师比作园丁,把学校比作花园,1840年,这所教育机构正式命名为"幼儿园"。福禄培尔曾经指出:"称之为'幼儿园'与通常称为'幼儿学校'的类似机构是不同的。它并不是一所学校,在其中的儿童不是受教育者,而是发展者。"[②]

福禄培尔非常重视对幼儿园教育的研究。他认为,幼儿园教育的任务主要是保障幼儿的身体健康,发展幼儿的感觉,扩大对周围生活的认识,发展语言和创造力,以及进行初步的道德教育和宗教教育。他认为,幼儿园的任务可以通过幼儿的游戏和各种活动完成,因而,幼儿园应重视幼儿的游戏、活动以及教具和作业的设计。

关于幼儿园活动以及教具的设计,福禄培尔吸收了瑞士教育家裴斯泰洛齐的要素教育思想,但他不同意裴氏把系统的知识分解成孤立要素,为儿童提供支离破碎的东西的做法,而主张教育一开始就应为儿童提供全面而有兴趣的活动,而且这种活动应当是系统的、渐进的、统一的。

---

① V. Celia Lascarides, Blythe F. Hinitz. History of Early Childhood Education[M]. Falmer Press, 2000:100.
② 单中惠,刘传德. 外国幼儿教育史[M]. 上海:上海教育出版社,1997:173.

2. 幼儿园的"恩物"(gift)和"作业"(occupation)

恩物和作业是福禄培尔幼儿园活动的主要内容和方法。它们与幼儿园的园艺学和自然研究，以及音乐在一起，被用于发展儿童的本性。

福禄培尔认为，恩物就是依据这种思想为幼儿进行游戏和其他活动所设计的一套教具。恩物是上帝恩赐物的简称，它也意味着成人送给儿童的玩具。恩物的主要目的在于帮助儿童从生命的最初开始了解和认识外部世界。儿童在游戏中使用恩物，可以引入对世界的进一步认识；这些恩物也成为儿童全部环境的组成部分，并且与舞蹈和音乐结合起来。福禄培尔设计的恩物都有使用说明和指导，并由幼儿园工厂的工人包装在盒子中，可见其生产已经具有一定商业化的特点。福禄培尔还经常把最新开发的恩物送给他的朋友或亲属的孩子，供他们检验，并征求他们的评论和使用每一个恩物的意见，然后他再根据这些意见来改进恩物。关于福禄培尔的恩物，并没有十分准确的数目，但有六种是通常使用的。

第一种恩物是六个不同颜色的毛线球。福禄培尔认为，球是一切教具中最有价值的，它是万物统一的象征，也是儿童天性统一的象征。而球对于儿童身心的发展更具有作用。如球的不同颜色可以发展儿童对颜色的分辨能力；儿童抓球、玩球，可以发展儿童手的活动技能；成人甩动小球或用它与孩子做游戏，可以发展儿童的空间观念，如上下、前后、左右等；把球藏起在成人的背后让儿童猜，可以形成"有"和"没有"的观念等。总之，通过分辨、摆动等各种使用恩物的活动，并用儿童可以理解的语言加以解释，可以锻炼儿童的感官，扩大儿童的经验，使他们感受到自己的存在和力量。

第二种恩物是由木制的圆球、立方体和圆柱体组成。与第一种恩物不同，第二种恩物比第一种更加丰富。如立方体平面的稳定性可以替代圆球的不稳定性，它是事物静止的象征；而圆柱体是球体和立方体两种物体的混合，它既是稳定的，又是可以滚动的。通过这种恩物的多种性质和特点的展示，可以帮助儿童认识物体的各种形状和几何图形。

随后的四种恩物是把立方体按照不同方法分割而成的。如第三种恩物是用八个同样大小的小立方体组成的一个大立方体，通过让儿童把小的立方体组合成大的立方体，可以使儿童获得整体与部分的概念。第四种恩物是把一个立方体分成八个相同的小立方体，使儿童获得长、宽、高的概念。第五种和第六种恩物都是把一个大立方体分成27个小立方体，其中有的小立方体再分成更小的部分或平板、斜角等，使儿童认识各种集合形状。总之，这后四种恩物主要是帮助儿童认识部分和整体，以及二者的关系。

福禄培尔认为，这些恩物可以与游戏结合起来进行。如儿童把立方体分成的小立方体或长方板等搭接和重叠成为一条板凳、梯子等，以用来表现生活或体现建筑；还可以让儿童在一个简单的装饰物的基础上，通过替换个别物体而获得新的造型，以使儿童体现美或不同的图像形式。

除了上述六种恩物以外，福禄培尔还主张使用各种纸片、小木棒和小珠等，认为这些材料也可以为儿童提供各种学习活动。总之，在福禄培尔看来，真正的恩物应满足三个条件：① 能使儿童理解周围世界，又能表达他对这个客观世界的认识；② 每种恩物应该包括一切前面的恩物，并预示后续的恩物；③ 每种恩物本身应表现为完整的有秩序的统一概念——整体由部分组成,部分可形成有秩序的整体。

需要指出的是,福禄培尔设计和创造这一套恩物是有其思想基础的。他从青年时期开始,就十分喜爱数学,对几何和测量有极大的兴趣。当他在家乡所办的学校教数学课时,就产生了让儿童用几何图形进行活动、学习数学的想法。他曾使用各种木块教学生练习计算和构建立体模型。这种做法无疑会使数学教学直观、形象、生动有趣。同时,福禄培尔又认为必须在儿童入学之前就开始培养他们对数量与形体的认识,为入学以后的观察活动和认识大自然打下良好的基础。福禄培尔正是为了对幼儿进行初步的数学教学,为便于幼儿游戏以及进行多种模仿或创造性活动,而献给孩子们这一套恩物的。恩物是福禄培尔对幼儿教育的一个重要贡献。

除了恩物外,福禄培尔还设计了一系列的"作业"来训练儿童在活动中运用各种方式、使用各种材料来制作物品。作业与恩物相比有自己的特点。恩物的目的是通过恩物的使用教给儿童认识外部的世界;而作业是通过一定的技能给儿童提供实践的材料和活动的机会,作业更多的是儿童手工的活动。在福禄培尔看来,任何材料都可以成为作业,当然为儿童提供的作业应是在儿童能力所控制的范围内的。福禄培尔认为,作为一种用于幼儿园活动形式的作业,种类很多,主要有绘画、纸工、用小木棒或小环拼图、串联小珠、刺绣等。作业还应包括一些劳动活动,如初步的自我服务和照料植物等,并开辟劳动园地,组织儿童共同或单独进行栽种。

3. 幼儿园的游戏活动

在幼儿园教育活动中,游戏也是重要的教育途径。福禄培尔认为,游戏是儿童生活中不可缺少的因素,是人类在童年时代的生活中最快乐的一种现象。游戏不仅能增强儿童的体力,还可以发展智力和品德,而共同游戏还可以形成儿童节制、友爱、勇敢等良好品质。他曾由衷的赞叹全神贯注地进行游戏、沉醉于游戏之中的儿童,认为那是生活之中的一种十分美好的景象。因此,他主张让幼儿的生活中充满愉快的游戏。

福禄培尔为儿童编制了多种游戏活动,其中有以恩物代表的玩具游戏,它可以发展儿童的认识和创造性,并练习手的活动技能。还有一种是模仿自然现象或成人生活某些动作的游戏,如"小河流水""蜗牛""旅行"等。他为这种活动游戏编写了伴唱的歌曲或伴奏的音乐。活动游戏有利于身体的生长和发展。由于把游戏当做发展儿童主动性和创造性的最好活动形式,福禄培尔强调成人要允许儿童自由地、尽情地游戏,不应该干涉或禁止;同时,他也要求成人关心和指导儿童的游戏,培养儿童的游戏能力,保卫和指导儿童的游戏。

19世纪后半期乃至20世纪初期,福禄培尔的学前教育方法一直深刻地影响了欧美各国、日本和其他国家的学前教育。1851年,幼儿园首先传入英国,1855年传入美国,1876年传入日本,后又于1903年传入中国。福禄培尔的学前教育思想是对19世纪西方幼儿教育积极探索的产物,其中提出的许多思想和见解是具有划时代意义的。福禄培尔学前教育思想的形成,标志着西方近代学前教育理论开始从教育理论体系中分化出来,成为一门独立的科学。福禄培尔的学前教育思想对近代、现代学前幼儿教育事业的发展产生了重要影响。

三、《母亲游戏和儿歌》的内容和方法

在学前教育实践中,福禄培尔一直关心母亲在幼儿教育中的作用。1847年,在幼儿园实践的基础上,福禄培尔出版了《母亲游戏和儿歌》一书。书里共有50个儿歌和游戏,每一个儿歌和游戏都有对母亲进行指导的格言,以及母亲为孩子唱的诗歌。每一游戏和歌曲都是儿童身体某一部分的练习。在这本书的结尾,还有福禄培尔为指导母亲使用这本书的说明。在福禄培尔看来,编写这本书的目的是使母亲相信儿童的教育始于出生的第一阶段。在这一阶段,母亲在婴儿智力和道德成长中具有奠基的作用。

《母亲游戏和儿歌》分四组手指游戏和儿歌。每一部分代表儿童发展的不同阶段。第一组涉及运动经验、感官辨别、模仿,以及各种对象的了解。第二组是扩展儿童生活的经验,包括涉及儿童家庭关系的儿歌。第三组是涉及儿童不熟悉的遥远物体和星体的内容。第四组是关于道德主题和职业的内容。在这几组内容中,反映福禄培尔一贯强调的相互联系的思想,每一阶段都是前一阶段的逻辑顺序的发展。[1]

福禄培尔认为,这本书尽管是为母亲写的,但可以提供给许多幼儿园使用。《母亲游戏和儿歌》一书的出版,在一定程度上已经超出了学前家庭教育的范围,成为学前教育社会化的重要手段和组成部分。

第三节 幼儿园的发展和福禄培尔的贡献

一、福禄培尔幼儿园的发展

福禄培尔的幼儿园建立以后,在德国得到较快的发展。到1848年已有16个登记的幼儿园。福禄培尔的学前教育思想不仅在德国有很大影响,也传播到欧洲的大部分国家,包括奥地利、英国、希腊、瑞士和俄罗斯,以及美国和日本。

为了促进幼儿园的发展,1849年,福禄培尔开始花费大量的时间来训练幼儿教育工作者。在热心幼儿教育人士的资助下,福禄培尔建立了一个教师训练机构。这个训练机构的目标是培养年轻的女性照料、指导和教育从出生到准备上学这一时期的儿童。通过训练,使她们成为幼儿园、学校、儿童教育者、家庭教育帮助者,或指导者的助手。训练机构招收学生的条件是:毕业于公立学校或女子学校;17—20岁之间;具有"对儿童的爱,与儿童游戏的能力,性格纯净,虚心,向往上帝的宗教情感,喜爱和唱歌的能力"[2]。下面是这一训练机构的一日时间表及内容。[3]

早上7点,学生开始参加早祈祷,接着是宗教教学。学生要获得固定的宗教观点和对宗教本质的清晰认识,以及对儿童人性和童年发展的洞察。

8点到9点是早餐时间。

---

[1] V. Celia Lascarides, Blythe F. Hinitz. History of Early Childhood Education[M]. Falmer Press, 2000:104.
[2] V. Celia Lascarides, Blythe F. Hinitz. History of Early Childhood Education[M]. Falmer Press, 2000:105.
[3] V. Celia Lascarides, Blythe F. Hinitz. History of Early Childhood Education[M]. Falmer Press, 2000:105.

  9 点到 10 点,要对人性的发展和儿童发展规律进行观察,并对儿童的本性进行反省。

  10 点到 12 点,是与儿童直接进行交往的活动时间。这一时间,要学习相互的交往;学习启发性的讲话,以及启发性的儿歌,主要学习《母亲游戏和儿歌》。

  12 点到下午 2 点,是午餐和自由时间。可以与儿童自由地游戏。每个学生要回忆一天较早时间学习的内容。

  下午 2 点到 4 点,开始从事游戏,并把各种福禄培尔的恩物结合起来。

  下午 4 点到 5 点,晚餐和自由时间。

  下午 5 点到 6 点,学生要参加儿童的游戏。

  下午 6 点到 7 点,学生要学习恩物的使用。

  这是一份最早的关于幼儿园教师培训计划日程的描述。它反映了福禄培尔的思想:幼儿园教师的培训应当与儿童所使用的恩物或活动结合起来进行,培训应当是有秩序的。这个教师培训机构的建立在一定程度上也是德国近代学前师范教育的开端。

  应该指出,福禄培尔从创办幼儿园开始到幼儿园得到发展,一直是比较顺利的,但是到了 1851 年 8 月,普鲁士政府颁布法令禁止幼儿园在德国的活动,理由是由福禄培尔等人所写的《初级学校和幼儿园》的小册子上有不敬神的思想。这给福禄培尔的学前教育事业以极大的打击。禁令一直持续到 1860 年。

  尽管这样,福禄培尔仍然开展了一些工作。1851 年 9 月 27 日至 29 日,他组织教师协会召开关于幼儿园教师和讨论福氏教育体系的会议。他希望协会能够证明他对社会的实际工作,并进一步在德国妇女中传播这一思想。大多数参加会议的代表确信教育改革是必需的,并且改革的新的基础需要福禄培尔提供方法。会议报告了许多幼儿园的情况。福禄培尔也作了关于柏林第一个幼儿园妇女教育联盟的演讲。与会者还观看了儿童们所表演的游戏。福禄培尔的学生还展示了一些游戏,以及许多恩物。会议形成的宣言指出:"福禄培尔的教育体系远离所有党派偏见。必须看到它作为理论和实践教育的基础。它给了提高学校文化的希望;它本身证明通过妇女的职业教育特别适合改善家庭教育。"[①]会议还建议福禄培尔应写关于他的思想体系的论文,为教师出版"幼儿园指导",以及建立一个新的刊物《福禄培尔的教育目标》。福禄培尔同意会议的结果,这一杂志在年底出版。但由于他在第二年去世,他没有实现其他诺言。1852 年 6 月 21 日,福禄培尔去世,许多人前来表达对他的尊敬———一些父母、年轻人,以及许多带着花圈和鲜花的孩子,还有他的朋友和学生。用石头制作的纪念碑上面描述了福禄培尔的第二个恩物,幼儿园的座右铭刻写在圆柱体上。福禄培尔去世后,教师培训机构继续开展工作,福禄培尔的论文也陆续出版,他的学前教育思想在许多国家得到了传播。

二、福禄培尔在幼儿园和学前教育上的贡献

  福禄培尔是近代德国著名的教育家,他在学前教育领域的开拓和研究,使得学前教

[①] V. Celia Lascarides, Blythe F. Hinitz. History of Early Childhood Education[M]. Falmer Press, 2000:106.

育和幼儿园成为普通教育的新的阶段和新的形式。福禄培尔的学前教育思想和幼儿园实践在由近代向现代学前教育发展过程中占有重要的地位。

福禄培尔最突出的贡献是他实践和实现了学前教育社会化思想。从对学前教育的关注来看,福禄培尔对这个问题的考虑主要有两个出发点。

一是对学校教育存在问题的反思。福禄培尔指出,学校教育花费许多时间但是却不能把孩子教好。是学校的过错吗?福禄培尔进行了学校教育实验后发现,问题不在学校,而是儿童在入学前一直接受错误的教育,儿童的早期教育有缺陷。这样,福禄培尔就开始把注意力放在早期教育阶段,特别是早期家庭教育上。

二是他对儿童早期家庭教育不足的分析。他发现虽然一直强调母亲在儿童家庭早期教育中的作用,但是许多母亲实际上没有时间和能力来教育好孩子;而且在一个家庭里又很难得到别人的帮助。福禄培尔指出,儿童早期的社会和道德发展需要一个更大范围的、超出家庭的、有其他同伴参与的活动,但是家庭教育限制了儿童的活动和经验,这就需要一个新的教育社会化的机构,这个机构就是幼儿园。

当然,如果从更大的范围看,福禄培尔提出学前教育社会化的主张,也与他对人与社会,以及人与上帝的认识有关,特别是后者。在他看来,儿童是社会的人,更是上帝的种子。这就要打破每一个家庭教育的局限,让儿童走出家庭,为儿童的发展提供最好的环境。福禄培尔幼儿园的创办和为幼儿园所做的一切正是这种认识的实验和实践。需要指出的是,福禄培尔关于学前教育社会化的探索还与他为儿童设计的"恩物"有关。他把恩物当做一种游戏手段,向儿童和父母展示,邀请亲子一起参与活动。恩物直接面向儿童,突破了家庭的范围,吸引了父母的注意力,甚至为此创立了专门为儿童服务的游戏机构,这也就为幼儿园的创立及发展奠定了基础。

总之,福禄培尔在幼儿园及学前教育上的贡献给我们的启示是,学前教育社会化问题的突破,可能是从一个点开始,但是这个点非常重要。福禄培尔可能事先并没有意识到"恩物"的作用,但它一旦被发现,则在促进幼儿园的形成及以后的传播中具有不可估量的价值。

 本章小结

与洛克、卢梭、裴斯泰洛齐的学前儿童教育思想相比,福禄培尔的思想更具有教育哲学的基础。福禄培尔的教育哲学是与宗教神学联系在一起的。与卢梭的"自然神论"①不同,福禄培尔并不排斥宗教神学的地位,而是利用它为自己的教育哲学服务。在福禄培尔看来,上帝是所有事物的基础,是万能的和永恒的,是自然的本质和世界的含义。一切事物都来自上帝的精神,一切事物的本源在于上帝。同时,上帝的精神存在于一切事物中,一切事物的使命就是展现上帝的精神。由于人的发展过程是一个展现上帝精神的

---

① "自然神论"思想是一种强调神学世俗化的主张。这种思想认为,上帝创造了一切,也创造了人。但是上帝在创造自然和人以后,就不再对它们进行管理了,而让它们自行对自己负责,自行进行管理。

过程,因此人的发展就应该从一个点出发不断前进。这种不断前进的发展应该被认识并得到有效的保护。在人的发展过程中,如果存在人为强制的限制和分流,忽视人的发展的连续性、生命的连贯性以及内在的生命本质,则是十分有害的。反映在对儿童的认识上,就是儿童是一个自然的儿童,一个人类的儿童,一个上帝的儿童。人的教育就是教导人去体现人的本质,表现上帝的精神,并指明达到这一目的的途径和手段。儿童的发展就是一个"自动发展"的过程。儿童的教育就应该像卢梭的主张那样,是一个消极的、被动的、不被干涉的教育。福禄培尔的这一主张使得他的教育哲学在体现神学特点的同时,也得到神学的保护,把人性与神性结合起来,反映出福禄培尔对宗教神学、教育哲学与人的发展关系的综合思考。

受卢梭思想的影响,福禄培尔也把儿童看成是性本善的,强调儿童的教育是一种自然的教育,但又有不同的特点。在福禄培尔看来,如果儿童本性在没有被损害的情况下,儿童的发展就是自动的发展,儿童的教育就是自然的教育。但是如果儿童的本性被损害以后,福禄培尔则建议要实施严格的、明确的和强制性的教育。[①] 也就是说,当自由服从一个法则而这个法则又符合人的最高本性时,这个法则或者强制是自我强加的。所以,这样我们才能理解福禄培尔的这句名言,即在良好的教育中,在真正的教学中,在正确的训练中,必然唤起自由,法则唤起自由,压制唤起自由,仇恨唤起内在的爱。如果是相反,仇恨产生仇恨、法则产生欺骗、压制产生奴性、必然产生盲从,任何教育、训练、教学都是失败的。为了避免后者和实现前者,所有的规定的方式必须顺应学生的本能和需要。从这些主张来看,福禄培尔注意到了儿童发展和教育过程中的复杂性,强调不要简单化的处理教育和教学问题。这个认识直接影响了他的学前教育和幼儿园的思想。在福禄培尔看来,幼儿园是适合儿童发展的机构,它是根据上帝永恒的发展和精神来安排和设计的,它可以展现儿童的内在精神,也可以发展儿童多方面的能力。

当然,福禄培尔的学前教育思想也存在一些不足,如从教育哲学上看,他较多是从以神性为基础的教育哲学来认识儿童的发展,把儿童的发展看做是展示"上帝精神"的过程,并把这个过程看做是儿童自动发展的过程。这反映出福禄培尔的教育哲学对幼儿发展认识的时代局限性。同样,他为孩子们设计的恩物,虽然与以往的教育活动或者游戏、玩具相比,在一定程度上满足了儿童缺少玩具的需要,但这些恩物还是渗透着神学的思想,不利于孩子的身心发展,因为孩子的成长不是靠神学精神的灌输和渗透长大的。

 自我评量

名词解释
1. 内发论   2. 预成论   3. 恩物   4. 作业

---

① [德]福禄培尔.人的教育[M].孙祖复,译.北京:人民教育出版社,2001:10.

简述题

1. 福禄培尔为什么提出幼儿园的设想？
2. 福禄培尔为什么重视"恩物"和"作业"，试举例分析。
3. 如何认识福禄培尔的游戏观？
4. 如何评价福禄培尔在幼儿园和学前教育方面的贡献？

论述题

1. 如何认识和评价福禄培尔"上帝精神"教育哲学思想？
2. 评析福禄培尔的整体的、发展的和个性化的儿童观。
3. 试评价福禄培尔的"内发论"思想及对学前教育的影响。
4. 比较分析福禄培尔关于幼儿期和少年期学前儿童发展思想的异同。
5. 分析和评价福禄培尔的幼儿园教育和幼儿园活动思想。

第三编

学前教育制度化时期：现代学前教育

　　从19世纪中期开始到19世纪末,学前教育社会化思想已经为社会所接受并付诸实践,学前教师的职业培训也得到一定发展。与此同时,学前教育制度化思想也开始在一些国家提出并试行,学前教育逐步成为国家教育制度的组成部分,具有公共教育性质的学前教育也开始被接受和实践。

　　19世纪末和20世纪初,欧美主要国家又出现新的教育思潮,并逐步形成一场范围广泛的教育革新运动,对现代教育制度,包括学前教育制度化的形成产生了重要的影响。其原因主要有:第一,19世纪末欧美国家工业和经济迅速发展,新的科学技术广泛使用,促使整个社会生活发生了重大变化。人们开始以一种乐观的态度迎接这种变化,并且试图通过教育的改进来解决各种社会矛盾,进步主义改革,包括教育改革成为社会改革的重要组成部分。第二,随着欧美初等义务教育的普及,人们日益关注教育质量的提高,同时也重视研究教育发展中存在的一些问题,儿童研究运动、教育调查运动等为解决儿童发展、教育机构改革及重组等提供了重要的条件。第三,科学技术的发展也为这一时期的教育改革和教育研究提供了条件。这一时期,实验科学尤其是实验心理学的诞生和发展,为教育革新提供了科学依据和方法论的基础,人们开展各种教育研究与实验,力图建立"科学的教育学"。第四,从教育的本身来看,近代教育家卢梭及其追随者们的自然教育和自由教育的主张也成为欧美教育革新运动的主要思想渊源。在这样的社会改革和思想基础上,一些代表着新教育的教育家抨击旧的教育体制不切实际的弊端,主张建立一种与现代社会生活、与儿童生活紧密联系的新的教育,开始了一种新的思想和实践的探讨。这些教育思想和实践活动构成了19世纪末至20世纪初现代教育改革的基本内容,也对学前教育的发展产生重要影响。

现代教育的早期阶段也是学前教育制度化的形成时期。有研究者指出:"在19世纪,各种学前教育机构主要取决于个人的创意;在20世纪的第一个十年中,这些机构逐步地统一到教育机构中。"①在这一时期,学前教育机构逐步纳入并成为国家教育制度的组成部分。主要表现为:一是各国在发展学前教育上,均通过立法把学前教育纳入国家的教育体系中,确立学前教育的地位和关系。二是注重学前教育政策的制定。采取制定发展战略、教育规划、计划等多种形式提供促进学前教育发展的制度和政策环境。三是注重协调和解决学前教育制度化过程中的实际问题,包括学前教育的性质,学前教育的实施机构,学前教育与小学教育的关系,公立和私立学前教育机构的关系,学前教育与学前教育管理机构的关系等问题,促进学前教育的有序发展。当然,随着20世纪政治、经济发展和社会变革对教育的要求,学前教育对象的问题,特别是学前幼儿的发展问题一直是各国学前教育关注和研究的重点。从"儿童中心"到"智力中心",从儿童的"智力中心"到"整体发展",人们对学前儿童发展的认识不断深入,在理论和实践上推动了现代学前教育制度的建设向更为人性化和科学化的方向发展。

第三编内容主要包括欧美国家及日本学前教育制度化的形成、蒙台梭利的学前教育、现代教育家对学前教育的研究,以及学前教育国际化的趋势等。

---

① 〔瑞典〕T.胡森,等.教育大百科全书(第2卷)[M].张斌贤,等译.重庆:西南师范大学出版社,海口:海南出版社,2006:614.

第八章 学前教育制度化的形成：现代欧美及日本的学前教育

学习目标

通过本章的学习，认识现代英国、法国、德国、苏联、美国及日本等国学前教育制度化形成的基本过程；结合不同国家学前教育发展的背景和实际进程，思考各国在探索学前教育制度化方面的问题和解决办法；把握学前教育由社会化向制度化发展过程中的影响因素和基本特征。

随着近代国家，特别是欧美国家先后出现的工业革命对社会各个方面的影响，不仅促进了学前教育的社会化进程，也启动了学前教育制度化的进程。这一进程是从政府的最初的干预，逐步到教育立法的过程，体现了一种制度化的过程。当然，在不同国家，这一进程各不相同。本章主要介绍欧美主要国家学前教育制度化形成的过程。

第一节 现代英国学前教育制度化的形成

从历史上看，英国的教育一直采取自由、放任的政策，国家和政府很少过问教育事务。但在19世纪以后，随着工业革命的开始和国家竞争的需要，英国政府也注重加强对教育的干预，学前教育也成为被干预的对象之一。当然，国家对学前教育的干预并不等于学前教育的制度化，只有把学前教育机构纳入到一定体系或者制度中，并且以法律的形式加以规范才可以称之为学前教育的制度化。19世纪末到20世纪初，现代英国学前教育的发展既体现了学前教育的社会化进程加快，也反映了学前教育制度化推进的事实。这是一个二者相互促进，推动制度化的过程。

一、保育学校的创立与学前教育制度化的形成

20世纪上半叶，英国保育学校的创立和发展仍然反映了学前教育社会化的进程，而1918年的《费舍教育法》和1933年的《哈多报告》的颁布，以及对保育学校的干预和相关政策的制定，加快了英国学前教育制度化的形成。

1. 保育学校的创立与发展

1870年英国《初等教育法》颁布及随后制定的若干法令，确立了对儿童从5岁开始实施义务教育的制度，但同时也出现了5岁以下幼儿无人看管的问题。一些孩子随他们

的哥哥姐姐到小学学习,但有的学校拒绝接收这样小的孩子学习。5岁以下孩子的教育问题成为社会和教育急需解决的问题。1905年英国公布了一份《关于公立小学不满5岁儿童的报告》,①提出要为3—5岁的幼儿设立"保育学校"(nursery school),麦克米伦姐妹承担了这项任务。

作为英国保育学校的创办人,姐姐拉歇尔·麦克米伦(Rechel McMillan)是医生,具有卫生检察官的身份,主要从事卫生学的流动教师工作。妹妹玛格丽特·麦克米伦(Margarete McMillan)是福禄培尔协会的成员和地方教育委员会的委员。受蒙台梭利的环境论及其教具的启发,玛格丽特在自己开办的机构中精心设计环境、制作教具、注重感觉训练,以及运动、神经的控制训练,还通过活动让幼儿得到"实际生活训练"。

1908年,麦克米伦姐妹开设实验诊疗所,1910年改称学校治疗中心,1913年正式命名为"保育学校"。学校主要招收贫民和工人家庭5岁以下的幼儿;办学目标是为幼儿提供适宜的环境以增进其健康;办学特点是注重幼儿的手工教育、言语教育、感觉训练、家政活动和自由游戏,注意采光、通风及环境的布置,让儿童在自然的环境中自由地成长。

麦克米伦姐妹创办的保育学校得到英国社会的关注和支持,保育学校得到较快的发展。到1919年,保育学校发展为13所,入校儿童有288名。同一年,英国的幼儿园也改称为保育学校;1923年,英国保育学校联盟成立。联盟的主要任务是推广保育学校和培训保育学校教师。

随着英国保育学校的不断发展,一些教育家也相应提出了有关保育教育的理论,其中格雷斯·欧文(Grace Owen)及苏珊·艾萨克斯(Susan Issacs)的贡献是比较突出的。格雷斯·欧文曾任保育学校联盟首任名誉干事。1920年,他出版了《保育学校教育》一书,对保育学校与家庭教育的关系、保育学校的特点进行了概括。他指出保育学校是"家庭的补充或延伸";不应对幼儿进行读、写、算的正规教学或各种形式的测验,应尊重儿童自然本能,努力增进其各类经验;学校要多组织集体活动,以培养幼儿的协作精神。② 从这里可以看出,格雷斯·欧文关于保育学校的观点,既有别于家庭教育,也不同于当时的学校教育。保育学校是一种专门为幼儿发展提供服务的学前教育机构;学前教育的社会化不等于学前教育学校化。苏珊·艾萨克斯是一位幼儿心理学家,主要研究幼儿智力发展和社会性发展问题。她在《幼儿的智力发展》(1930)及《幼儿社会性的发展》(1933)等著作中,主张幼儿期的教育和纪律应是宽容的,反对压抑和绝对服从;强调应尊重幼儿的个体差异。

总之,这一时期英国保育学校实践与理论的相互结合,进一步促进了学前教育的发展。

2.《费舍教育法》和《哈多报告》促进了学前教育制度化的形成

1918年,英国国会通过了《费舍教育法》(The Fisher Act)。法案的目的是在英国建

---

① 周采,杨汉麟.外国学前教育史[M].第2版.北京:北京师范大学出版社,2012:145.
② 杨汉麟,周采.外国幼儿教育史[M].南宁:广西教育出版社,1998:526.

立统一的国家教育制度,确立一个包括幼儿教育、初等教育、中等教育和各种职业教育在内的学制。法案提出将小学分为 5—7 岁(幼儿部)和 7—11 岁两个阶段,承认保育学校是国民学校制度的一部分,并把保育学校的设立和资助委托给地方教育行政部门。法案还规定保育学校实行免费入学,并对 13 所保育学校实行国库补助,免费幼儿园也改称保育学校。不过由于战后面临种种经济问题,在很长一段时期内保育学校的发展较为缓慢。据统计,从 1919 年至 1929 年的 10 年间,英国保育学校仅增加 15 所。[①]到 1938 年,英国 46 个地方教育当局开办的保育学校仅为 57 所。[②]

1924 年上台执政的英国首届工党内阁任命以哈多爵士(Sir W. Hadow)为主席的调查委员会对英国初等教育进行调查,并提出发展中等教育的建议。该委员会在 1926 年、1931 年和 1933 年分别发表三份《关于青少年教育的白皮书》(一般称《哈多报告》),其中 1933 年颁布的《关于幼儿学校以及保育学校的报告》是推动英国学前教育制度化形成的重要文献。

1933 年的报告指出:(1) 良好的家庭是 5 岁以下儿童的最佳环境,但同时认为保育学校对城市儿童智力的发展具有重要作用。建议将保育学校定义为"国民教育制度中理想的附属机构";提倡大力增设保育学校、幼儿学校和幼儿部附设的保育班。(2) 指出 5 岁年龄并不应是区分儿童发展阶段的界限,而向 7 岁以上的少年学校过渡是其重要的发展阶段。注重对 7 岁以上的幼儿实行一贯教育,成立 7 岁以下幼儿为对象的独立的幼儿学校。(3) 要求幼儿学校的教师应遵循保育学校的原理,对 6 岁以下的幼儿主要开展户外体育、游戏等自然性活动和进行会话、唱歌、舞蹈、手工、图画等活动来让幼儿获得知识。对于 6 岁以上的幼儿可以加进读、写、算的正式教育。[③]

《费舍教育法》和《关于幼儿学校以及保育学校的报告》,特别是后者,强调保育学校是国民教育制度的组成部分和附属机构,这是英国学前教育制度化形成的标志。同时,明确保育学校与家庭教育的密切联系和促进幼儿的智力发展,但又强调保育学校不同于普通学校的教育和教学,这有利于明晰保育学校的性质,促进保育学校的健康发展。总之,法案和报告确立了英国学前教育发展的多种形式,既有保育学校,也有幼儿学校和幼儿部附设的保育班,形成了一个与英国教育制度相衔接、多样化的学前教育体系,使英国学前教育成为英国教育制度的组成部分。

二、学前教育与初等教育的关系

学前教育与初等教育的关系问题,一直是学前教育发展过程中的一个重要问题。在近代学前教育社会化的过程中,这个问题就已经引起一些教育家和教育部门的关注。进入 20 世纪以后,随着英国保育学校的发展以及学前教育制度化的形成,如何认识和界定学前教育与初等教育的关系,如何划分学前儿童与学龄儿童教育的界限,也成为教育界关注的问题。第二次世界大战以后,受各国对人才质量竞争的影响,英国政府又颁布了

[①] 杨汉麟,周采. 外国幼儿教育史[M]. 南宁:广西教育出版社,1998:527.
[②] 单中惠,刘传德. 外国幼儿教育史[M]. 上海:上海教育出版社,1997:213.
[③] 周采,杨汉麟. 外国学前教育史[M]. 第 2 版. 北京:北京师范大学出版社,2012:147.

一系列教育法律,强调智力教育和人才培养的重要性,加快发展学前教育,力图解决学前教育与初等教育的"幼小衔接"问题,使学前教育发生一些新的变化。

1.《巴特勒法案》与学前教育的实施

1944年,英国政府通过了一项重要的教育改革法令,即《1944年教育法》,又称《巴特勒法案》(Butler Act)。该法案以当时教育委员会主席巴特勒的名字命名。法案的基本内容包括:一是加强国家对教育的控制和领导。法案废除了1899年设立的只具有督导责任的教育委员会,设立教育部,统一领导全国的教育。同时,设立中央教育咨询委员会,负责向教育部长提供咨询和建议。二是加强地方行政管理权限,设立由初等教育、中等教育和继续教育组成的公共教育系统。地方教育行政当局负责为本地区提供初等、中等和继续教育。其中,初等教育分保育学校、幼儿学校和初等学校。小学毕业后根据11岁考试结果,按成绩、能力和性向进入文法中学、技术中学和现代中学。初等学校和中等学校实行董事会制。① 三是实施5—15岁的义务教育。父母有保证子女接受义务教育和保证在册生正常上学的职责。地方教育当局应向义务教育超龄者提供全日制教育和业余教育。四是法案还提出了宗教教育、师范教育和高等教育改革等要求。

在学前教育方面,《巴特勒法案》主要是从初等教育的角度看学前教育与初等教育的关系。规定初等教育由三种学校实行:(1)为2—5岁儿童设保育学校(这一年龄不属于义务教育之内)。(2)为5—7岁儿童设幼儿学校。(3)有的地方如果设立5—11岁儿童的初等学校,则需在校内附设保育班(nursery class),招收3—5岁的儿童。

从学前教育与初等教育的关系看,《巴特勒法案》把保育学校及保育班的设置看做是初等教育的范畴,并且强调5—15岁的义务教育年龄阶段,显然是意在提高义务教育的地位和责任。可以说,这个法案是一个旨在加强义务教育而将义务教育扩大到学前教育的法案,反映了初等教育发展对学前教育,特别是幼儿智力发展的影响。

2.《普洛登报告》与对学前教育问题的关注

20世纪60年代随着初等教育和中等教育的发展,英国学前教育发展的速度相对落后、发展不平衡,以及学前教育与初等教育的"幼小衔接"问题也引起了有关部门注意。1967年,英国教育咨询委员会委员长普洛登女士在对初等教育进行了4年考察以后,提出了关于"儿童与初等学校"的报告,这一报告也被称为《普洛登报告》(The Plowdon Report)。报告关注不发达地区学前教育和学前教育的管理及组织问题。提出:(1)大力发展英国的幼儿教育,增加保育机构的数量;在教育不发达地区设立"教育优先地区"。(2)加强学前教育的管理,由教育部门把目前由卫生部门负责管理的学前教育机构接管过来。(3)鼓励幼儿接受学前教育。规定年满3—5岁的幼儿,开学期的任何时间都可以入学。(4)提出幼儿教育机构设置的标准。幼儿教育机构应以20人为1组划成1个"保育集体";1—3个保育集体组成1个"保育中心",可以与保育所或者儿童中心的诊疗所结合起来;保育集体每60人应配备1名有资格的教师,每10人至少配有1名修完2年培训课程的保育助理来担任每天的保育工作;每周保育5天,分上午部和下午部。

---

① 瞿葆奎.教育学文集·英国教育改革[M].北京:人民教育出版社,1993:142-227.

(5)公立和私立幼儿教育都要得到发展。在公立保育机构得到扩充之前,地方教育当局有义务对非营利私立保育团体进行援助。(6)加强对学前教育机构的领导。报告建议将包括保育集体在内的一切幼儿保护服务机构统一在各个收容儿童的设施及小学校的领导之下。同时,在制定新的地区计划和对老区重新规划时,也应充分考虑到幼儿教育。报告还关注幼小衔接和5岁以下幼儿教育问题。①

《普洛登报告》的提出对于大力发展英国学前教育,加强对学前教育的管理,以及规范学前教育的发展具有重要意义。但仍然可以看出初等教育对学前教育的影响。

3. 《教育白皮书》与幼儿教育免费计划的提出

1972年12月,教育科学大臣萨切尔发表《教育白皮书》,提出将"扩大幼儿教育"定为内阁将要实行的主要教育政策之一。白皮书肯定了《普洛登报告》的实践意义,并制订了实施计划,其中计划在10年内实现幼儿教育全部免费,并扩大5岁以下儿童的教育。为此,提出了一些具体要求:一是调动各方面的积极性大力发展幼儿教育。除政府外,还要依靠地方教育行政当局的策划,以及自由团体、教师和家长的大力协助。二是加强师资培训,确保有相当数量的幼儿教师队伍。在改革大学幼儿教师培训课程的同时,对非正式教师进行特别训练。三是政府为实现上述计划提供必要的经费援助。其中为5岁以下幼儿提供的经费是:1971—1972年约为4200英镑,到1981—1982年增加到1.2亿英镑。1972年的《教育白皮书》发表后,英国的学前教育有了一定发展。到1978年,3岁儿童入托率已达15%,4岁儿童入托率达53%,但这两个数字均未达到《教育白皮书》提出的50%与90%的指标。②

三、英国学前教育的主要特点

20世纪70年代以来,英国学前教育经过长期的发展逐步形成了自己的特色,主要特点如下。

1. 形成了较为完备的学前教育机构

经过长期的发展,英国学前教育基本上形成了以保育学校为主的教育机构,主要有保育学校和保育班,③以及幼儿学校和日托中心等。

保育学校和保育班。保育学校是独立的幼儿教育机构,主要招收2—5岁的儿童。保育班附设在小学里,招收3—5岁的儿童。根据1945年英国政府颁布的《保育学校规程》,保育学校和保育班的目的主要包括为幼儿提供医疗服务;培养幼儿具有良好的学习习惯和品行;为幼儿提供良好的学习环境,使他们能够学到适合于他们年龄的知识。在管理属性上,保育学校和保育班归国家教育和科学部以及地方教育部门管理。在机构设

---

① 周采,杨汉麟.外国学前教育史[M].第2版.北京:北京师范大学出版社,2012:150.
② 周采,杨汉麟.外国学前教育史[M].第2版.北京:北京师范大学出版社,2012:151.
③ 关于英国学前教育的主要机构,在周采、杨汉麟主编的《外国学前教育史》中主要指幼儿园,没有使用保育学校和保育班的概念(参见该书151页)。但至于什么时间幼儿园取代保育学校或保育班,该书前面章节并没有提到。而在该书的第146页谈到《费舍教育法》时,却有"免费幼儿园也改称保育学校"的说法。故这里采用单中惠、刘传德著的《外国幼儿教育史》中关于保育学校和保育班的观点(参见该书第215页)。

置上,保育学校规定:3—4 岁幼儿每班不超过 30 人,配备教师、助手各 1 人;2 岁的幼儿每班 15 人,配备教师、助手、副助手各 1 人。保育班招收的幼儿也不能超过 30 人。在保育内容上,保育学校和保育班没有规定正式课程。课程内容主要由校长决定。幼儿日常活动多由孩子自己选择,以自由游戏活动为主。课程安排多是室外活动游戏与室内安静游戏结合进行。在活动和游戏中,教师注重与幼儿的对话,回答孩子的问题,并对他们的活动进行指导。[①]

幼儿学校属于义务教育系统,为小学的一部分,主要招收 5—7 岁的幼儿。幼儿学校学制两年,第一年的教学与保育学校相似,主要是自由活动,但注重作业活动的组织性和系统性。第二年的教学较为正规,有正式的教学大纲。

当然,除了这些属于制度内的学前教育机构存在外,还有一些属于非教育部门管理的机构,如日托中心等。这种机构在 19 世纪就已经出现,当时叫托儿所。"二战"期间由于战时需要,曾经得到一定发展,"二战"以后仍然存在。日托中心属于社会服务性质,由卫生部门领导。主要招收由社会救济部门送来的,或者因母亲外出工作而无人照管的 5 岁以下的幼儿。日托中心实行全日制,保姆负责保育,重在生活照顾和卫生保健,教育为辅。

另外,还有 20 世纪 70 年代的幼儿游戏班、幼儿玩具图书馆等,都是对正规的学前教育机构的一种补充。

2. 注重学前教育质量的提升

进入 20 世纪 90 年代,英国在提高学前教育质量方面又提出了许多政策。1995 年 7 月,英国教育和就业大臣公布了数额为 7.3 亿英镑的"幼儿凭证计划",规定发给家长 1100 英镑的凭证以支付幼儿教育的费用,使 4 岁以上的幼儿能够接受 3 个月的学前教育。凭证计划鼓励家长自由选择公立或者私立的学前教育机构,有利于学前教育质量的提高。

为了保证凭证计划的落实,1995 年 9 月,学校课程和评定委员会主席罗恩·迪林爵士提出了实施义务教育时 5 岁儿童应达到目标的提案。提案规定,学前教育的提供者,无论公立、私立的机构,以及一些团体,都必须向督学证明其所提供的教育能够使 5 岁以下幼儿达到国家规定的标准。这个标准包括:品德和情感教育;语言、识字与数学;对世界的认识与理解;创造性以及具体的技能与技巧发展。

英国学前教育在注重实施"凭证计划"的同时,也强调教育的均衡发展。这也是确保教育质量提升的重要步骤。1998 年,工党政府提出了一个旨在消除贫困、改善贫困儿童家庭教育的"确保开端计划"。其目的是采取早期教育、儿童养护、健康及家庭援助等措施为处境不利的幼儿提供一个良好的发展开端。计划内容包括:为所有儿童提供早期教育;为儿童提供好的养护;实施有影响的地方计划;继续向条件不利地区的儿童提供基于社区的服务,主要是社区卫生和家庭服务。为保障计划落实,规定在 2001—2002 年度,英国政府对早期教育、儿童养护以及确保开端计划的投入为 4 亿英镑;2002—2003

[①] 单中惠,刘传德. 外国幼儿教育史[M]. 上海:上海教育出版社,1997:213.

年度为 8 亿英镑。①

3. 加强学前教育发展战略规划的制定

1998 年 5 月,英国教育与就业部大臣大卫·布伦基特和社会保障部、妇女部大臣哈丽特·哈曼联合向国会递交了题为《应对儿童保育挑战》的绿皮书。这一文件被称为"全国儿童保育战略"。声称这一战略是支持家庭和孩子的重要组成部分,"是政府第一次从整体上看待儿童保育问题"。② 文件分析英国学前教育存在的主要问题是,教育质量得不到保证;教育成本太高,许多家长难以承受;很多地区缺乏足够的场所,家长也缺乏获得入学信息的来源和渠道。对此,英国政府提出了一些改进措施,包括:提高儿童保育质量,促进孩子社会性和智力的发展;使家庭可以承受儿童的保育费用;扩建更多的儿童保育场所,并完善相关信息。

2004 年,为了加强英国学前教育的科学发展,布莱尔政府推出了一个"儿童保育十年战略"。这是一个面向学前教育与保育问题的战略规划,目的是在"每个孩子都重要"的基础上促进英国学前教育的发展。2004 年 12 月,英国财政部、教育与技术部和劳工部联合发布了《价值的选择与儿童最好的开端:儿童保育十年战略》。提出 2005 年实施"早期奠基阶段"规划,通过整合 0—3 岁早期保教框架、"基础阶段计划",以及 8 岁以下日间看护国家标准的政策和实践,在英国建立一个从出生开始的统一的、连续的和灵活的早教系统促进儿童早期的全面发展与学习,改进所有儿童的生活质量,特别是使处境不利儿童得到高质量的保育和教育,缩小弱势儿童与一般儿童的差距。③

第二节 现代法国学前教育制度化的形成

在进入 20 世纪之前,法国现代学前教育制度化的形成就已经有了坚实的基础。从 19 世纪 30 年代中期到 19 世纪末,法国政府逐步将学前教育纳入中央集权的教育行政管理体制,将各种幼儿教育机构统称为"母育学校",托儿所成为公共教育体系中的一个组成部分。可以这样说,近代的法国幼儿教育不仅是学前教育社会化探索的过程,也是学前教育体制化尝试的过程。与其他国家相比,法国学前教育开了把幼儿教育纳入国家教育制度体系并由国家举办幼儿教育的先河。本节主要对 20 世纪现代法国学前教育制度化的形成及特点进行分析和研究。

一、新教育运动与法国学前教育制度化的形成

"新教育运动"(New Educational Movement)是指 19 世纪末 20 世纪初在欧洲兴起的教育改革运动。新教育运动开始于 19 世纪 80 年代末的英国,以后扩展到欧洲其他国家如法国、德国、瑞士等国。

1921 年在法国加来市成立"新教育联合会"(New Education Fellowship)。1922 年,

---

① 周采,杨汉麟. 外国学前教育史[M]. 第 2 版. 北京:北京师范大学出版社,2012:153.
② 周采,杨汉麟. 外国学前教育史[M]. 第 2 版. 北京:北京师范大学出版社,2012:153.
③ 周采,杨汉麟. 外国学前教育史[M]. 第 2 版. 北京:北京师范大学出版社,2012:154.

新教育联合会提出了"七项原则",强调活动以及儿童个人自由而完善的发展。这七项原则为:(1)增进儿童内在的精神力量。(2)尊重儿童个性发展。(3)使儿童的天赋自由施展。(4)鼓励儿童自治。(5)培养儿童为社会服务的合作精神。(6)发展男女儿童教育间的协作。(7)要求儿童尊重他人与民族,保持个人尊严。

新教育联合会建立以后,多次召开教育大会,通过对儿童与教育不同问题的研究,推动了新教育运动的发展。1921年至1932年,新教育联合会的主要会议及主题有:

1921年,第一次会议在法国的加来召开,会议的主题是"儿童创造性的自我表现";

1923年,第二次会议在瑞士召开,会议的主题是"教育与创造性";

1925年,第三次会议在德国召开,会议的主题是"儿童创造性的培养";

1927年,第四次会议在瑞士召开,会议的主题是"教育中自由之内涵";

1929年,第五次会议在英国召开,会议的主题是"新心理学与课程";

1932年,第六次会议在法国召开,会议的主题是"教育与社会变革"。

从上面会议主题的变化可以看出,20世纪30年代以前,新教育运动主要是关心儿童的创造性的培养和教育,而在30年代以后,新教育开始关心教育与社会的联系。

受新教育运动的影响,法国教育家弗莱内(C. Freinet)和库奇内(R. Cousinet)批评传统教育对知识地位的强调,而忽视儿童的地位。他们认为儿童是教育的中心,应当尊重儿童的个性、注重儿童的实际经验,提倡活动教学法。① 法国心理学家比纳也批判了传统教育,认为传统教育忽略教育对象,不把儿童当做正在发展中的个体,而把他们看做是小大人,认为儿童与成人之间只有量的差异,而没有本质的区别。比纳认为,新教育应以儿童个体心理学为基础,在充分测定儿童智力能力的基础上开展教育活动。比纳的主要工作是对儿童智力的研究。经过多年的探索,他认为儿童的智力是一种独立于情感和意志的现象,是一种能力。由此,他编制了儿童智力量表,对认识儿童智力问题提供了新的认识途径。②

这一时期,法国教育主管部门也关注学前教育问题,并提出了相关要求。1905年,法国教育部长对母育学校过于强调传授知识的倾向提出批评,认为对2—4岁的幼儿进行阅读和书写教学不是母育学校的主要目的。1908年,教育部长再次发布指示:母育学校的目的是对学前儿童加以照料,满足他们体、德、智三方面发展的要求;母育学校不是一般意义上的普通学校,它是保护处境不利儿童的避难所;要鼓励无人照料的儿童到母育学校来,并给予平等、热情的接待和照顾。③

在政府的重视和支持下,法国逐步形成了现代学前教育制度。这个制度包括,公立的母育学校由国家和地方团体开办和资助经费,并实行免费制度;私立幼儿园的监督主要由教育部的母育学校的女视学官员负责;私立小学幼儿班的监督主要由小学的督学官员负责;母育学校的师资培养与小学一样,主要由初等师范学校培养。据统计,到20世纪初,法国进入母育学校或幼儿学校的儿童有60多万;到20世纪中期,法国的公立母育

---

① 周采,杨汉麟.外国学前教育史[M].第2版.北京:北京师范大学出版社,2012:157.
② 郭法奇,等.欧美儿童研究运动:历史、比较及影响[M].北京:北京师范大学出版社,2012:139.
③ 杨汉麟,周采.外国幼儿教育史[M].南宁:广西教育出版社,1998:547.

学校有 3653 所,私立母育学校有 217 所,公立幼儿班 4385 个,私立幼儿班 397 个。①

二、儿童智力测量与法国的学前教育

儿童智力测量是 19 世纪 80 年代在欧美出现的从心理学角度研究儿童多方面发展的儿童研究运动的重要内容之一。儿童研究运动的主要标志著作有:一个是德国心理学家威廉·普来叶(W. T. Preyer)的《儿童心理学》(1882);二是英国心理学家詹姆斯·萨立(James Sully)关于儿童想象和儿童语言的论文(1880,1884);三是美国心理学家霍尔(Granville Stanley Hall)的《儿童心理的内容》(1883)《儿童研究》(1883)。儿童研究运动从最初到"一战"爆发为止,延续了大约 30 年。从发展来看,初期发展缓慢,但随着一些教育者和医学团体进行了有关儿童兴趣和智力发展的大量研究后,逐渐引起人们的重视。到 19 世纪 90 年代,得到迅速、广泛发展。

在法国,儿童研究运动的主要代表人物是心理学家比纳(A. Binet,1857—1911)。他在儿童研究和教育上的重要贡献是创立了智力测量量表,用来进行智力测验研究,并把它应用于儿童研究中。比纳在 1894 年任巴黎大学文理学院心理学实验室主任时,开始对教育问题产生兴趣,据资料记载,他曾关注过正规寄宿学校学生吃剩退回来的面包数量,并把学生的食欲与智力工作联系起来。对学生食欲的研究主要通过面包的消耗量来计算。他发现面包的消耗量越近年底越少。由此他得出结论,紧张的智力工作会损坏学生的食欲。1904 年,法国政府要求运用各种方法来鉴别低能儿童,以便为他们开设特殊学校或者特别班。在这样的背景下,比纳和西蒙(T. Simon)提出了用智力量表来测量儿童智力的方法,并编写了《比纳-西蒙智力测验量表》,测试对象是 3—13 岁的儿童。他们认为,正常的智力是随着年龄的增长而提高的;不同儿童的智力是有差异的。比纳-西蒙量表提出以后引起了社会的关注,1908 年、1911 年他们又对量表进行两次修订。关于智力量表的使用,比纳反对把智力量表作为一种工具对儿童的智力高低或聪明程度进行评价。他指出:"我们的量表,有点像一把卷尺,其目的不是测量身高而在测量智力,但是正如普通的卷尺一样,不提供有关体力发展的正常状态的信息。所以,我们的智力量表,只举出智力的实际程度,而不分析它,也不评论表现于智力的聪明程度。"②

以比纳为代表的法国心理学家致力于智力测量工作,为评价和教育儿童提供了重要的方法和手段。以往的儿童智力研究只是强调观察,缺乏对儿童智力发展情况有较为精确的评价。比纳-西蒙智力量表的发明可以更好地认识儿童和儿童的智力发展情况,这对鉴别学前阶段低能儿童,及早对影响儿童智力发展的因素进行干预提供了条件。另外,智力量表也把学前教育与学校教育联系在一起,对在儿童早期发展中具有重要作用的学前教育提出了更高的要求。

比纳发明智力测量量表以后,很快为人们所接受,并在早期教育和特殊教育方面发挥了较大作用。

---

① 周采,杨汉麟.外国学前教育史[M].第 2 版.北京:北京师范大学出版社,2012:158.
② 郭法奇,等.欧美儿童研究运动:历史、比较及影响[M].北京:北京师范大学出版社,2012:140.

三、学前教育与初等教育的关系

第二次世界大战结束后,受"民主化"和"现代化"思想的影响,在恢复和发展教育的过程中,如何处理学前教育与初等教育关系问题,培养适合社会发展的人才,成为法国教育面对的问题。这个问题的解决,可以看出初等教育与学前教育的关系及对学前教育的影响。当时,法国虽然新建了许多幼儿学校,但是一项更重要的变化是从1957年10月开始将初等教育的入学年龄从6岁提前到5岁9个月。① 这个"提前教育"计划的出台,意味着儿童入学年龄的提前;也表明学前教育要做好相应的准备,为幼儿提前入学提供条件。

20世纪60年代开始,受开发儿童智力、加速人才培养观念的影响,法国教育部门又开始重视"早慧儿童"的选拔和培养工作。1970年,法国教育部指令:经母育学校推荐,早慧儿童可提前半年入学。1975年的《哈比教育法》重申了这一规定。1986年,法国有1.83万名5岁的早慧儿童进入小学就读。②

在20世纪60年代,初等教育对学前教育影响较大的还有学前教育的课程改革。1969年,法国的母育学校根据教育部的指令,在课程和教育方法方面进行了与小学类似的改革,将课程由原来的分科课程改为综合课程,即把课程综合为三大类,包括基础学科(语文、数学)、启蒙知识科(历史、地理、自然、公民教育、手工、图画、音乐等)和体育科目。

20世纪70年代,法国教育除了强调学前教育为升小学服务的传统功能外,又提出了一些新的要求。1975年,法国颁布《哈比教育法》,其中规定学前教育的目标是:发展儿童个性;消除儿童由于出身和家庭条件差异而造成的成功机会的不均等现象;早期发现和诊治儿童智力上的缺陷及身体器官上的残疾;帮助儿童顺利完成学前教育向小学教育的过渡。从这四项要求来看,法国的学前教育在承担以往的升小学、学前教育与初等教育的衔接作用外,又增加了学前教育补偿和诊断治疗的功能。这也反映了20世纪70年代世界学前教育发展的特点。

四、法国学前教育的特点

1. 传统与现代学前教育机构的结合

法国最早的学前教育机构是1826年的托儿所,当时主要是用来收留贫困家庭的幼儿。托儿所不仅教育幼儿,还负责培养幼儿教育师资。这正是早期学前教育社会化的结果。除了托儿所以外,法国人还通过1881年的《费里教育法》设立了被称为母育学校的教育机构。母育学校属于初等教育的性质,进入母育学校的男女儿童都可以接受体、德、智全面发展的教育。但同时也规定,进入母育学校的儿童为2—6岁;学校根据儿童的年龄和理解力的发展程度把儿童编成两个小组;2—4岁为一个组,5—6岁为一个组,同时

---

① 唐淑,何晓夏.学前教育史[M].大连:辽宁师范大学出版社,2001:461.
② 唐淑,何晓夏.学前教育史[M].大连:辽宁师范大学出版社,2001:461.

采取男女儿童混合编班的形式对儿童进行教育。

进入20世纪以后,托儿所和母育学校仍然是法国学前教育的主要机构,共同承担对儿童进行良好品德和基础知识的教育,以适应初等教育的学习。托儿所主要招收2—5岁的幼儿,进行适合其特点的幼儿教育课程。法国的母育学校分为公立和私立两种,受教育部或者地方当局管理。母育学校分小班、中班和大班,分别接收2—4岁、4—5岁、5—6岁的儿童。到1949年,法国有公立母育学校3653所,1959年增至5395所。[①]

除了托儿所和母育学校外,法国学前教育机构还包括幼儿班和幼儿园。幼儿班主要设在农村小学,其性质与母育学校相似,也有公立和私立之分。幼儿园是一种私立的学前教育机构,为数不多。对幼儿班和幼儿园的监督工作主要由法国教育部的母育学校的女视学官负责。

2. 学前教育有极高的入园率

法国的学前教育一直注重儿童的早期教育。在20世纪70年代,法国的幼儿教育就有了较大的发展,幼儿入园率跃居世界首位。据统计,1972年的入园率是40%;1980年,4—5岁儿童的入园率为96.8%,5—6岁儿童的入园率是98.9%。到了20世纪80年代又有很大的提高。据1985年统计,法国2—5岁儿童入学率如下:2岁的入园率为81%;3岁的为92.6%;4岁的为100%;5岁的为100%;平均为81.6%,居世界第二位。这一数字仅次于比利时。此外,公立学前教育机构学生比例达87%,居发达国家首位。[②]法国学前教育发展保持极高入园率的主要原因是,政府重视、社会支持和保障措施到位,使得法国学前教育的发展一直保持领先的地位。

3. 学前教育机构出现了多样化、灵活性的特点

一般来说,法国的义务教育阶段为6—16岁。虽然学前教育不属于义务教育范畴,但却是初等教育的重要组成部分。在法国,一般对3—6岁的幼儿实施非强制性的免费教育。所谓"非强制性"是指家长有权决定是否让幼儿接受学前教育,但年满3岁的幼儿家长只要有需要,政府及公立幼儿教育机构就有责任让幼儿接受免费教育。

进入20世纪80年代后,法国学前教育发生很大变化,在强调幼儿受到更好教育的同时,为了满足家长的需要,出现了一些非正规、灵活性强的学前教育机构。如一种被称为"温和过渡形式"的学前教育机构。该机构主要接收16个月大到5岁的幼儿,每天活动2个小时,主要内容有游戏、图画、音乐、阅读等。又如短期的儿童"休假中心",该机构每期20—22天,招收4—6岁儿童。还有"微型托儿所",主要是为解决就近入托问题而设立。一般是在新建公寓中利用几个房间作托儿所,招收十几个3岁以下的孩子。这些新型教育机构能够根据不同家长的实际需要,期限短、重实效、方便灵活,成为正规学前教育机构的有效补充。

[①] 唐淑,何晓夏.学前教育史[M].大连:辽宁师范大学出版社,2001:463.
[②] 唐淑,何晓夏.学前教育史[M].大连:辽宁师范大学出版社,2001:462-463.

第三节　现代德国学前教育制度化的形成

德国自1871年统一以后至"二战"期间,其教育发展可以分为三个时期:德意志帝国时期(1870—1918)、魏玛共和时期(1919—1933)和纳粹统治时期(1933—1945)。在德意志帝国时期,德国教育与欧洲其他国家一样,具有明显的等级性和阶级性。1919年,德国废除了君主政体,建立了魏玛共和国,并通过了《魏玛宪法》,规定了这一时期德国教育发展的指导思想。宪法规定,教育权归各州所有,国家负责对各类教育事业进行监督。1933年,希特勒上台,推行法西斯专政,确立了法西斯教育体制,各级教育包括学前教育也都在这一体制的控制之下。

在学前教育方面,由于德国统一较晚,其学前教育社会化和制度化的出现比英国和法国要慢些。进入19世纪以后,德国在借鉴和学习英国和法国经验的同时逐步形成了自己的特点,而福禄培尔幼儿园的创办和推广,才使得德国的学前教育引起世界各国的关注。福禄培尔的核心思想是,教育不是某一阶级的教育,也不是等级的教育和职业教育,而是一个民族的教育。尽管福禄培尔思想中具有自由主义的特征,但是他的思想仍然奠定了德国学前教育社会化和制度化的基础。

一、《儿童福利法》等法规的颁布与学前教育的发展

进入20世纪以后,德国的学前教育除了幼儿园以外,还包括历史沿革下来的收留幼儿的慈善机构以及幼儿学校等。第一次世界大战后,德国建立了魏玛共和国,强调教育为所有的儿童服务,学前教育得到一定发展。1922年,德国颁布《儿童福利法》,确认学前教育具有社会福利的性质。同时,设立公共儿童保护机构——儿童保护局,负责监督和指导儿童福利事业,落实《儿童福利法》所规定的给婴幼儿等提供福利设施的任务,主要是设立公立幼儿园,并鼓励民间慈善团体和宗教机构开办幼儿教育机构。同年,德国政府制定了《青少年法》。在发展学前教育方面,该法强调设立"白天儿童之家"(Kleinkinder Tagesheime),包括幼儿园、托儿所及幼儿保护机构等;并且要求加强幼儿教师的培训。政府在颁布的幼儿园条例中还规定:各种各样的幼儿教育机构,凡招收2—5岁儿童者,均称为幼儿园;所有幼儿园由政府监督,隶属于教育、卫生两部门,并强制不能教育儿童的家庭需送儿童入园。这个条例的内容表明,德国学前教育的性质有了一定变化,由主要属于福利的性质又增加了保健和教育的性质。这以后,德国幼儿园,尤其是私立幼儿园得到较快发展,成为德国幼儿教育中的主要形式。据1930年的统计,私立幼儿园(含保育所)有8000多所,入园儿童有50多万人。不过公立幼儿园发展有限,只有50所。[①]

---

① 唐淑,何晓夏.学前教育史[M].大连:辽宁师范大学出版社,2001:465.

二、学前教育与初等教育的关系

第二次世界大战以后,由美国、英国、法国占领的德国西部成立德意志联邦共和国(简称"联邦德国"或"西德")。联邦德国废除了纳粹德国中央集权的教育行政管理体制,实行地方分权制,各州在学前教育指导思想上不完全一致,但在共同的文化背景下又有一些共同特征:一是强调幼儿园是协助家庭对幼儿进行教育的机构。二是幼儿园为培养优良的个性和为幼儿的全面成长打下良好的基础。三是在教学内容上主要由两类组成:一类是语言教学,包括说、听、绘画、看图说话、唱歌、游戏活动等;另一类是观察能力和思维能力的培养,包括日常生活中可观察到的色彩、形态、数量、时间等事物和概念辨别能力的训练;开展游戏、音乐等活动。各类幼儿园禁止教授读、写、算,也不教授外语。四是在教学组织形式上,各类幼儿园主张个别教学、小组活动,不要求组织全班儿童进行集体教学。① 从"二战"后联邦德国学前教育的这些特征看,德国的学前教育并没有纳入到公共的初等教育系统中,因此不是特别强调与初等教育的关系和联系,而是强调学前教育与家庭的联系,重视由慈善机构和民间团体等创办的学前教育机构自行发展。这一特点与英国和法国学前教育是截然不同的。

在学前教育的管理方面,德国的幼儿园也具有自己的特点。由于德国采取地方分权制,20 世纪 60 年代以前的德国也没有统一的学前教育发展政策,而是强调由各州自己制定发展幼儿教育计划并加以实施。同时,由于联邦德国的幼儿教育不属于国家规定的义务教育范围,幼儿园也不归教育行政部门管辖,州只是设立儿童局负责公、私立幼儿园的督察工作,幼儿园的基本制度也由各州自行规定。德国学前教育的这些特点,与其历史上把学前教育看成是一种家庭中父母的事务有关。因此,在很长时期内,德国的公共学前教育事业发展是比较缓慢的。

三、现代德国学前教育制度化的形成

在西方发达国家中,德国学前教育制度化的形成可以说是比较晚的。这固然有其历史传统,但也有一些现实的因素。这些因素主要包括,在学前教育事务上,管理者多是采取控制不援助的政策;长期把幼儿园交给非政府机构自行管理;多强调学前教育与家庭的联系;等等。

20 世纪 60 年代以后,受国际学前教育重视幼儿智力开发及加强学前教育与初等教育联系等思想的影响,德国也开始强调对学前教育问题的关注,加强对学前教育的管理。1970 年,德国联邦教育审议会公布了包括学前教育在内的全国教育制度改革方案。这个方案将德国的教育系统分为初等、中等、继续教育三个部分,其中把幼儿园 3—4 岁的幼儿教育纳入初等教育部分;把 5—6 岁的幼儿教育划为义务教育阶段。这个方案的发布可以实现两个目的:一是把学前教育纳入教育的整个体系中,实现了德国学前教育的制度化;二是把学前教育与初等教育联系在一起,以 5—6 岁为界,打破了以往的学前教

---

① 杨汉麟,周采.外国幼儿教育史[M].南宁:广西教育出版社,1998:552.

育单独的体系,使学前教育的一部分成为初等教育的一部分,反映了现代西方发达国家学前教育发展的一般趋势。据统计,这一方案实施以后,德国的学前教育得到较快发展。1960年,德国3—6岁幼儿的入园率为33%;1975年,3—5岁幼儿的入园率已经达到75%;而到1980年,德国有的州幼儿的入园率已经达到98%。[①]

进入21世纪以后,德国学前教育在继续保持传统特色的同时,也关注"幼小衔接"问题并加以解决。2001年,慕尼黑国家学前教育研究所的专家制定了《巴伐利亚学前儿童的陶冶与教育计划》,内容包括:通过教育促进幼儿基本能力的发展;实现家庭与学前教育机构、学前教育与小学间的衔接;注意特殊幼儿的整合教育;建立与父母的教育伙伴关系;加强学前教育机构与专业机构之间的合作;促进幼儿个性发展等。2004年,柏林大学、德国布兰登堡州教育局、德国儿童青少年基金会合作提出"幼小衔接发展计划",目的是使学前教育机构与小学在教学内容和组织结构等方面保持紧密联系。这些计划反映了德国学前教育在新的时期开始关注过去一直忽视的问题。从这个意义上说,学前教育虽然有自身特点,但是关注学前教育与初等教育的关系,解决"幼小衔接"问题也是学前教育发展过程中不能忽视的问题。

四、德国学前教育的主要特点

德国学前教育经过长期的发展逐步形成了自己的特点,当然也会根据新的情况进行相应调整。德国的学前教育就是在继承传统,面对现实问题的调整和改进中不断发展的。

1. 注重学前教育传统的继承

德国教育是非常注重传统的,包括学前教育。从福禄培尔开始形成的幼儿园自由教育的传统对德国学前教育的发展产生极大影响。学前教育一直是家庭父母和社会慈善机构的事情,国家和政府无须太多的干预。因此,德国的学前教育,特别是公共学前教育的发展与欧美其他国家相比,发展要慢许多。

与此相适应,德国的幼儿园主要分教育机构外设置的幼儿园和教育机构内附设的幼儿园两种。教育机构外设置的幼儿园主要是由地方政府部门、教会、企业、社会团体和私人开办。这种幼儿园多称为普通幼儿园,一般不纳入国家教育规划。教育机构内附设的幼儿园,多是设在小学内,招收对象主要是不到6岁的儿童。学校附设幼儿园可以为他们提供1年的特别准备,以适应将来的学校生活。学校附设幼儿园实行免费教育,主要任务是使幼儿身心达到小学1年级的要求。当然,即使是学校附设的幼儿园,德国也有规定,这种幼儿园也不能进行读写算的教育。

此外,德国学前教育还包括托儿所,主要招收双职工家庭的0—3岁的幼儿。还有一些属于自由式教育的幼儿教育机构,如"店铺幼儿园""白天的母亲"等。

2. 不回避与初等教育的关系

德国学前教育虽然一直强调传统的重要,如学前教育发展注重自身特点,很少关注

[①] 周采,杨汉麟. 外国学前教育史[M]. 第2版. 北京:北京师范大学出版社,2012:166.

与初等教育的联系等问题。但随着社会发展和对教育提出的新要求,也使得学前教育本身发生一些变化。这种变化主要表现在两个方面:一是内部的变化,即把传统处于学前教育阶段的幼儿中 5—6 岁年龄段的幼儿划入初等教育的义务教育阶段,使他们有 1 年的入学准备教育。二是外部的变化,即加强学前教育与初等教育的联系,并且开展相关问题的研究,使学前教育的发展与初等教育发生一定的联系,并且进行相关教育内容和方法的改革。虽然这种联系与法国和英国相比不那么突出,但是它对德国学前教育发展的影响是非常重要的。

3. 多样化成为德国学前教育发展的选择

德国学前教育既有传统特色的基础,也有为适合社会发展而对学前教育的一定改革,出现了适应社会需要和学前教育自身特点的一些新的变化。这种变化主要表现在,德国的学前教育能够根据实际情况提出一些新的法案和创新政策,以满足家长和幼儿的需要,呈现一种多样化发展的特点。如德国在 2005 年提出的《巴伐利亚儿童教育托育法案》,强化幼儿的主体性和社会责任感;2005 年颁布的《日间托育扩充法》,强调提升托育品质,满足幼儿陶冶与教育的需要;2007 年颁布的《联邦父母津贴法案》,对幼儿父母进行一定的补贴;以及"德语加强计划"等。①

第四节 现代苏联学前教育制度化的形成

关于苏联学前教育的内容主要由三部分组成:一是俄国的学前教育。俄国的学前教育没有放在近代,主要考虑是,在近代学前教育影响较大的还是欧美等国。俄国学前教育的影响,包括对中国的影响,十分有限。二是苏联的学前教育。应该指出的是,对中国学前教育发展影响较大的主要是苏联的学前教育。三是俄罗斯的学前教育。

一、俄国学前教育社会化的发展

从历史上看,近代的俄国无论是政治制度、经济发展,还是各类教育,都比欧美各国落后很多。1861 年俄国废除了农奴制度,为政治、经济和教育的发展创造了有利条件。迫于各方面的压力,俄国政府对各级教育实施改革,从而使俄国的学前教育有了一定的发展。但总的来说,俄国的学前教育事业是比较落后的。据资料统计,到 1914 年为止,俄国的学前教育机构总数只有 177 所,儿童总数为 4550 人,而且这些学前教育机构大部分是私立的。②

与欧洲许多国家一样,在学前教育社会化发展方面,俄国也有通过设立慈善教育机构解决幼儿教育问题的情况。在叶卡捷琳娜二世(Екатерина Ⅱ Алексеевна,1762—1796 年在位)统治时期,俄国陆续建立了一些儿童慈善教育机构,以解决弃婴和孤儿的收容问题,其中主要代表人物是伊万诺维奇·别茨考伊(1704—1795)。1763 年,别茨考

---

① 周采,杨汉麟. 外国学前教育史[M]. 第 2 版. 北京:北京师范大学出版社,2012:167.
② 唐淑,何晓夏. 学前教育史[M]. 大连:辽宁师范大学出版社,2001:382.

伊建立俄国第一所幼儿教养院并任院长。该教养院收容2—14岁的弃婴和孤儿,分成三个年龄阶段实施教育:2—7岁的儿童主要是参加适龄的游戏和劳动;7—11岁的儿童主要是学习识字和计算,在教养院里,男孩子还学习园艺和其他手艺,女孩子学习编织、纺织和刺绣等;11—14岁青少年主要是学习算术、地理、教义问答和图画等。在别茨考伊的教养院之后,俄国的其他地区出现了一些类似的机构。在19世纪上半期,一些进步人士组建的各种慈善团体还开办了一些"收容所"和"孤儿院"。

俄国学前教育的发展主要受到来自福禄培尔幼儿园运动的影响。1860年,俄国建立了第一所幼儿园。1866年,在彼得堡发行了俄国最早的学前教育杂志——《幼儿园》。以后在彼得堡还出版了以宣传福禄培尔的学前教育思想体系为主的教育杂志——《家庭和学校》。1870年,在彼得堡、基辅等地成立了"福禄培尔协会"。这一组织的主要工作就是大力宣传福禄培尔的学前教育理论,促进幼儿园在俄国各地的开办。

这一时期俄国学前教育社会化比较有特点的是学前教育师资的培养。1872年,在彼得堡福禄培尔协会的领导下,建立了"福禄培尔学院"。这是一所专门培训学前教育人员的私立学校,这所学校一开始学制为一年,后逐渐改为三年,主要招收初中毕业生或具有家庭教育经验的女青年入学。这所学校在十月革命后改为"学前教育大学"。此后,俄国其他一些地方也成立了类似的机构,成为当时唯一培养学前教育人员的机构。1908年,在基辅福禄培尔协会领导下,又开办了三年制的学前教育专科学校,这所学校在十月革命后改为"人民师范大学",它以培养高级幼儿教师为目的,设置了教育学、心理学等课程,并配有实验室,还有作为教育实习的幼儿园,成为当时俄国规模最大的学前教育师范学校。①

近代俄国学前教育社会化发展的一个主要特点是创办了许多孤儿院。在这方面,除了团体和个人外,政府也发挥了一定作用。孤儿院主要是收容贫困家庭幼儿,使他们有一个相对较好的生存和发展的机构。1841年彼得堡有6所孤儿院,共收容920名儿童。这些机构后来被俄国政府接收管理。② 19世纪90年代受资本主义发展的影响,在城市孤儿院得到发展的同时,俄国政府也推动其他形式孤儿院的建立。1891年开始在农村设立孤儿院,到1901年全俄国共有80所农村孤儿院。以后,各教区也开始开办孤儿院。到19世纪末,在莫斯科和彼得堡开办了50余所教区孤儿院。③

在俄国学前教育社会化的过程中,民间还创新了许多形式以满足学前教育发展的需要。如育婴孤儿院、平民幼儿园、乳儿期托儿所、婴幼儿夏令营托儿所,以及专门为残疾儿童设立的聋哑幼儿园等。尽管这样,这一时期俄国政府并没有把学前教育纳入国民教育系统。与英国和法国等国已经出现学前教育制度化探索的事实相比,这个时期俄国学前教育制度化的探索还是相对落后的。

---

① 唐淑,何晓夏.学前教育史[M].大连:辽宁师范大学出版社,2001:384.
② 周采,杨汉麟.外国学前教育史[M].第2版.北京:北京师范大学出版社,2012:85.
③ 周采,杨汉麟.外国学前教育史[M].第2版.北京:北京师范大学出版社,2012:86.

二、苏联学前教育制度化的形成

十月革命后,苏联政府极为重视学前教育。从加强学前教育与统一学校的联系,从保护儿童和培养社会主义新人的目的出发,苏联政府建立机构,制定政策,颁布法令,采取多种措施,逐步建立起较为完善的学前教育体系。

1917年11月,苏联成立了教育人民委员会学前教育局。在学前教育局发布的关于学前教育的宣言中指出,苏联的学前教育制度是整个学校制度中的一个组成部分;儿童的公共免费教育必须从儿童出生时开始。1918年10月颁布的《统一劳动学校规程》规定:"在统一的学校中还包括幼儿园。"[①]1919年3月,苏共第八次代表大会举行并通过党纲,提出了苏联学前教育的两大任务:一是公共学前教育是学校教育事业的基础之一,必须按照儿童的年龄特征实现儿童的全面发展和共产主义教育的任务;二是为了改善公共教育和使妇女获得解放,应设立学前教育机关,如托儿所、幼儿园和托儿站等。两大任务明确了苏联学前教育的目的、方向和性质。[②]

从建国初期苏联学前教育的发展来看,苏联政府发展学前教育的指导思想是:学前教育是整个学校教育制度的基础;应按照儿童的年龄特征进行教育,促进儿童的全面发展;学前教育事业是公共的、统一的、免费的。在这一思想影响下,苏联的学前教育得到一定的发展。至1920年,苏联已有学前教育机构4723所,共有254527名儿童接受学前教育。[③] 到20世纪30年代,苏联学前教育在加强教育机构的建设和质量提高上都得到了快速的发展。

20世纪30年代的前五年,是苏联第一个"五年计划"(1930—1934)的实施时期。这一时期苏联政府采取一些积极措施,加快学前教育制度化的步伐。

1932年,苏联教育人民委员会颁布了第一部《幼儿园教育大纲草案》,第一次明确规定幼儿园的工作任务与内容,包括幼儿园社会政治教育、劳动教育、认识自然的作业、体育、音乐活动、美术活动、数学和识字等,对于促进幼儿园管理正规化,提高幼儿教育质量具有重要意义。不过,这一时期的苏联教育界和理论界也发生了批判西方教育思想的思潮。1936年,苏共中央颁布了《关于教育人民委员会系统中儿童学的歪曲见解》的决议,宣布儿童学是"伪科学",并予以取缔。西方的学前教育理论,包括福禄培尔、蒙台梭利的学说也被批判和禁止。这种批判和禁止在一定程度上阻碍了对学前教育和幼儿身心发展的研究。

20世纪30年代后期到40年代是苏联学前教育制度化形成的时期。1938年苏联教育人民委员会制定了《幼儿园规程》和《幼儿园教养员工作指南》。《幼儿园规程》规定了幼儿园的教育目的、任务、组织、幼儿园的基本类型,以及对儿童的营养和幼儿园房舍的要求等。《幼儿园教养员工作指南》是根据前者编写的。《幼儿园教养员工作指南》由引言和七章组成,讨论诸如体育、游戏、绘画、手工、音乐教育、认识自然、初步数学观念的发

---

① 周采,杨汉麟.外国学前教育史[M].第2版.北京:北京师范大学出版社,2012:183.
② 唐淑,何晓夏.学前教育史[M].大连:辽宁师范大学出版社,2001:469.
③ 唐淑,何晓夏.学前教育史[M].大连:辽宁师范大学出版社,2001:469.

展等问题。1944年,苏联教育人民委员会又制定了《幼儿园规则》,对幼儿园的教育对象、幼儿园的性质和任务、幼儿园教育的内容和方法及幼儿园的开设等问题作了规定这个规则在许多方面把以前的内容更为具体化和规范化了。其主要内容包括:一是幼儿园是3—7岁幼儿接受苏联社会教育的国家机构,目的是保证儿童的全面发展和教育。二是不论幼儿园由何种团体或机构管理,必须根据《幼儿园规则》和《幼儿园教养员工作指南》开展工作。三是幼儿园应为儿童入学做好准备。这些准备包括要关心儿童的健康,发展儿童的智力、说话能力、意志和品性,实行艺术教育,使儿童接触自然和社会,进行游戏和上课,培养儿童独立和自我服务的习惯、卫生习惯、劳动习惯,正确使用和爱护物品,培养儿童守秩序、自制、尊敬长者和父母的习惯等。四是设立幼儿园的任务属于国民教育科、生产企业、苏维埃机构、合作社和集体经济的组织,不允许私人开办幼儿园。[①]

从上面颁布的规程和规则可以看出,苏联的学前教育制度化的形成具有较强的国家意志和公立教育的性质。它强调幼儿园教育的国家性质,不允许私人开办幼儿园;它允许社会各种机构从事开设幼儿园的工作,但要符合《幼儿园规则》和《幼儿园教养员工作指南》;它注重3—7岁儿童的教育,但也强调学前教育要为儿童入学做准备。另外,苏联学前教育制度化的过程更多还是注重学前教育本身,幼儿阶段的划分相对有限,这与欧美国家注重学前教育与初等教育的联系,把学前教育阶段的一部分与义务教育阶段相联系的做法也是有区别的。

"二战"以后,苏联学前教育制度化建设的重点是将托儿所和幼儿园合并成统一的幼儿教育制度——"托儿所—幼儿园"。20世纪50年代以前,苏联学前教育按年龄段分成两个部分:一个是从出生到3岁的婴儿入托儿所,由卫生部管辖;一个是3—7岁的儿童进幼儿园,由教育部管辖。这种二元管理体制产生许多矛盾。为解决这一矛盾,1959年5月21日,苏共中央和苏联部长会议公布了《关于改革学前教育制度的决定》。改革的重点是建立将托儿所和幼儿园合并的统一学前教育机构,并将其命名为"托儿所—幼儿园"。"托儿所—幼儿园"的管理和监督权统一于各共和国的教育部。同时规定各共和国卫生部负责"托儿所—幼儿园"中儿童的保健工作;规定凡是有条件的地方,均须在1960年1月1日以前,完成幼儿园和托儿所的合并工作。

1959年的"决定"公布以后,新设的"托儿所—幼儿园"得到较快发展。据统计,到1966年,苏联常设学前教育机构(主要是托儿所—幼儿园)有9.2万个,接收儿童820万人;1976年,接收人数达1150万;1982年则超过1500万。除常设学前教育机构外,苏联在全国各地还因地制宜,设有学前儿童之家、露天幼儿园、季节性幼儿园,以及招收接近入小学年龄儿童的普通学校附属预备班等。1988年末,苏联常设学前教育机构有14.7万个,在园儿童1735万,占同龄儿童的58%。[②]

为了适应新的学前教育机构"托儿所—幼儿园"的需要,1962年,在《幼儿园教养员工作指南》基础上,苏联教育科学院学前教育研究所所长乌索娃和医学科学院的教授洛

---

① 周采,杨汉麟.外国学前教育史[M].第2版.北京:北京师范大学出版社,2012:185.
② 唐淑,何晓夏.学前教育史[M].大连:辽宁师范大学出版社,2001:471.

万诺夫教授共同制订了《托儿所—幼儿园统一教学大纲》。新《大纲》主要有五个特点：一是将原来婴幼儿(0—3岁)和学前儿童(3—7岁)互相分离的教育内容系统化。按照出生后2个月至7周岁的儿童年龄阶段分为7个班级，第一婴儿期班(出生后第一年)、第二婴儿期班(出生后第二年)、婴儿晚期班(出生后第三年)、学前初期班(出生后第四年)、学前中期班(出生后第五年)、学前晚期班(出生后第六年)、入学预备班(出生后第七年)。二是比原来的大纲更为注重游戏，并对游戏组织形式及其指导有具体指示。三是恢复了以前大纲里被取消的劳动部分，在大班和入学预备班增添了劳动教育。四是在入学预备班里进行初步的读写教学，为进入小学做准备。五是重视教学方法的指导。①

苏联1962年颁布的《托儿所—幼儿园统一教学大纲》采取对托儿所与幼儿园统一管理的办法，有利于协调两个机构的关系；大纲第一次对儿童发展阶段进行详细划分，有利于根据儿童实际情况进行阶段教育；大纲提出的关于设置入学预备班的规定，也是对学前教育与学校教育关系认识的进一步深入，明确了学前教育作为学校教育的基础性地位。当然，把刚出生的婴儿送进托儿所进行教育是否符合儿童发展的特点，是否存在"去家庭教育化"的问题，需要进一步的研究。

20世纪60年代末，苏联对1962年的《托儿所—幼儿园统一教学大纲》进行修订。修订后的大纲加强了婴儿期的护理和教育，加强了入学预备班的教育内容向初等教育过渡的衔接性。该大纲在此后又进行了多次修订。1978年的修订本把原来的七个阶段缩减为四个阶段，即学前早期(0—2岁)、学前初期(2—4岁)、学前中期(4—5岁)、学前晚期(5—7岁)。这一新的修订突出了学前教育与学校教育的联系，但也增加了儿童知识学习的难度。1984年，这个大纲更名为《幼儿园教育和教学标准大纲》，取消了原来"托儿所—幼儿园"合在一起的称谓，而突出幼儿园教育的地位，反映苏联在学前教育方面的新变化。

1989年，根据国际及国内心理学和教育研究的成果，在1984年《幼儿园教育和教学标准大纲》的基础上，苏联又发布了《学前教育构想》。次年以国家教育委员会公报名义予以颁布，提出苏联学前教育改革的思路：一是对20世纪30年代教育整顿后出现的忽视儿童的做法提出批评；反对将童年仅仅看成是未来生活的预备而忽视童年期自身价值的观点；要求教育工作人道主义化。二是要求根据当代世界尤其是苏联心理学及教育科学研究的新成就，改革学前教育体系；要求教师努力掌握现代有关科研成果。三是改善儿童的生活条件和幼儿园教师的工作条件；保证儿童教育的各个领域的协调性。四是改变培训教育工作干部的性质及学前教育单位和管理机构的财政条件。五是确立多种形式和类型的学前机构并存的原则，以发展学前教育。六是实现教育过程中家庭教育与公共教育的协调一致。

为了将《学前教育构想》所包含的思想具体化，公报声称将制定《学前教育机构章程》《学前机构教育过程的科学方法原理》《教师培训和再提高示范大纲》等相关文件。但由于1991年年底苏联解体，这些文件未能完全拟定出来或付诸实施，其构想提出的主

---

① 唐淑,何晓夏.学前教育史[M].大连:辽宁师范大学出版社,2001:472.

张也难以观其全貌和实际效果。

三、俄罗斯学前教育制度化的发展

1991年苏联解体,其社会和教育发生新的变化。1992年,俄罗斯联邦政府颁布《俄罗斯联邦教育法》(以下简称《教育法》),确立了俄罗斯教育的国家政策。在《教育法》中,学前教育被列入俄罗斯国民教育体系的基础和组成部分。《教育法》的第二章"教育系统"中第九条教育大纲部分规定了普通教育大纲,包括学前教育大纲;第十二条"教育机构类型"中包括学前教育机构;第十七条规定在学前教育机构中实施学前教育大纲以及学前教育机构和普通初等教育等教育机构的教育大纲具有连续性,并且每一阶段大纲均以前一阶段的大纲为基础;第十八条对学前教育进行了具体规定。包括:"(1)父母是孩子的第一任教师,他们应为子女的身体发展在婴幼儿时期打下基础;(2)国家保证从财政和物质上支持幼儿教育;(3)学前教育机构网络的存在旨在帮助家庭对学龄前儿童进行教育,保护并增强他们的身心健康,开发其智力并纠正他们在发展中的缺陷;(4)学前教育机构和家长之间的关系根据双方的协议来确定,但相对于法律而言,该协议不得对双方的权利加以限制;(5)地方行政当局为在家庭中实施学前教育的家庭给予教育方法、咨询检查等方面的帮助并加以协调。"[①]

从这个《教育法》的具体规定来看,俄罗斯总体上继承了苏联学前教育的基本原则:学前教育是国民教育的基础;学前教育与学校教育的密切联系和连续性。当然,新的《教育法》也强调了学前教育机构与家长之间的权利关系和法律关系,以及对家庭实施学前教育的关注,这在以往苏联的学前教育中是不多见的。

1995年6月1日,在《俄罗斯联邦教育法》的基础上,俄罗斯颁布了《学前教育机构基础条例》,这是一部关于学前教育机构设置的法律性文件,共有六章内容,53条。第一章为总则,明确该条例的地位及作用;第二章对学前教育机构的组织和活动进行了详细的规定;第三章对学前教育机构的接收顺序进行了较为详细的安排,如优先接收父母中只有一方工作的、母亲还在读书的、一级和二级残疾人的孩子等;第四章对学前教育过程的参与者进行了明确规定,包括学生、父母(法定监护人)和教学工作者;第五章规定了学前教育机构的管理;第六章对学前教育机构的财产和配置进行了规定。

进入21世纪以后,俄罗斯政府又先后发布多项规划,进一步明确了学前教育发展的原则和任务。2001年,俄罗斯出台了《2010年前俄罗斯教育现代化构想》,确立了俄罗斯教育发展的主要原则,包括确保所有的俄罗斯公民都有权接受高质量的教育,特别是普通教育;其前提条件是每个儿童在学前教育阶段得到最佳的发展,并为他们在普通教育阶段的发展打下基础。这一时期俄罗斯学前教育发展的主要任务就是提高学前教育的普及率;通过调整财政拨款的分配系统,加大政府对学前教育机构和父母的物质支持,同时建立灵活多样的学前教育体系。[②] 2003年,俄罗斯发布了《连续教育内容构想(学前

---

① 周采,杨汉麟.外国学前教育史[M].第2版.北京:北京师范大学出版社,2012:189.
② 周采,杨汉麟.外国学前教育史[M].第2版.北京:北京师范大学出版社,2012:190.

教育与普通教育阶段)》,制定了学前与小学儿童连续教育的目标和任务,密切了学前教育与学校教育的关系。

第五节　现代美国学前教育制度化的形成

美国学前教育早期受欧洲影响较大,到19世纪中后期,才建立起具有自己特色的学前教育机构。随着西部开发和工业化的完成,美国的经济开始领先于其他主要资本主义国家,为教育的发展提供了条件。在学前教育方面,20世纪前半期在进步教育运动的影响下,美国出现了进步主义幼儿园运动、保育学校运动等,儿童中心、儿童活动成为这些运动的主题。20世纪后半期美国学前教育发展的主题是教育平等和智力开发。在政府的干预下出现了以"开端计划"为代表的教育机会均等运动和早期智力开发运动。这些运动和研究提供了新的学前教育观念和方法,为美国现代学前教育制度化的形成奠定了基础。

一、在争论中形成有特色的学前教育

从19世纪下半叶开始,福禄培尔主义、蒙台梭利思想,以及保育学校等逐步进入美国,并成为有影响的教育思潮、教学手段和教育机构。不过,随着19世纪后期美国进步主义的兴起,福禄培尔的教育观和教学法首先遭到美国心理学家和教育家的争论和批判。

当时的心理学家霍尔认为,福禄培尔思想中存在神秘主义、象征主义以及浓厚的宗教色彩等。霍尔通过大量的实验和调查发现,福禄培尔思想主要存在四个问题:一是他的思想是建立在唯心主义和理想主义基础之上的,对于儿童如何成长、发展和学习等问题的认识缺乏科学的依据。二是福禄培尔的"恩物"更多的是用于发展幼儿的小肌肉,而霍尔通过研究认为儿童大肌肉的发展应早于小肌肉的发展。幼儿园应多为儿童提供大型玩具器械,以优先发展儿童的大肌肉动作。三是福禄培尔的教学法过多地要求儿童坐着摆弄物体,而通过活动学习的少。四是4—8岁儿童主要是情感的发展,而不是智力的发展,而福禄培尔强调对儿童进行的智力训练对于这一年龄段的儿童来说是没有意义的。美国教育家杜威也进行了分析。杜威认为,福禄培尔强调游戏、表演、唱歌、讲故事,鼓励儿童进行社交,"这些都是他留下来的不朽贡献,……但他通过形而上学的解释,过于抽象了"[①]。儿童对于游戏,有一种天生的欲望,而在福禄培尔的游戏中,形而上学的象征主义往往使儿童无所适从。杜威批评福禄培尔设计的恩物和作业远离儿童的生活,与儿童的经验相脱离,对于儿童来说是毫无意义的。杜威指出,福禄培尔"幼儿园的作业不过是给儿童有关立方体、球体等的知识,和使他们养成某种使用材料的习惯(因为每件事都是'一点不错'地照做)"[②]。杜威主张,应为儿童提供真实的、可直接接触的事物。

---

① [美]约翰·杜威.学校与社会·明日之学校[M].赵祥麟,等译.北京:人民教育出版社,2005:267.
② [美]约翰·杜威.杜威教育论著选[M].赵祥麟,等编译.上海:华东师范大学出版社,1981:207.

不应让儿童们住在假定的房子里,用假定的扫把扫地,而应让他们在真正的教室中,用真正的扫把扫地。①

受新心理学和新教育学理论的影响,在19世纪末20世纪初的美国学前教育领域开始出现分歧,出现了坚持福禄培尔理论的保守派和主张对福禄培尔理论进行改革的自由派。前者代表人物主要是苏珊·布洛(Susan E. Blow)等,后者代表人物主要是安娜·布莱恩(Anna Bryan)等。这个时期出现的进步主义幼儿园运动实际上是一个如何认识和评价福禄培尔主义,使幼儿园教育思想、观念、方法发生深刻变革的过程。

作为进步主义幼儿园运动的先驱布莱恩,在1890年公开批评福禄培尔主义和福禄培尔"恩物"等存在的缺陷,并依据实用主义的原理在自己的幼儿园对幼儿教育进行大胆改革的尝试。布莱恩指出,球对于儿童来讲,只是一个可以滚动的物体。如果说球对于儿童意味着"统一",那是很荒诞的。另外,她还指出,福禄培尔式幼儿园的教师对于"恩物"的使用过于呆板,"儿童在这一过程中只是在机械的操作并没有什么创造性的活动,因此,只能称之为僵化的游戏,缺乏教育意义"②。在布莱恩看来,福禄培尔主义存在的问题是,其理论的象征主义、恩物和作业的使用过于僵化,以及儿童在游戏中的自主性不够。

自由派的另一代表人物希尔(Patty Smith Hill)曾就学于杜威的门下,也深受布莱恩的影响。1893年,她接管了路易斯维尔免费幼儿园协会和路易斯维尔师范学校。经过12年的努力,使这里成为进步主义幼儿园运动的中心。希尔的突出贡献是设计发明了一组大型积木玩具,被称为"希尔积木"(Hill Blocks)。幼儿可利用这些积木建房屋、开商店、办邮局,做各种游戏。希尔积木被各地幼儿园广泛采用。③

在进步主义幼儿园运动中,安娜·布莱恩为代表的自由派以霍尔的儿童心理研究和杜威的教育哲学为依据,对福禄培尔主义幼儿园的教育内容和形式,从原则到方法上进行了全面的批判。主张教育要以儿童和儿童生活为中心,考虑儿童的兴趣与需要,提倡发展儿童的个性,把儿童培养成能适应社会并有益于社会的人。以苏珊·布洛为代表的保守派将福禄培尔主义奉为圭臬,认为只有以福禄培尔主义作为指导的幼儿园才能成为儿童成长的摇篮,福禄培尔主义是儿童教育发展的基石。双方展开针锋相对的论争,最终是自由派获胜。

20世纪初期,也是蒙台梭利思想、方法以及她所设计的教具传入美国的时期。1912年,美国出版了《蒙台梭利方法》,销售火爆,5个月内相继再版6次。1912年和1915年,蒙台梭利两次访美,宣传自己的学说。1913年,美国蒙台梭利教育协会成立,"蒙台梭利学校"也建立,"蒙台梭利热"在美国达到顶峰。然而,在蒙台梭利思想和方法在美国传播的同时,也是美国学者反思和批判的时期。当时美国心理学的机能主义、行为主义和

---

① Evelyn Weber. The Kindergarten: Its Encounter with Education Thought in America[M]. New York: Teacher College Press, 1969: 52.
② Evelyn Weber. The Kindergarten: Its Encounter with Education Thought in America[M]. New York: Teacher College Press, 1969: 45.
③ 周采,杨汉麟. 外国学前教育史[M]. 第2版. 北京:北京师范大学出版社,2012:170.

精神分析学派，以及教育学上的进步主义等对蒙台梭利思想和方法展开了批判。1914年，美国进步主义教育运动主要人物之一的克伯屈就发表《蒙台梭利体系考察》，认为蒙台梭利法"实属19世纪中期的货色"，是落后于时代要求的，其感官教育是孤立的和脱离幼儿生活实际的。① 1915年，杜威在《明日之学校》一书中也对蒙台梭利的思想进行了分析。杜威肯定了蒙台梭利关于自由价值的看法，指出："蒙台梭利方法与美国革新家们的观点不同之处，不是对自由的价值有什么意见分歧，而在于对如何才算是最好地利用自由有不同的认识。从身体上讲，一个蒙台梭利班级的学生，要比大多数美国教育家办的班级的学生更自由些；但是从智力上讲，他们就不那么自由了。他们可以完全自动地来往、工作和闲着、谈话和走动；得到事物的有关知识和掌握行动的技能就是要达到的目的。每个学生独立地运用自我矫正的材料工作。然而不允许儿童有创造的自由。他可以自由地选择他将使用的器材，但是他却从不能选择他自己的目标，也不能把材料照他自己的计划去处理。因为这种材料限制在固定的几样物体上，必须以某种固定的方式来把握。"②在杜威看来，儿童思想的自由比身体的自由更重要。1916年后，美国的蒙台梭利热迅速降温，美国学前教育逐步形成具有自己特色的教育思想和方法，就是学前教育既不是神秘主义的恩物教育，也不是机械主义的感官教育，而是儿童的实际生活教育。学前教育要与儿童的实际生活相结合，为儿童的生活和创造服务。

20世纪上半期，对美国学前教育发展影响较大的还有保育学校运动和日托所运动。1915年，美国芝加哥大学教授夫人团体受到英国麦克米伦姐妹创办保育学校的启示，开设了美国第一所保育学校。1919年，第一所公立保育学校成立。10年后，全国保育协会建立。到1933年，美国设立的保育学校已达300多所。"二战"期间，联邦政府对保育学校实行经济援助，保育学校得到快速发展。到1945年2月底，共有1481所保育学校，收容幼儿69000名。③ 这个时期出现的日托所运动（Day Nursery Movement）也是很有影响的运动。日托所也叫日托中心（Day Center），最早建于1838年，属于一种贫民救济机构。20世纪30年代，美国爆发经济危机，为稳定社会和缓和矛盾，1933年10月建立专为失业人员和劳工子女提供免费服务和照顾的日托所。日托所主要是为全日制母亲提供幼儿看护，供应食物，保证孩子的营养和健康。日托所以保育而非教育为主，不过也有的日托所配备经过一定培训的幼儿教师，教授一些与幼儿年龄相适应的课程。日托所建立后，在一定程度上缓解了社会矛盾，得到较快发展。到1938年，由联邦紧急救济总署建立的日托所就承担了为20万个劳工子女免费服务的工作。但是，1943年联邦紧急救济总署停止对日托所的经费发放，造成日托所经费困难，入托人数由72.5万人下降到60万人。④

---

① 周采,杨汉麟.外国学前教育史[M]第2版.北京:北京师范大学出版社,2012:171.
② [美]约翰·杜威.学校与社会·明日之学校[M].赵祥麟,等译.北京:人民教育出版社,2005:293-294.
③ 周采,杨汉麟.外国学前教育史[M].第2版.北京:北京师范大学出版社,2012:172.
④ 唐淑,何晓夏.学前教育史[M].大连:辽宁师范大学出版社,2001:479.

二、政府主导下的学前教育"开端计划"

20世纪50年代之前,美国的学前教育主要是在进步主义思想影响下对外来的学前教育思想进行反思和批判,关注儿童的发展和活动,并结合自己的实际情况创办了符合美国儿童需要的一些学前教育机构。学前教育发展并没有特别引起联邦政府的重视。第一次世界经济危机、第二次世界大战,以及"二战"后冷战形成的美苏对立等对教育提出了许多新要求,这些都构成了联邦政府干预学前教育的因素。如果说经济危机后,联邦紧急救济总署建立的日托所是首次对学前教育发展进行干预的话,那么"二战"以后美国政府采取的一些措施则是对学前教育进行干预的延续。这种干预之一就是出现了由政府主导的、为帮助贫困家庭幼儿实现教育机会均等目标而启动的"开端计划"(Head Start Program),这一计划也被称为"先行计划"或者"启智计划"。

从可能性来看,"开端计划"的提出与相应的儿童研究成果有关。一是它是建立在有关儿童发展、儿童研究的基础上的。早期的儿童养育、保育学校以及儿童研究运动提出的主张提供了学前教育的标准、方法论和思想基础。二是一些著名的儿童学者的工作也提供了理论、研究方法和模式。如格塞尔(Gesell)的成熟理论、行为主义者的理论、个性和社会发展的理论以及儿童人类学理论都影响了开端计划。其中,亨特(Hunt)和布卢姆(Bloom)的研究值得注意。亨特的研究指出,环境和母亲教育的质量影响智力的发展;布卢姆的研究结果是,4岁儿童的智商分数可以预言一个人完全成熟时期智商分数的一半。这一结论证明了对于处在危险中的儿童的生活进行直接干预是正确的。① 三是有关城市学校的研究也证明,学前教育计划对处于经济不利地位的儿童是有利的。② 这些研究使得人们坚信政府应当提前采取行动,在消除影响儿童发展的消极因素方面发挥积极的作用;儿童发展的过程,包括智力发展,通过适时的干预,可以发生巨大的变化。

从必要性来看,"开端计划"的提出也与美国政府试图解决社会贫困问题及贫困家庭儿童教育问题有关。1963年和1964年,美国政府宣布"向贫穷开战"(War On Poverty),提出解决贫困家庭儿童福利和教育问题,使贫困儿童获得与富裕家庭儿童同等的环境、同等的教育机会等系列措施。1964年8月,美国健康、教育和福利部的经济机会办公室提出《经济机会法》。1965年秋,美国联邦教育总署根据1964年的《经济机会法》,提出了"开端计划"。

"开端计划"的基本假设是:如果儿童来自于处境不利的家庭,他们进入学校与中产阶级儿童花费同样的精力,那他们就有某种理由来期望来自学校教育的最初成功。如果他们经历了最初成功,他们也就愿意继续他们的学校教育。离开学校以后,他们要比那些中途辍学的人有更好的工作机会。如果他们利用这些机会,他们就可能使自己有高于其父母的经济地位。通过获得这些教育的、态度的和经济手段的长处,这些孩子就有能力提供更多的物质和文化的利益。③

---

① V. Celia Lascarides, Blythe F. Hinitz. History of Early Childhood Education[M]. Falmer Press, 2000:401.
② V. Celia Lascarides, Blythe F. Hinitz. History of Early Childhood Education[M]. Falmer Press, 2000:402.
③ V. Celia Lascarides, Blythe F. Hinitz. History of Early Childhood Education[M]. Falmer Press, 2000:403.

"开端计划"直接由萨根特·斯里夫（R. Sargent Shriver）领导。20世纪60年代，约翰·加德纳（John B. Gardner）成为约翰逊总统的健康、教育和福利秘书。他为联邦政府提出了两个"再分配者项目"：一个是学前教育国家计划；另一个是联邦资助学区处境不利儿童的特殊教育计划。这些思想也成为开端计划的内容之一。

"开端计划"的内容包括6个主要部分：管理、教育、社会服务、健康服务、父母参与以及生涯发展。关于教育部分，主要是用来满足每个儿童个体的需要，以及社区服务的需要，形成其道德和文化的特征。如果计划涉及许多双语儿童，至少一位教师或者助手必须会讲双语儿童的母语。每个儿童能够接受多样性的学习经验，促进智力、社会和情感的发展。

"开端计划"的实施主要通过地方公立或者私立的在社区内的非营利性的机构。它具有一定的权利和权威来实施接受由联邦、私人和地方所提供的资金完成计划。这一机构负责制订计划，实施、管理和对计划进行评估。"开端计划"接收的对象主要是家庭收入低于贫困线下的儿童，或者潜在需要公共帮助的儿童。"开端计划"在1965年夏季实施时，共有56100名儿童登记。这个计划帮助了那些来自贫困家庭的儿童，使他们能够为进入学校做准备，能够与中产阶级儿童进行同等水平的竞争。[①]

1968年，美国有关部门制订了"追随到底计划"（Project Follow Through），一般被视为"开端计划"的延伸。该计划的对象是在"开端计划"中受益的小学低年级学生，其目的是帮助贫苦家庭的儿童在入小学后能继续得到良好的发展。1972年以后，开端计划要求收纳10%的残疾儿童，并着手进行包括幼儿、家庭和社区在内的综合改革实验及与学前教育机构或小学衔接的实验。

总之，"开端计划"被认为是"二战"后美国政府对于处于不利地位儿童的一种补偿教育，是一次规模大、历时长、效果较好的学前教育机会均等的运动。据统计，接受此项计划的3—5岁儿童，1965年有53.618万人，1972年已经超过100万人。该计划实施以来，受惠者达830万人以上。1982年，10多名儿童研究专家的纵向跟踪研究指出，"开端计划"促进幼儿的智力、语言、社会情感等方面的发展效果明显。还有研究表明，一般幼儿的智商因"开端计划"而提高10—15。[②] 当然，也有学者提出批评意见，认为在"开端计划"中少数学校视幼儿为小学低年级学生，过多进行知识教学，不利于幼儿的成长。

三、幼儿智力研究与学前教育实验方案

如果说"开端计划"是美国社会针对处于不利地位的儿童实施的一种教育补偿运动的话，那么伴随"开端计划"出现的幼儿智力研究运动则是对所有儿童而言的一项智力开发和提升运动。

幼儿智力研究运动的产生与20世纪60年代美国的课程改革有密切联系。这一时期，美国掀起了中小学课程与教学方法的改革运动，目的在于提高中小学的教育质量。

---

① V. Celia Lascarides, Blythe F. Hinitz. History of Early Childhood Education[M]. Falmer Press, 2000:404.
② 唐淑,何晓夏.学前教育史[M].大连:辽宁师范大学出版社,2001:481.

改革运动的思想基础是对儿童智力发展与知识关系的新认识。美国心理学家布鲁纳认为,儿童存在着极大的智力发展潜力;儿童智力有不同的发展阶段。只要在教学上做到使教材适合儿童发展的阶段,并按照儿童理解的方式加以组织和表达,任何学科都可以用某种方式有效地教给处在任何发展阶段的任何儿童。同时,智力研究运动也与对儿童早期发展和教育的关系研究有关。1960年,美国"早期教育实验室"主任伊利诺伊大学教授亨特在《智力与经验》一书指出,婴儿期是决定儿童理性活动差异的重要时期;儿童4岁才接受教育已晚,教育必须提前。[1] 在这些研究成果的影响下,美国学前教育界、家长乃至联邦政府日益重视幼儿智力开发,强调对幼儿进行科学教育,形成了幼儿智力研究和开发的热潮。

这一时期,在美国幼儿智力研究运动中影响较大的是蒙台梭利运动的再次兴起和美国学者关于皮亚杰理论的幼儿教育实验的开展。

20世纪50年代后期,蒙台梭利对早期教育的重视、关于智力发展、感官训练的方法,以及强调个别指导和科学研究的态度与方法等,重新引起美国人的注意,美国再次兴办蒙台梭利学校。1958年,冉布什女士(Nancy Rambush)在康涅狄格州格林威治城建立了"菲特比学校"(Whitby School)。1960年,美国蒙台梭利协会重新成立。到1972年,美国共有762所蒙台梭利学校。[2] 20世纪80年代以后,蒙台梭利运动得到快速发展。蒙台梭利方法不仅在学前教育领域,也逐步扩展到中小学;不仅在私立学校,也进入公立学校。据统计,1989年,蒙台梭利方法已被60个地区的110所公立学校采用。[3] 需要指出的是,蒙台梭利方法从学前教育到中小学教育的扩展表明,一种运用于学前教育的方法可以超越原有的适用范围为高一级教育所采用。一个重要原因是教育界普遍出现的对智力问题的关注。当然,学前教育幼儿的智力发展与学校教育阶段儿童的智力发展有所不同,但是从儿童智力发展的连续性来看,蒙台梭利方法的复兴在一定程度上反映了美国教育界的一种务实态度。

20世纪60年代以后,皮亚杰的认知发展理论也被应用于幼儿教育实践,并形成了一些有名的幼儿教育实验方案。其中影响较大的实验方案是伊利诺伊州的拉瓦特里(Celia Lavatelli)的学前课程方案和威斯康星大学的皮亚杰学前教育实验方案。拉瓦特里曾赴日内瓦与皮亚杰进行合作研究。回国后,他设计出一套"学前课程——皮亚杰方案"(Early Childhood Curriculum—A Piaget Program),并在公立幼儿园中进行实验。该方案以4—5岁儿童为对象,通过系统提供多种具体运算内容帮助儿童获得逻辑思考的方式,以达到"为具体运算的出现奠定基础"的实验目标。在实验中,教师主要使儿童运用物件和材料,通过主客体的交互作用活动,同化新的观念。威斯康星大学皮亚杰学前教育实验方案(Piagetian Preschool Education Program)是由威斯康星大学幼儿研究中心设计,该实验于20世纪70年代初开始。实验的对象是3—5岁的儿童。实验的主要目标是,检查、探讨依据皮亚杰理论设计的学前教育实验方案对儿童的智能与社会发展的影

---

[1] 唐淑,何晓夏.学前教育史[M].大连:辽宁师范大学出版社,2001:482.
[2] 周采,杨汉麟.外国学前教育史[M].第2版.北京:北京师范大学出版社,2012:177.
[3] 周采,杨汉麟.外国学前教育史[M].第2版.北京:北京师范大学出版社,2012:177.

响。在实验中,要求教师遵循皮亚杰的儿童认知发展阶段,通过适时提供适当的环境,向儿童提出探索性的问题;鼓励儿童和同伴、成人社会及物质环境的交互作用;通过同化、调节等过程,发展儿童的智力(包括认知、情感、技能等),并培养儿童的独立性、自主性及创新能力。[①]

总之,智力研究运动反映了20世纪60年代以后教育思想和教育方法的一种国际化的趋势。随着知识经济时代的到来,国际社会和教育更重视对儿童早期智力的研究和开发。各种有关的,无论是早先的还是新的方案,只要是有利于智力开发,都可以进行实验和推广。智力研究和开发已经不仅仅是学前教育的事情,也成为学校教育的事情。这种由一个教育问题而引发的国际社会和教育的响应,为学前教育的国际化奠定了基础。

四、现代学前教育制度化的形成

20世纪80年代,受国内经济和国际竞争的压力,美国教育问题又引起政府和社会的关注。1983年,《国家处在危急中,教育改革势在必行》报告的发表,引发了美国各州新一轮的教育改革。在这种背景下,作为与学校教育发展密切联系的学前教育也受到重视,许多州加强了对学前教育的立法,把学前教育作为学校教育的组成部分,为学前教育制度化的形成提供了条件。

从美国的教育立法来看,义务教育法是用来保证儿童接受州政府所保障的教育的法律。虽然它可能对父母指导儿童成长的普通权利构成了侵犯,同时也对美国人追求自由选择的权利构成了最大限制。但是从历史来看,义务教育法已经证明了它的合理性。[②] 在殖民地时期,义务教育法的创立是出于宗教上的原因:不会阅读《圣经》的人被认为是不能抵制恶魔撒旦诱惑的。在建国时期,推行义务教育法的原因是:缺乏受过教育的公民,民主政府也无法生存。而进入20世纪以后,强调义务教育法的原因是:教育是一个人有效参与现代经济的先决条件。因此,一个人不仅要接受教育,而且还有可能提前接受教育。这样,学前教育就成为普通教育的组成部分,成为义务教育的一部分。

在美国,强制入学的法律在各州之间尽管不尽相同,但都要求儿童接受某种形式的教育学习,通常是7—16岁。一些州则要求儿童6岁入学。还有的规定,年满5周岁的儿童可以进入学前班,年满6岁的儿童进入1年级。[③] 这样,美国学前教育逐步成为学校教育系统的一部分。1986年,密西西比州开始为所有5岁儿童开办幼儿园班,随后全美50个州都先后把幼儿园正式纳入公立学校系统中,完成了学前教育制度化的过程。[④]

学前教育制度化的过程也是伴随着对学前教育的管理进行的。1989年,美国依阿华州教育厅设立"儿童发展协调处";纽约州教育厅设立了"早期儿童服务办公室"。另外,美国的许多教育法律也涉及学前教育的事务。如1965年的《经济机会法》和1975年的《教育所有残疾儿童法令》,都有关于学前儿童教育的内容。1979年,美国通过《儿童

[①] 唐淑,何晓夏.学前教育史[M].大连:辽宁师范大学出版社,2001:483.
[②] [美]米基·英伯,等.美国教育法[M].李晓燕,等译.北京:教育科学出版社,2011:18.
[③] [美]米基·英伯,等.美国教育法[M].李晓燕,等译.北京:教育科学出版社,2011:26.
[④] 周采,杨汉麟.外国学前教育史[M].第2版.北京:北京师范大学出版社,2012:178.

保护法》。1988年颁布《中小学改善修正案》和《家庭援助法案》,前者包含为1—7岁儿童提供早期教育的内容;后者规定凡是接受政府津贴的家庭,由政府发给幼儿入托费。1990年,美国通过《儿童早期教育法》和《儿童保育和发展固定拨款法》,决定每4年拨款8.25亿美元用于幼儿保育工作。随着学前教育得到重视,从20世纪80年代开始,美国的一些州也加大对学前教育的拨款,以促进学前教育的发展。如佛蒙特州在1985—1990财政年度每年用于学前教育的经费几乎增加了3倍;佛罗里达州对幼儿园的拨款由1987年的70万美元,增加到1990年的2290万美元。①

总之,美国的学前教育制度化起步似乎较晚,但得到了较快发展。可以看出,各国学前教育制度化的进程不分早晚,已经成为学前教育发展的一种选择和趋势。

第六节　现代日本学前教育制度化的形成

明治维新以后,经过国家体制的改造和工业化的发展,日本成为亚洲第一个完成近代化的国家。进入20世纪以后,尽管受到欧美新教育运动和自由主义思潮的影响,日本教育仍然保持自身的传统,通过教育立法加强对教育的干预和控制。这一特点也影响到学前教育,使日本成为亚洲较早实现学前教育制度化的国家。

一、《幼儿园令》的颁布与学前教育制度化的形成

明治维新以后,日本就曾经颁布许多关于学校教育改革的法令,包括《大学校令》《中学校令》和《小学校令》。在1900年修改的《小学校令》中规定幼儿园可以附设在小学校里。这是对学前教育与学校教育关系的明确规定,为学前教育的发展提供了一定条件。但是由于受许多因素的影响,幼儿园的发展还是相当有限。其中主要原因包括:一是义务教育经费有限。地方财政主要忙于发展义务教育阶段的小学,难以顾及学前教育。二是传统观念的影响。日本的传统观念幼儿主要在家里养育,让孩子进幼儿园会削弱家庭教育,不利于亲情发展。不过,一个很有意思的现象是,日本这一时期幼儿园发展有限主要是指公立幼儿园,而私立幼儿园则得到较快发展。据统计,到了1909年,日本私立幼儿园数增加到234所,超过了公立幼儿园的208所。而到了1926年,私立幼儿园达到692所,公立幼儿园只有372所。②

1911年,日本全国保育工作者大会召开,提出修改《小学校令》关于幼儿园附设在小学的规定,呼吁单独制定《幼儿园令》,以推动幼儿园的发展。同一年,日本文部省重新修订《小学校令实施规则》,对其中有关幼儿园的条款进行修改。规定幼儿园的保育内容主要是游戏、唱歌、谈话和手工技巧四项,取消了原来对这四项内容的具体规定,允许各地自行安排;幼儿园的时间也由管理者和开办者自定,但需要经府县知事批准;幼儿园的设置规模扩大,由原来规定的每所幼儿园100—150人增加到120—200人。③

---

① 周采,杨汉麟.外国学前教育史[M].第2版.北京:北京师范大学出版社,2012:179.
② 周采,杨汉麟.外国学前教育史[M].第2版.北京:北京师范大学出版社,2012:193.
③ 单中惠,刘传德.外国幼儿教育史[M].上海:上海教育出版社,1997:225.

1926年4月,日本文部省颁布了《幼儿园令》及实施规则。这标志着日本学前教育的发展进入一个新的阶段。《幼儿园令》规定,幼儿园教育为小学教育体系的一环;幼儿园以保育幼儿身心健康发展、培养善良性格、辅助家庭教育为目的;放宽幼儿园的入园规定,由原来的3岁入园改为不满3岁也可以入园。① 还规定幼儿园可以附设托儿所。在保育时间上规定幼儿园不必拘泥于每日实行5小时的半日制,也可以采取全日制。此外,还规定了幼儿园园长和保姆的资格,要求提高他们的待遇和地位。②

《幼儿园令》的颁布,促进了日本幼儿园的发展,幼儿园的数量以年均100所的速度增加。到1936年,日本全国幼儿园数已经达到1890所,其中仍然是私立幼儿园占较大的比例。③

随着幼儿园的快速发展,日本的托儿所也得到较快发展。日本较早就有托儿所,1922年日本托儿所有99所,其中公立15所;1926年托儿所有193所,其中公立65所;1936年托儿所有874所,其中公立163所;1944年,托儿所有2184所,其中公立636所。④从这里也可以看出,日本私立托儿所在托幼机构中的比重是较高的。

二、《幼儿园教育大纲》的制定与学前教育的发展

1945年8月,日本战败投降。在以美国为首的盟军控制下,日本宣布放弃军国主义政策,实施和平建国的策略。1946年11月,日本颁布新《日本国宪法》,为日本战后发展奠定了基础。在教育方面,日本战后继承了优先发展教育的传统,制定教育改革方针政策。1947年,日本颁布了《教育基本法》和《学校教育法》,对教育进行了多方面的改革。其中《学校教育法》对日本学前教育的管理体制、教育对象和目的等做出了明确的规定。

《学校教育法》规定,幼儿园是受文部省管辖的正规"学校"的一种;教育对象为3岁至小学就学前的幼儿;幼儿园教育的目的是保育幼儿,创造适宜的环境促进幼儿的身心发展。为了实现这个目的,提出了五项具体目标:(1) 为了幸福的生活,培养幼儿日常必要的生活习惯,谋求身体诸机能协调发展;(2) 通过园内的集体生活,培养幼儿积极参加的态度以及合作、自主、自律精神的萌芽;(3) 培养幼儿正确认识和对待周围的社会生活和事物,使之养成正确的处世态度;(4) 指导幼儿正确使用语言,培养对童话、画册等的兴趣;(5) 通过音乐、游戏、绘画以及其他活动,培养幼儿创作的兴趣。⑤ 这些目标的设计表明,战后的日本在学前教育上更加注重幼儿保育与日常生活的结合,通过各种措施促进幼儿身心的和谐发展。

为了加强对幼儿保育工作的管理,日本文部省于1948年3月制定了《保育大纲》。这个大纲被研究者认为是"一种试行方案,带有浓厚的参考书的色彩"⑥。1956年,在对

---

① 单中惠,刘传德.外国幼儿教育史[M].上海:上海教育出版社,1997:225.
② 周采,杨汉麟.外国学前教育史[M].第2版.北京:北京师范大学出版社,2012:193.
③ 单中惠,刘传德.外国幼儿教育史[M].上海:上海教育出版社,1997:226.
④ 唐淑,何晓夏.学前教育史[M].大连:辽宁师范大学出版社,2001:488.
⑤ 周采,杨汉麟.外国学前教育史[M].第2版.北京:北京师范大学出版社,2012:196.
⑥ [日]梅根悟.世界幼儿教育史(下册)[M].张举,等译.长春:吉林人民出版社,1986:342.

《保育大纲》全面修订的基础上,日本又推出了《幼儿园教育大纲》。这是一个国家基准性很强的法令性文件,它对幼儿园的发展具有重要的规范和指导意义。1963年,日本教育课程审议会作了题为《关于幼儿园教育课程改革》的咨询报告,指出幼儿园教育是培养日本民族活动力之源泉,要避免在幼儿园教育中偏重幼儿的知识和技能学习的倾向。认为要使幼儿养成日常基本生活习惯,培养其高尚的情操,使其安全而健康的生活、正确发展普通人格的道德萌芽。① 1964年,文部省再次修订并颁布了《幼儿园教育大纲》。修订后的大纲规定日本幼儿园教育内容为六个方面:健康、社会、自然、语言、音乐韵律、绘画创作,并对每个方面都提出"理想的目标"。主要包括:促进幼儿身心得到协调发展;培养幼儿基本的生活习惯和正确的人生态度;激发关心自然和社会现象的兴趣,培养初步思考能力;提高幼儿的语言能力;通过各种表达活动丰富幼儿的创造力;完善幼儿园生活环境;突出幼儿园不同于小学的特点;与幼儿家庭教育密切配合。

1989年3月,日本又颁布了一个新的《幼儿园教育大纲》,规定幼儿园教育的基本原则是:努力促进幼儿的主体性活动;以指导游戏为中心;指导方法须结合每个幼儿的特点。同时大纲将幼儿园教学内容由原来的六个方面改为:健康、人际、关系、环境、语言、表现。② 新的大纲反映了20世纪60年代以来日本社会生活的变化以及科技的进展,在关注幼儿健康发展的同时,更加关注社会关系、环境因素对幼儿的影响以及幼儿的自我表现。这在学前教育理念上是一个较大的变化。

三、幼儿教育振兴计划与学前教育的发展

20世纪60年代以来,受国际强调早期智力开发及教育机会均等的幼儿教育思潮的影响,日本政府也相继推出了三次振兴幼儿教育的行动计划。

1962年,日本文部省制定了从1964年开始的《幼儿教育七年计划》,目标是使1万人以上的市、镇、村幼儿入园率达到60%以上。这个计划被称为是"第一次计划"。到1972年,入园率已经达到63.5%,实现了计划规定的要求。③

1971年6月,日本中央教育审议会提出了《关于今后学校教育综合扩充整备的基本方针》的咨询报告。其中对幼儿教育问题提出了两点建议:一是将4—5岁的幼儿至小学1—2年级的儿童置于同一教育机构中,实行一贯的教育,以提高幼年期的教育效果,这一机构称为"幼儿学校"。同时也要求关注幼儿园与小学的衔接问题、对有才能的幼儿进行早期教育开发的问题。二是积极普及和充实幼儿园教育问题。其中包括扩充幼儿园,使所有希望入园的5岁幼儿都能够进幼儿园;同时调整布局,使公立和私立幼儿园分担一些公共教育责任;根据幼儿教育的研究成果,不断改善幼儿园教育计划的标准;促进私立幼儿园尽快转变为法人幼儿园。④ 根据第二个问题,文部省在1972年制定了《振兴幼儿教育十年计划》。这个计划被称为"第二次计划",目标是实现4—5岁幼儿全部入

---

① 〔日〕梅根悟.世界幼儿教育史(下册)[M].张举,等译.长春:吉林人民出版社,1986:342.
② 唐淑,何晓夏.学前教育史[M].大连:辽宁师范大学出版社,2001:490.
③ 单中惠,刘传德.外国幼儿教育史[M].上海:上海教育出版社,1997:228.
④ 〔日〕梅根悟.世界幼儿教育史(下册)[M].张举,等译.长春:吉林人民出版社,1986:346.

幼儿园或保育所。为了鼓励增设幼儿园,日本政府还增拨新建幼儿园设施和设备的补助金,并且提高对私立幼儿园的补助。"第二次计划"实施以后,幼儿园数持续上升。由于补助金数额巨大,这个计划目标最终没有完全实现,但极大地推动了日本学前教育的发展。据1985年统计,日本3—4岁幼儿入园(所)率为70%;5岁幼儿入园率达到90%。①

1991年,日本文部省又制定了第三次幼儿教育振兴计划。其目标是确保今后十年3—5岁幼儿有充分入园机会,接受更好的教育。"第三次计划"的重点主要放在推动3岁幼儿的保育上。这次计划也拨了专项资金,供新建或改建幼儿园设施之用,其中1993年拨款32亿日元。另外,还将入园奖励费扩大到3岁幼儿的家庭,并对低收入家庭规定了幼儿园学杂费减免标准。②"第三次计划"的实施有力地推动了振兴计划的落实。

 本章小结

现代主要国家学前教育的发展是在社会化的基础上逐步制度化的过程。在这个过程中,各国学前教育形成了自己的特色。

英国现代学前教育制度化的形成是社会提升学前教育质量的需求和国家试图强化对学前教育的干预共同作用的结果。英国学前教育制度化的形成表明:在解决和提升人口素质问题上,学前教育已经成为一个国家对教育干预的最后一个领域。英国学前教育制度化的形成过程也是一个不断解决新的问题的过程。从对保育学校地位的确立,到把保育学校纳入国家教育制度体系中;从保育学校与小学教育的关系,到保育学校成为学前教育的主体,以及到20世纪90年代以来英国学前教育战略的制定,都可以看到英国学前教育制度化的过程不仅仅是使学前教育纳入整个教育体系的问题,而是一个不断提升自身地位、教育质量、处理各种关系的过程。如在解决学前教育问题上,不仅注重少数儿童或者某个阶层的儿童,也在关注所有儿童的发展,特别关注那些处境不利儿童的学前教育质量的提升。从这个意义上说,英国学前教育制度化的过程反映了现代教育的普遍特征:每个孩子都应该得到好的教育。

法国现代学前教育制度化的形成是以规范学前教育活动,把学前教育纳入国家教育管理轨道,提升学前教育质量为重点的。在近代社会,法国教育当局就开始加强对学前教育机构的管理,并把托儿所看做是初等教育的基础,并为此确立"初等教育视学官"制度,负责对初等教育、也包括对托儿所的监督,学前教育开始成为法国公共教育的一部分,成为公共教育部所管辖的机构。进入20世纪以后,这一传统依然保留下来,成为现代法国学前教育制度化的基本内容。把学前教育纳入制度化的轨道,给法国学前教育带来一些不利影响。如,近代法国出现了学前教育"小学化"的倾向:知识学习分量过重,学校以管理小学生的方式管理幼儿。现代法国学前教育更多受到来自初等教育的影响:5岁儿童的教育被视为义务教育阶段,学前教育课程按照初等教育的类型进行划分。

---

① 唐淑,何晓夏.学前教育史[M].大连:辽宁师范大学出版社,2001:491.
② 唐淑,何晓夏.学前教育史[M].大连:辽宁师范大学出版社,2001:492.

与英国和法国不同,德国学前教育受福禄培尔自由主义学前教育思想的影响较大,比较注重人性的教育和自由的教育,强调教育要培养探索的和不受人支配的人。因此到20世纪中期,与其他国家相比,德国的学前教育主要是家庭父母和社会慈善机构的事情,政府不对幼儿园教育进行过多的干预。直到20世纪70年代,德国开始重视学前教育与初等教育的关系,关注幼小衔接问题,使德国学前教育发展发生了新的变化。

从俄国到苏联,再到俄罗斯,苏联学前教育的发展经历了不同的阶段。在继承以往教育遗产的基础上,苏联学前教育的总体框架出现较大的变化,学前教育由俄国的模式向苏联的模式转变。在这个转变过程中,一个重要的变化就是学前教育体制被纳入国民教育系统。但是也出现了极端化的倾向,即学前教育体制成为一个完全国家化的教育体制,私立学前教育机构没有得到相应的发展。在苏联时期,学前教育发展的特点是,学前教育是整个学校教育制度的基础;注重按照儿童的年龄特征进行教育,促进儿童的全面发展;学前教育事业是公共的、统一的、免费的。俄罗斯学前教育在继承已有苏联学前教育遗产的基础上,也有新的变化。主要是加强学前教育的普及性;对处于学前教育阶段孩子的父母给予一定财政补贴;鼓励多种形式发展学前教育,如在普通教育机构开设学前班,以及学前儿童在家庭教育中接受系统教育等。

美国的学前教育一直是各州政府的事情,联邦政府一般不会过多的干预。但在20世纪60年代以后,随着国内教育平等化的追求和国际智力研究及开发运动的兴起,美国政府也开始对学前教育进行一定的干预,其中影响深远的"开端计划"就是典型的案例。美国学前教育机构的类型多样,大体可分为两种:保育学校和幼儿园。保育学校和幼儿园的办学主体主要有三类:第一类由各级各类公立学校附设,主要为实习和科研服务;第二类主要是由政府的"开端计划"主办,对贫困家庭儿童和残疾儿童进行补偿教育;第三类主要是由民间团体、社会福利机构、教会和个人举办。美国学前教育制度化的形成过程是在尊重学前教育自身特点的基础上进行一定干预的过程。虽然重视学前教育与学校教育的联系和基础性作用,但不主张学前教育的"小学化"和"正规化"。正是这种认识及制度上的设计,为学前教育的健康发展提供了条件。

日本学前教育制度化的形成主要是在现代,但是近代已有基础。如1872年的《学制令》就提出了关于设置幼稚小学进行学前教育的规定。20世纪初,修改后的《小学校令》规定,幼儿园可以附设在小学校里。1926年文部省颁布的《幼儿园令》及实施规定,使得幼儿园教育成为小学教育体系的一环,完成了学前教育制度化的过程。需要指出的是,虽然日本的幼儿园属于小学教育的一部分,学前教育也重视幼小衔接的问题,但是他们反对学前教育的"小学化"。认为幼儿教育的主要任务是发展幼儿观察与思维的能力,要避免在幼儿园教育中偏重幼儿的知识和技能学习的倾向,处理好"知识学习"与"儿童发展"的关系问题。这些问题是学前教育发展的重要问题,今天来看仍然值得思考和注意。

现代主要国家学前教育的发展历史表明,学前教育已经成为现代教育制度的重要组成部分,学前教育在知识启蒙、形成品德、培养现代化新人方面发挥着重要的基础性作用。

自我评量

名词解释

1. 保育学校(英)　　2.《普洛登报告》(英)　　3.《教育白皮书》(英)
4. 母育学校(法)　　5.《费里教育法》(法)　　6.《哈比教育法》(法)
7.《儿童福利法》(德)　8.《青少年法》(德)　　9.《幼儿园规程》(苏联)
10.《托儿所—幼儿园统一教学大纲》(苏联)　11.《学前教育构想》(苏联)
12.《学前教育机构基础条例》(俄罗斯)
13. 进步主义幼儿园运动(美)　　14. 开端计划(美)
15. 幼儿智力研究(美)　　　　　16.《幼儿园令》(日本)
17.《幼儿教育振兴计划》(日本)　18.《幼儿园教育大纲》(日本)

简述题

1. 简述英国保育学校的特点及意义。
2. 简述英国《普洛登报告》的主要内容。
3. 简述法国《哈比教育法》对学前教育的规定及其影响。
4. 简述德国《儿童福利法》和《青少年法》颁布的意义。
5. 简述苏联《幼儿园规程》的主要内容及其影响。
6. 简述美国进步主义幼儿园运动的产生、主要内容及影响。
7. 简述美国"开端计划"的产生、主要内容及评价。
8. 简述日本《幼儿园令》的颁布及影响。

论述题

1. 在学前教育与初等教育的关系问题上,英国、法国和德国是如何解决的,有哪些特点?
2. 比较俄国、苏联和俄罗斯的学前教育及改革特点。
3. 在面对外来学前教育思想方面,美国是如何对待的,有哪些特点?
4. 在学前教育制度化的过程中,日本形成了哪些特点和经验?

第九章 "儿童之家"与幼儿教育研究：蒙台梭利的学前教育

 学习目标

通过本章的学习,认识蒙台梭利"儿童之家"建立的过程、意义及在幼儿教育研究方面的贡献;把握在现代教育形成的早期,蒙台梭利学前教育及思想的主要内容、方法,以及其学前教育思想的特点、局限,并结合蒙台梭利学前教育及教具的现代发展做出合理的评价。

第一次世界大战前后,随着资本主义制度在欧美主要国家的确立并巩固,这些国家又提出了对教育改革的新要求。集中表现为用新的教育取代旧教育,培养合乎现代精神的和适应现代社会需要的人才。在学前儿童教育方面,蒙台梭利成为继福禄培尔以后这一时期的重要代表。她创办的"儿童之家"(The Children's Houses)、提出的新的儿童观、蒙台梭利方法,反映了她对这一时期社会和教育需求的理解,以及对儿童发展和教育问题的关注,对20世纪学前教育的发展产生了重要影响。当然,她的学前教育思想在当时也引发很大的争议,20世纪60年代以后又为人们重新认识并重视起来。

第一节 蒙台梭利学前教育形成的背景及基础

一、蒙台梭利学前教育形成的背景

玛丽娅·蒙台梭利(Maria Montessori,1870—1952)是意大利著名的女教育家,1896年获得罗马大学医学博士学位。毕业后在罗马大学精神病诊所担任助教,并开始弱智儿童的问题研究。在这期间,她接触了法国心理学家伊塔(1774—1858)和塞贡(1812—1880,也译"塞居安")的思想,并在实践中逐步形成了"儿童心理缺陷和精神病患主要是教育问题,而不是医学问题,教育训练比医疗更为有效"[①]的信念。并提出:"应将儿童从肌肉系统的教育转到神经和感觉系统的教育;从感觉的教育到概念的教育;从概念的教育到普通思想的教育;从普通思想教育到道德教育;这就是塞居安的教育方法。"[②]

1896年,受意大利政府委托,蒙台梭利在罗马建立了一所国立特殊儿童学校,收容

---

① 〔意大利〕蒙台梭利.蒙台梭利幼儿教育科学方法[M].任代文,译.北京:人民教育出版社,2001:4.
② 〔澳〕康内尔.二十世纪世界教育史[M].张法琨,等译.北京:人民教育出版社,1990:280.

精神病院的白痴儿童和公立学校的弱智儿童共22人,由她主持教育训练和实验研究。蒙台梭利运用法国心理学家塞贡的方法和教具教育和训练这些儿童。在将近两年多的时间,这些孩子不仅学会了关于日常生活的一些基本技能,还学会了读写算的基本知识和技能。① 当这些儿童与公立学校的普通儿童一起参加考试并得到了合格后,弱智儿童可以被教育和改变的问题引起社会上的重视。蒙台梭利也一举成名,开始成为一位教育家,而不是临床医生了。但在成功之时,蒙台梭利也考虑到,对弱智儿童的教育采取的是促进他们智力发展的方法,而更多的普通儿童在学校教育中是被压抑的。如果对这些儿童采用适当的教育方法,也会取得更大的效果。②

1901年,蒙台梭利离开特殊学校,决心致力于正常儿童教育问题的研究。为了加强理论基础,她再次注册进入罗马大学研修哲学、教育学、实验心理学、人类学,并阅读夸美纽斯、洛克、卢梭、裴斯泰洛齐、福禄培尔的教育著作。1904—1908年,她担任了罗马大学人类学讲师,试图把人类学的原理运用于教育研究。1908年,她出版了《教育人类学》著作。

1906年,罗马住宅改善协会的慈善机构邀请蒙台梭利在罗马贫民住宅区之一的圣罗伦佐建立一所幼儿教育机构。1907年,这所幼儿教育机构正式成立,被命名为"儿童之家"。因为它设在贫民公寓大楼的底层的一间大屋子里,人们通常把它叫做"楼内学校"。这所幼儿教育机构主要接收3—6岁(也有说3—7岁)的儿童,聘请一位住在附近或该楼内的教师负责教育和管理儿童。蒙台梭利除了指导、设计和组织一切教育训练外,还负责教师培训的工作。"儿童之家"的费用主要从家长的支付和部分房租中开支。"儿童之家"也制定了相应的规章制度,规定了家长对于儿童教育的职责、权利和义务。③"儿童之家"是蒙台梭利为正常儿童设立的第一所"蒙台梭利学校",也是她的教育活动和研究方向的重大转折。蒙台梭利把用于教育弱智儿童的方法加以修改后,用于学前教育阶段的正常儿童,再次获得成功。以后,她又建立起几所类似的机构。最初是以贫困孩子为对象,后来也面向中上层家庭的孩子。

1909年,蒙台梭利总结了自己的经验,写了《运用于"儿童之家"的幼儿教育的科学教育方法》(Scientific Pedagogy as Applied to Child Education in "The Children's Houses")一书。后来经过近两年的实践和验证,作了修改和补充,于1912年由她的美国学生安妮·乔治译成英文,把原书名简化为《蒙台梭利方法》(The Maria Montessori Method)在美国出版。该书很快被译成二十多种文字在世界各地广为流传。1911年,蒙台梭利离开"儿童之家"后,仍继续研究儿童教育问题。1913—1915年,蒙台梭利学校在一些国家设立,蒙台梭利协会也迅速创建。从此,形成了国际蒙台梭利运动。

蒙台梭利在研究儿童心理和进行教育实验的同时,还写了大量教育著作。如《高级蒙台梭利教育法》《家庭中的孩子》和《童年的秘密》等。在这些著作中,蒙台梭利批评了传统教育的一些弊病,提出了观察和研究儿童的年龄特征,通过提供适宜的环境让儿童

---

① [意大利]蒙台梭利.蒙台梭利幼儿教育科学方法[M].任代文,译.北京:人民教育出版社,2001:5.
② [日]梅根悟.世界幼儿教育史(下册)[M].张举,等译.长春:吉林人民出版社,1986:4.
③ [意大利]蒙台梭利.蒙台梭利幼儿教育科学方法[M].任代文,译.北京:人民教育出版社,2001:6.

的天性在活动中得到自由充分的发展的教育主张。虽然她对儿童天性的理解有主观的成分，但其本身有一定的合理性。蒙台梭利晚年仍积极从事教育活动，曾在英国、印度和巴基斯坦主持教师培训学校的工作。1952年逝世于荷兰的阿姆斯特丹。

二、蒙台梭利学前教育的思想基础

蒙台梭利的学前教育是建立在对儿童研究的基础上的。她曾说过："我所做的事情不过是研究了孩子们，把孩子们给我的东西表现出来了。"①在建立"儿童之家"时，蒙台梭利就强调，要把这个新的教育机构办成科学的实验教育学与儿童心理学的研究与实践场所。她认为，传统的儿童心理学只是根据外部观察获得对儿童的认识，没有把儿童放在一个自由的环境中。通过建立"儿童之家"，可以观察自由的儿童，抓住儿童的自由表现和愿望，建立科学的儿童心理学的结论。而传统的学校实践剥夺了儿童的自由，阻碍了他们的发展。这一时期，人类学、生理学、卫生学等理论的产生为蒙台梭利研究儿童提供了较好的条件，正是在这样的基础上，蒙台梭利形成了自己的儿童发展观和自由教育观。

1. 儿童发展观

受以前和同时代教育家、心理学家观点的影响，蒙台梭利认为儿童时期是人一生中最重要的时期。儿童的发展是一种内在生命潜力的发展，是一种实体化的发展。蒙台梭利认为，儿童的发展存在四个显著的特征。

一是儿童发展具有独特的"精神胚胎期"，儿童的发展主要是精神的发展。蒙台梭利认为，人类有两个胚胎期：一个是在母体内生长发育的过程，可称为"生理胚胎期"，是人与动物共有的。另一个则是人类特有的"精神胚胎期"，具体表现在从出生到婴儿期阶段。她认为这个时期是儿童精神的形成时期。因此，人的生命是与所有的生命不同的生命。他的能力既不是动物能力的延续，也不是动物能力的派生。应该给予儿童的最重要关怀是精神生活的关怀，而不仅仅是肌体的关怀。②儿童的发展主要是精神的发展。

二是儿童的心理发展具有吸收力。蒙台梭利认为尽管这一时期的儿童显得孤弱，缺乏经验，但是儿童所拥有的发展潜力可以使他能够很快适应外部世界，并且保护自己。蒙台梭利认为，婴幼儿有一种自发的心理，能够积极地从外部世界获得各种印象，并进行一定选择的吸收。这种心理称为"吸收心理"（absorbent mind），即儿童能通过与周围环境的密切接触和情感的联系，获得各种印象和文化，从而形成心理、个性和一定的行为模式。蒙台梭利认为，这是一种"能够吸收知识的心理，他们能够自己教自己"③。这种心理可以使孩子能够自如地模仿成人，即使没有人专门教，他们也能够学会许多东西。

三是儿童的发展具有关键期。蒙台梭利认为，在儿童心理的发展中会有各种关键期，这种关键期也被称为敏感期。它与儿童的发展密切联系，并在不同的阶段表现出一

---

① 〔日〕梅根悟. 世界幼儿教育史（下册）[M]. 张举，等译. 长春：吉林人民出版社，1986：12.
② 〔意大利〕蒙台梭利. 蒙台梭利幼儿教育科学方法[M]. 任代文，译. 北京：人民教育出版社，2001：391-392.
③ 〔意大利〕蒙台梭利. 蒙台梭利幼儿教育科学方法[M]. 任代文，译. 北京：人民教育出版社，2001：337.

种特殊的敏感性,过了特定的时期,其敏感性则会消失。① 正是这种敏感性使得儿童在一定时期容易学会一样事情。根据对儿童的观察和实验,蒙台梭利提出了儿童的敏感期的区分。她认为儿童从出生到 5 岁是感觉的敏感期;秩序的敏感期是从 1 岁到 4 岁左右;语言的敏感期是在出生后两个月到 8 岁;动作的敏感期是从出生到 5 岁。② 蒙台梭利相信儿童在每个特定时期都有一种特殊的感受能力,这种感受能力促使他对环境中的某些事物比较敏感。

四是儿童的发展具有连续性和阶段性。蒙台梭利认为,儿童的发展具有连续性。同时在儿童发展中的每个阶段,儿童均有其特定的身心特点,前一个阶段的发展又为下一阶段奠定基础。她将儿童心理的发展分为三个阶段,并指出了每个阶段的特点和活动内容。③

第一阶段(0—6 岁),是儿童个性形成的最重要的时期。其中又分为心理的胚胎期(0—3 岁)和个性的形成期(3—6 岁)。在心理的胚胎期,儿童主要借助有吸收力的心理来适应生活,依靠敏感性,无意识地去感受周围环境中各种事物,以获得大量的印象。在个性形成期,儿童能够主动地利用环境,将无意识获得的东西进行有意识的加工。

第二阶段(6—12 岁),是儿童有意识地学习,增长学识和才能的时期。这一阶段儿童的主要特征是:发展有了很大的稳定性,开始具有抽象思维的能力,产生道德意识和社会感,并要求离开过去狭小的生活圈子。在这一时期,儿童的教育要有相应的改变,应从感觉训练转向抽象的智力活动。

第三阶段(12—18 岁),儿童进入青春期,身心有了更大的改变,他们有了自己的理想,产生了爱国心和荣誉感,能根据自己的兴趣探索事物,因此可以对他们进行像成人那样的思想教育。

总之,蒙台梭利儿童发展观的基本思想是:应重视儿童的精神发展,特别是儿童早期精神的发展,儿童是有自己精神和思想的人;儿童的心理发展具有关键期,教育要关注儿童发展不同阶段的敏感期,促进儿童各种能力的发展;要重视儿童发展的连续性和阶段性,关注不同阶段的特点和教育内容。同时,儿童心理的发展必须依靠环境和教育进行及时、合理的安排。在 20 世纪初期,蒙台梭利的这些思想对于认识儿童,提高儿童的地位,科学地进行教育提供了有利条件。

2. 自由教育观

蒙台梭利不仅重视儿童的发展,也强调儿童的自由教育。她被认为是西方自由教育的代表之一。受卢梭、福禄培尔的自由教育和自然教育理论的影响,蒙台梭利认为教育的首要任务是激发儿童的内在潜力,使之获得自由的展现和自然发展,目的是培养"独立、自主"的精神和善于工作的人。蒙台梭利的自由教育思想主要体现在以下几个方面。

其一,儿童自由活动是自由教育的根本。蒙台梭利指出,促进生命,让它自由的发展,这是教育的首要任务。科学的教育学的基本原则是给学生以自由,即允许儿童按其

---

① [日]梅根悟.世界幼儿教育史(下册)[M].张举,等译.长春:吉林人民出版社,1986:13.
② 周采,杨汉麟.外国学前教育史[M].第 2 版.北京:北京师范大学出版社,2012:220.
③ 周采,杨汉麟.外国学前教育史[M].第 2 版.北京:北京师范大学出版社,2012:221.

本性个别地、自发地表现。蒙台梭利认为,在旧学校里,"儿童如同被针钉住的蝴蝶一样,被钉在各自的座位上,钉在课桌旁,张开着他们所得到的乏味的、没有意义的知识的翅膀,然而这翅膀已失去了作用"①。新教育的基本原则必须是学生的自由,这种自由将能够允许发展每一个儿童本性的自发表现。她还指出,如果说新的科学教育学是起于对个体的研究,那么这项研究必须专心于对自由儿童的观察。为此,蒙台梭利建立了"儿童之家",精心布置了一个给儿童以充分自由、便利的活动场所。在这种环境中,打破了成人强加给儿童的"动就是坏,不动就是好"的观念。②

其二,自由教育需要与纪律教育协调。关于儿童的纪律,蒙台梭利反对任何外在的奖励和惩罚以诱导儿童服从强加的纪律,认为这些措施只会损害儿童的身心。儿童的纪律只能通过自由活动来培养。只要儿童没有侵害他人的利益,他们所有的自由活动都应该允许。当然,自由活动并非是放纵和无限制的。"自由和纪律是同一事物不可分离的部分——就像一枚铜币的两面一样。"③给儿童以极大的活动的权利,并不意味着允许儿童可以任意妄为。蒙台梭利更是明确指出"纪律必须通过自由获得"④,当一个人是自己的主人,在需要遵从某些生活准则时,他就能够节制自己的行为,他就是一个守纪律的人。纪律须建立在自由活动的基础上,但这并不意味着任何自由活动都必然能导致良好的纪律。蒙台梭利认为,儿童的活动可分为两类,身心分离的活动和身心结合的活动。正常的活动必须是一个人的精神能量在活动中充分展现出来,即全神贯注地进行活动。如果只有心灵的活动而身体不动,就表现为胡思乱想;如果只有身体的活动而心灵不动,则表现为肢体盲动,这两者都是身心分离的活动。

其三,自由教育也是儿童的自我教育。在蒙台梭利的"儿童之家"里,儿童的自我教育是主要的教育方式。蒙台梭利一方面反对教师仅仅"动口"教育,要求教师要亲自"动手"进行科学试验,努力从事对儿童的观察,发现儿童的兴趣和需要,为儿童提供活动的环境和作业的教具,使儿童通过作业达到自我发现和发展;另一方面她又反对对儿童的集体训练,强调儿童的自我教育和发展。蒙台梭利认为,自由教育最重要的原则是让儿童自己能够进行自由的选择。因此,在儿童教育中,应当允许儿童自由地选择教具和工作,以满足他们的内心需要。

其四,自由教育就是要培养和形成孩子的独立性。蒙台梭利指出:"谁若不能独立,就谈不上自由。"⑤必须引导儿童个体自由的最初的积极表现,使儿童可能通过这种活动走向独立。"婴儿从断奶的那一天起,就开始了努力走上独立的道路。"⑥儿童虽然弱小,需要成人的帮助,但是受人帮助者的独立性是有局限的。她认为,应当让儿童有这样的认识,"我不希望别人服侍我,因为我并非无能"⑦。她主张,教育者的任何行动若要有

---

① 〔意大利〕蒙台梭利.蒙台梭利幼儿教育科学方法[M].任代文,译.北京:人民教育出版社,2001:61.
② 吴式颖.外国教育史教程[M].北京:人民教育出版社,1999:492.
③ 赵祥麟.外国现代教育史[M].上海:华东师范大学出版社,1987:133.
④ 〔意大利〕蒙台梭利.蒙台梭利幼儿教育科学方法[M].任代文,译.北京:人民教育出版社,2001:112.
⑤ 〔意大利〕蒙台梭利.蒙台梭利幼儿教育科学方法[M].任代文,译.北京:人民教育出版社,2001:119.
⑥ 〔意大利〕蒙台梭利.蒙台梭利幼儿教育科学方法[M].任代文,译.北京:人民教育出版社,2001:119.
⑦ 〔意大利〕蒙台梭利.蒙台梭利幼儿教育科学方法[M].任代文,译.北京:人民教育出版社,2001:120.

利于孩子的发展,都必须帮助孩子在独立的道路上成长。她指出,总是习惯于服侍孩子、为他们服务的举动,是一个危险的举动,容易窒息孩子有益的自发活动。不动手做的孩子是不知道如何去做的。

总之,蒙台梭利自由教育的核心就是要促进儿童的自由发展,同时也要形成对自己行为的约束;儿童的自由发展与纪律约束是不可分的,这一问题也是幼儿教育的核心问题。蒙台梭利的自由教育观反映了20世纪初期现代教育家在学前教育儿童发展与外在约束问题上的辩证思考,这一思想在今天仍然具有重要的价值。

第二节 "儿童之家"的建立及其教学

蒙台梭利早期从事弱智儿童研究和教育,1901年她把研究转向幼儿教育,开始把3—6岁幼儿作为研究的对象。1907年,她开办了"儿童之家",并在"儿童之家"中把自己的思想和方法应用于幼儿教育实践中并取得了成功,引起了社会的关注。这一节主要分析"儿童之家"的制度、教学、教育方法,以及与福禄培尔幼儿园的比较。

一、"儿童之家"的管理

关于"儿童之家"的建立,蒙台梭利曾经认为,她要创建的"儿童之家"是在经过仔细研究之后确定的一种最为适合儿童身心发展需要的环境。

蒙台梭利认为,儿童最初几年的生活是非常重要的。出生至6岁是儿童性格形成的时期;所有的社会和道德习惯也都在幼儿期形成。如果这个时期形成不良习惯,以后则难以根除。因此,必须为儿童的发展设置一个适当的环境。[1] 但是家庭、学校和社会都没有形成帮助幼儿发展的教育制度,而且还有许多对儿童发展的限制。而"补救"的办法就是建立一个为儿童心智发展服务的"儿童之家"。它可以密切学校与家长的联系,有助于妇女外出工作,促进家庭教育的社会化。从这里可以看出,蒙台梭利的"儿童之家"的建立是一种家庭教育社会化思想的反映。

关于"儿童之家"的管理,蒙台梭利制定了如下的章程和规则。

> 罗马住宅改善协会在贫民住宅楼内**号建立"儿童之家",凡居住于该楼家庭的儿童均可以入学。
>
> "儿童之家"的主要目的:为那些外出工作不能照顾孩子的父母提供免费服务。
>
> "儿童之家"根据儿童的年龄特点进行教育,增进健康,促使身心的协调发展。
>
> "儿童之家"设女指导员、医生、保育员各一名。
>
> "儿童之家"的工作程序及时间表由教师安排。
>
> 凡本楼3—7岁儿童均可入"儿童之家"。
>
> 凡愿意把自己的孩子送入"儿童之家"享受这种优惠的父母,无须缴费,但必须

---

[1] [意大利]蒙台梭利.儿童教育[M]//西方现代教育论著选.王承绪,等编译.北京:人民教育出版社,2001:95.

承担下列义务。

（1）家长必须按规定时间把孩子送入"儿童之家"，儿童的身体、衣着必须整洁，并配合适围裙，否则教师和保育员可以拒绝接收。

（2）家长对指导员和"儿童之家"的其他工作人员应给予最大的尊重。在儿童教育方面与指导员密切合作。母亲每周必须去"儿童之家"一次，与指导员交谈，向指导员提供孩子在家中的表现，听取指导员的有益建议。

凡属下列情况者"儿童之家"可将孩子除名：

（1）父母将孩子送进"儿童之家"时，未曾梳洗，衣着不整洁；

（2）屡教不改者；

（3）父母不尊重"儿童之家"的指导员和工作人员，或父母不良行为破坏"儿童之家"的教育工作。①

从这些规章制度可以看出，蒙台梭利"儿童之家"的创办是面向贫困家庭的孩子的。因此，这些规章制度也对他们提出了许多比较严格的要求。反映出早期面向贫困家庭孩子的学前教育体现了更多的注重孩子行为规范、服从、守秩序的特点。

二、"儿童之家"的教学

为了保证儿童在"儿童之家"能够得到最大限度的发展，蒙台梭利非常重视教学工作，并设计了蒙台梭利教具。这些教具包括：（1）以感觉训练为目的的教具。如使用三套大小不同的插入式圆柱和圆台，适合2岁半到3岁的幼儿。任务就是让儿童根据圆柱的大小把圆柱插入圆台的洞中，以训练幼儿的视觉；还有如粉红色的塔，任务是把10个木制的立方体胡乱地放在垫子上，让儿童把它们按照大小堆积起来成为一个塔，以训练幼儿掌握识别大小的能力。（2）以写、算和其他为目的的教具。如贴有沙纸的文字卡片；从球形纸上剪下的大小不同的两组罗马字母；贴有沙纸的数字卡片等。教学时可以让儿童感觉沙纸的粗细，同时可以学习文字和数字。②

在"儿童之家"里，作为指导者的教师，主要是观察孩子，帮助他们进行自发的活动。在教学上，"儿童之家"不采取同时授课、同时作业的方式，也不按照幼儿年龄编班，而是给孩子充分时间，让他们从事各种学习和训练活动。下面是一份"儿童之家"冬季的作息时间表。

上午9:00开门——下午4:00关门。

9:00—10:00 进门，问候。个人卫生检查，实际生活的练习，互相帮助脱衣，穿戴围裙。查看教室是否整洁。语言、会话课：孩子报告说前一天的活动。宗教练习。

10:00—11:00 智力练习，实物课，中间有短暂休息。物品名称练习，感觉练习。

11:00—11:30 简单体操：优美地做各种规定动作，体态正常；列队行走，敬礼，立正，轻放物品。

---

① ［意大利］蒙台梭利.蒙台梭利幼儿教育科学方法［M］.任代文，译.北京：人民教育出版社，2001：101.
② ［日］梅根悟.世界幼儿教育史（下册）［M］.张举，等译.长春：吉林人民出版社，1986：7.

11:30—12:00 午餐,餐前祈祷。

12:00—下午1:00 自由游戏。

下午1:00—2:00 有指导的游戏,尽可能在室外进行。此时,较大的孩子轮流进行实际生活练习:打扫教室,掸除灰尘,整理摆放教材。清洁大检查。会话。

下午2:00—3:00 体力劳动,粘土造型,作图等。

下午3:00—4:00 集体体操及唱歌,尽可能在室外进行。培养制订计划的能力的练习。参观、照管动植物。①

从这份冬季作息时间表可以看出,蒙台梭利"儿童之家"的教学比较注重教师指导下的幼儿练习和学习,以及幼儿行为习惯和规范的养成。

三、"儿童之家"的教育方法

在《蒙台梭利幼儿教育科学方法》一书中,蒙台梭利专门在第四章谈了"儿童之家"的教育方法。在她看来,儿童之家的教育方法是基于教育科学的方法,主要是观察记录儿童的成长,为儿童的发展创设良好的、适宜儿童成长的环境。

在"儿童之家"创立的过程中,欧洲实验心理学已经对蒙台梭利产生很大影响,因此她非常重视利用建立在实验心理学基础上的儿童心理学来研究和观察儿童。她认为,儿童心理学只有通过外部观察才能建立,才能了解儿童的心理。她坚信德国心理学家冯特的观点,"实验心理学的一切方法可归结为一个方法,即对实验对象进行详细的记录观察"②。

如何观察儿童,蒙台梭利主张使用人类学的方法,在"儿童之家"定期对儿童的身体发育情况进行观察和记录。她设计了一个人体测量仪,用来测量儿童的身高和坐姿高,每月(在孩子的满月日那天)给孩子测量一次,以尽可能准确掌握儿童发育与年龄的关系。关于孩子体重的测量,"儿童之家"每星期安排一次,主要是在孩子洗浴前进行测量。蒙台梭利指出,这些人体测量项目是每个教师必须掌握的,也是学校要切实进行测量的项目。其他的测量还有内科医生的检查。此外,蒙台梭利还设计了带有表格的体检卡,以便于医生和女教师独立使用。体检卡包括两个部分,在基本情况部分包括父母的姓名、年龄、职业、详细遗传情况;在本人情况部分包括儿童的身高、体重、胸围、坐高、身高指数、体重指数、头部(包括周长、前后直径、左右直径、头部指数)、身体素质情况、肌肉情况、肤色、发色等,最后是评语。③ 蒙台梭利指出,对儿童进行体检也可以起到教育作用。当孩子离开"儿童之家"时,他就可以确切回答这样一些问题:"你的生日是星期几?你的生日是几月几日?什么时候是你的生日?"通过这些测量,可以养成孩子们有条理的习惯,尤其是观察自己的习惯。④

---

① 〔意大利〕蒙台梭利.蒙台梭利幼儿教育科学方法[M].任代文,译.北京:人民教育出版社,2001:136.也可以参考:〔日〕梅根悟.世界幼儿教育史(下册)[M].张举,等译.长春:吉林人民出版社,1986:10.
② 〔意大利〕蒙台梭利.蒙台梭利幼儿教育科学方法[M].任代文,译.北京:人民教育出版社,2001:102.
③ 〔意大利〕蒙台梭利.蒙台梭利幼儿教育科学方法[M].任代文,译.北京:人民教育出版社,2001:106.
④ 〔意大利〕蒙台梭利.蒙台梭利幼儿教育科学方法[M].任代文,译.北京:人民教育出版社,2001:106.

在"儿童之家",蒙台梭利也非常重视环境的设置。她认为,环境教育也是一种教育手段。"儿童之家"有一个带有花园的宽阔广场,它和教室直通,儿童可以随便自由进出。"儿童之家"取消了一般的课桌、长凳或固定的椅子,而设置了既稳定、又轻便的八边形和八条腿的桌子,两个4岁的孩子可以不费力地搬动它。她还设计了一些木制的小椅子,也方便儿童使用。教室中还设有很低的盥洗架,3岁的孩子也能使用。每个教室还有一排装教具的柜橱,橱门易开,孩子们自己照管教具。教室里还有许多黑板,挂得较低,最小的孩子也能在上面画和写。黑板上端的壁上挂着一些优美图画,可以引起孩子的兴趣。

关于"儿童之家"的环境设置,蒙台梭利认为传统的教育方法反对孩子在学校里到处乱跑,认为会产生喧闹和无秩序;强调学校把孩子固定在地板上的笨重的桌椅对学生是合理的。蒙台梭利认为,所有这一切基于一种奇怪的想法,即认为孩子应当在待着不动中长大;还基于一种奇怪的偏见,即在实施任何教育的时候,必须让身体保持一种特殊的姿态。蒙台梭利指出,这些都是不利于儿童自由发展的。"儿童之家"的小桌子、小椅子都很轻巧,易于搬动;而且也允许孩子选择最舒适的坐姿,各自可以舒适地坐在座位上。蒙台梭利认为,这不仅是一种外部自由的象征,而且还是一种教育的手段。例如,如果一个孩子由于行动笨拙把椅子弄翻了,倒在地板上,说明他还缺乏能力;如果有孩子被绊倒于固定的板凳之间,便不会引起人们的注意。蒙台梭利指出,所有孩子都有纠正自己行为的一些方式,一旦他纠正了自己的行为,就证明他的能力已提高了,学会了支配自己的行动。蒙台梭利指出,"儿童之家"的这种做法与传统教育中让孩子一动也不动,并绝对保持安静的做法是完全不一样的。在"儿童之家"里,儿童所获得的行动能力,将受用终生。①从这些论述可以看出,蒙台梭利已经把"儿童之家"的设置作为一种教育手段来使用,反映了她非常关注教育环境对儿童行为的影响作用。

四、"儿童之家"与"幼儿园"的比较

如何认识"儿童之家",日本学者比较了它与福禄培尔"幼儿园"的异同。首先,二者的相同点都是不用读物,都把使用玩具教学作为活动中心的作业。但不同点是福禄培尔的幼儿园比较注重幼儿想象的游戏、故事、诗歌的朗读等,而这些在"儿童之家"是不被重视的;相反,"儿童之家"重视使用教具的感觉训练,读写算的练习,以及实际生活的练习等。其次,幼儿园一般是作为中等以上家庭子弟的教育机构,保育时间短;而"儿童之家"则是为下层家庭儿童考虑的,保育时间长。只是到了后来,"儿童之家"也开始普及到中等阶层,保育时间也缩短了。②

美国学者也对蒙台梭利"儿童之家"与福禄培尔的幼儿园进行了比较。首先,二者相同点都是捍卫儿童积极活动的权利,让儿童通过各种形式的研究和创造性的努力,去探索他们周围的环境,发展其内在潜力。不同的是幼儿园采取分组教学,而"儿童之家"不采取分组教学;分组教学容易让孩子参与共同的练习,但可能忽略每一个孩子的实际

---

① 〔意大利〕蒙台梭利.蒙台梭利幼儿教育科学方法[M].任代文,译.北京:人民教育出版社,2001:107-110.
② 〔日〕梅根悟.世界幼儿教育史(下册)[M].张举,等译.长春:吉林人民出版社,1986:11.

需要和爱好。其次,二者都主张对儿童进行感官训练,但是蒙台梭利的教具设计比福禄培尔更详尽、更直接。另外,也有美国学者指出,蒙台梭利体系与保守幼儿园(不是自由幼儿园)是一致的,即直接为学校进一步学习和掌握各种技能做准备。蒙台梭利在教儿童阅读、书写、计算方面设计了一套卓有成效的方法,而且也制作了许多很好的儿童早期计数的教具。①

总之,蒙台梭利的"儿童之家"与福禄培尔的幼儿园相比,有相同的方面,也有不同的方面。其中最大的不同就是蒙台梭利的"儿童之家"比较注重为儿童入小学做准备,而福禄培尔的幼儿园则缺乏这方面的考虑。这也可能是蒙台梭利的学前教育思想及其教具,在20世纪60年代以后在强调早期智力开发、强调幼小衔接和升学的思潮中重新被重视的原因之一。

第三节 学前教育的内容和方法

在批判旧教育的过程中,蒙台梭利明确提出,为儿童准备一个适合他们的环境,让儿童在这个环境中自由活动和自我发展是新教育的重要内容之一。蒙台梭利认为,新教育主要包括教师、儿童和环境三个因素。在这里,除了教师与儿童发生联系外,教师与儿童还要与环境发生联系,尤其是儿童与环境的联系。因此,良好的环境在儿童的发展中占有重要的地位。蒙台梭利明确指出,给儿童带来进步的,不仅在于教师的培养,更在于儿童自己能够做他们感兴趣的工作,聚精会神地从事他们所喜欢的活动。蒙台梭利总结了开办"儿童之家"的经验:一是儿童的教育环境应当是自由的。在"儿童之家"里,所有的一切都有助于儿童的自由发展,以便儿童创造自我和实现自我。二是儿童的教育环境是有秩序的,这样可以使儿童形成有秩序生活的习惯。三是儿童的教育环境应当是愉快的、适合儿童特点的,这样可以吸引儿童使他们全身心地投入到活动中。正是在这个基础上,蒙台梭利形成了关于学前儿童教育与训练相结合的内容和方法。需要指出的是,蒙台梭利的学前教育内容与方法是密切联系的,也是一致的,如教育环境、感觉训练、体操训练等,它们既是内容也是方法。

一、感觉训练

感觉训练是蒙台梭利"儿童之家"的重要特色,也是蒙台梭利学前教育最重要的内容和方法。蒙台梭利指出:"在实验教育学的方法中,感觉训练无疑起着最重要的作用。"②蒙台梭利在评论进行感觉训练的原因时指出:一是感官比高级智力活动发展早,3—7岁的孩子正处在感官的形成期,需要及早进行训练。二是感官是儿童智力发展的基础,对感官进行刺激、训练,可以帮助感官得到合理的发展。三是通过感觉训练,可以发现并纠正学校里现在尚未发现的缺陷,如耳聋、近视等缺陷。感觉训练直接为智力教

---

① 〔意大利〕蒙台梭利.蒙台梭利幼儿教育科学方法[M].任代文,译.北京:人民教育出版社,2001:10-12.
② 〔意大利〕蒙台梭利.蒙台梭利幼儿教育科学方法[M].任代文,译.北京:人民教育出版社,2001:169.

育做准备。四是更重要的,感觉训练可以把人培养成为一个观察者,不仅能够为适应现代文明时代完成一般的工作,而且也是直接为实际生活做准备。①

蒙台梭利的感觉训练主要包括视觉、听觉、嗅觉、味觉及触觉的训练。在儿童之家里,蒙台梭利针对儿童的感官发展设计了多种教具。这些教具的特点是:一是根据用途不同分为不同种类,每一类教具都由若干部分组成。所有部分除了大小、重量有差异外,其余性质相同。二是每种教具专门训练儿童一种感官。蒙台梭利要求在训练时,应尽可能排除其他感官的干扰,以使所要训练的感官得到的印象尽可能纯正、清晰。例如,为了训练触觉,要求儿童将眼睛蒙上,或者在暗室中操作触觉教具,以排除视觉的干扰。三是教具能控制儿童出现使用不当的错误。即使儿童在操作过程中能根据教具的"暗示"进行"自我教育",一旦使用不当,就要重新开始,直到正确为止。如让孩子用圆柱去插带有圆孔的板子,孩子可以根据自己的判断进行尝试。如果剩下一个大的圆柱和一个小的圆孔,那就要重新开始进行。蒙台梭利认为,感觉训练可以培养孩子的观察力和判断力,检查孩子的错误,并帮助他们改正。感觉训练的目的在于通过儿童的反复练习改善对不同刺激的感觉能力。②

关于感觉训练,蒙台梭利提出了根据不同感官和材料进行练习的观点。以立体感觉训练为例,该训练主要是让孩子先用眼睛观察和触摸小砖块和立方体,记住各自特点;然后告诉孩子把立方体放在右边,小砖块放在左边,只是触摸不用眼睛看;最后是让孩子蒙上眼睛再重复这种练习。经过两三次以后,几乎每个孩子都能够做好这个练习。③ 此外,还有味觉和嗅觉训练、视觉训练、区别声音练习、音乐训练等。④

二、智力教育

蒙台梭利指出,智力教育与感觉训练是密切联系的。正确的感觉训练会有助于智力教育,感觉训练的目的是"把儿童引向概念"⑤,即引向智力教育;智力教育是感觉训练的目的。蒙台梭利认为,感觉训练是儿童的自我教育,如果反复练习,就会完善孩子的心理感觉过程。但是感觉训练不是目的,教师必须引导孩子从感觉走向概念,从具体到抽象,到概念之间的联系。在智力教育问题上,蒙台梭利提出一个重要的观点,即"隔离"孩子的注意力。在她看来,如同对儿童进行感觉训练一样,在进行智力教育时,也要采用一定的方法来"隔离"孩子的注意力,使它固定在某一知觉上,保持对某一刺激的注意力。在进行教学时,教师要设法控制孩子的注意力,使他集中到课程的内容上。⑥ 蒙台梭利指出,智力教育的主要工作之一就是教授准确的名词术语。为此,她提出了三点要求:一是教师教授的名称必须简单,使孩子能够把名称与物体对应起来。二是教师必须随时考查自己的教授是否达到了预期的目的。考查应在教授名称之后,让孩子沉默一会儿后再进

---

① 〔意大利〕蒙台梭利.蒙台梭利幼儿教育科学方法[M].任代文,译.北京:人民教育出版社,2001:207-209.
② 〔意大利〕蒙台梭利.蒙台梭利幼儿教育科学方法[M].任代文,译.北京:人民教育出版社,2001:171.
③ 〔意大利〕蒙台梭利.蒙台梭利幼儿教育科学方法[M].任代文,译.北京:人民教育出版社,2001:185.
④ 〔意大利〕蒙台梭利.蒙台梭利幼儿教育科学方法[M].任代文,译.北京:人民教育出版社,2001:186-201.
⑤ 〔意大利〕蒙台梭利.蒙台梭利幼儿教育科学方法[M].任代文,译.北京:人民教育出版社,2001:214.
⑥ 〔意大利〕蒙台梭利.蒙台梭利幼儿教育科学方法[M].任代文,译.北京:人民教育出版社,2001:214.

行。三是如果孩子没有犯什么错误,教师可以唤起和这一物体概念相关的活动,让孩子说出名称。①

在智力教育上,蒙台梭利也重视儿童的写字练习。她曾说过,许多母亲请求她教孩子学习写字。理由是"儿童之家"已经使孩子变得懂事了,很容易学会许多东西,如果教孩子读和写,他们也会很快学会,而且可以为以后上小学减轻负担。于是,"儿童之家"进行了儿童读和写的训练。经过几个月的学习,"儿童之家"中的两个4岁孩子已经达到当时小学三年级的书写水平。② 从这个例子可以看出,蒙台梭利的学前教育比较重视与小学衔接的写字练习,目的是为儿童的进一步发展打下基础。

三、实际生活的训练

实际生活的训练主要是日常生活的练习。为此,蒙台梭利为"儿童之家"制定了作息时间表(参见本章第二节内容),以安排每天的活动。在"儿童之家"里,她认为首先是唤起儿童,唤起儿童的注意力,唤起他们的内在生命,唤起他们和别人一起生活的能力。

实际生活训练包括清洁、秩序、安静、会话四个方面的内容。每天孩子一到校,就进行个人清洁检查。包括检查手、指甲、耳朵、牙齿,也注意头发是否整洁。如果衣服已破,撕坏或肮脏,缺少纽扣,鞋子不干净,即提醒孩子注意。这样会使孩子养成观察自己、随时注意自己仪表的习惯。"儿童之家"的孩子轮流洗澡,洗澡时可以帮助孩子学习如何洗手和清理指甲。有时还教他们洗脚;教他们小心洗耳朵和眼睛;教他们认真刷牙、漱口;教大的帮小的,鼓励孩子更快地学会照料自己。③ 在蒙台梭利看来,通过日常生活技能的练习,可培养出儿童自我料理的能力,从而有助于儿童独立性的形成。

个人清洁检查后,孩子们都自己或者相互戴上小围裙。教师教孩子们打扫教室的各个角落,教孩子如何使用打扫房间的各种工具,如抹布、刷子和小笤帚等。然后,孩子们走向各自的座位,教师向他们讲解每个人坐在座位上的正确姿势,保持安静,脚放在地板上,手放在桌子上,头保持端正。这样教孩子保持安静和沉着。然后让孩子起立唱圣歌,教他们起立和坐下时不发出声响。

此后再让孩子进行一系列的举止文雅的练习,来回走动,相互敬礼,小心地拿起东西,有礼貌地相互授受物品。蒙台梭利认为,这些训练是"儿童之家"自由教学的起点。在这个起点上,教师可以与孩子们谈话,孩子报告自己的行为、游戏和对父母的态度等。蒙台梭利认为,以这种谈话的方式可以促进孩子语言能力的发展,并有很大的教育意义;可以教育孩子知道哪些是想让他们知道的事情,哪些是公众的事情,哪些是个人家庭的事情。对于这些话题,蒙台梭利建议鼓励孩子自己讲述。在结束谈话以后再进行其他课程的学习。

蒙台梭利的实际生活的练习主要是让孩子认识社会生活的多方面,通过交流和相互帮助,养成好的习惯,引导孩子走向"自律"或者"自治",使孩子做好进行社会生活的准备。

---

① 〔意大利〕蒙台梭利.蒙台梭利幼儿教育科学方法[M].任代文,译.北京:人民教育出版社,2001:215-216.
② 〔意大利〕蒙台梭利.蒙台梭利幼儿教育科学方法[M].任代文,译.北京:人民教育出版社,2001:247.
③ 〔意大利〕蒙台梭利.蒙台梭利幼儿教育科学方法[M].任代文,译.北京:人民教育出版社,2001:137-138.

 **本章小结**

蒙台梭利的"儿童之家"实践和学前教育思想是建立在实证主义基础上的"科学教育学"。科学教育学的特点是从儿童实际出发,去掉一切关于儿童先入为主的看法,通过观察、记录,用所获得的数据来认识和教育儿童。因此,在蒙台梭利看来,科学的教育学也是观察儿童的实验教育学。但要观察儿童,就必须使儿童从各种束缚中解放出来,使他们能够自由的活动和发展,通过儿童的自由活动来获得对儿童的认识。从这个意义上说,蒙台梭利的科学教育学也是儿童自由发展和教育的教育学。儿童的自由发展和教育是蒙台梭利学前教育思想的核心。她的其他教育观和学说可以说都是这一观点推论的结果。

蒙台梭利的学前教育思想也是建立在对儿童的年龄发展阶段和特点进行观察和分析的基础上的,也是在现代社会条件下对儿童发展特点的认识和探索,从总体上看是有利于认识儿童和促进儿童发展的,尤其是她对束缚儿童天性发展的旧教育的批判是非常深刻的。蒙台梭利提出的自由教育的思想赋予其现代教育的含义,既是对古代自由教育思想的继承,也是近代自由教育思想的延续,对现代教育理论的发展起了一定的推动作用。

也正是在这种思想影响下,蒙台梭利创办的"儿童之家"及其内容和方法,以其新颖、丰富和初次运用便取得了成效,引起了广泛重视。在她的宣讲和推动下,出现了"蒙台梭利教法教师训练班",国际性的蒙台梭利组织也相继成立,形成了世界范围内的"蒙台梭利运动"。当然,蒙台梭利幼儿教育法在传播过程中也曾遭到批判和引起争论。不过,自20世纪60年代起,她的体系又重新受到重视。可以这样说,如同杜威一样,只要现代教育中还有旧教育对儿童的束缚,对旧教育的批判就永远存在,蒙台梭利的学前教育思想也就具有价值。直到现在,蒙台梭利仍然是学前教育领域和实践中影响较大的教育家之一。

当然,在肯定蒙台梭利学前教育思想的同时,也需要指出其存在的不足。一般来说,把教育特殊儿童的成功方法用在正常儿童身上是有一定条件限制的。因为特殊儿童的一点点进步需要大量的训练,这也正是蒙台梭利非常重视教育训练,特别是感觉训练的重要原因之一。但是,以感觉训练为核心的教育训练存在的问题是,它主要是孤立地对个别感官进行单独训练,虽然它可以使儿童的某个感官得到很好的发展,但也可能割裂儿童对事物的整体认识。美国教育家克伯屈批评蒙台梭利的感官训练方法是过时的"训练迁移说"。认为她使用的材料缺乏多样性,缺乏对儿童想象的激励,忽视了儿童的社会训练。[①] 而且这种训练是利用特制的教具进行的,使儿童的活动局限在一些限定的教具或材料上,使儿童的认识活动与现实世界和生活相脱离,不利于发展儿童的认识能力。不仅如此,这种训练还可能存在限制儿童自由发展的问题。杜威评价道:"限定材料去进

---

① [英]罗伯特·R.拉斯克,等.伟大教育家的学说[M].朱镜人,单中惠,译.济南:山东教育出版社,2013:263.

行特定计划的某种孤立的感官训练——这种情况决不能代表生活本身,这样的练习,在美国教师看来,比起共同活动时由于与他人合作的需要引起的那种限制,是对自由的更大限制。"①总之,蒙台梭利的思想之所以在当时的美国等地受到质疑和批评,与她对儿童的生活和实际生活的关注不够有关。学前教育毕竟不同于特殊教育,也不同于学校教育,对幼儿很小就进行这种训练,不利于他们的好奇心和想象力的发展,这也是需要注意的。

自我评量

名词解释
1. "儿童之家"   2. 儿童发展关键期   3. "精神胚胎期"   4. 感觉训练
5. 蒙台梭利方法

简述题
1. 简述蒙台梭利"儿童之家"的教学特点。
2. 简述蒙台梭利的儿童发展阶段说。
3. 简述蒙台梭利的儿童自由教育观。
4. 简述蒙台梭利的智力教育观。
5. 简述蒙台梭利关于"实际生活训练"的观点。

论述题
1. 比较蒙台梭利"儿童之家"与福禄培尔"幼儿园"的异同。
2. 评述蒙台梭利学前教育的内容与方法。
3. 评述蒙台梭利在学前教育上的贡献及不足。

---

① 〔美〕约翰·杜威.学校与社会·明日之学校[M].赵祥麟,等译.北京:人民教育出版社,2005:295.

第十章 儿童发展与教育:现代教育家论学前教育

 学习目标

通过本章的学习,认识爱伦·凯、杜威、皮亚杰、马拉古奇等现代教育家关于学前教育意义、儿童发展与教育、学前教育课程、游戏等方面的论述,把握20世纪学前教育理念、主题及理论发展的特点和趋势,并结合现代学前教育发展的实践给予合理的评价。

进入20世纪以后,随着欧美等国家学前教育制度化的发展,一些教育家也对学前教育存在的问题、儿童的自我发展与个性发展、儿童发展与学前教育的关系等问题进行了研究,提出了许多有价值的观点。本章主要介绍爱伦·凯、杜威、皮亚杰、马拉古奇等现代教育家关于学前教育的论述。

第一节 爱伦·凯论学前教育

爱伦·凯(Ellen Key,1849—1926)是瑞典妇女运动活动家和20世纪欧洲新教育运动的倡导者之一。她出生于一个国会议员的家庭,从小受到父母政治思想的影响。23岁时曾经随其父漫游欧洲,并广泛阅读有关进化论、优生学、哲学和心理学等著作,也深受卢梭、达尔文、尼采和斯宾塞等人思想的影响。后由于家境破落,独自谋生,先后在妇女学校、工人学校和平民大学任教授课。1889年,她积极地投身于捍卫妇女和儿童权利的妇女运动中,并于1900年出版了《儿童的世纪》(The Century of the Child)一书。在书中,她明确地提出"20世纪是儿童的世纪"。《儿童的世纪》全书共十一章。作者在第一部分的四章中,主要从妇女权、家庭环境等方面,论述了优生优育和儿童的早期教育问题。第二部分共有七章,主要论证了作者的自然主义的儿童教育观。反映了20世纪初爱伦·凯作为欧洲新教育的代表之一对儿童成长及教育所涉及问题的思考。① 该书被视为欧洲新教育运动中的经典。爱伦·凯关于学前教育的论述主要包括对幼儿园教育的批评,尊重儿童的个性,保护儿童的自我发展等。

一、对幼儿园教育的批评

爱伦·凯关于学前教育的思想是与学校教育联系在一起的。在《儿童的世纪》第六

---

① 姜勇.国外学前教育学基本文献讲读[M].北京:北京大学出版社,2013:72.

章"未来的学校"一章开头就谈及了幼儿教育机构。她认为,幼儿园机构只是家庭教育的辅助和补充形式。她不赞同单独设立这类机构,认为幼儿会受到这种机构的群体和集体的影响。在她看来,幼儿教育机构的作用不如家庭教育,应该用家庭教育取代幼儿园教育。因为幼儿园机构多采取组织起来的游戏,这些游戏多为强迫式的,扼杀了儿童的想象力。

当然,爱伦·凯也看到了幼儿园或托儿所出现的社会价值和意义。她认为,幼儿教育机构的出现主要是对那些母亲不能承担幼儿教育职责的一种替代。因此在这种情况下,幼儿园教育可以部分取代家庭教育,但是不能全部取代。爱伦·凯的思想所要表达的意思是,幼儿教育机构虽然存在问题,但也有一定的价值。当母亲本人不能教育孩子时可以交给幼儿园的老师代替管理和教育;当孩子没有玩伴时可以送孩子到幼儿园与小朋友们一起玩耍。

同样,爱伦·凯所从事儿童教育研究的时代,也正是福禄培尔幼儿园思想及运动的传播并形成一种模式的时期,学前教育到底是关注儿童生活,还是关注教学教具,开始成为问题的焦点。爱伦·凯批评福禄培尔幼儿园教育的主要问题是缺乏接近儿童的实际生活,主张应该使儿童在实际生活中经受锻炼,以便让他们获得与实际生活相一致的经验。她认为,凡是可以让儿童自己去体验、经历的事物,一定要让他亲自去体验,成人不应阻止;也不要用间接的事物去替代。这种直接的经验可以使孩子体验真正的生活,受到真正的教育。教育的核心就是让儿童积极生活、独立成长,使孩子从成人的束缚和形式主义教育中解放出来,通过生活形成他自己的经验。

从对幼儿园教育的批评来看,爱伦·凯的幼儿园教育思想实际上是一种儿童自由发展和儿童中心的主张。在她看来,现代教育需要对幼儿园教育有全新的思考,建立一种新型的师生关系。这种思考是:如果幼儿园还有存在的价值,就应该允许儿童自由地玩耍,让儿童自己考虑自己的事情,自己提供实施计划的途径,让他们自己找到一起游戏的小伙伴。教师只需要在旁边静静地监护或观察,只有当儿童有可能受到伤害时才去过问。[①]

爱伦·凯对幼儿园教育的批评反映了当时西欧,特别是瑞典的学前教育已经社会化并且开始制度化时,对所出现的忽视和压抑儿童自由发展问题的一种反思和批判。她所主张的学前教育回归家庭教育的观点也正是这一认识的反映。

二、儿童教育与儿童的个性发展

与主张儿童的自由发展和教育相关,爱伦·凯强调教育要为儿童的发展创设良好的环境,以保护和发展儿童的个性。早在1870年,爱伦·凯对自己的教育观进行了总结,内容包括:① 切勿让孩子通过苦恼的手段获得任何东西;② 让他们完成自己的任务时,不要提奖品、奖励,不许诺任何东西;③ 切勿对孩子说谎或进行恐吓;④ 不要打孩子;⑤ 让他们自己动手帮助自己;⑥ 少发命令,但要让孩子无条件的服从,少进行威胁,但

---

① 雷蕾.爱伦·凯的儿童教育思想[D].上海:上海师范大学硕士学位论文,2011:45.

要说到做到;⑦将惩罚作为教育手段只会助长人的本性中的那些需要根除的原始和恶劣的方面。①

爱伦·凯提出的教育观主要从反面批评了旧教育强迫儿童屈从于成人意志、对儿童提出各种不合理的要求和做法。在她看来,在旧教育中所谓儿童的发展主要是以牺牲儿童的个性为代价的。保护和发展儿童的个性,就是允许儿童有他自己的意志,有他自己的想法,获得他自己的知识,形成他自己的判断。爱伦·凯指出:"种种的重要个性不可不充分顾虑;个人之自由,除非它有妨害他人或侵害他人之权利,不可抑制。"②儿童各有其独特的倾向,教育应该根据他们自己所认定的原则从事自己所决定的事情。从这里可以看出,爱伦·凯的教育观实际上是一种尊重、保护儿童个性发展的教育观。这种儿童观反映了欧洲新教育发展的基本特点,即教育应当减少外来的干预与压制,使儿童个性得到良好发展;教育应当允许儿童自然地、任其本性的活动;教育者主要是要注意儿童周围的活动环境。

与此相关,爱伦·凯高度赞扬近代教育家卢梭和斯宾塞的"自然后果法",认为这种方法可以避免教育对儿童的直接干涉,形成儿童对自己行为负责的品质,培养儿童的独立人格。她认为,为了种族和社会的发展,教育应当培养儿童的独立之心;要给儿童自己寻求独立的机会。当然,爱伦·凯并不是一味反对教育的干预,也强调儿童养成服从习惯的必要性,认为这对于儿童以后的发展和走向社会都是十分重要的。

三、儿童教育与儿童的自我发展

儿童的个性发展与儿童的自我发展密切相关。为此,爱伦·凯十分重视和强调保护儿童的权利。在她看来,首先应保障作为未来母亲的妇女的权益,包括择偶权和选举权等。同时,妇女作为母亲应担负起扶养和教育儿女的责任,并提高自我发展的能力。爱伦·凯认为,家庭中的和谐诚挚的气氛、父母高尚的情操及其以身作则等,对儿童发展和权益是最好的保护和教育。为此,她设想不仅婴幼儿教育应由母亲负责,甚至未来的小学教育也应由家庭承担。关于儿童权利的保护,爱伦·凯一直给予重视,并积极参加保卫母亲和儿童权利的妇女运动,在出版《儿童的世纪》一书以后,她放弃了其他一切工作,全身心致力于宣传自己的主张。她曾指出,在未来社会的法规中,"第一位的和最重要的条款是儿童的权利"③。

关于促进儿童的自我发展,爱伦·凯提出了首先要了解儿童和尊重儿童的观点。她指出,"20世纪将成为儿童的世纪。它具体表现在两个方面:一是成人了解儿童的特点;二是成人注意保护儿童天真纯朴的个性。④"要了解儿童,就要认识到儿童对于人类的意义和价值。儿童是人类的希望和未来,是未来世界的主人;就要保护儿童的纯洁天真,为儿童的发展创造一个自然、自由的环境;就要关注教育的每一个细节,为儿童的自我发展

---

① 雷蕾.爱伦·凯的儿童教育思想[D].上海:上海师范大学硕士学位论文,2011:24.
② 雷蕾.爱伦·凯的儿童教育思想[D].上海:上海师范大学硕士学位论文,2011:31.
③ 单中惠,刘传德.外国幼儿教育史[M].上海:上海教育出版社,1997:234.
④ 单中惠,刘传德.外国幼儿教育史[M].上海:上海教育出版社,1997:234.

提供好的条件。

要保护儿童,就要了解儿童、研究儿童。爱伦·凯十分重视对幼儿生理和心理发展的观察研究。她指出:"幼儿心理之研究,开始于幼儿诞生时,继续在游戏中,在其工作中,在其休息中,而进行每日的比较研究,需要一个人的专门注意。"①在她看来,应该把保护儿童权利与对儿童的整个细心观察联系起来。

儿童有自我发展的能力,教育上要少干涉儿童。爱伦·凯指出,教育的干涉,无论是诉诸暴力还是说教,总是会削弱儿童的自我发展。儿童有属于自己的天地和世界,应当保护儿童的这个世界,让他们在属于自己的世界中自由的活动和发展。

同样,促进儿童的自我发展也要反对教育上的体罚。爱伦·凯指出,从人类社会的发展来看,文明与体罚是不相称的,现代文明和教育要反对体罚;从儿童的发展来看,他们难免会犯错误,但是用体罚解决不了问题;从教师的管理来看,教育儿童要依靠头脑,而不是靠手臂。体罚所唤起的是奴隶性格,不是自由精神。爱伦·凯的这些思想对于认识儿童发展与教育的关系,认识体罚对儿童的负面影响是有积极意义的。

总之,作为欧洲新教育的倡导者之一,爱伦·凯关于学前教育的论述,反映了新教育运动对传统旧教育的批判和对现代教育的向往。从爱伦·凯的思想倾向来看,首先,她不仅关注学前教育,也关注学校教育,且把学前教育与学校教育联系在一起,注重二者的统一性对儿童发展的影响。其次,她不仅关注学前幼儿教育,更强调学前儿童家庭教育,反对模式化和形式化的学前教育,可以看出她对新教育造就身心健全、自由独立和富于创造精神新人目标的一种期盼。因此,她呼吁对儿童进行细致的观察和研究,倡导儿童的自由教育、个性教育和自我发展的教育,强调对儿童权利的保护,主张建立以儿童为中心的学校。这些都反映了她的思想进步的一面,具有重要的价值。当然,爱伦·凯的思想中也存在激进的一面。如在批判了幼儿园教育存在的问题后,就主张从幼儿园教育回到家庭教育,降低幼儿园在儿童发展方面的作用;在批判了传统旧学校弊端后,就要求废除班级制度、废除教科书、废除考试制度等。从现代教育的角度看,这些思想和观点是片面的,是我们在研究她的学前教育思想方面需要注意的。

第二节 杜威论学前教育

约翰·杜威(John Dewey,1859—1952)是20世纪前期最伟大的教育家之一,也是美国实用主义哲学家和教育家。杜威的实用主义哲学是美国民主主义、社会改良主义和科学精神三者结合的产物。在长达90多年的生涯中,杜威投身于社会的改革中并把教育作为他改良社会的切入点。他把哲学、心理学与教育学结合起来研究教育问题,并通过芝加哥实验学校的实践,形成了较为完整的教育理论。20世纪初期的美国也是进步主义教育运动的盛行时期,杜威直接参与这一运动,并成为该运动的思想领袖。杜威最有影响的代表作是1916年的《民主主义与教育》,这一著作与柏拉图的《理想国》、卢梭的

---

① 单中惠,刘传德.外国幼儿教育史[M].上海:上海教育出版社,1997:233.

《爱弥尔》一起,被认为是人类教育发展的三个里程碑。杜威也关注学前教育,并把学前教育作为整个教育体系的有机组成部分,对学前教育的问题进行了试验和研究,提出了许多重要的见解。杜威的学前教育思想主要反映在他的《明日之学校》《民主主义与教育》等著作中。本节主要内容包括杜威的教育观、儿童观,以及关于学前教育的论述。

一、杜威学前教育思想的基础

杜威学前教育思想的基础包括实用主义教育观、民主主义教育观,以及儿童中心观。

1. 实用主义教育观

杜威的实用主义教育观主要包括发展教育观、知行教育观和试验教育观。发展教育观认为,世界一切存在和事物都是在变化的,变化是一切事物的本质。人类的存在、生命以及所有的经验,包括理智在内,都是发展的、变化的。教育也是不断的生长的过程,是一个不断改组、不断改造和不断转化的过程。知行教育观主张教育的知行合一。杜威认为,旧教育的最大问题只是注重文字或间接经验的学习,而与人生日常生活的教育相分离;只是注重成人和社会的需要,而与儿童的需要相分离。杜威认为,知识和行为应当是合一的。如果一个人他所知的学问,不能影响他的行为;他的行为,又不基于他所知的学问,这只会养成一种轻视知识的习惯。从教育的知行合一思想出发,杜威强调,学校教育应当把学科中心转移到儿童上面,依照儿童发展的顺序,使他能逐渐发展他的本能,直到他能自己教育自己为止。试验教育观则重视教育中科学的方法,即试验方法的运用。就是用人的行为(Action)将人的思考和自然界的事实联系起来,形成有创造的关系。杜威认为,科学试验不是武断的、一定不变的;科学试验只是暂时认为它有试验的价值。一切试验都具有假设的性质,都有待于证明,还有待于别人来改变它。科学试验方法的特点就是无论对于新思想,还是旧思想都不是一概推翻,也不认为是最后的真理,只是以试验的态度做其存在的理由。它可以使学校充满试验气氛,打破武断的态度和教条的东西。①

2. 民主主义教育观

杜威的民主主义教育观主要包括教育的民主观、教育的目的观和教育的生活观。教育的民主观与民主社会密切联系。杜威认为,民主社会有两个特征:首先,社会中各群体和成员是否有数量更大和种类更多的共同利益;其次,社会各群体成员之间是否有更自由的交流和相互影响。教育的民主观强调:民主的教育应当是所有人的教育,这是民主社会成功的保证。民主的教育是与强制的、权威的教育相对立的。民主的教育在训练儿童时,应当尽可能多地给儿童自由,并且发挥他们的主动性、独立性等品质。这样他们在管理国家时,就会懂得自由是什么,而避免民主的滥用和失败。关于教育的目的观,杜威指出,教育除它自身以外,并没有别的目的。如果要衡量学校教育的价值,要看它能否创造继续不断的生长欲望,以及是否提供方法,使这种欲望得以生长。这里表明,教育的主要目的是促进儿童具有不断发展的欲望;为了实现目的,教育应提供方法,促进儿童和学

---

① [美]杜威.杜威五大讲演[M].胡适,译.合肥:安徽教育出版社,1999:137-141.

生这种欲望的发展。杜威的教育目的观旨在反对旧教育对儿童发展的压抑和束缚,但他并不主张儿童的任意发展或放任自流。他强调,儿童漫无目的的去做,就没有生长,生长并不是偶然的、自然的。关于教育的生活观,杜威认为民主教育是与社会生活不可分的。旧教育的主要缺陷在于把"学校与生活隔离开来",学校里学的东西,不能应用于日常生活,而儿童"生长"总是在生活中展开的。这就需要学校的生活应与儿童的生活相结合,使儿童在学校生活中满足需要和有良好的体验;需要学校生活与校外的社会生活相结合,以适应现代社会生活的变化并积极参与社会生活。为此,杜威提出了"学校即社会"的主张。他认为要使学校具有社会生活的形式和气氛,就要把学校变成一个"小型社会"或"雏形的社会",使儿童在学校里积极学习,也可以参与现实生活。

3. 儿童中心观

杜威的儿童中心观集中反映在《我的教育信条》(1897)、《学校与社会》(1899)、《儿童与课程》(1902)、《明日之学校》(1915)、《民主主义与教育》(1916)等著作中,主要包括以下内容。

儿童发展是主动的,儿童是教育的中心。杜威指出,把儿童看成被动的个体,是历史上"身心二元论"的反映。在早期,人们认为儿童在获取知识方面,心灵活动是主动的,身体活动是被动的。"前者被认为是纯粹理智的认识因素;后者则被认为是一个不相关的、起干扰作用的物质因素。"①教育应严格控制儿童的身体,以防止其干扰心灵的求知活动。以后受机械经验论的影响,人的心灵活动也成为被动的了。机械经验论认为,在获取知识方面,人的心灵纯粹属于受纳的性质。心灵愈是被动,实物愈能对心灵有深刻的印象。而心灵愈是主动,它将在求知的过程中毁坏真正的知识,反而不能达到目的。②结果,儿童的学习成为被动掌握知识的过程;教师和教科书成了学校教育的中心。杜威认为,这种把儿童的发展看成被动的观点是违反儿童本性的。在《学校与社会》中,杜威明确提出了"儿童中心"的思想。杜威批评旧教育的"重心在教师,在教科书以及你所喜欢的任何地方,唯独不在儿童自己的直接的本能和活动上"③。而现在,教育正在发生一种变革即重心的转移。这是"一场革命,一场和哥白尼把天体中心从地球转到太阳那样的革命。在这种情况下,儿童变成了太阳,教育的各种措施围绕着这个中心旋转,儿童是中心,教育的各种措施围绕着他们组织起来"④。

儿童的发展不仅是主动的,其活动也具有创造性。在《民主主义与教育》一书中,杜威在许多地方论及了"创造性"并高度评价了儿童的"创造性"活动。杜威认为,"创新以及有发明意义的筹划,乃是用新的眼光看这种事物,用不同的方法来运用这种事物"⑤。杜威在分析了儿童的活动特点后指出:"在教育上可以得出的一个结论就是:一切能考虑到从前没有被认识的事物的思维都是有创造性的。一个三岁的儿童,发现他能利用积木

---

① [美]约翰·杜威.民主主义与教育[M].王承绪,译.北京:人民教育出版社,1990:149.
② [美]约翰·杜威.民主主义与教育[M].王承绪,译.北京:人民教育出版社,1990:282.
③ [美]约翰·杜威.学校与社会·明日之学校[M].赵祥麟,等译.北京:人民教育出版社,1994:43.
④ [美]约翰·杜威.学校与社会·明日之学校[M].赵祥麟,等译.北京:人民教育出版社,1994:44.
⑤ [美]约翰·杜威.民主主义与教育[M].王承绪,译.北京:人民教育出版社,1990:169.

做什么事情;或者一个六岁的儿童,发现他能把五分钱加起来成为什么结果,即使世界上人人都知道这种事情,他也是个发现者。……如果创造性一词不被误解的话,儿童自己体验到的快乐,就是理智的创造性带来的快乐。"①

每个儿童都具有创造性。杜威批评了传统教育关于"只有少数人具有创造性"的观点。指出传统教育关于一般儿童和天才儿童之间的不同,在于一般儿童缺乏创造性的推断,"纯属虚构"。"一个人的能力怎能和另一个人的能力在数量上进行比较。……心智,个人的方法,创造性表示有目的的或有指导的活动的性质。如果我们照这个信念去做,即使按传统的标准我们也将获得更多的创造性。如果我们把一个所谓统一的一般的方法强加给每一个人,那么除了最杰出的人以外,所有的人都要成为碌碌庸才。"②传统教育的突出问题是把创造性只限定在少数天才儿童身上,忽视了大多数儿童的发展。

总之,杜威实用主义教育观与民主主义教育观的关系是,前者是后者的基础,是方法论;后者是前者的核心,是教育的具体运用。它使得杜威的教育思想成为一种实证主义和行动主义的教育,即任何教育观念都不是绝对的和不可置疑的,都是在质疑和批判中发展的,都是社会实践检验的结果。杜威儿童中心观的核心是把儿童放在重要的位置上,强调儿童的主动性和创造性,形成了与旧的学校教育截然不同的观点,这对于认识杜威的学前教育思想具有重要的意义。

二、论幼儿教育的特点

杜威的幼儿教育思想是依据他在芝加哥实验学校实验基础上形成的,主要体现在杜威的《学校与社会》和《明日之学校》的著述中。另外,也在杜威同事所写的《杜威学校》一书中有所反映。按照杜威的设计,芝加哥实验学校是按照统一的原则组织教育,并把它的种种因素结合起来的。实验学校的教育从4岁的幼儿开始,注重与生活相关的教育,其目的是把教育作为一个整体与日常生活有机的联系起来。③ 从这里可以看出,杜威十分注重儿童教育的总体设计,使学前教育与学校教育相衔接,提供儿童发展连续的环境。杜威的学前教育思想主要包括以下几个方面。

1. 幼儿教育不同于一般的教育

杜威认为,一般的教育主要是"引出",当然如果这种教育是与"注入式"过程相对而言的话,那是一种好的教育。但是要把"引出"的教育与幼儿活动联系起来是困难的,因为幼儿主要是通过各种活动接受教育的。幼儿不单纯是需要成人向他提出的强烈告诫和技能,以便逐步把潜藏着的活动的幼芽引发出来处于休眠状态的人。幼儿教育的主要工作是抓住他的活动并给予指导;通过指导,通过有组织的运用,它们就会朝着有价值的结果前进而不致成为散乱的,或听任其流于仅仅是冲动性的表现。④ 杜威在这里强调的是,幼儿有潜在发展的冲动和兴趣;幼儿教育需要把这些冲动和兴趣引导到具有一定

---

① [美]约翰·杜威.民主主义与教育[M].王承绪,译.北京:人民教育出版社,1990:169.
② [美]约翰·杜威.民主主义与教育[M].王承绪,译.北京:人民教育出版社,1990:183-184.
③ [美]约翰·杜威.学校与社会·明日之学校[M].赵祥麟,等译.北京:人民教育出版社,2005:66.
④ [美]约翰·杜威.学校与社会·明日之学校[M].赵祥麟,等译.北京:人民教育出版社,2005:42.

设备和材料的路径上来,使它得到一定训练,并最终能够实现或者满足他的需要。

2. 幼儿接受教育不是单纯教授知识的过程,而是通过活动、训练,满足他的本能需要并获得知识的过程

杜威描述了这个过程:由于要满足幼儿的冲动,他就要努力工作,要努力工作就会碰到障碍,他就要熟悉材料,运用独创性、忍耐性、坚持性、机智。这个过程包含训练,并提供知识。杜威还举例说,如果一个孩子只是想煮一个鸡蛋,因而把它放在水里煮三分钟,叫他取出时他就取出,这是没有教育性的。但是,如果一个孩子由于认识了煮鸡蛋的事实、材料和所包含的条件而实现他自己的冲动,然后按照那种认识去调整他的冲动,这就有了教育性。这就是引起或者满足一种兴趣和通过对兴趣的指导实现它这二者之间的区别。① 在杜威看来,对儿童的兴趣进行指导并且实现它,是幼儿教育的主要目的。

3. 幼儿具有四种本能或兴趣

它们包括社交的本能、探究和发现的本能、制作的本能,以及艺术的本能。杜威认为,这些本能和兴趣是自然的资源,儿童的积极生长依赖于对它们的运用。教育者应该对儿童的这些兴趣加以激发并把它们引发出来,掌握它和指导它,使它成为了解人类进步的一个手段。在杜威看来,激发儿童的兴趣需要依托幼儿教育课程的开设,是随着儿童需要的不同,边实验边进行的。例如,儿童想要了解原始的石制箭头,就需要测试材料的脆性、形状、结构等。当他们检验各种不同的石头,去发现哪一种适合这个目的时,就可以为儿童开设一堂矿物学的课;儿童对铁器时代的讨论并提出建造土制熔炉的要求,就需要进行关于制图和燃烧性质的教学。②

4. 幼儿园教育要与生活相结合

杜威指出,从幼儿教育的历史上看,幼儿园教育出现了与儿童的生活和需求相隔离的问题。杜威分析了当时存在的幼儿园机构及其理论基础,指出20世纪兴起的幼儿园是保育室和谢林哲学结合的产物,是母亲为她的孩子们进行的游戏和运动与谢林的高度浪漫主义和象征主义哲学结合的产物。结果是在幼儿园与学校之间造成了隔离,幼儿园进行的是道德教育,学校进行的是教学或训练。③ 如何解决这个问题,杜威设计了实验学校第一阶段4—7岁的学前幼儿教育阶段。在这一阶段儿童是以直接的社会兴趣和个人兴趣为特征的,主要是从参与自己的社会环境中的生活状况选择教材,让他们自己重演接近于社会方式的事情,如游戏、竞赛、作业或微型工艺、讲故事等。

总之,杜威关于幼儿教育特点论述的基本观点是:幼儿教育不是"引出"式教育,更不是"注入式"教育。幼儿教育要发现儿童的本能和兴趣,通过各种活动给予指导,并通过有组织的运用,最终帮助他们满足其需要。杜威指出,现代教育必须关注幼儿发展的特征,为满足其发展需要提供合适的环境,并根据对幼儿发展的理解进行恰当的教育。

---

① 〔美〕约翰·杜威.学校与社会·明日之学校[M].赵祥麟,等译.北京:人民教育出版社,2005:44.
② 〔美〕约翰·杜威.学校与社会·明日之学校[M].赵祥麟,等译.北京:人民教育出版社,2005:45-48.
③ 〔美〕约翰·杜威.学校与社会·明日之学校[M].赵祥麟,等译.北京:人民教育出版社,2005:54-55.

三、论幼儿教育的内容和方法

杜威在《学校与社会》一书中通过分析福禄培尔的教育原理,提出了关于幼儿教育的内容和方法。杜威指出,芝加哥实验学校在一定程度上贯彻了福禄培尔的教育哲学。如在合作和互助的生活中培养儿童,培养他们相互依存的自觉性;一切教育活动的根基在于儿童本能的态度和活动,而不在于外部材料的应用等。不过,福禄培尔的教育哲学如果要全面推广运用的话,某些方面需要加以修改。

1. 关于幼儿教育的内容

杜威指出,幼儿教育的教材可以是多方面的。房间的布置、家具、用具等的家庭生活和家庭中经常进行的作业结合在一起,提供与儿童有直接关系的和他自然以想象形式再现出来的教材。不过,幼儿教育的教材一定要与儿童的经验和能力相结合。如果教材过于强调儿童难以理解的象征主义,远离儿童的实际,会对儿童的理智发展产生不利的影响,使他们丧失对直接经验和简单事物的自然渴望。杜威不赞成幼儿提前学习学校教育的课程,认为幼儿提前学习一年级的教材很可能对他们造成严重的伤害。[①]

杜威的同事梅休等人在所著的《杜威学校》一书中所提供的资料论证了杜威的这些观点。杜威的实验学校分为 11 个班,其中 1 班和 2 班为幼儿部,主要接收 4—5 岁的幼儿,这是实验学校里最小的孩子。实验学校布置简单,除了午餐需要的桌椅,旧的图书室,儿童衣柜外,可以给儿童提供较大的空间,让他们自由活动和游戏。实验学校 1898 年秋季招生 8 人,次年增加到 20 人。儿童分为两班,4 岁儿童为 1 班,5 岁儿童为 2 班,每班男女儿童各半。幼儿每天的活动主要是在上午,其具体计划如下。

9:00—9:30 手工劳动。

9:30—10:00 唱歌和故事。

10:00—10:30 列队行进和游戏;这时房间正在通风换气,有些儿童上厕所。

10:40—11:15 午餐。

11:15—11:45 戏剧性游戏和节奏活动。[②]

实验学校的管理者认为,这个次序并不是固定不变的,它会随着幼儿所做的作业而变化。有时组织幼儿到学校附近搞室外活动,目的是在一段时间集中注意的活动后,不使幼儿太长时间搞一种活动。幼儿的手工劳动课包括建造活动、玩积木、绘画、粘土塑造、沙箱活动等或者任何适合儿童表现的手段。[③]

由于儿童活动主要是在上午的时间,需要每天保证供应午餐。在就餐准备中,儿童要担任安放桌面餐具、上菜、伺候、洗涤和收拾碟子的工作。儿童的午餐菜单包括每人一汤匙煮好的麦片,加奶油和糖,一块饼干和一小杯牛奶,冷天供应可可。如果有特别需要,还可以供应水果。[④]

---

① 〔美〕约翰·杜威. 学校与社会·明日之学校[M]. 赵祥麟,等译. 北京:人民教育出版社,2005:86.
② 〔美〕凯瑟琳·坎普·梅休,等. 杜威学校[M]. 王承绪,等译. 北京:教育科学出版社,2007:44.
③ 〔美〕凯瑟琳·坎普·梅休,等. 杜威学校[M]. 王承绪,等译. 北京:教育科学出版社,2007:45.
④ 〔美〕凯瑟琳·坎普·梅休,等. 杜威学校[M]. 王承绪,等译. 北京:教育科学出版社,2007:45.

在日常活动程序上,学校幼儿部比较注重根据幼儿特点和经验安排活动。例如,幼儿入学的最初几天,主要把时间花在相互认识上。每一个儿童,通过和其他儿童的谈话和游戏,发现他们也有家。在他们家里,做着许多同样的事情,同时也有着这样那样的差别。同时,教师也比较注意对幼儿的活动进行引导。例如,在幼儿部里,由于生活简单,没有什么压力,幼儿常常满足于单纯的活动,不问手段和目的。最初,幼儿宁愿独自游戏,但是经过分组、安排,儿童的爬、跳、跑、滚等活动被引导到团体游戏中。在团体活动中,儿童学会适应别人,以及在别人面前表现自己。①

随着孩子间的逐步熟悉,教师也注意引导儿童扩大活动范围和认识范围。如组织1、2两个班的儿童在公园散步,孩子们的注意力被引导到鸟类、昆虫和动物的家。他们注意到空的鸟窝,带一些回家,谈论在一年的这个时候鸟飞到哪儿去了,为什么。孩子们也谈论自己的家庭,并以家庭生活为基础谈论与生活有关的其他事情和人。如家庭需要依靠天天上门的送奶员、食品商、卖冰人和邮递员,以及偶尔来的送煤人,等等。② 另外,学校还会组织孩子们就一个想法或观念排演一出戏,如"邮递员送信""食品商店"的游戏,"母亲为家庭准备初冬寒衣"的角色扮演,以及"为家里做家务"的活动,等等。

实验学校还注重通过孩子们参与活动为他们提供自己管理和发挥创造性的机会。例如,在准备午餐、吃午餐和餐后收拾的过程中,可以让儿童积极参与,相互协助,掌握午餐的全过程。午餐时数椅子是孩子们最喜欢做的工作。每个孩子都需要一张椅子,排了许多次,最后想出一个好办法,先数孩子,然后数椅子。这个方法逐渐推及到数调羹和其他必需物品,在计数的过程中熟悉了数的运用。③

从幼儿教育这些内容的安排可以看出,杜威实验学校非常重视儿童的活动和活动范围的扩大,重视儿童参与和动手自我管理能力的培养。这些都反映出杜威实验学校的特点及与传统幼儿园教育的根本不同。

2. 关于幼儿教育的方法

关于幼儿教育的方法,杜威从以下几个方面提出了要求。

首先,要具备了解和观察儿童的方法。他指出,在幼儿教育中,教师的职责就是了解儿童发展在某一时期所表现出来的什么能力,哪一类活动能够使这些能力表现出来,以便据此提供所需的刺激和需要的材料。杜威认为,儿童的身心发展特点要求教育者要注意他们的自然冲动和本能,利用它们使儿童的理解力和判断力提到较高水平,使之养成更有效率的习惯;使他的自觉性得以扩大和加深,对行动能力的控制得以增长。如果不能达成这种结果,游戏就会成为单纯的娱乐,而不能导致有教育意义的生长。④

其次,要正确对待模仿法的使用。杜威指出幼儿发展具有很高的模仿性,但他不赞成幼儿活动中使用模仿的方法。杜威认为,幼儿的任何活动都不应该根源于模仿。在活动中,教师可以利用模型或者样本帮助儿童明确地去想象他真正需要的东西,使他进行

---

① [美]凯瑟琳·坎普·梅休,等.杜威学校[M].王承绪,等译.北京:教育科学出版社,2007:50.
② [美]凯瑟琳·坎普·梅休,等.杜威学校[M].王承绪,等译.北京:教育科学出版社,2007:51.
③ [美]凯瑟琳·坎普·梅休,等.杜威学校[M].王承绪,等译.北京:教育科学出版社,2007:53.
④ [美]约翰·杜威.学校与社会·明日之学校[M].赵祥麟,等译.北京:人民教育出版社,2005:87.

思考。模仿的价值在于它不是作为在行动中照搬的模型,而是发展清晰而适当的想象力的指南。否则就会使儿童变成奴性的、依赖的;模仿可以起到辅助的作用,但不会导致创造。①

其三,要注意暗示方法的使用。杜威也对幼儿教育中的暗示方法进行了分析,指出教师在进行教学时可以采用暗示的方法,但是必须符合儿童内在生长的主要方式。暗示仅仅作为刺激,以使儿童的行动能够产生结果。暗示要发挥积极的作用,必须成为促进儿童生长的因素,而不是成为妨碍正常成长的外来的、专断的要求。②

其四,在放任管理与指令控制方法之间寻求一种平衡。杜威分析了幼儿教育中完全听任儿童自己、无指导的或者完全依赖教师指令的方法。杜威认为这些做法都是荒谬的。杜威指出,当一个教师不得不依赖于一系列指令性的指示时,这恰恰是因为儿童对于他要做什么或为什么要做的那些事情不清楚,缺乏自己的主意。依靠遵守指令的方法,儿童不是获得控制能力,而是实际上失去这种能力。这些指令变成他依赖的一个外部根源。③

四、论幼儿教育与幼儿游戏

应该说,幼儿游戏也属于幼儿教育的内容之一。由于杜威对幼儿游戏有许多论述,这里则单独列出进行分析。在《学校与社会》《明日之学校》等著作中,杜威都论述了幼儿教育与幼儿游戏的关系问题。杜威关于游戏的论述是结合对福禄培尔游戏思想进行分析的基础上展开的,主要包括以下几个方面的内容。

1. 游戏是一种有利于儿童身心自由发展、用以表现儿童思想和能力的身体运动

在对福禄培尔游戏思想的分析中,杜威反对游戏是儿童的外部活动的观点。认为儿童的游戏是自己的兴趣自由运用,它不需要外部的压力和责任。杜威指出,游戏主要是指儿童的心理态度,而不是他的外部表现。如果按照这个观点来认识游戏,那么幼儿园的工作程序就要有根本的改变,要从遵循某种既定的制度或规定的制度、或遵循恩物、表演和作业的程式中解放出来。因此,只要作业、游戏是将福禄培尔和早期追随者所规定的活动变成永恒不变的东西,变成一种外部的东西,那么福禄培尔的原理就需要改变。④在这里,杜威特别强调儿童的内在发展的重要性。儿童的发展需要外部的作用,但是不应完全以它为目的,外部要求只是儿童发展的条件之一。因此,杜威要求教师在组织儿童游戏时需要问两个问题:一是所提出的游戏方式是儿童自己所喜爱的吗?二是它是否根植于儿童自己的本能,是否能促使儿童力图表现自己的能力趋向成熟?⑤ 杜威分析了福禄培尔幼儿园教育存在不足的主要原因是象征主义哲学及德国现实对自由和想象力压制的结果,使得幼儿园教育缺乏对儿童想象力的培养,更缺乏对现实生活的关注。杜

---

① [美]约翰·杜威.学校与社会·明日之学校[M].赵祥麟,等译.北京:人民教育出版社,2005:88.
② [美]约翰·杜威.学校与社会·明日之学校[M].赵祥麟,等译.北京:人民教育出版社,2005:89.
③ [美]约翰·杜威.学校与社会·明日之学校[M].赵祥麟,等译.北京:人民教育出版社,2005:89.
④ [美]约翰·杜威.学校与社会·明日之学校[M].赵祥麟,等译.北京:人民教育出版社,2005:83.
⑤ [美]约翰·杜威.学校与社会·明日之学校[M].赵祥麟,等译.北京:人民教育出版社,2005:83.

威指出,幼儿具有想象力,是生活在真实的世界中的,他们的活动应该是真实的、确切的。如果过于重视活动的象征意义,则会限制儿童对真实事物的理解和真实的行动,导致儿童的活动更多是"假装"的活动。如进行园艺时儿童假装撒播沙粒作为种子;用假装的扫帚打扫假装的房子;在桌子上摆放假装的纸质餐具;等等。这些是不能培养儿童想象力的。①

2. 游戏是儿童自身发展的需要,教育的发展法则一定要适应儿童发展的需要

杜威批评了福禄培尔关于所谓发展"法则"的观点。这种"法则"认为,有一些可以起着总体作用的法则在支配着儿童的发展,这些法则可以不顾条件的变化和儿童的不同经验而对儿童产生重要影响。杜威指出,福禄培尔的哲学是强调儿童的发展是将已经蕴藏在儿童身上的绝对的和普遍的原理逐步显露出来。但是它产生了两种不良的结果:一是常常把发展的法则置于儿童的兴趣之上。其结果是,既然发展法则已经被规定好了,那么在具体情况下研究儿童,弄清楚儿童在干什么就不那么重要;而且如果儿童的发展与普遍法则不符,那么只能归咎于儿童,而不是"法则"。在儿童教育上,教师往往认为只要掌握完整的发展法则就够了,而不注重对儿童的研究。二是把掌握既定的公式,呈现和掌握外部材料当成确保发展的方法。这一不良的结果是,既然这些事物的普遍联系是隐藏在发展之后的普遍原理的表现,它们便成为将蕴藏于儿童身上的同一原理引出的最好手段。即使儿童自发的游戏大家都认为有价值,也不在于游戏本身是什么,而在于它们是普遍实体的某种法则的象征。② 总之,杜威的时代是一个强调变化和个性化的时代。让个别的、变化的去适应一般的和不变的原则,已经不符合现代科学和社会发展,以及幼儿发展的实际。

3. 游戏应当成为幼儿的主要作业

杜威指出,幼儿生活中的最主要时间是消磨在游戏上的,不是从大孩子那儿学来的游戏活动,就是他们自己发明的游戏。这些发明的游戏通常是对年长点人的活动的模仿。所有的幼儿都会想到盖房子、当医生或者当战士的游戏,即使他们没有得到能暗示这些游戏的玩具。杜威认为,幼儿做游戏的快乐多半出于寻找和制造必要东西的过程中。这种游戏的教育价值是显而易见的。它能教给儿童他们生活于其中的世界。他们游戏玩得愈多,他们的玩具材料就愈精巧,整个游戏也反映了他们家长的日常生活。通过游戏,幼儿了解成人世界的工作和娱乐,认识了一些活动和过程。不过,游戏虽然具有教育价值,但是也要避免其中负面的东西。杜威指出,模仿性的游戏由于习惯的训练转移了儿童的注意力,往往使他的生活成为其家长生活的重演。如果家庭环境不好,会使儿童学到坏的习惯、错误的思维和判断方式。如果这些方式在幼儿的游戏中固定下来,是难以消除的。如何消除这些不良的方式,杜威建议要用在学校里获得关于日常生活的正确认识和观念来影响家庭中的游戏活动,使儿童注意力集中在学校教给他们的良好目

---

① [美]约翰·杜威.学校与社会·明日之学校[M].赵祥麟,等译.北京:人民教育出版社,2005:86.
② [美]约翰·杜威.学校与社会·明日之学校[M].赵祥麟,等译.北京:人民教育出版社,2005:267.

标的设计上,而减少对家庭不良习惯的仿效。①

4. 把幼儿对游戏的本能喜爱引导到与社会利益及社会经验的结合上

杜威指出,幼儿喜欢游戏是他们本能的需要,但需要引导和指导。例如,幼儿对玩布娃娃感兴趣,布娃娃就成为一个活动的起点。以此为动机,儿童就有无数的事情想做。手工及建造工作就有了真正的目的。此外,还可以要求儿童去解决问题。如布娃娃需要穿衣,孩子们就热情地为布娃娃做衣服。但是不知道如何裁剪缝纫,于是他们先用剪刀剪出纸样,再根据娃娃的身材进行修改和试验,教师只是给出建议和评论。成功做出纸样,他们就选择和裁剪布料,然后学起缝纫。即使衣服做得一点不像样,孩子们也从做衣服的过程中得到无穷的乐趣。除了一般的学会一些技能外,他们得到了一种训练,即懂得了做工先得有一定的目的。②杜威指出,儿童的兴趣,从做布娃娃开始,不知不觉就发展到了需要一个娃娃的家,到需要一个娃娃的社会。正是这种游戏提供了更多的制作东西的机会,懂得了工作的用处。他们提供给娃娃的需要,就是他们提供给社会需要的雏形,同时也学会了对各种工具的控制,这些工具实际上就是在满足这种需要时社会上要用到的。③

五、杜威学前教育思想的特点及贡献

作为美国进步教育运动中的思想领袖,杜威不仅对传统旧教育进行了猛烈批判,也提出了许多新的教育思想,为现代教育思想提供了重要的内容。杜威关于学前教育的论述也反映了美国教育家对学前教育问题的思考,具有美国进步主义教育求新、求变的特点。

首先,杜威把学前教育作为整个教育体系的一部分来看待,通过创办实验学校获得对学前教育的认识。在创办实验学校的过程中,杜威既重视学前教育与学校教育的衔接,也关注学前幼儿教育的内容、方法、方式对学校教育的影响,特别注重学前教育与学校教育的衔接性和统一性对儿童发展的影响。这在以往的教育家中是不多见的。

其次,杜威关于学前教育的论述,是建立在对前人的学前教育思想分析和批判的基础上的。杜威不仅分析和肯定了蒙台梭利、福禄培尔学前教育思想的贡献,也指出了其不足。在杜威看来,蒙台梭利和福禄培尔思想存在的主要问题是缺乏用新的心理学的基础,缺乏对儿童发展与儿童发展所使用材料和条件的科学把握,孤立地看待材料的作用和某种技能的获得,忽视了儿童发展主动性与现实生活的联系。杜威认为,技能的获得单靠使用一些工具,或者在完成某种特定的目标过程中制作某个物体是没有用的。让儿童区分抽象的特性,如长度、色彩等,而不顾哪些东西具有这些特性,这样的练习可以给儿童一些技巧,但不一定能够使儿童成功地把握这些特性。④而像福禄培尔那样一味地用象征意义的东西来训练儿童更是背离了教育与生活相联系的原则。在杜威看来,儿童

---

① [美]约翰·杜威.学校与社会·明日之学校[M].赵祥麟,等译.北京:人民教育出版社,2005:269.
② [美]约翰·杜威.学校与社会·明日之学校[M].赵祥麟,等译.北京:人民教育出版社,2005:270.
③ [美]约翰·杜威.学校与社会·明日之学校[M].赵祥麟,等译.北京:人民教育出版社,2005:271.
④ [美]约翰·杜威.学校与社会·明日之学校[M].赵祥麟,等译.北京:人民教育出版社,2005:295.

的发展和教育是与生活、社会分不开的。他提出的幼儿教育的目的是鼓励儿童参与生活、对发展儿童兴趣进行指导并且实现它,这一主张是值得肯定的。

其三,杜威提出了学前幼儿研究的重要性问题。这一问题的提出与揭示福禄培尔学前教育存在的理论问题有密切联系。在杜威看来,学前教育,包括游戏的目的是帮助和促进儿童的发展,儿童发展是目的。如果一味强调教育上的某些原则,并且按照这些原则来对待儿童的发展,那么儿童的发展则会受制于这些原则,儿童发展的实际不仅受到忽视,儿童研究也没有必要了。当然,杜威并不是主张幼儿教育中的"儿童中心论",而是强调幼儿教育要从引导儿童关注自己身边的事情开始,逐步关注家庭、社会的事情;从对自己发展的关注过渡到对社会发展的关注。

总之,杜威对传统幼儿教育,特别是蒙台梭利及福禄培尔学前教育中存在的各种问题进行了批判,提出了许多合理的见解,对科学认识现代学前教育,推动学前教育起了积极的作用。当然,杜威学前教育思想中关于儿童本能问题的论述也存在争议,什么是本能,如何理解儿童的四种本能,如何协调儿童兴趣与活动和指导的关系等,也需要进一步的研究。

第三节 皮亚杰论学前教育

皮亚杰(Jean Paul Piaget,1896—1980)是瑞士著名的教育家、儿童心理学家,日内瓦学派的创始人。他主要从事哲学、生理学、心理学研究和儿童心理发展的科学实验,注重儿童认知结构的研究,建立了结构主义的儿童发展心理学,形成皮亚杰学派(即日内瓦学派)。皮亚杰的理论主要体现在《儿童的道德判断》(1932)、《儿童的语言与思维》(1923)、《儿童的智力起源》(1936)、《智力心理学》(1947)、《结构主义》(1968)、《教育科学与儿童心理学》(1972),以及《发生认识论》(1970)中。皮亚杰注重理论与实践的联系,他把儿童认知理论运用到学前儿童教育上,提出了儿童教育的新原则、方法和思路,对当时世界各国的学前教育及基础教育改革产生了重大影响。皮亚杰在学前教育史上享有崇高的威望,他的认知结构理论成为学前教育思想的重要基础。

一、论儿童的认知结构与发展

在关于儿童认知的问题上,皮亚杰借用生物学中"适应"的概念来说明儿童认知的发展。他认为,儿童的认知既不是源于先天的成熟,也不是起源于后天的经验;既不是机械地对环境刺激做出反应,也不是被动地通过强化获得知识。儿童的认知源于儿童的动作,是主体对客体适应的结果。儿童生下来就是环境的主动探索者。这种探索的结果就是主体与客体相互作用达成的一种平衡(equilibration)。皮亚杰认为,图式(schema)是个体认识事物的基本结构,它是一个动态、可变的认知结构。儿童的认知活动是通过同化(assimilation)和顺应(accommodation,也称调节)这两个对立的过程实现的。

在皮亚杰看来,同化就是个体在对环境的适应中将新的所认识的事物和刺激,纳入个人现有图式中的过程;是个体改造客体的过程,其结果是引起刺激输入的改变。通过同化作用,主体将外界的因素整合于原有的图式中,以加强和丰富自身的动作。例如,当外界刺激作用于个体时,个体首先是以利用现有的图式对刺激进行改造,使其转化为能够为自身结构吸收的形式,这个过程就是同化。不过,同化引起的变化只是量的变化,不是质的变化。在对刺激进行改造时,图式本身不会发生变化。只有当个体不能把所认识的事物或者刺激纳入到图式中,出现不适应时,就会出现顺应的过程,使个体来适应新的情况。

在皮亚杰看来,顺应是与同化相反的过程,它是当主体的图式不能够同化客体时,改变图式以适应客体的过程。这时,原有的图式发生了改变,创立了一个新的图式。同化与顺应机制既相互联系,又相互对立。同化只能引起数量的变化,不能导致图式的改变;顺应则是质量上的变化,可以导致新图式的产生或者原有图式的调整。只有同化而没有顺应,就没有认知的发展。通过同化和顺应,机体达到与环境之间的一种平衡。

皮亚杰认为,平衡是个体在对环境的适应过程中,通过同化和顺应两种机能达到一种稳定的状态,这种稳定的状态是个体自我进行调整的结果。如果有机体与环境失去平衡,就必须改变自身的行为以重建平衡。个体的认知活动就是从平衡到不平衡,再到平衡的过程。这是个体认知发展的根本原因。

关于儿童的认知结构,皮亚杰反对传统的官能心理学和环境决定论的观点,认为儿童的认识结构的形成也是一种整体的认识结构的不断构造与发展的结果。这种整体的认知结构与儿童的认知"图式"有关。儿童从最初的遗传性的认识"图式"开始,通过对环境的不断"同化"和"顺应",发生主体与客体的平衡联系,从而使他的认知结构得到不断发展。通过一定的发展阶段,构成一个个内容、特点各有不同的新的认识"图式"。当然,儿童的认知结构与成年人不同,具有自己的特点,有一定的发展阶段。因此,皮亚杰反对传统教育把儿童看做"年幼的成年人"施以教育,而要求依据儿童认知结构的特点进行教育与教学。

二、论儿童认知结构的阶段和特点

皮亚杰认为,儿童从诞生起其心理与生理一样在不断地发展和延伸,这种发展是一个持续前进的,是从较低的平衡状态向较高的平衡状态发展的过程。平衡状态是平衡过程的结果。同化和顺应每获得一次平衡,认知图式就会发生一次更新。皮亚杰认为,儿童认知结构的发展具有阶段性,一般可以分为前后相连又各有特点的四个阶段。各个认知发展阶段都与不同的年龄阶段相对应,具有独特的认知结构。在皮亚杰看来,由于受文化、教育等因素的影响,一些阶段可能提前或者推迟,但阶段出现的次序不会改变,不能超越或者互换。儿童的认知结构发展是一个连续的过程,前一阶段是后一阶段发展的基础,后一阶段包含着前一阶段的认知结构,这种结合构成了每一阶段的特征,其四个阶段分别是:前语言的感知运动阶段、前运算阶段、具体运算阶段和形式运算阶段。

1. 前语言的感知运动阶段(出生—2岁)

在这一阶段婴儿主要通过感觉运动图式与外界相互作用,即靠感知动作适应外部环境。这个时期的婴儿在对环境的反映中虽然能够逐步协调感知与动作间的活动,但是其感知运动智力还不具备运算的性质,不会使用语言。婴儿的活动还不能在大脑中形成对外部环境的表征。这一阶段又细分为 6 个时期:[①](1) 反射练习时期(出生—30 天)。在这一时期,婴儿的活动主要是遗传性的反射活动,即限于感知与动作之间那种由遗传所决定的活动的练习。例如,受"吮乳"条件反射的影响,婴儿对不能吃的物体也会表现出"吸吮"的动作。(2) 习惯动作时期(1 个月—4、5 个月)。在这一时期,婴儿的发展主要表现在对同一刺激可以引起多种感觉活动的反应。例如,声音的刺激不仅可以引起听觉的反应,而且可以引起视觉或抓握的反应。(3) 有目的的动作形成时期(4、5 个月—10 个月)。在这一时期,婴儿开始积极地选择一些能够引起兴趣的动作来做,开始抓握和摆弄身边能够得着的一切东西。例如,婴儿重复拉动系在摇篮里的绳子,使系在绳子上的拨浪鼓发出响声。(4) 手段和目的协调时期(10 个月—12 个月)。这一时期的婴儿已经能够运用他过去学会的一些手段,在一个不同的新的环境中处置情景来达到它的目的,实现对主体和客体之间关系最初的协调。例如,婴儿会在众多的玩具中设法移开不喜欢的,而去拿到他想要的玩具和物品。(5) 感觉运动能力时期(12 个月—18 个月)。在这一时期,婴儿表现出更为强烈的好奇心、预期和意向的灵活性。通过"尝试—错误"的方法去发现新的手段以便达到他自己的目的,或尝试新的手段适应新的环境。(6) 感觉运动智力的综合时期(18 个月—2 岁)。这一时期的幼儿已能够把头脑中许多运动图式相互联系起来,从而产生一种新的手段来解决新的问题;能通过直接的身体运作去认识和控制对象,并具有连续模仿的能力。

2. 前运算阶段(2—7 岁)

这一阶段也称为学前教育阶段。一般从 2 岁开始,儿童的各种感知运动图式开始内化为表象并开始运用表象符号,即语言的使用,参与各种活动。基本掌握了语言的儿童,通过用语词来代表外界事物,在广度和速度上增加了思维活动能力。皮亚杰认为,随着语言和思维能力的结合及发展,儿童无论是在认知方面,还是在情感方面都发生了深刻的变化。儿童越来越多地用表象符号来代替外界事物,开始了表象思维。他们不仅可以进行各种象征性的游戏活动,还可以理解童话故事中关于过去和远方的事情。不过,在皮亚杰看来,在这个阶段儿童的思维还只是直观思维,只会按照一定的次序朝着一个目标前进,还不会逆向思维;还不具备守恒性,不是根据逻辑,而是根据直观图形来进行推理。处于前运算阶段的儿童还不会进行数理运算。

3. 具体运算阶段(7—12 岁)

这一阶段相当于学龄初期。皮亚杰认为,这一阶段的儿童开始进行具体运算思维,能够认识事物的类、关系和数量之间的联系;具有思维的守恒性、可逆性和整体性特征。与此同时,他们也就获得了社会合作的能力和道德情感的发展,逐渐形成了相互尊重、自我约束的意识,公平和平等的观念也得到发展。这些意识和观念的出现不仅影响到儿童之间的关系,也影响并改变儿童与成人之间的相互关系。

---

① 单中惠,刘传德. 外国幼儿教育史[M]. 上海:上海教育出版社,1997:309.

4. 形式运算阶段(12—15岁)

这一阶段相当于儿童的青春期。儿童从12岁开始进入青春期。儿童的思维发展十分迅速,进入到形式运算阶段。主要特征是儿童逐步摆脱具体事物对认知的限制,在头脑中能够把事物的形式和内容区分开,不依赖具体事物而是根据假设和条件,借助命题进行运算。这一阶段儿童的思维已与成人的思维十分相近了。儿童在实际社会中已开始取得地位,他们的人格也开始形成。这些新的变化标志着儿童期的结束。

总之,从儿童认知发展的第一和第二阶段来看,皮亚杰的研究在一定程度上揭示了学前幼儿认知及心理发展的规律和特点,为现代幼儿工作者研究幼儿的发展和进行教育提供了心理依据。

三、论儿童的发展与教育

在提出了儿童认知发展阶段理论的基础上,皮亚杰也论述了儿童发展与教育的问题。在这个问题上,皮亚杰比较注重儿童认知发展与教育的关系,但也谈到了儿童发展与游戏、与社会化关系的问题。皮亚杰的这些思想主要反映在他的《教育科学与儿童心理学》和《当代教育心理学中的论争》中。

1. 教育应该认识、符合儿童的认知结构和特点

皮亚杰认为,与成人相比,儿童的发展有自己的认知结构和特点。传统教育总是把儿童看做小成人,是像成人一样推理和感觉、仅仅缺乏成人的知识和经验的人。既然儿童不过是个缺乏知识的小成人,那么教育者的工作就不是去形成儿童的心智,而只是去装备知识;或者从外部给儿童提供教材就足以使儿童本身的心智得到训练。可是,一旦从儿童认知结构变化的假设出发,问题就完全不同了。皮亚杰指出,如果儿童的思维与成人有质的不同,那么教育的主要目的就在于形成儿童的智力和道德的推理能力,因为这些能力不能从外部形成。儿童智力教育和道德教育的主要任务是发现最合适的方法和环境,帮助儿童自己去组织它。① 不过,皮亚杰也认为,从心理的机能来看,儿童与成人也有相同的方面,即儿童也是个具有主动性的人,他的活动受兴趣或需要的支配,如果不引起那种活动的自发的动机力量,是不可能全力工作的。②

皮亚杰指出,教育上最重要的是要知道儿童的认知(心理)结构是怎样的,以及幼儿与成人之间有什么关系。过去人们对于成人的思维或者理性有一些认识,认为有一个基本的发展过程,但是对儿童的认知形成及发展的认识往往不够。在皮亚杰看来,儿童从出生到成人时期的认知发展阶段是按一定年龄和次序相继出现的,有着性质不同的几个阶段。只有在每一个年龄阶段都给予良好的教育,而不是超越儿童认知发展阶段,才可能促进儿童的发展。为此,皮亚杰通过大量的研究、实验材料并详细记录了儿童的成长过程,论证了儿童认知发展阶段及其特点。强调教育应该符合儿童的认知发展阶段,按

---

① 〔瑞士〕皮亚杰.教育科学与儿童心理学[M]//王承绪,赵祥麟.西方现代教育论著选.北京:人民教育出版社,2001:415.

② 〔瑞士〕皮亚杰.教育科学与儿童心理学[M]//王承绪,赵祥麟.西方现代教育论著选.北京:人民教育出版社,2001:409.

照儿童的年龄特点来加以组织;要考虑到每个年龄阶段儿童的特殊兴趣和需要,并据此来编写教材和进行教学。

2. 教育需注意影响儿童认知发展的因素

在皮亚杰看来,儿童认知的发生和发展既不是先天结构的展开,也不是完全外部环境的结果,主要受四种基本因素影响。儿童教育应该注重考虑制约儿童认知发展的四种因素。[①]

一是有机体的成熟,主要是神经系统和内分泌系统的成熟。它是儿童心理和认知发展的必要条件。不过,成熟只是给儿童的发展提供了可能性,为实现发展的目标,儿童还必须通过练习获得最低限度的经验。例如,1岁左右的孩子可以学会走路,但是如果成人没有提供练习的机会,儿童学会走路的时间就会推迟。

二是自然经验,主要指儿童对物体做出动作过程中的练习和习得的经验,包括物理经验和数理逻辑经验。物理经验来自于物体,是儿童作用于物体时感知物体本身的特征,如大小、形状、重量等。数理逻辑经验来自于儿童的动作协调,如幼儿从排列物体的动作中知道,一组物体的数量与排列的方式无关。物理经验是重要的,但不是认知发展的决定要素。

三是社会经验,主要是指在社会上的相互作用和社会传递过程中获得的经验,涉及社会生活、文化教育和语言等方面。幼儿园的教育教学活动、亲子交往、书籍、报纸等都是社会经验形成的途径,都能促使或者延缓儿童认知的发展。皮亚杰特别强调儿童在获得社会经验时的主动性,指出社会环境因素包括幼儿教育、学校教育,也必须以儿童主动的同化和已有的认知结构为前提条件,才能发挥作用。

四是平衡,皮亚杰指出,儿童认知的发展只有上述三个因素还不够,还必须有一个内部的机制把成熟、自然经验和社会经验三个因素整合起来,这就是平衡。皮亚杰认为,主体的认知结构可以达到三种平衡:(1)认知结构的同化与顺应之间的机能平衡,即主体的认知结构顺应新呈现的客体,而客体被同化到主体认知结构中。(2)认知结构中的子系统之间的结构平衡。例如空间系统中的长度、面积、体积等子系统的平衡。(3)主体认知结构的知识平衡。即在知识的部分和整体之间,建立经常性的平衡。三者的关系是,机能平衡是前提,结构平衡是基础,知识平衡是结果。机能平衡产生新的结构,导致结构平衡;结构平衡导致知识的重组,使知识的部分与整体达到平衡。

从皮亚杰所强调的这四种因素来看,他既重视影响儿童认知结构的内在因素的影响,也重视在内在因素基础上的与外部的联系,而这些都是建立在儿童的主动发展,以及成人对儿童认知活动特性认识及利用的基础上的。教育的主要工作就是为儿童的认知发展提供合适的条件,促进儿童认知的发展。

3. 教育要认识儿童期认知发展的平衡状态

从对儿童认知发展的认识出发,皮亚杰认为,儿童期是儿童发展的重要时期,是对自

---

① 顾明远.中国教育大百科全书(第一卷)[M].上海:上海教育出版社,2012:0238.

然和社会环境的逐步适应。① 这种适应是同化作用和调节作用的一种平衡状态。它意味着在儿童认知发展的开始,被两种尚未相互协调、尚未相对地分化、彼此间尚未达到平衡的倾向拉向对立的方向。在这个过程中,儿童不得不持续地调节其感知运动器官即智力的器官,以适应必须从中学习的外界现实和各种事物的特点。这个不断调节、主体适应客体特征的过程就是模仿。皮亚杰指出,教育者要把握儿童认知的特点,为他们创造适应和同化事物的条件,使他们把事物融合进来。因为儿童有时还不能划清自身活动与外界现实、主体与客体的界限。

4. 教育要关注儿童的游戏

皮亚杰指出,能够使儿童主体与客体相适应和同化达到平衡状态的活动就是游戏。在皮亚杰看来,游戏是最能够显示儿童特性的活动之一。对于传统教育把儿童游戏看做是儿童娱乐的一种方式,是精力过剩引起的一种反应的观点,皮亚杰指出这些简单化的观点无法解释幼儿游戏的重要性,更不能说明儿童游戏为什么采取象征性和虚构性等不变的方式。皮亚杰指出,用"同化"概念解释儿童的游戏可以使对游戏的认识更为充实。例如,在儿童诞生后的第一年,他们试图抓住所见的事物,摇啊、抖啊、摩擦啊等等,这些行为方式仅仅是一种练习,其特征是对客体本身没有兴趣,只是把客体作为机能上的原料同化于活动本来的方式。② 皮亚杰认为,练习的游戏主要是一种基于本能的游戏,它是一种初级形式的游戏。高级形式的游戏是一种象征性的和虚构的游戏,它超出了本能的简单练习游戏的范围。例如,玩娃娃的游戏,不仅为发展母爱本能之用,而且还提供全部现实的象征性表象;不仅把现实同化于自我,还是自我的扩大和展开以及欲望的实现。皮亚杰指出,教育要为儿童提供适宜的设备,使儿童能够在游戏中同化智慧的现实。③

5. 教育要注重儿童的智力发展和兴趣的培养

关于智力问题,传统的观点认为,儿童的智力是一次性赋予的、能够认识现实的一种官能。这种观点反映在教育理论上就是强调儿童的感受性和记忆工具的重要。皮亚杰反对这种传统的观点,在他看来,智力的机能作用采取的形式既不是试探性的探索活动,也不单是内部生长的结构关系,"智力的最高形式是适应,是事物不断地同化于活动本身和那些同化的图式适应客观事物本身的调节这两者间的平衡"④。皮亚杰指出,如果智力是一种适应的过程,教育上对待儿童的智力像对待成人的智力一样不能单靠被动的教育方法。促进儿童智力发展的全部工作就是有赖于儿童的兴趣,兴趣是同化作用的动力因素。因为就儿童来说,事物对自我的同化作用不是一开始就与适应事物的调节过程相平衡的,因而需要一个与适应本身相协调的连续不断的游戏——练习的过程。在教育

---

① 〔瑞士〕皮亚杰.教育科学与儿童心理学[M]//王承绪,赵祥麟.西方现代教育论著选.北京:人民教育出版社,2001:410.
② 〔瑞士〕皮亚杰.教育科学与儿童心理学[M]//王承绪,赵祥麟.西方现代教育论著选.北京:人民教育出版社,2001:412.
③ 〔瑞士〕皮亚杰.教育科学与儿童心理学[M]//王承绪,赵祥麟.西方现代教育论著选.北京:人民教育出版社,2001:412.
④ 〔瑞士〕皮亚杰.教育科学与儿童心理学[M]//王承绪,赵祥麟.西方现代教育论著选.北京:人民教育出版社,2001:414.

上,皮亚杰指出,一定要承认认知(心理)发展过程的存在;一切智力的原材料不一定为不同年龄的幼儿所同化;也必须考虑每个阶段儿童的特殊兴趣和需要。好的教学方法应该增强学生的效能,加速他们的精神成长而无所损害。①

6. 现代教育要重视儿童的社会性发展

皮亚杰认为,传统教育并不是真正关心儿童的社会性发展。虽然传统教育也注重儿童的班级集体生活所形成的社会关系,但是教师对学生的行动就是一切。由于教师具有智力的和道德的权威双重身份,由于学生对教师只有服从的义务,因此传统教育所形成的社会关系是一种强制性的约束关系。在传统教育中,教师对待学生,无论是强制性还是温和性,都是这种关系的典型表现。皮亚杰指出,现代教育把发展儿童之间的社会关系置于重要的地位。按照现代社会学的观点,儿童从诞生那天起就是社会性的。婴儿在第二个月就对人微笑,试图与人接触。随着儿童语言的发展和掌握,他们愿意与人进行交流,表达自己的需要。不过,与这些内在倾向相伴随的还有外部的社会,即语言、知识的交流与道德或法律行动等从外部建立起来的那些关系的总体。因此,尽管儿童从一开始就有同情和模仿的内驱力,但一切都需要儿童学习。在皮亚杰看来,儿童学习的过程就是儿童社会化的过程,就是从自我中心主义到相互性,从同化于尚未意识到的自我到相互理解的人格形成,从集体的无分化到以有纪律的组织为基础的分化。

7. 教育者应当注意幼儿的自我中心主义

皮亚杰指出,儿童在发展中存在一种自我中心主义。例如,在游戏中虽然幼儿喜欢与其他孩子聚集在一起,但是他们通常并不想协调他们的力量;每个人只为自己而活动,互相的同化作用可有可无。例如,在打弹子的集体游戏中,即使是5、6岁大的幼儿,每个人仍然按自己的方式去应用规则,而且个个都同时得胜似的。② 幼儿的讲话也是这样。3—6岁的孩子只顾自己讲话而不认真听别人说话的集体独白的比例很高。7、8岁以后,这种现象会逐步减少。皮亚杰认为,幼儿的这种自我中心主义特征在教育上非常重要。正是儿童的自我中心主义,才使得外部世界不再具有任何客观的重要性,外部世界完全屈从于儿童自我的兴趣,仅仅充当自我发展的工具而已。这个过程是幼儿发展的必经阶段。皮亚杰指出,幼儿的社会性发展是通过一系列的活动完成的。在这方面,传统教育无论是在智育方面还是在德育方面,把一切社会化过程都简化成为一种约束的机制。而现代教育恰恰相反,它谨慎地区分成人施加的约束和儿童互相合作这两种方法在各个方面的不同成效,小心机智地取长补短。当然,成人行使的约束达成的结果应该符合儿童心理发展的趋向。③

8. 教育需要注意儿童的社会化过程及可能存在的问题

皮亚杰认为儿童对成人的情感是由恐惧和爱混合组成的,这种情感可以称为尊敬。

---

① [瑞士]皮亚杰.教育科学与儿童心理学[M]//王承绪,赵祥麟.西方现代教育论著选.北京:人民教育出版社,2001:421-422.

② [瑞士]皮亚杰.教育科学与儿童心理学[M]//王承绪,赵祥麟.西方现代教育论著选.北京:人民教育出版社,2001:424.

③ [瑞士]皮亚杰.教育科学与儿童心理学[M]//王承绪,赵祥麟.西方现代教育论著选.北京:人民教育出版社,2001:426.

在儿童的发展中,如果一个人受到了儿童的尊敬,他所发出的命令和教导会使儿童感觉到就是义务,是一种责任感。由于成人是一切道德和真理的源泉,因此无论是从智育还是从德育看,对儿童来说都可能存在一定的危险。从智育上看,成人在儿童心目中的威望意味着儿童接受教师所做出的一切判断而毫无异议,教师对于儿童来说是一种无需反省的权威。由于自我中心的态度驱使儿童倾向这种不受限制的判断,因而尊敬成人往往使自我中心主义更加巩固而不是使自我中心主义得以纠正,结果是把相信自己代之相信权威。在现代教育中,教师需要引导儿童去进行思考与批判性的讨论,帮助他们进行推理;而这种思考与讨论只能是靠合作和真正的知识交流而发展的。从德育上看,同智育一样,即把好和坏看做是不是符合成人的规则。这是一种在本质上受他人支配的和服从的道德观。它难以把儿童引导到个人良心的自主,形成与单纯义务的道德观相反的善良的道德观,也无法使儿童准备接受当代社会的价值观。如何解决这些问题,皮亚杰主张在智育上,需要儿童之间的合作;鼓励思想的真正交流和讨论;发展儿童主体的批判态度、客观性和推理思考的一切行为方式。在德育上,通过将儿童之间的有效合作和集体自治引进到教室的社会生活,形成以平等为基础的公正和相互依存的价值。[①]

总之,皮亚杰根据他对儿童认知发展的长期研究,深入探索幼儿认知发展的阶段、特点,并应用这一理论批判传统的教育观,认识幼儿教育实际,提出了新的儿童观、教育观及相关的教育原则和教育方法。虽然,皮亚杰是从儿童的认知结构入手谈与儿童教育的关系,但是他向社会展示了一种对儿童认知发展的全新认识:儿童的认知是有结构的;儿童认知结构包括图式、同化、调节和平衡;儿童认知的发展是利用原有图式或者同化新事物,或者调节原有图式同化新事物,直到达到认识上的平衡;儿童认知发展的最高阶段是逻辑思维形式,7岁以前的"感知运动阶段"和"前运算阶段"是逻辑思维形成的基础,是学前儿童发展的重要阶段;在这个阶段,儿童的主体地位和主动性是重要的。基于此,皮亚杰认为现代教育应按照儿童不同的年龄阶段,用不同的形式进行教学;教育要考虑儿童的自身的思维结构的特点和认知发展的阶段性;儿童的主动发展不能排除教师的作用,教师的作用主要在于认识和理解儿童,促进儿童的主动发展。美国学者戴维·韦卡特(David P. Weikart)指出:"对教育工作者来说,皮亚杰理论最重要的含义即教师是儿童发展的支持者,他的基本任务是促进儿童的主动学习。"[②]皮亚杰的学前儿童教育思想具有丰富的内容,对现代学前教育理论的发展产生了重要影响。

第四节　马拉古奇论学前教育

罗里斯·马拉古奇(Loris Malaguzzi,1920—1994)是意大利著名的幼儿教育家。他一生致力于幼儿教育事业,创办了瑞吉欧·艾米利亚幼儿园。马拉古奇不仅注重教育理论的价值,还强调教育理论与实践的结合,形成了以理论指导实践,以实践丰富理论的特

---

① 〔瑞士〕皮亚杰.教育科学与儿童心理学[M]//王承绪,赵祥麟.西方现代教育论著选.北京:人民教育出版社,2001:428.
② 姜勇.国外学前教育学基本文献讲读[M].北京:北京大学出版社,2013:209.

点。他创办的瑞吉欧·艾米利亚幼儿园被称为"世界上最好的幼儿园",他的基于实践和具有教育理论指导的幼儿教育被称为"瑞吉欧教育",成为世界各国学前教育工作者学习的典范。马拉古奇的代表性著作是《瑞吉欧——儿童的一百种语言》一书。

一、瑞吉欧教育的思想基础

马拉古奇认为,瑞吉欧教育的形成受许多学者思想及理念的影响。20世纪前半期主要有蒙台梭利、阿加齐、杜威、皮亚杰、维果茨基等教育家和心理学家的影响;20世纪60年代以后主要有卡甘、加德纳等心理学家、哲学家思想的影响。

一是蒙台梭利博士和阿加齐修女的思想的影响。马拉古奇指出,在20世纪一开始,"蒙台梭利教学法"影响比较大,但是由于具有科学化的教育取向,后来受到意大利法西斯政府的压制。阿加齐的教学法比较接近天主教对幼儿所持的观点而被采用。马拉古奇指出,当时的天主教会几乎控制了所有的托儿所教育,他们在协助幼儿发展和提供监护、服务方面付出了极大的努力。那时的一间教室通常要容纳40—50位幼儿,只由一位没有教学文凭也不领任何薪水的修女负责。据统计,当时大约只有1/3的幼儿进入托儿所就读,而22917位教师中,20330位是修女。[①]

二是杜威、皮亚杰、维果茨基等教育家和心理学家思想的影响。马拉古奇指出,20世纪60年代以后,关于幼儿教育的争论主要是,学校是否应被纳入社会服务之中。随着杜威、瓦龙、皮亚杰、维果茨基等著作的传播,进步主义的"教育实验"和皮亚杰等人所进行的研究为人们所知晓,影响了意大利的幼儿教育。这些实验和研究使得意大利的幼儿教育开始反思以往的关于教育内容和方法关系的辩论,认为这些辩论毫无意义,它忽略了"差异性"是社会的一部分,忽略了积极性教育的作用。马拉古奇认为,幼儿教育是需要家庭、幼儿、教师三个方面积极参与的多元的教育;幼儿教育要尊重其他人所处的政治地位的不同,以摆脱传统的成见的束缚。

三是卡甘、加德纳等心理学家、哲学家的影响。马拉古奇指出,20世纪70年代以后,一些心理学家、哲学家以及神经心理学家的思想影响了意大利的幼儿教育,提供了许多可选择的资源。一些能持续很久,或者不能够持续太久的构想,成为讨论的主题,以寻求文化变迁的关联性与不协调性。这些思想激励了教育者关于幼儿教育的扩展实践与价值,并掌握了对理论与研究变通的能力。马拉古奇认为,幼儿教育的实践与发展不能受到文献的局限,而要关注社会的变迁和转型。因为这些都会影响到幼儿教育的内容和实践新方法、新问题,以及关于心灵探索的问题。[②]

"二战"以后,由于意大利社会的动荡和变化,如何解决由于家庭的破碎而带来的幼儿与母亲分离的问题成为幼儿教育急需解决的问题。1971年马拉古奇在瑞吉欧·艾米利亚创办了第一个接收3岁以下幼儿的服务中心,满足了妇女的需求,这个中心既可以

[①] [意大利]罗里斯·马拉古奇.瑞吉欧——儿童的一百种语言[M]//姜勇.国外学前教育学基本文献讲读.北京:北京大学出版社,2013:198.

[②] [意大利]罗里斯·马拉古奇.瑞吉欧——儿童的一百种语言[M]//姜勇.国外学前教育学基本文献讲读.北京:北京大学出版社,2013:198.

胜任母亲的职责与工作，也可以使幼儿能够在核心家庭中顺利成长。这个中心的建立提供了一些解决问题的经验，即家长和教师要关心和处理儿童面临的转型期，由一个集中于对父母与家庭的依恋感，转变为对婴幼儿中心成人与环境之间的依恋感。马拉古奇认为，即使再年幼的孩子也是社会的一分子，他们从出生开始，就倾向于与父母及其他的照顾者产生重要的关系。当然，父母也没有因此失去他们的责任与特权。家庭和幼儿中心都应该是愉快和舒适的地方，孩子们可以在家庭与中心之间循环，可以得到被关注与同伴共同相处和成长。马拉古奇指出，在幼儿中心，最明显的好处就是幼儿在与同伴的互动游戏中获得团体经验，获得自我满足。①

二、瑞吉欧教育的组织机构

关于瑞吉欧教育的组织机构，马拉古奇强调应该把幼儿学校当做一个完整的生命的有机体来看待。他认为，幼儿学校是一个成人与幼儿可以彼此分享生活与关系的地方。幼儿学校是一个运转的有机体，需要持续不断地调整自己的体制，明确发展的方向，使其成为一个友善、乐观、积极的机构。

如何使幼儿学校成为这样一个机构，马拉古奇认为，主要是将学校工作的组织与环境融入整个教育课程中，以激活最大的活动，允许最大范围内的相互依赖和互动。在马拉古奇看来，作为一个有机体，幼儿学校存在困难、争议、欢乐，也有处理外在干扰的能力，重要的是对学校的走向有一个共识，而把各种争执、杂念放在一边，追求和创造一个和谐的环境，使在这个环境中的每一位幼儿、家庭及教师都感到自在。

关于校园环境的组织，马拉古奇描述了幼儿学校的基本情况。如在大厅入口处，设有关于学校的整个形式和组织的通告、记录以及预告。在大厅的另一个方向进入之后是一个共同的、被称为"广场"的公共空间，这是一个作为接触、友谊、游戏及其他活动的场所。幼儿学校的教室与其他设施空间，与广场隔一段距离，但都与其相连接。每个教室也被分隔为两个紧密相邻的空间，采用的是皮亚杰的建议，即允许幼儿可以独处或者与教师在一起。除了教室的空间外，幼儿学校还设立了"工作坊"，即学校小型工作室及实验室。在这里，幼儿可以进行操作或者实验。另外在每一间教室旁，设立一个"小型工作坊"，可以让幼儿进行更具深度的项目活动。幼儿学校也有音乐教室和数据文件室，在那里放置由家长和教师所制作的大小、形状不一，有用但非商业性的物品。校园内所有的墙壁都是幼儿或者教师的作品临时或者永久性的展示空间；学校的墙壁是会"说话"与"记录"的。②

关于教学的组织和培训，马拉古奇认为，幼儿学校的每一个教室里有两位教师采用协同教学的方式，而且也与其他同事或者家长共同计划教学活动。幼儿学校里的所有职员一星期开一次会，相互讨论和扩充他们的想法，同时在一起接受在职培训。还通过个

---

① 〔意大利〕罗里斯·马拉古奇.瑞吉欧——儿童的一百种语言[M]//姜勇.国外学前教育学基本文献讲读.北京：北京大学出版社，2013：199.
② 〔意大利〕罗里斯·马拉古奇.瑞吉欧——儿童的一百种语言[M]//姜勇.国外学前教育学基本文献讲读.北京：北京大学出版社，2013：200.

别会议、团体会议或者校务会议让家长们自行召开会议,或者与教师一起召开会议。每一所学校的家长也成立一个咨询机构,每月固定开会 2—3 次。除此之外,整个市镇、郊区以及附近的山区都可以作为额外的教学场所。

总之,在马拉古奇看来,这样一个机构可以把学校的方方面面,包括大厅、教室、教学,以及各种机构组织,充分利用起来,在一种真诚的、充满活力的环境中,使家长和幼儿形成一种归属感。

三、瑞吉欧教育的主要特点

马拉古奇所创立的幼儿学校非常注重幼儿的发展和教育,形成了一些主要特点,主要包括以下几个方面。

1. 以幼儿、家长、教师为"三中心"的教育

马拉古奇指出,在瑞吉欧教育体制中,除了"以幼儿为中心"外,还需要加强教师与家庭在幼儿教育中扮演的重要角色。也就是说,幼儿教育要构建以幼儿、教师和家长为"三中心"的教育。幼儿、家长和教师的相互关系是幼儿教育的重要关系。幼儿教育要放在这三个主角和关系上。[①]

马拉古奇认为,瑞吉欧教育的目标是建立一所和谐的学校,使在这所学校里的幼儿、教师和家长感觉就像在家里一样。为了达到这个目的,需要进行缜密的思考和计划过程、动机和兴趣,也必须包含三个核心主角的相处之道,强化三者关系的方法,对教育问题付出全心的关注,以及参与和研究的推动。而最有效的方法就是让幼儿、教师以及家长三者更团结并了解彼此的贡献。

为了能够使三方相处、沟通和了解,马拉古奇认为幼儿学校需要建立一种新的沟通联络网。如在学校里,管理者要与家长一起开会讨论课程;在策划活动、安排场地以及准备新生欢迎会时,要寻求与家长的合作。学校还将其他小朋友及教师的地址与联络电话发给每一位幼儿鼓励他们相互拜访,在家里准备点心接待客人,或参观幼儿家长的工作地点。学校也与家长一起组织远足活动,如去游泳馆或者体育馆,与家长共同修理家具或玩具,一起讨论项目和研究,也在学校共同举办餐会或其他庆祝活动等。

马拉古奇指出,这种与家长共同合作的取向与其教育所信奉的理念有关,主要包括互动与"构建主义"、对关系的重视、合作的精神等。同时,它也把对幼儿政策的理解,鼓励幼儿与家长之间关系的相互调整,提升成人的教育能力结合起来,摒弃幼儿以自我为中心、只专注认知及外部环境的看法,以及低估幼儿的感觉与情感发展的态度等。[②]

2. 在关系丰富的互动情境中促进幼儿的学习

马拉古奇指出,在幼儿的发展过程中各种关系和学习是相互配合的。它们来自幼儿的期望与技巧、成人的专业能力,以及更广泛地源自整个教育过程。幼儿的学习并非教

[①] 〔意大利〕罗里斯·马拉古奇.瑞吉欧——儿童的一百种语言[M]//姜勇.国外学前教育学基本文献讲读.北京:北京大学出版社,2013:201.

[②] 〔意大利〕罗里斯·马拉古奇.瑞吉欧——儿童的一百种语言[M]//姜勇.国外学前教育学基本文献讲读.北京:北京大学出版社,2013:201.

师教授后的一个自行发生的结果,反而大部分是由于幼儿自己参与活动的结果及利用提供的资源自己动手做的结果。①

马拉古奇认为,幼儿在入学前或者在学校外就已经构建自己的知识和技巧,这类知识不是完全独立的,而是幼儿社会性发展的结果。在任何情境下,幼儿并不会等待对自己提问题或者形成关于想法、原则或者感觉的策略,他们总是在学习与理解的构建与获得中扮演主动、积极的角色。幼儿的学习不仅是一种满足的经验,还是体验欲望、表演及挑战。因此,当挑战来临时,当幼儿受到协助而把自己视为作者或者发明者时,一旦他们接受协助而发现质疑及追根究底的快乐时,便爆发出动机及兴趣,他期待不同与惊喜。作为教育工作者,必须理解幼儿,不要让他们感到失望。

马拉古奇指出,虽然幼儿在构建活动中采取主动的角色,但是一定要注意幼儿教育中教师与幼儿的互动,这是一个重要的原则。这种师生互动的方式影响幼儿的学习动机及所学习的事物。教育中要设定好鼓励认知领域与关系、情感领域之间的互动,把发展与学习、想法与行动、个体与人际关系结合起来,通过关系丰富的互动促进幼儿的发展。

3. 建立幼儿、教师和家长共同参与的教育沟通联络网

马拉古奇认为,幼儿学校并不只是注重以关系为基础的教育,还要把各种元素组织起来,形成教育沟通的联络网。在他看来,"关系"不应理解为一个温暖的保护壳,而应该从一个朝着共同目标互动的力量与元素之间富有活力的连接的角度来看。教育的目标是强化每个幼儿的自我意识,使他们充分感受到归属和自信心,以参与学校的活动。要通过多种方式鼓励幼儿去开拓沟通联络网,重视语言在各个层面与情境中的使用,最终让幼儿发现沟通如何强化个人与团体的自主能力。

如何形成幼儿的沟通能力,马拉古奇根据幼儿的特点提出了许多方法。如对于某些沟通行为较其他人少的幼儿,教师要利用问题、面对面的交换意见、重新引导活动、修正方法等,使其与其他幼儿一起共同强化彼此的互动;还可以采取2—4个幼儿为主的小组活动,也可以取得较好的沟通效果。在马拉古奇看来,在沟通活动中每个人与其他人之间都有一个正式的角色关系,成人与幼儿的角色相辅相成,他们相互提问、倾听与回答。这些关系产生的结果就是让学校里的每一位幼儿都拥有属于自己的权利,通过沟通与具体体验在经验中学习。②

在形成幼儿的沟通能力时,马拉古奇也重视家庭的参与。他指出,在幼儿教育中,家庭参与需要许多事情的配合,但重要的是需要教师的不断调适。教师必须对确定的事物仍抱有质疑的习惯,不断提高敏感度和认知;幼儿需要时随时出现;要研究重要形式的假设,随时更新对幼儿的知识,对父母角色的丰富评估,以及谈话、倾听和向家长学习的技巧。要满足这些,教师需要不断对自己的教学提出疑问,找到沟通和记录幼儿在校经验的方法,对家长提供稳定的信息,也使幼儿及教师重视这些信息。为了让家庭了解与教

---

① 〔意大利〕罗里斯·马拉古奇.瑞吉欧——儿童的一百种语言[M]//姜勇.国外学前教育学基本文献讲读.北京:北京大学出版社,2013:202.

② 〔意大利〕罗里斯·马拉古奇.瑞吉欧——儿童的一百种语言[M]//姜勇.国外学前教育学基本文献讲读.北京:北京大学出版社,2013:203.

师的共同工作,也需要家长与教师一起开会讨论问题,研究合作计划,熟悉记录资料,使用设备器材,陪幼儿一起游戏,等等。

 本章小结

　　从现代教育家关于学前教育的论述中可以看出与近代教育家有许多不同的特点。
　　一是现代教育家主要生活在新旧时代和社会的转型期,深受欧洲新教育和美国进步教育的影响,对近代的旧教育有着深刻认识,具有强烈的批判精神;他们反对模式化的教育,主张培养身心健全、自由独立和富有创造性精神的人。这些都影响了他们对学前教育的认识。
　　二是许多现代教育家有关于理解现代教育的新的理论和研究方法,注重从进化论、实用主义哲学、机能心理学或者结构心理学等理论或者角度,思考和观察现代学前教育,并且进行相关的儿童心理实验,提出了许多新的见解和认识学前教育的方法。例如,杜威的学前儿童教育研究有其实验学校的基础。皮亚杰则根据他对儿童认知发展的长期研究,深入探索幼儿认知发展的阶段、特点,并应用这一理论批判传统的教育观,认识幼儿教育实际,提出了新的儿童观、教育观及相关的教育原则和教育方法;儿童的认知是有结构的;儿童认知结构包括图式、同化、调节和平衡;儿童认知的发展是利用原有图式或者同化新事物,或者调节原有图式同化新事物,直到达到认识上的平衡;儿童认知发展的最高阶段是逻辑思维形式,7岁以前的"感知运动阶段"和"前运算阶段"是逻辑思维形成的基础,是学前儿童发展的重要阶段;在这个阶段,儿童的主体地位和主动性是重要的。同样,马拉古奇的瑞吉欧教育思想也具有现代教育、认知理论、生理学等基础。他关注幼儿与教师的互动,注重幼儿教育与家庭的关系,也提出了许多新的主张。
　　三是在对学前教育的理解上,现代教育家不是单独从学前教育一个方面来认识,而是把学前教育与家庭教育、初等教育作为一个系统来理解,把学前教育看成是整个教育系统的重要组成部分。例如,爱伦·凯、杜威等教育家不仅关注学前教育,也关注学前儿童家庭教育和学校教育,且把学前教育与学校教育联系在一起,主张建立以儿童为中心的学校,强调各类教育的统一性对儿童发展的影响。
　　当然,这些现代教育家也存在一些不足。如爱伦·凯批判了幼儿园教育存在的问题后,就主张从幼儿园教育回到家庭教育,降低幼儿园在儿童发展方面的作用;在批判了传统旧学校弊端后,就要求废除班级制度、废除教科书、废除考试制度等。如杜威的学前教育思想中关于儿童本能问题的论述也存在争议。什么是本能,如何理解儿童的四种本能,如何协调儿童兴趣与活动和指导的关系等,也需要进一步的研究。从现代教育的角度看,这些观点存在一定的片面性,在研究这些教育家教育思想时应给予注意。

自我评量

名词解释

1. 《儿童的世纪》　　2. "认知结构"　　3. 儿童认知发展阶段
4. 瑞吉欧教育

简述题

1. 简述爱伦·凯的儿童教育主张。
2. 简述杜威关于幼儿教育特点的主张。
3. 简述杜威关于幼儿教育内容与方法的主张。
4. 简述杜威的幼儿教育和幼儿游戏观。
5. 简述皮亚杰的儿童认知结构的主张。
6. 简述皮亚杰关于儿童认知发展阶段的主张。
7. 简述瑞吉欧教育的组织机构。
8. 简述瑞吉欧教育的主要特点。

论述题

1. 评述杜威的学前幼儿教育思想。
2. 评述皮亚杰的儿童发展与教育思想。
3. 评述马拉古奇的瑞吉欧教育思想。

第十一章　学前教育国际化的发展：
机构、研究与方案

学习目标

通过本章的学习,了解与学前教育国际化发展有关的学前教育机构的产生、学前教育研究的主要问题以及学前教育方案的基本内容,认识20世纪后半期国际学前教育的沟通与合作机制的建立及其影响,思考国际学前教育发展中关注的基本问题和解决方案,把握国际学前教育发展过程中的基本特点。

进入20世纪50年代以后,学前教育的发展已经不再是一个国家内部的事务,逐步成为国家与国家、地区与地区之间相互联系、交流、合作,并形成由一定国际组织召集、负责推进的国际化的事业。这一事业是在学前教育制度化的进程中进行的,是由政府和非政府机构或者组织积极参与、共同推进的。这个进程是一个重新认识儿童地位、学前教育性质的过程,也是进一步推进学前教育观念、理念及方式现代化的过程。本章主要从三个方面:国际学前教育机构的建立及重要法规,学前教育共同关注或研究的问题,以及一些重要学前教育方案的推出及影响等,认识学前教育国际化的形成和发展特点,增进对现代学前教育发展和特点的认识。

第一节　国际学前教育机构的建立及重要法规

一、国际教育机构的建立及宗旨

国际学前教育机构的创建与国际教育组织的建立有密切联系。有研究者指出,与其他类型的国际组织一样,国际教育组织的建立和发展的起点主要是在19世纪。[①] 1899年,在欧洲新教育运动中,瑞士教育家费里埃尔(Adolphe Ferière)建立了国际新学校局(International Bureau of New Schools)。据统计,1913年在国际新学校局注册的新学校达一百多所。到1914年为止,在欧洲建立了55所新的乡村寄宿学校,其中英国18所,德国15所,瑞士9所,其余的在法国和邻近国家。[②] 20世纪初,一些有影响的国际教育组织相继诞生。如在"国际新学校局"的基础上,1921年又在法国的加来建立了"新教育联

---

① 张民选.国际组织与教育发展[M].上海:上海教育出版社,2010:40.
② 张斌贤.外国教育史[M].北京:教育科学出版社,2008:336.

合会"(New Education Fellowship)。这个机构在协调新教育运动发展、举办国际会议、宣传新教育思想方面发挥了重要作用。有研究者指出,新教育联合会在1921—1946年期间举办了多次重要会议。会议的主题包括:1921年法国加来的"儿童创造性的自我表现";1923年瑞士蒙特勒的"教育与创造性";1925年德国海德堡的"儿童创造性的培养";1927年瑞士洛加诺的"教育中自由之内涵";1929年英国爱尔希诺的"新心理学与课程";1932年法国尼斯的"教育与社会变革";1936年英国切尔腾纳姆的"教育与自由社会";1941年美国安阿伯的"教育与社会重建";1945年英国多赛特的"为国际社会的生存而教育";1946年法国巴黎的"教育改革与新教育"。[①] 这个机构与美国的进步主义教育运动及进步主义教育协会一样,成为20世纪初期欧美影响最大的教育机构之一;其会议所讨论的主题对于推动20世纪上半期对儿童的认知和儿童教育的发展起到了重要的作用。

国际教育机构的出现比较集中的是在20世纪40年代到50年代。其中影响最大的是1946年建立的"联合国教育、科学及文化组织"(UNESCO)。这是第二次世界大战结束时建立的一个重要的国际性教育组织。1943年11月,盟国教育部长发表一份重要的报告,题为"教育与联合国",提出战后三大教育任务,包括迅速重建各国教育,对法西斯轴心国国民进行再教育;将发展教育作为建立战后世界体系的基础;建立永久性的国际教育机构。1944年盟国教育部长会议接受美国起草的建立"联合国教育文化组织"的提案,经过讨论通过了《联合国教育文化组织组织法》。1945年,鉴于美国在日本广岛投下原子弹的情况,英国科学家李约瑟等人建议在这个机构的名称上加上"科学"两字。1945年11月16日,联盟教育部长会议通过了《联合国教育、科学及文化组织组织法》,最后形成了后来的"联合国教育、科学及文化组织"。该组织的宗旨是:通过教育、科学及文化来促进各国之间的合作,以增进对正义、法治及联合国宪章所确认的,世界人民不分种族、性别、语言、宗教均享有人权与基本自由的普遍尊重,对世界和平与安全作出贡献。[②] 法案在其导言中写道:"战争起源于人之思想,故务需人之思想中筑起保卫和平之屏障。"[③]从维护世界和平的角度思考问题,包括教育、科学和文化问题,成为20世纪40至50年代国际性教育组织成立的一个重要特点。

二、国际学前教育机构的建立及宗旨

国际学前教育机构最早的是1892年在美国建立的"幼年教育国际协会"(Association for Childhood Education International),这是一个非政府组织的教育机构。协会的宗旨是促进幼儿教育的发展。[④] 1929年,受蒙台梭利教育思想的影响,国际蒙台梭利教学法学会(Association Montessori International)建立,其主要目的是传播蒙台梭利幼儿教学

---

① 张斌贤.外国教育史[M].北京:教育科学出版社,2008:337.
② 顾明远.中国教育大百科全书(第二卷)[M].上海:上海教育出版社,2012:1292.
③ 张民选.国际组织与教育发展[M].上海:上海教育出版社,2010:47.
④ 兰军.国际教育舞台的参演——基于对国际教育组织及会议的考察[M].济南:山东教育出版社,2010:21.

方法。① 这也是一个非政府的教育组织。

20世纪40年代也是许多与学前教育有关的教育机构建立的时期。例如,1946年联合国教科文组织在法国巴黎建立。这个组织被认为是一个全球性的政府组织,其目的是促进各级各类教育,也包括学前教育的发展。同年,"联合国儿童基金会"(UNCF)在纽约建立。这也是一个全球性的政府组织,其宗旨是:为发展中国家儿童提供教育援助。②

这里需要说明的是,1946年建立的"联合国儿童基金会"由于战后的欧洲儿童的紧急之需,当时称为"联合国儿童紧急基金会"(United Nations International Children's Emergency Fund,简称 UNICEF)。1953年10月,这一机构成为联合国的永久性机构,并改名为"联合国儿童基金会",但仍然保留原来的英文名称。联合国儿童基金会总部设在纽约,工作主要用8个区域办公室和125个国家办公室执行。其预算来源独立,资金主要来自各国政府、个人企业和基金会的资源捐款。联合国儿童基金会下设执行局,作为领导机构,负责制定政策,审阅项目,批准预算。联合国儿童基金会的宗旨是援助各国改善儿童的保健、营养、教育及一般福利事业,主要为发展中国家的儿童福利提供咨询服务和物质支援,以拯救儿童的生命,保护儿童健康。其主要工作包括:(1)提供儿童基本的生存条件。主要是以社区为基础为儿童提供基本的健康护理,供应清洁食水及卫生设施;稳定、降低幼儿及儿童的夭折率;鼓励以母乳育婴,为婴儿提供疾病防疫及推广药物等工作。(2)提供儿童健康的环境。保障在战争中无辜受害、极度贫困、无人照料的儿童;加强供应营养及辅助物质如维生素A,防止因缺盐碘质而导致失明和弱智;使儿童享有健康成长的环境。(3)提供儿童接受教育和发展的机会。提供训练和教育,尤其是提倡给女童平等的教育机会,避免这些儿童因缺乏教育而影响社会的发展。(4)提供儿童参与的机会。确保儿童拥有表达意见的自由;对影响儿童生活的事务,儿童有发言的权利;等等。③

这个时期,世界学前教育组织(World Organization for Early Childhood Education,简称 WOECE)是最有代表性的国际性的学前教育机构。该组织建立于1948年,是一个非政府组织的学前教育机构。1948年,在欧洲的几位幼教专家的倡议下,该组织在捷克的布拉格成立,OMEP是该组织的法语缩写。世界学前教育组织的宗旨是促进各国幼儿教育的发展和幼儿教育的研究,使儿童有幸福的童年和家庭生活。其主要活动是收集、传播信息和交流各国学前教育情况,调查研究学前教育情况,协助建立国际图书馆并出版幼儿教育的文献,促进幼儿教育工作人员的培养工作,举办国际性学前教育研讨会等。

这期间还有一些学前教育组织建立,如美国的"国际幼稚园联合会",也是一个属于非政府的教育组织,其宗旨是促进世界幼儿园教育的发展。

世界学前教育组织成立后,以2—3种语言出版了《国际儿童教育杂志》;并召开国际会议,先后对幼儿的基本需要、学前教育机构的任务、学前教育工作者的培养、儿童的第一需要——游戏、儿童的权利等问题进行了研讨。该组织和其他相关的国际组织有广

---

① 兰军.国际教育舞台的参演——基于对国际教育组织及会议的考察[M].济南:山东教育出版社,2010:26.
② 兰军.国际教育舞台的参演——基于对国际教育组织及会议的考察[M].济南:山东教育出版社,2010:28.
③ 顾明远.中国教育大百科全书(第二卷)[M].上海:上海教育出版社,2012:1291.

泛的联系,现有68个会员国和会员地区(中国也是其会员国之一)。每个会员国或会员地区都有一个委员会,他们根据本国或本地区特点开展工作。世界学前教育组织的成员来自世界各国,其成员享有平等的权利。世界学前教育组织每年举行一次理事会,它非常强调国际间幼儿教育工作的交流与合作,也很重视世界各国的儿童权利保护问题,积极支持和配合联合国有关儿童方面的工作,对国际幼教的交流与合作起着极其重要的作用。[①] 1999年,世界学前教育组织与国际儿童教育协会(ACEI)在瑞士共同举办"21世纪国际幼儿教育研讨会",颁布了《全球幼儿教育大纲》,对全球幼儿教育的发展提出了指导性的规划。

总之,从这个时期与学前教育发展相关的国际性学前教育组织的建立可以看出,传播世界重要教育家的学前教育思想、促进学前教育的发展、关注儿童的地位和权益、为发展中国家儿童提供教育援助等,成为20世纪中期以来学前教育国际化发展的主要特点。无论是全球性政府的,还是非政府的学前教育组织,在促进学前教育国际化发展方面都作出了重要的贡献。

三、《儿童权利宣言》和《儿童权利公约》

20世纪40年代以来不仅是学前教育国际性组织建立较多的时期,也是国际社会开始关注儿童,为儿童提供法律及社会保护的时期。这个时期联合国《儿童权利宣言》和《儿童权利公约》的制定,对于儿童的发展和保护起到了促进作用,也为学前教育中保护儿童的权益,给予儿童较好的教育,提供了道义上和法律上的支持。

《儿童权利宣言》(Declaration of the Rights of the Child,以下简称《宣言》)是1959年11月20日联合国第十四届大会通过的一份关于儿童权利保护的重要文件。《宣言》在序言中指出:"儿童因身心尚未成熟,在其出生以前和以后均需要特殊的保护和照料,包括法律上的适当保护。"[②]《宣言》明确了各国儿童应当享有的各项基本权利。《宣言》包括10项原则。规定了儿童应该享有的健康成长和发展、受教育的权利。规定一切儿童毫无例外均享有这些权利,不因其本人的或家族的种族、肤色、性别、语言、宗教、政见或其他意见、国籍或社会成分、财产、出身或其他身份而受到差别对待或歧视。在涉及学前幼儿教育方面,《宣言》指出,儿童应享有社会安全的各种利益,应有能健康地成长和发展的权利。对儿童及其母亲应给予特别的照顾和保护,包括产前和产后的适当照料。儿童需要得到慈爱和了解,应当尽可能地在其父母的照料和负责下,在慈爱和精神与物质上有保障的气氛中成长。尚在幼年的儿童除非特殊情况,不应与其母亲分离。联合国大会发布《宣言》的目的是希望使儿童能够享有《宣言》中所说明的各项权利和自由,享有幸福的童年,并号召所有父母和其他个人以及各类组织、各国政府按照《宣言》所提出的各项准则逐步采取立法和其他措施保护儿童的各项权利。

《儿童权利宣言》的颁布虽然在一定程度上保障了儿童的权利,但是由于其不具有

---

① 世界学前教育组织[EB/OL]. http://www.yejs.com.cn/sczy/article/id/14547.htm.
② 顾明远. 中国教育大百科全书(第一卷)[M]. 上海:上海教育出版社,2012:0236.

法律约束力，不能起到促使各国政府致力于儿童权利保护的作用，现实中仍然大量存在践踏儿童权利的现象。随着人权法的发展，许多国家呼吁制定一项全面规定儿童权利，具有广泛适用意义，并具有监督机制的专门法律文件，以促使国际社会在保护儿童权利方面普遍承担义务。在这种背景下，1978年三十三届联大通过决议，决定成立《儿童权利公约》起草小组。自1979年至1989年用10年的时间完成了起草工作。同年11月20日，第四十四届联合国大会第44/25号决议协商一致通过，并向各国开放签署、批准和加入。到2002年已有190多个国家签署、批准履行《儿童权利公约》。[①]

《儿童权利公约》分序言、实质性条款、程序性条款和最后条款四个部分，共54条，其中实质性条款41条。《儿童权利公约》的宗旨是最大限度地保护儿童的权益。正文部分分别阐述了儿童应该享有的各项权利，如姓名权、国籍权、受教育权、健康权、受父母照料权、娱乐权、闲暇权、隐私权、表达权等。其中最基本的权利是：（1）生存权。即每个儿童都有其固有的生命权和健康权。（2）发展权。即充分发展其全部体能和智能的权利。（3）受保护权。即儿童不受危害自身发展影响的被保护权利。（4）参与权。即儿童参与家庭、文化和社会生活的权利。保护儿童的权利需要遵循三条原则：18岁原则（即18岁以下的都是儿童）、无歧视原则和儿童的最大利益原则。《儿童权利公约》提出，各国政府应为本国儿童提供在卫生保健、教育、法律和生活服务方面必须达到的最低标准，并建议设立儿童权利委员会，以审查缔约国在履行根据该公约所承担的义务方面取得的进展。《儿童权利公约》认为，教育儿童的目的是最充分地发展儿童的个性、才智和身心能力；培养他们对人权和基本自由以及《联合国宪章》规定的各项原则的尊重；培养儿童对父母及自身文化、语言和价值观的认同感，对所居住国家民族价值观、原籍以及不同于本国的文明的尊重；培养儿童与不同国家的人民、种族、民族、宗教群体及土著居民之间的谅解、和平、宽容、男女平等和友好的精神，在自由社会里过有责任的生活；培养他们对自然环境的尊重。[②]

总之，《儿童权利宣言》和《儿童权利公约》的颁布对于儿童及学前教育的发展具有重要意义。如果说，瑞典教育家爱伦·凯提出的20世纪是"儿童的世纪"的观点还是一种理念的话，那么这两个文件的颁布可以说是这一理念的具体落实。把儿童，包括对幼儿的保护看做是整个国际社会，是各国政府的事情，恰恰反映了学前教育发展国际化的特点和趋势。儿童是人类社会的未来，需要国际社会和各国政府的保护，已经成为人类社会的共识。

第二节 学前教育研究的主要问题

20世纪80年代以来，世界各国学前教育比较关注儿童发展、学前教师培训、儿童读写以及性别差异教育等问题。这里主要就儿童发展的早期干预、儿童发展评价以及幼小

---

① 顾明远.中国教育大百科全书（第一卷）[M].上海：上海教育出版社，2012：0236.
② 顾明远.中国教育大百科全书（第一卷）[M].上海：上海教育出版社，2012：0237.

衔接等问题进行分析,以认识这一时期学前教育发展的特点。

一、儿童发展的早期干预问题

儿童发展的早期干预(Early Childhood Intervention)是世界各国教育和社会福利系统的组成部分,20世纪80年代初发展起来并引起国际社会的重视。研究者指出,儿童发展的早期干预不是针对儿童的教育问题,而是指影响儿童各个方面,包括身体的、心智的或者认知的、社会性的、情感的发展的一种互动"幼儿照料与发展"的过程。在这个过程中,儿童不仅受到他/她周围环境的影响,而且也在影响着周围的环境。儿童发展的早期干预需要考虑它对儿童各方面发展所产生的影响,同时要与幼儿生活于其中的社会环境背景相一致。①

关于儿童早期干预与儿童发展的关系,一些研究者指出,早期干预对于儿童入学的可能性、最初的适应、小学低年级的学业成就等有着积极影响;早期干预也有助于解决社会的公平问题,尤其对于贫困家庭的儿童,可以使他们更可能进入小学,辍学率也较低;早期干预不仅有利于儿童发展,也可以使早期干预的提供者,包括教师、看护者以及社区等都能从中受益。

20世纪80年代以后,儿童的早期干预成为国际机构关注的问题。1983年,联合国儿童发展基金会通过了"儿童生存与发展决议",旨在为儿童的发展提供良好的条件和环境,改善幼儿的健康状况,降低婴幼儿的死亡率。同时,为了促进儿童的全面发展,提出实行"综合性的学前教育"的观点,引起了国际社会和机构的注意。

关于综合性的学前教育,一些研究者指出,它可以整合健康、教育、营养、社会经济发展的多方面因素,以避免单方面的干预可能带来的问题(如通过单一补充儿童营养来试图改善儿童以后的学业等)。在哥伦比亚干预项目的实施中,研究者根据儿童参与干预项目时的年龄及所接受的干预内容为他们提供不同的经验,包括为家庭补充食物、定期的健康检查、全日制的儿童保教服务、一些父母的教育等。结果表明,那些接受了全部干预服务的儿童在健康、营养状况以及学业成绩等方面都有较好的发展。②

与此同时,国际社会也比较关注较小婴幼儿的早期干预问题。关于较小婴幼儿的早期干预,一些研究者指出在生命的最初三年时间中,儿童学习的速度比其他任何年龄阶段都要快得多。与年龄大的孩子相比,年龄小的孩子在综合性的如营养、健康和教育方面获益更大,特别是0—3岁的婴幼儿教育。研究者还发现,对家庭处境不利的有缺陷的婴幼儿不仅需要家庭之外的干预,更需要借助家庭力量加以干预,而且家庭力量的干预更重要。③

---

① [瑞典]T.胡森,等.教育大百科全书(第3卷)[M].张斌贤,等译.重庆:西南师范大学出版社,海口:海南出版社,2006:694.
② [瑞典]T.胡森,等.教育大百科全书(第3卷)[M].张斌贤,等译.重庆:西南师范大学出版社,海口:海南出版社,2006:696.
③ [瑞典]T.胡森,等.教育大百科全书(第3卷)[M].张斌贤,等译.重庆:西南师范大学出版社,海口:海南出版社,2006:697.

二、儿童发展的早期评价问题

儿童的早期评价问题也是国际社会和各国教育关注的问题。关于早期评价,虽然人们认识不一,存在一些问题,但仍然引起学者的重视。这一时期的研究主要集中在四个问题上。

一是儿童发展和评价的原则。研究者认为,由于儿童的发展是复杂的,受到许多因素影响,因此评价儿童的发展必须考虑儿童在各个领域的发展状况,包括他们语言、活动能力、认知能力、经验的组织方式以及心理社会性和情感的发展。这种评价不是彼此独立的,而是一种复合的。需要考虑的是,由于婴幼儿的特征受到环境的影响,环境可以支持、促进或者阻碍他们的发展。这些环境非常敏感,包括婴幼儿的生物遗传特征,婴儿独特的基因组织,在子宫内的生活状况,母亲的健康,分娩生产时及以后可能发生的事件等。还要注意的是,由于在婴幼儿时期,社会和文化因素主要通过父母发挥影响,儿童的世界依赖于父母给予的解释。父母的生活阅历以及社会给父母带来的压力,也会传导到儿童身上,对儿童产生影响。[①]

二是早期儿童评价中存在的问题。研究者指出,由于幼儿不会阅读,许多用于年长儿童的评价工具不适用于幼儿,如纸笔问卷调查;长时间的访谈;抽象的提问以及多项选择题测验等。因此,在幼儿评价中要根据儿童外在的动作行为或者父母的报告(而非儿童的直接反应)去推测儿童是否理解某个概念或者是否掌握特定的认知技能。

三是关于评价方法与手段。这主要包括评价设计和评价工具。关于评价设计,有研究者指出儿童的评价设计要适宜。也就是说在有意义的情境中运用适当的评价工具,根据最佳实践原则对儿童进行评价。关于评价工具,研究者提出了多种不同的评价工具,主要用于评价幼儿发展的7个方面,包括筛选测验、总体发展量表、认知评价工具、交往评价工具、动作评价工具、社会性/情感评价和自我服务评价等评价工具。

四是寻找预测发展的因素。研究者指出,在儿童发展评价中仅仅依靠儿童早期评价所获得的资料对幼儿的发展进行长期的预测是不够的。发展意味着变化,婴幼儿的早期发展具有不稳定性,2岁以后稳定性随着年龄增长而增长,5岁以后稳定性飞速发展。当然,也有研究者指出儿童的发展不是一步到位的,其发展趋势是无法预测的。不过,虽然难以预测儿童6岁以后的IQ,但仍然可以获得关于不同组间和组内的幼儿差异结果的有意义的解释。[②]

三、儿童的入学准备问题

幼儿从幼儿园机构进入小学,这是幼儿发展的必然过程,也是幼儿发展的重要阶段。关于幼儿进入小学的入学准备问题也是这一时期国际学前教育研究关注的问题。这一

[①] 〔瑞典〕T.胡森,等.教育大百科全书(第3卷)[M].张斌贤,等译.重庆:西南师范大学出版社,海口:海南出版社,2006:723.

[②] 〔瑞典〕T.胡森,等.教育大百科全书(第3卷)[M].张斌贤,等译.重庆:西南师范大学出版社,海口:海南出版社,2006:725.

问题主要包括：儿童入学准备的概念；儿童入学准备测验；儿童入学的标准；等等。

关于儿童的入学准备问题，研究者指出历史上存在两种准备的概念：学习准备（readiness to learn）和入学准备（readiness for school），这两种概念同时存在，也容易被混用。关于学习准备的概念是由儿童发展理论家古德（Good,1973）提出的，主要指个体具备了进行某种特殊材料的学习的能力，这种能力通常是该年龄段的所有个体都具有的。① 尽管人们对这一概念有一定共识，但究竟是在什么特殊因素影响学习准备的问题上仍然有争论。如有人认为，学习准备的因素包含三个因素：注意力、动机和发展状况。皮亚杰（1970）认为是它涉及先前已经掌握的信息和新的刺激的整合；布鲁纳（1960）等则认为环境的作用更重要。不过这些观点都承认多种因素影响学习的准备，包括动机、身体发育、智力、情绪情感的成熟度和健康状况等。②

关于入学准备的概念，研究者指出，这个问题目前也已经达成共识，即已经为入学做好准备的儿童在身体、智力、社会性和情绪情感的发展上都达到了一定的标准。为入学做好的准备还包括一些特殊的认知、语言和心理运动技能。研究者指出，学习准备和入学准备两个概念之间存在差异。第一个概念适用于所有年龄的学生；第二个概念只适用于幼儿，主要是指正规的学校教育的开始阶段。前者把教育环境看做是变化的、发展的；后者更多地把教育环境看做是静止的、固定不变的。在这个基础上产生了"成熟准备"的概念，即它接受了入学准备的基本原则，希望儿童在入学前达到行为和知识方面的一定标准。但是也看到，由于儿童个体之间存在的差异，有自己的发展进度，因此不会同时达到入学标准。当然，也有一些成熟论者指出，与其把儿童置于超出其发展水平的学校环境中，或者改革学校教育以适应儿童的个体差异，不如让儿童远离学校。20世纪60年代、70年代和80年代美国的许多学区和家长接受了这种观点。③ 这也可能是那个时期美兴起的在家学习（home schooling）教育的原因之一吧！

关于入学准备测验的问题，研究者指出幼儿的成熟准备通常是通过测验来评价而不是由其实足年龄来决定的。不过在对于使用什么测验方法上也有许多争论。支持测验的人强调这些测量工具可以有效预测幼儿在学前班的成功或者失败；而反对者则怀疑这种过早实施测验的结果，认为幼儿年龄还小，无法长时间静坐并保持注意力集中。反对者指出，在任何特定时间内进行的测验都像快照一样，只能反应那个特定时间的发展；超越那个特定时间的推论，无法反应正常儿童发展过程中的"突进和停顿"的特点。除了对测验本身提出批评外，还有人对测验结果也提出批评，认为根据测验结果对儿童进行分班，决定他们的升留级的做法也存在问题。虽然一些机构会为没有通过测验的儿童开设特殊教育班，但是有人指出它可能造成的后果是复杂的。有资料表明，留级的后果并不是积极的而是消极的：被留级的或被剔除的幼儿会因为意识到自己没有取得正常的进

---

① 〔瑞典〕T.胡森,等.教育大百科全书(第3卷)[M].张斌贤,等译.重庆:西南师范大学出版社,海口:海南出版社,2006:727.
② 〔瑞典〕T.胡森,等.教育大百科全书(第3卷)[M].张斌贤,等译.重庆:西南师范大学出版社,海口:海南出版社,2006:727.
③ 〔瑞典〕T.胡森,等.教育大百科全书(第3卷)[M].张斌贤,等译.重庆:西南师范大学出版社,海口:海南出版社,2006:727.

步而对学校的态度变得比较消极。另外,早期准备测验还可能由于区别对待,使留级的儿童接受不同的教育而导致课程问题和公平问题。[①]

关于实足年龄作为入学标准的问题,研究者也进行了探讨,并向"成熟准备"的假设提出了挑战。成熟理论者认为发展先于学习,发展被看做是学习的一个先决条件;只有当发展为学习准备好了时才能进行教学。维果茨基等人的理论向这种学说发出了挑战。他认为,儿童身上有两种发展水平,一种是实际发展水平,一种是可能发展水平,这两者之间是最近发展区。在最近发展区中,通过问题解决、同伴合作、成人提供的支持,儿童就能获得新的能力,进入更高的智力活动阶段(Vygotsky,1978)。由于这种观点把儿童看成是为学习做好准备的学习者,认为儿童必须处在一种能够促进其学习的环境中。这就否定了那种因为儿童没有做好准备就要被学校剔除出来的做法,而学校必须为儿童做好准备。这种观点受到普遍的赞同,促使人们重新思考把实足年龄作为入学的标准。

不过,一些研究者也指出,按照实足年龄作为儿童入学的标准也存在一些困难。因为任何一个年龄段,即使对这个年龄段人们达成共识,但是在儿童之间也是存在很大的差异。同时,要采用实足的年龄标准,就必须有表述良好的、个性化的、能够适合儿童在语言、文化、能力、态度和学习方式等方面的差异化方案,也就是说,需要把统一的入学标准与差异化的课程很好地结合起来,为儿童提供个性化的帮助。虽然实施这些需要一定条件,但是这一观点促使人们对幼儿入学标准进行思考,提出了相应的措施。1991年,美国国家教育目标委员会准备资源小组提出了关于儿童入学的五个维度的标准:身体健康、情绪情感的成熟、社会信任感、语言的丰富性和认知方面的知识等。[②]

进入20世纪90年代以后,随着人们对学前儿童入学准备问题的更多了解,传统的观念在发生改变,单一的成熟主义的准备观开始为更为恰当的多维度的入学准备观所取代。它对学校教育提出的要求是,学校和班级必须能够适应儿童之间的发展差异,并为儿童的顺利入学做好准备。

第三节 学前教育的主要方案及大纲

20世纪60年代以来,一些有关学前教育的方案和大纲的提出也促进了学前教育国际化的推进,促进各国学前教育的相互了解和借鉴。这些方案主要包括20世纪60年代提出的"婴儿教育方案"、80年代出现的"儿童看护方案",以及90年代后期由世界学前教育组织和国际儿童教育协会共同制定的《全球幼儿教育大纲》。

一、"婴儿教育方案"

"婴儿教育方案"的提出主要来自于欧美国家,是基于20世纪50年代以后欧美社会

---

① 〔瑞典〕T.胡森,等.教育大百科全书(第3卷)[M].张斌贤,等译.重庆:西南师范大学出版社,海口:海南出版社,2006:728.
② 〔瑞典〕T.胡森,等.教育大百科全书(第3卷)[M].张斌贤,等译.重庆:西南师范大学出版社,海口:海南出版社,2006:728.

民主化的需求和"向贫穷宣战"的背景下产生的。

20世纪60年代美国政府提出的"向贫穷宣战"的政策是"婴儿教育方案"的主要动力。这项政策的基本考虑是,在社会的贫困问题中,贫困家庭的儿童是主要的受害者。由于他们没有为入学做好准备而无法从学校教育中获益,因此社会需要为他们提供托幼机构教育以补偿其处境的不利。但是在如何对这些贫困家庭孩子进行教育的问题上,"婴儿教育方案"的提出者向传统的教育观念发起了挑战。传统的观念认为,集体看护会削弱婴儿与母亲之间的情感关系,有损于婴儿情绪情感的发展。因此,"婴儿教育方案"考虑比较多的是如何在集体看护的条件下使这些贫困家庭的婴儿有更好的发展。

最早提出"婴儿教育方案"的是1964年的锡拉库兹方案(Caldwell and Richmond 1964)。这一方案的特点是使母亲与孩子的亲子关系在托幼机构中得以延续。具体要求是在婴儿与母亲之间建立一种具有连续性的关系,使幼儿能够和托幼机构中的一个成人建立稳定的关系。为了给6—18个月的婴儿提供一个熟悉的环境,托幼机构的日常生活制度注重按照婴儿的家庭生活经验来制定。父母要关注婴儿的发展,每月要和教师开一次会。该方案还为母亲提供观看教师如何护理婴幼儿的机会,同时也为教师提供了解母婴之间关系的机会。为了确保看护者与婴儿之间建立稳定的关系,对婴儿生理需要的呵护都是由同一个人完成的。①

20世纪80年代以后这种模式继续加以改进,更加注重托幼机构与家长的交流与合作。1987年,拉利提出了新的方案。该方案的理论基础包括:皮亚杰的平衡理论,尤其是儿童积极参与知识建构过程的观点对新方案影响较大;语言发展理论使得该方案特别注重成人的语言示范作用;艾里克森的理论也使得该方案注重婴儿的基本信任、主动性、学习的自发性的培养等。在该方案的影响下,幼儿教育机构的培训注重面向整个中心的工作人员,包括厨师、秘书、司机等。该方案持续到孩子长到60个月,并为年长儿童增加了4个活动区域:大肌肉活动、小肌肉活动、感知觉活动、创造性的表达。教师固定在每个区域,幼儿可以自由选择参与每个区域的活动。②

在幼儿36个月时,研究者对"婴儿教育方案"的效果进行了追踪评价,发现参与该方案的幼儿在斯坦福—比纳智力测验上的得分要高于控制组幼儿的成绩,但是当幼儿60个月以后,这种差异就消失了。研究发现,在36—60个月之间,参与该方案的幼儿在社会情感方面明显优于控制组幼儿,但是在幼儿进入小学以后,他们比其他孩子表现出更多的积极行为和消极行为,尤其是对教师的态度方面有更多的消极行为表现。有研究者对于这种发现的解释是,幼儿园的环境是宽容的,对幼儿需要反应比较敏感;而小学的环境则为以学业成就为取向的、非宽容性的环境。与此不同的解释是,具有托幼机构教育经历的儿童之所以在日后表现出更多积极的和消极的社会性行为,是因为在托幼机构人们总是接受并鼓励幼儿表达他们的积极情感和消极情感。但是当孩子进入小学后这

---

① 〔瑞典〕T.胡森,等.教育大百科全书(第3卷)[M].张斌贤,等译.重庆:西南师范大学出版社,海口:海南出版社,2006:715.
② 〔瑞典〕T.胡森,等.教育大百科全书(第3卷)[M].张斌贤,等译.重庆:西南师范大学出版社,海口:海南出版社,2006:716.

种教育策略就不再使用了。一般来说,对待幼儿的消极行为,学校环境比托幼机构更多的是控制和压制。因此,来自托幼机构的幼儿自然会对这种变化做出消极的反应。①

总之,美国人在这一问题上虽然存在许多争论,但是这些解释对于理解托幼机构与学校教育的关系,理解幼儿在由托幼机构向学校机构过渡过程中的行为变化是非常必要的。

欧洲一些国家也提出了具有特色的"婴儿教育方案"。如匈牙利的皮克勒提出了一个主要为3岁以下的婴儿提供服务的婴儿教育方案。这个方案的假设是:每个儿童都有自己的发展节奏或速率;每个正常儿童都清楚什么会吸引他们的注意力;他们不会完全受外部环境刺激的影响;成人必须让婴儿通过自己的努力进入下一个发展阶段。这一方案和模式产生一定影响,很快传入英格兰、法国、德国、西班牙和意大利等国。另外,克劳瑞提出的"婴儿教育方案"也有自己的特点。该方案的组织原则是,每个看护者都要与八个婴儿中的两个婴儿建立亲密的关系;在幼儿3岁以前,确保婴儿群体拥有稳定不变的看护者;允许每个婴儿有自己的睡眠习惯和活动次数;随着年龄的增长,将2个或3个婴儿分成一组,进行小组式的看护。②

在意大利,马拉古奇的瑞吉欧模式在当时国际社会上也产生了较大影响,并获得广泛认可。瑞吉欧教育模式的基本假设是儿童的感知能力及经验是其发展的基础,它也因此规定了看护者的教育任务,其中一个主要任务就是要保持婴儿感知的激情和探索的活力。③

在德国,柏林的婴儿教育模式也有特色。其独特之处在于,看护者对每个婴儿都有深入的了解,能够使所提供的教育经验适应于每个婴儿的发展水平。该模式的主要做法是设计了婴儿的发展图表,指导看护者观察和评估每个婴儿的各种能力发展;同时为每个婴儿建立发展档案,帮助看护者全面了解每个婴儿的特点。

从欧洲一些国家提出的"婴儿教育方案"可以看出,教育机构和教育者非常重视与婴儿个体的联系,并建立亲密的关系。许多婴儿教育机构还注重婴儿发展的独立性和多种能力的形成,并为看护者提供一切条件,尽可能多地了解和护理婴儿,促进婴儿的健康发展。

二、"儿童看护方案"

"儿童看护方案"是20世纪80年代以来欧美国家幼儿教育机构为12—26个月的学步儿童设计的。这些儿童看护方案主要由不同的幼儿教育机构提供,包括家庭托儿所、较大规模的公立或私立的儿童看护中心等。其目的是为幼儿的发展提供更好的服务。这里分别介绍美国和欧洲的儿童看护方案及研究情况。

---

① 〔瑞典〕T.胡森,等.教育大百科全书(第3卷)[M].张斌贤,等译.重庆:西南师范大学出版社,海口:海南出版社,2006:716.
② 〔瑞典〕T.胡森,等.教育大百科全书(第3卷)[M].张斌贤,等译.重庆:西南师范大学出版社,海口:海南出版社,2006:717.
③ 马拉古奇的瑞吉欧教育模式已经在前面分析过,可以参考本书第十章第四节的具体内容。

从20世纪80年代起,儿童看护问题成为美国学前教育研究的主要问题。有研究者指出,这一时期主要形成了四次研究浪潮。第一次研究浪潮关注的问题是,"日托中心究竟对儿童有益还是有害?"研究的结果表明,必须以对托幼机构教育质量进行的调查结果为依据,而不能以简单的"是"或"不是"的答案来回答。第二次研究浪潮关注的问题是各个日托中心之间的差异,包括社会性结构方面的差异(如班级规模、师幼比等),以及师幼互动的数量和质量(如语言的使用、身体的接触等)的差异。研究的结果表明,托幼机构教育的发展适宜性是托幼机构教育质量的决定性因素。发展适宜性包括两个维度,即年龄适宜性和个体适宜性。所谓发展适宜性是指教师或看护者的行为、期望和目标能够反映幼儿的年龄特点和个体的特点的程度。第三次研究浪潮出现在20世纪80年代中期,主要关注的问题是,"怎样才能使日托中心变得更好?"研究的结果是,幼儿与看护者之间的言语和教育性的互动要频繁,不是一种监管性的、控制性的互动;成人不是让幼儿自己在毫无目的的游戏中浪费时间;师幼比是合适的;看护者接受过儿童发展知识方面的培训,拥有一定程度的关于儿童看护的专业经验和较长时间的工作经历;等等。这些结果导致了第四次儿童看护研究的浪潮。第四次提出的问题是,"为什么在我们对幼儿如何学习与发展以及高质量的儿童看护的构成因素有了相当多的了解之后,我们还无法将这些认识转化为实践?"①为了解决这个问题,1988年开展了关于全美儿童看护从业人员状况研究。该研究调查了5个大城市的227所儿童看护中心的看护质量,得出的结论是:美国的儿童看护是不适宜的。其主要表现为,教师工资非常低;接受过正规教育和学前教育专业化培训的教师数量少;政府没有制定关于师幼比、教师的教育培训和工资报酬等方面的标准,导致了41%的教师流失率,而且很难吸引合格的教师。②

欧洲的儿童看护教育质量在不同国家也存在较大差异。在法国,国家的儿童看护政策得到较强的支持,包括接受高水平培训的教师、与儿童看护有关的预防疾病和健康保护项目、根据父母的支付能力来确定3岁以下儿童的看护费用、为3—5岁幼儿提供的免费的托幼机构教育,以及为幼儿提供的设计良好的空间和材料等。这与美国的儿童看护实践形成鲜明对照。

在意大利,也有一些质量较高的儿童看护教育,如前面提到的瑞吉欧—艾米利亚教育模式。有研究者指出,这个模式是"整个西欧由社区支持的儿童看护系统中最著名的一个机构"。这个机构的教育特点是,在幼儿园生活的3年期间不改变幼儿和教师构成的班级群体;强有力的家庭和学校之间的联系;以项目为基础的教学;儿童看护环境高度的可见性和可感知性;教师非常尊重他们所负责看护的幼儿并对他们给予很高的期望。③

总之,这一时期在欧美出现的关于儿童看护教育方案及研究,特别是一些国家的儿

---

① 〔瑞典〕T.胡森,等.教育大百科全书(第3卷)[M].张斌贤,等译.重庆:西南师范大学出版社,海口:海南出版社,2006:719.
② 〔瑞典〕T.胡森,等.教育大百科全书(第3卷)[M].张斌贤,等译.重庆:西南师范大学出版社,海口:海南出版社,2006:720.
③ 〔瑞典〕T.胡森,等.教育大百科全书(第3卷)[M].张斌贤,等译.重庆:西南师范大学出版社,海口:海南出版社,2006:720.

童看护教育政策及实施,反映了不同地区和国家的不同特点。这在一定程度上表明,人们对儿童看护教育模式及实践的探索是多样性的,研究的成果也是显著的;目的都是为了加强教师与儿童的联系,使儿童能够得到更好的教育。这些都恰恰体现了现代学前教育发展的特征。

三、《全球幼儿教育大纲》的制定

1999年7月5日—8日,由世界学前教育组织和国际儿童教育协会(ACEI)在瑞士共同举办了"21世纪国际幼儿教育研讨会",有28个国家的83名幼儿教育工作者参加,共同制定了国际性的幼儿教育大纲——《全球幼儿教育大纲》(以下简称《大纲》)。该《大纲》的设想是:制定一套适合所有国家的总的幼儿教育原则,以改善新世纪的幼儿教育。主要包括7个部分。

(1) 关于幼儿教育的指导思想、目标和策略。《大纲》指出,每个儿童都应有机会在一个尊重他们的环境里成长,这种环境必须是安全的,对儿童间的差异性是宽容的。儿童有自己的需要、权利和内在的价值,而这些都应被认可和支持。儿童必须在出生后一直受到良好的照料和教育才能健康成长,在家里是如此,在外面也是如此。对儿童早期营养、健康、教育以及社会心理的关注就是对人类未来的关注。面对新世纪的挑战,《大纲》敦促每个成员:评估并检讨为儿童的教育及成长所付出的努力;制定并实施一系列政策来促进幼儿教育的发展;合理分配来自国家、各发展机构、政府及非政府组织的资源,以提高教育的质量;加强各国间的互助合作,以提供高质量的服务。为此,还要求:平等对待所有儿童;加强各种合作,以充分利用现有资源,达到最好的效果;尊重幼教工作者的价值,提供良好的工作条件及合理的报酬;利用一切机会加强亲子之间的交流;建立有稳定来源的基金;监督评价教育计划的实施。①

(2) 关于环境与活动空间。《大纲》指出,幼儿的学习环境必须是安全的,他们既不能受到身体上的伤害,也不能受到心理上的伤害。前者是要保护孩子的身体健康,身体不健康会影响孩子的学习及成长;后者是指整个环境要让孩子有归属感,是为儿童的成长而设置的。《大纲》认为,儿童的环境与活动空间包括:一是安全的环境及活动空间。这种环境的设施是安全的,周围不应有污染、暴力;这个环境还应该使儿童有归属感、安全感、幸福感,而不是恐惧感。二是积极向上进取的环境。在这个环境中,儿童与儿童之间,儿童与教师之间,有经常的交流;鼓励儿童玩耍、探索和发现;是有吸引力的,令儿童愉悦的,而不是单调的,等等。②

(3) 关于课程内容和教学方法。《大纲》指出,课程是一个体现了教育思想的计划,是幼儿教育工作者工作的指导准则。优秀的幼儿教育课程是针对儿童整个身心健康设计的,必须考虑儿童的身体状况、认知水平、语言能力、创新能力、社会性与情感的发展状况等。幼儿课程的最终目标是为社会培养更具能力、更具爱心的公民。《大纲》指出,在

---

① 全球幼儿教育大纲——21世纪国际幼儿教育研讨会文件(上)[J].李毅,译.幼儿教育,2001(3).
② 全球幼儿教育大纲——21世纪国际幼儿教育研讨会文件(上)[J].李毅,译.幼儿教育,2001(3).

课程内容上,幼儿教育课程的重点应和世界有关,内容应包括人类的价值观、希望、梦想以及家庭和社区对儿童的期望等。在教学方法上,幼儿教育工作者必须和儿童建立起积极的教育教学关系;掌握最基本的和更多的教学方法,以理解儿童的学习策略并帮助每个幼儿学习。在学习材料上,应使用本地的、天然的材料;应提供充足的、儿童需要的材料和设备,还要保持他自己民族文化的完整性。在儿童进步的评价上,每个儿童的优点和长处都要被认可,每个孩子的进步都要通知家长;评价儿童不仅要看他们所学的知识,同时要看他们的学习过程和学习表现。

（4）关于幼儿园教师和保育工作者。《大纲》指出,幼儿教育是一个非常重要的工作,需要幼教人员有很强的责任心,有良好的品格,还应了解儿童的成长过程,并具备相应的知识和技能。关于幼教工作者的道德准则,《大纲》要求,幼儿园教师及保育工作者应该尊重儿童,尊重儿童的文化及家庭习俗,具有为儿童利益大声疾呼并身体力行的勇气。①

（5）关于幼儿成长与家庭和社区的关系。《大纲》指出,幼儿的成长和教育是家庭、教师、保育人员和社区的共同责任。在家庭和社区里的所有成员应共同为儿童的利益创造良好的条件。在与家庭的交流上,应运用各种方法让公众知道有关教育理念、教育方针及步骤多方面的情况;幼儿教育工作者和家庭之间应就儿童的成长以及与儿童家庭有关的问题,经常进行讨论、交流,语言应通俗易懂;家庭应能获得必要的资源帮助儿童的成长。在道德责任及行为方面,幼儿教育机构应有保护儿童的措施;有保护儿童家庭隐私的措施;有培养儿童自尊自信的活动;课程计划中的道德教育应尊重各个家庭的道德价值观。整个幼儿教育环境要体现对多元性的尊重、宽容和接纳;多元包括文化、种族、年龄、语言、宗教、性别、社会经济地位、家庭组成及某些特殊需要等。幼儿教育工作者应有机会参加培训,以增加对多元性的了解和理解。儿童在进入幼儿园学习之前,应有机会熟悉幼儿园环境,教师应熟悉儿童的家庭;应提供机会让家庭和社区代表观察幼儿园的活动。②

（6）关于有特殊需要的幼儿。《大纲》指出,有特殊需要的儿童主要指那些受过伤,有残疾或疾病,或有其他妨碍正常成长原因的儿童,也包括那些有特殊才能的儿童。这些特殊需求源于许多因素,包括遗传因素、与健康相关的因素（如营养不良、出生时体重过轻、视听阻碍等）、神经疾病因素（如学习阻碍）、社会心理因素（如精神及行为阻碍）、社会文化条件（如针对民族、种族、语言、移民或者难民地位的偏见）、特殊的环境因素（如虐待、忽视、极端贫穷、受伤等）。《大纲》要求,所有国家在为儿童提供教育时,要平等对待所有儿童;保证基本健康和营养;形成共同的观念和目标;每所幼儿园要有一人具有判断儿童特殊需要的能力;幼教机构要尽最大可能将幼儿教育普及到所有儿童,不管他们是否有特殊需求;要关心幼儿不同的个体需求,鼓励和支持为有特殊需求的儿童建立单独的课程计划,提供特殊的服务。

---

① 全球幼儿教育大纲——21世纪国际幼儿教育研讨会文件（上）[J].李毅,译.幼儿教育,2001(3).
② 全球幼儿教育大纲——21世纪国际幼儿教育研讨会文件（下）[J].李毅,译.幼儿教育,2001(4).

（7）关于责任、督导和管理。《大纲》指出，要加强幼教工作者和幼儿之间的沟通；创造良好的教育氛围，鼓励竞争，鼓励正确的教育方法；加强与家庭和社区的合作关系，共同关心幼儿教育，使本地的幼儿教育更符合本地的实际情况；确保高质量的幼儿教育；明确保障儿童利益是政府、社区、专业组织、家庭和幼教工作者共同的责任。①

本章小结

自从20世纪50年代以来，随着一些国际学前教育组织的建立，以及相关学前教育法规或方案的制定，为许多国家专业研究者对学前教育问题进行国际间的合作研究和交流提供了有利的条件，促进学前教育的进一步发展，呈现了学前教育发展和研究的国际化的新特点。学前教育的发展是与社会和教育整个大环境密切联系的。学前教育发展也与研究者对学前教育问题的持续关注和深入研究是分不开的。把握学前教育发展的动向和趋势，认识现代教育观念的影响，特别是对学前教育的影响，具有重要的意义和价值。

外国学前教育发展的历史表明：学前教育是一个由家庭化、社会化，向制度化发展的过程，而且在制度化的过程中还出现了国际化的特点。这个过程表明：学前教育的目的和本质是为了儿童，保护儿童，使所有的儿童由家庭走向社会，成为一个认识自己、认识他人、认识社会、认识世界的现代人。这个目的的实现，不仅需要本国幼教工作者的努力，也需要国际学前教育界的通力合作，改变观念，信息沟通，资源共享，制定规划，切实落实，真正促进儿童的发展。

自我评量

名词解释
1. 世界学前教育组织　　2.《儿童权利宣言》　　3.《儿童权利公约》
4.《全球幼儿教育大纲》

简述题
1. 简述"婴儿教育方案"的形成及基本内容。
2. 简述"儿童看护方案"的基本内容。
3. 简述《全球幼儿教育大纲》中关于课程与教学方法的内容。
4. 简述《全球幼儿教育大纲》中关于特殊儿童教育的内容。

论述题
1. 评述学前教育国际化的形成及特点。
2. 评述《儿童权利宣言》和《儿童权利公约》的制定对学前教育发展的影响。
3. 举例并评述20世纪中期以后国际学前教育研究的主要问题。

---
① 全球幼儿教育大纲——21世纪国际幼儿教育研讨会文件（下）[J]. 李毅，译. 幼儿教育，2001（4）.

参 考 文 献

中文类

[1] 〔美〕托马斯·库恩.科学革命的结构[M].金吾伦,等译.北京:北京大学出版社,2003.
[2] 〔法〕菲力浦·阿利埃斯.儿童的世纪:旧制度下的儿童和家庭生活[M].沈坚,等译.北京:北京大学出版社,2013.
[3] 〔美〕佛罗斯特.西方教育的历史和哲学基础[M].吴元训,等译.北京:华夏出版社,1987.
[4] 〔美〕F.普洛格,D.G.贝茨.文化演进与人类行为[M].吴爱明,等译.沈阳:辽宁人民出版社,1988.
[5] 〔英〕G.埃利奥特·史密斯.人类史[M].李申,等译.北京:社会科学文献出版社,2002.
[6] 〔法〕安德烈·比尔基埃,等.家庭史:遥远的世界,古老的世界[M].北京:三联书店,1998.
[7] 〔古希腊〕柏拉图.法律篇[M].张智仁,等译.上海:上海人民出版社,2001.
[8] 〔古希腊〕亚里士多德.政治学[M].吴寿彭,译.北京:商务印书馆,2009.
[9] 〔古罗马〕昆体良教育论著选[M].任钟印,选译.北京:人民教育出版社,1989.
[10] 西方古代教育论著选[M].华东师大教育系,浙江大学教育系选编.北京:人民教育出版社,2001.
[11] 〔古罗马〕奥古斯丁.忏悔录(第一卷)[M].长春:时代文艺出版社,2000.
[12] 〔德〕恩格斯.德国农民战争[M]//马克思恩格斯全集(第7卷).北京:人民出版社,1975.
[13] 〔德〕汉斯-维尔纳·格茨.欧洲中世纪生活[M].王亚平,译.北京:东方出版社,2002.
[14] 〔美〕尼尔·波兹曼.童年的消逝[M].桂林:广西师范大学出版社,2004.
[15] 〔以〕苏拉密斯·萨哈.第四等级——中世纪欧洲妇女史[M].广州:广东人民出版社,2003.
[16] 〔美〕克伯雷.外国教育史料[M].武汉:华中师范大学出版社,1990.
[17] 〔美〕爱德华·麦克诺尔·伯恩斯,等.世界文明史[M].北京:商务印书馆,1990.
[18] 〔日〕梅根悟.世界幼儿教育史[M].张举,等译.长春:吉林人民出版社,1986.
[19] 〔美〕布鲁巴克.教育问题史[M].单中惠,等译.济南:山东教育出版社,2012.
[20] 〔捷〕夸美纽斯.大教学论[M].傅任敢,译.北京:教育科学出版社,1999.
[21] 〔捷〕夸美纽斯.夸美纽斯教育论著选[M].任钟印,选编.北京:人民教育出版社,2005.
[22] 〔英〕洛克.教育漫话[M].傅任敢,译.北京:人民教育出版社,1985.
[23] 〔法〕卢梭.爱弥尔(上卷)[M].李平沤,译.北京:商务印书馆,1996.
[24] 〔瑞士〕裴斯泰洛齐.教育论著选[M].夏之莲,等译.北京:人民教育出版社,2001.
[25] 〔德〕赫尔巴特.普通教育学·教育学讲授纲要[M].李其龙,译.北京:人民教育出版社,1989.
[26] 〔德〕福禄培尔.人的教育[M].孙祖复,译.北京:人民教育出版社,2001.
[27] 〔英〕罗伯特·R.拉斯克,等.伟大教育家的学说[M].朱镜人,单中惠,译.济南:山东教育出版社,2013.
[28] 〔美〕杜威.学校与社会·明日之学校[M].赵祥麟,等译.北京:人民教育出版社,2005.
[29] 〔美〕杜威.杜威教育论著选[M].赵祥麟,等编译.上海:华东师范大学出版社,1981.
[30] 〔意大利〕蒙台梭利.蒙台梭利幼儿教育科学方法[M].任代文,译.北京:人民教育出版社,2001.

[31] 〔澳〕康内尔.二十世纪世界教育史[M].张法琨,等译.北京:人民教育出版社,1990.
[32] 〔瑞典〕爱伦·凯.儿童的世纪[M].魏肇基,译.上海:上海晨光书局,1936.
[33] 〔瑞典〕爱伦·凯.儿童的教育[M].沈泽民,译.北京:商务印书馆,1923.
[34] 〔美〕杜威.民主主义与教育[M].北京:人民教育出版社,1990.
[35] 〔美〕凯瑟琳·坎普·梅休,等.杜威学校[M].王承绪,等译.北京:教育科学出版社,2007.
[36] 〔瑞典〕T.胡森,等.教育大百科全书[M].重庆:西南师范大学出版社,海口:海南出版社,2006.
[37] 〔美〕米基·英伯,等.美国教育法[M].李晓燕,等译.北京:教育科学出版社,2011.
[38] 雷通群.西洋教育通史[M].北京:商务印书馆,1935.
[39] 唐淑,何晓夏.学前教育史[M].大连:辽宁师范大学出版社,2001.
[40] 周采,杨汉麟.外国学前教育史[M].第2版.北京:北京师范大学出版社,2012.
[41] 杨汉麟,周采.外国幼儿教育史[M].南宁:广西教育出版社,1998.
[42] 单中惠,刘传德.外国幼儿教育史[M].上海:上海教育出版社,1997.
[43] 杨国章.原始文化与语言[M].北京:北京语言学院出版社,1992.
[44] 瞿葆奎.教育学文集·教育与教育学[M].北京:人民教育出版社,1993.
[45] 滕大春.外国教育通史[M].济南:山东教育出版社,1988.
[46] 夏之莲.外国教育发展史料选粹[M].北京:北京师范大学出版社,1999.
[47] 马骥雄.外国教育史略[M].北京:人民教育出版社,1991.
[48] 吴式颖,等.外国教育史教程[M].北京:人民教育出版社,1999.
[49] 吴式颖,等.外国教育史简编[M].北京:教育科学出版社,1995.
[50] 姜勇.国外学前教育学基本文献讲读[M].北京:北京大学出版社,2013.
[51] 瞿葆奎.教育学文集·英国教育改革[M].北京:人民教育出版社,1993.
[52] 郭法奇,等.欧美儿童研究运动:历史、比较及影响[M].北京:北京师范大学出版社,2012.
[53] 赵祥麟.外国现代教育史[M].上海:华东师范大学出版社,1987.
[54] 顾明远.中国教育大百科全书(第一卷)[M].上海:上海教育出版社,2012.
[55] 张民选.国际组织与教育发展[M].上海:上海教育出版社,2010.
[56] 兰军.国际教育舞台的参演——基于对国际教育组织及会议的考察[M].济南:山东教育出版社,2010.
[57] 俞金尧.儿童史研究四十年[J].中国学术,2001(4).
[58] 全球幼儿教育大纲——21世纪国际幼儿教育研讨会文件(上)[J].李毅,译.幼儿教育,2001(3).

英文类

[1] Philippe Ariès. Centuries of Childhood:A Social History of Family Life[M]. Translated from the French by Robert Baldick Jonathan Cape Ltd,1962.

[2] Richard Q. Bell. Child Effects on Adults [M]. Wiley,1977.

[3] Magnus O. Bassey. Western Education and Political Domination in Africa [M]. Bergin & Garrey,1999.

[4] V. Celia Lascarides, Blythe F. Hinitz. History of Early Childhood Education[M]. Falmer Press, 2000.

[5] Aubrey Gwynn. Roman Education From Ciceo to Quintilian[M]. Oxford. At the clarendon press, 1926.

[6] Molly Harrison. Children in History, Book one The Middle Ages[M]. Hulton Educational Publication,1959.